U0732631

中华人民共和国

江西日史

第三卷

（1970～1979）

中华人民共和国日史编辑委员会
江西编辑室 编

名誉主编：孙家正　李金华　张文彬
张承钧　李永田
主　　编：孙用和　蒋仲平　魏丕植
管志仁　沈谦芳
副 主 编：符　伟　杨德保　廖世槐
罗益昌　张翊华

人民出版社

目录

CONTENTS

1970年

概要

八九月间，中共中央九届二中全会在庐山举行。会间林彪、陈伯达坚持设国家主席。毛泽东写了《我的一点意见》一文，严厉批评林彪、陈伯达在会议期间散布的“天才论”。会议闭幕时，毛泽东就党的路线教育、高级干部的学习和党内外团结等问题讲话。11月，中共中央发出《关于传达陈伯达反党问题的指示》。随后，中央作出部署，在党的领导机关开展“批陈整风”运动。12月，中共江西省委第七次代表大会召开，大会选举产生了第七届委员会，在委员会中，既有军队的党员和地方党员干部，还有一些造反起家、打砸抢分子和帮派思想严重的人。这次大会坚持“文化大革命”的错误理论和错误实践，在思想上、政治上、组织上的指导方针都是错误的。会议还通过了关于进一步开展农业学大寨群众运动、继续轮训干部等决定。

全省计划工作会议贯彻全国计划工作会议精神，会议大批所谓“专家路线”、“条条专政”。讨论全国第四个五年计划纲要（草案），拟定江西省“四五”计划纲要。从1968年至1970年，省革委会先后发动和组织了“汽车制造大会战”、“拖拉机制造大会战”、“钢铁、煤炭重点项目大会战”，提出实现“农业两个突破”（即推广矮秆良种和醣化饲料养猪）、“工业两个突破”，并提出在全省实现园田化。这些要求部分得到了实现，但大部分要求超越客观条件，甚至违反科学规律，在执行中造成巨大浪费。整个工业经济效益指标与1965年比较，出现大幅度下降。全民所有制工业企业亏损面达到32%。

所谓“战备动员” 1968年12月，省革委会召开“全省机械工业战备动员会”，进行所谓“战备动员”。本年1月，省革委会又在南昌召开“紧急动员会”，省革委会主任程世清背着党中央，在江西部署制造半自动步枪和代号“110”的反坦克武器，并置之高于一切的地位，作为重大政治任务层层布置。10月林彪死党周宇驰到江西，布置生产水陆两用汽车，使参与此项制造的80多家企业，挤掉国家生产计划，被迫动用计划内资金和材料，造成2000多万元的经济损失。

组成毛泽东思想宣传队 7月，省革委会召开贯彻执行毛泽东《七三〇指示》会议，提出要办好共大，坚持共大方向，突出无产阶级政治，明确培养目标，不断提高教学、生产、科研三结合水平，深入开展大批判。《江西日报》连续配发《读毛主席的书，听毛主席的话，照毛主席的指示办事，做毛主席的好战士——深入开展四好运动，进一步搞好班子、班组、家庭革命化》等4篇社论。12月，省革委会决定从全省抽调10万人，组成“三结合”（“军、干、群”和“老、中、青”两个三结合）毛泽东思想宣传队，分赴各地农村，加强农村基本建设。

其他重要事件 江西地质勘探人员在会昌县找到了储量丰富的岩盐矿床，结束江西无盐矿的历史。奉新县“老愚公”水电站第四级电站建成发电。省电视台建成，并于10月首次使用“江西电视台”的名称开播。大型水利工程柘林水库开工建设。在培育和推广良种、医药抗生素等研究方面，取得了多项重要成果。

全省本年主要经济指标情况 国民生产总值（按当年价格计算）58.37亿元，比上年增长7.8%；工业总产值41.62亿元，比上年增长31.8%；农业总产值44.04亿元，比上年增长6.5%。粮食总产量197.11亿斤，比上年增长13.78%。财政收入8.90亿元，比上年增长21.3%。年末全省总人口2584.51万人，人口自然增长率24.04‰。

公元1970年1月 农历庚戌年【狗】													
日	一	二	三	四	五	六	日	一	二	三	四	五	六
				1 元旦	2 廿五	3 廿六	4 廿七	5 廿八	6 小寒	7 三十	8 十二月小	9 初二	10 初三
11 初四	12 初五	13 初六	14 初七	15 腊八节	16 初九	17 初十	18 十一	19 十二	20 大寒	21 十四	22 十五	23 十六	24 十七
25 十八	26 十九	27 二十	28 廿一	29 廿二	30 廿三	31 廿四							

1日　燃料化学工业部所属煤炭企业下放。萍乡、丰城两矿务局下放由江西省领导。

1日　江西省药科学校和草药展览馆等单位，收集全省各地草药的民间验方、草药标本、成药制剂1000种展出，编写出版了《江西草药秘方》，并参加了在北京举办的全国中草药展览。

7日　《江西日报》报道，八〇一厂攻下了9个较大的突破项目。其中，7项已经投产，3项达到和超过了先进水平，闯出了我国自己的冶金新工艺。

9日　省革委会、省军区发出《关于今年新年春节期间开展拥军爱民拥政爱民活动的通知》。《通知》要求通过活动加强军民团结和军政团结。

11日　丰溪河横贯广丰县、流经12个公社（场）、48个大队，全长160华里。广丰县10万人从1969年12月初开始，经过一个多月，在丰溪河两岸240华里长的护河大堤，截断了8段改道的河汊，拨正了丰溪河的流向。同时治理了有132华里长的12条丰溪河支流，围滩造田2.5万亩。护河大堤使全县80%以上的农田旱涝保收。

14日　新建县的永红农场，扬子洲公社和望城公社的佘牟、湾里两个大队划归南昌市。

16日　《江西日报》报道，江西井冈山汽车厂继1968年试制出第一辆"井冈山"牌70马力两吨半载重汽车之后，1969年造出516辆汽车。

17日　省军区召开活学活用毛泽东思想积极分子、四好连队、五好战士代表大会。出席会议代表3337人，其中民兵代表1716人。会议期间福建前线部队政治委员周赤萍，福建前线部队副政治委员、省军区司令员杨栋梁作了总结报告。省军区党委决定："号召全区指战员和全省民兵，以先进单位、先进人物为榜样，迅速掀起一个赛革命、赛团结、赛进步的热潮"。

省军区活学活用毛泽东思想积极分子和四好连队、五好战士代表大会会场

19日 南昌市革命委员会决定，南昌水泥厂住岭采石场划归南昌钢铁厂领导。

22日 南昌市革命委员会召开常委扩大会议。会议号召开展“四反”（反对资本主义倾向、反对贪污浪费、反对无政府主义、反对本位主义）、“两清”（清仓、清库）增产节约运动。

26日 江西有色冶炼加工厂500吨挤压机工程开始兴建（1972年10月4日顺利投产，生产铜管坯）。

27日 南昌市5000余名应届初中毕业生，奔赴农村第一线。

27日 省、市举行拥军慰问大会。参加大会的有各方面代表1.2万余人。会后，省、市文艺单位举行了慰问演出。

28日 江西省交通邮电局改为交通邮政局，电信划出，另立机构。

28日 江西省重工业局石油普查勘探大队（九一五大队）成立。

29日 省革委会成立春节拥军慰问团（各专、市成立慰问分团），春节期间，慰问团即奔赴全省各地慰问解放军。下午，省拥军慰问团和南昌市慰问分团，在省、市革委会负责人的率领下，前往省军区领导机关及驻市部队进行慰问。

30日 省革委会决定：江西共产主义劳动大学、江西医科大学、江西理工大学、江西井冈山大学1970年春试行办学；井冈山大学学制暂定5至6个月，其余各校学制暂定1年；采用群众推荐，基层革委会选拔，领导批准的办法招收工农兵学员。学员毕业后，一律实行社（厂、场）来社（厂、场）去，国家不作统一分配。

30日 南昌市自1969年12月25日始开展清湖积肥大会战，至今参加人数达62万人次，共积肥21万平方米，完成东、西、南、北4湖和青云谱区内10个湖塘的清湖任务。

30日 省革委会、省军区发出《关于征用战备车有关问题的通知》（至1971年，全省组建1个战备汽车运输师，有战备运输车3900辆）。

本月 省革委会在南昌齿轮厂召开战备紧急动员会。程世清等背着党中央，在江西部署制造半自动步枪和代号“110”的反坦克武器。

本月 省商业局革委会决定，从1970年第一季度起，发放使用全省通用汽油加油券。

本月 省地质局九〇八地质队在龙南县境内发现离子吸附型稀土矿床。

本月 南昌市商业局革命委员会成立，管理商业、供销、粮食、外贸、工商、物价等部门。

本月 南昌市人民银行与市财政局合并，成立财政金融局，下属单位与税务局合并。

本月 为了适应全省建设任务的需要，省革委会批准下达省建工局6000名招工指标，从南昌县、乐平县、波阳县、上饶县、赣县、临川县、进贤县招收。

本月 省革委会生产指挥部提出：各专区、市和生产建设兵团都要建设汽车厂，以专（市）为单位，组织大协作，发动群众，实现和发展“两个突破”。

本月 九江制药厂建成投产，生产肌苷品种；萍乡制药厂建成投产，生产药用凡士林等。

本月 省重工业局在萍乡矿务局上栗地区组建煤炭建设指挥部，调集二二三队、二二六队、二二七队3个大队15台钻机参加煤田会战。

公元1970年2月							农历庚戌年【狗】						
日	一	二	三	四	五	六	日	一	二	三	四	五	六
1 廿五	**2** 廿六	**3** 廿七	**4** 立春	**5** 廿九	**6** 春节	**7** 初二	**8** 初三	**9** 初四	**10** 初五	**11** 初六	**12** 初七	**13** 初八	**14** 初九
15 初十	**16** 十一	**17** 十二	**18** 十三	**19** 雨水	**20** 元宵节	**21** 十六	**22** 十七	**23** 十八	**24** 十九	**25** 二十	**26** 廿一	**27** 廿二	**28** 廿三

4日　省春节拥军慰问团，对在“三支两军工作”中负伤的解放军指战员进行慰问。慰问团人员深入病房，与伤病员交谈，赠送礼物。

5日　省革委会召开党委会议。会议根据中共中央1月31日的《关于打击反革命破坏活动的指示》、2月5日的《关于反对贪污盗窃、投机倒把的指示》和《关于反对铺张浪费的通知》精神，部署全省“一打三反”运动。

9日　省工业厅召开的全省汽车、拖拉机会战“四定会议”上，正式确定汽车制造厂13个，轮式拖拉机制造厂5个，配套动力厂2个，配套件厂90多个。

9日　《江西日报》报道，抚州专区、抚州市革委会最近召开万人大会，判处一批严重贪污盗窃、投机倒把犯。

10日　江西有色冶炼加工厂“一步炼铜”工程开工（5月21日建成，仅生产3个月，因柴油消耗大，成本高而停产）。

11日　省革委会、省军区发出紧急指示《立即开展春季植树造林群众运动》。指示要求各地充分发动群众，打一场植树造林的“人民战争”，要定任务、定时间、定质量，力求造一片、活一片、成一片。要狠抓春季林木播种育苗工作，并切实保护现有森林资源。

13日　信丰县召开首次妇女“活学活用毛泽东思想讲用大会”，出席代表439人。会议于20日结束。

13日　省革委会、省军区召开赴外省学习汇报会。会上听取省委和省军区派出的3个赴上海、浙江、湖南、湖北、广东、广西、吉林、黑龙江等15省市学习组的汇报。会议认为，“无论在革命方面，还是在生产方面，我省的差距还是很大的”，要“学外地，赶先进，找差距，拼命追”。汇报会于14日结束。

17日　根据省革委会《关于清查外流人口的指示》，全省各级保卫部门组织以民兵为骨干的130万人上阵，对外流人员开展大清查。清查于5月22日结束。

17日　南昌市革委会、南昌警备区在市体育场召开坚决镇压“反革命分子”和刑事犯罪分子公审大会，判处了9名罪犯。

南昌市公审大会会场

17日 江西省公安机关军事管制委员会在南昌市、上饶市、吉安市、九江市、赣州市、萍乡市和进贤、南昌县等地分别召开公审大会，对一小批“反革命集团首犯、现行反革命”、阶级报复杀人犯、纵火盗窃犯、投机倒把犯，判处了死刑或无期徒刑。

17日 江西无线电工业学校改为国营胜利器材厂（四三二一厂）。

18日 南昌市重工业局将南昌工具厂、工业轴承厂、八一配件厂、粉末冶金厂、八一无线电厂、整流器厂、南昌电子管厂、江西无线电器材厂、江西精密铸造厂等9个工厂迁至湾里工业区。

20日 《江西日报》报道，丰城县初步建成一座“小而全”的钢铁企业：从1968年建厂至今，已建有3个小矿点，有炼钢电炉2座、电炉变压器2台、“四百”轧钢机1列、二二〇轧钢机1套（5列）、13立方米炼铁小高炉1座、翻砂车间1个、机修车间1个、化验室1所、200吨水塔1座。建造共投资80.7万元。到1969年12月底，总产值达到81万余元。

21日 万安县弹前公社从1964年起，大规模开展治山、治水、治田斗争。《江西日报》发表评论员文章称其为“我省农业学大寨”的一面红旗。并发表省农业局革命委员会文章《向弹前人学习》。

21日 江西省“第二届活学活用毛泽东思想积极分子和‘四好’、‘五好’代表大会”召开，到会人数1.5万人。省革命委员会号召全省人民认真向他们学习。会议于28日结束。

25日 为增加化肥生产能力，省轻化局又继续增加南昌、新建、崇文、会昌、清江、永丰、分宜、高安、上高、德兴、乐平、修水、奉新、德安、吉安、吉水、峡江、莲花、安福、临川、南城、横峰、龙南、婺源、宜丰、宁都等25家定点小氮肥生产企业。

26日 省革委会办公室同意增加省革委档案馆6名编制，用以加强省革委档案馆宜丰潭山战备后库的警卫工作。

26日 江西省下达机械系统汽车、拖拉机行业第一批基建投资800万元。

28日 全省学习毛主席著作先进集体、先进个人代表大会召开。

本月 赣州精选厂140吨炼铋车间开工建设。南昌缝纫机厂筹建。江西化学纤维厂“万吨”化纤工程开始扩建。

本月 省军区召开全区战备思想教育和战备训练工作会议。会议强调树立常备不懈的战备思想，认真落实战略措施。

本月 江西医科大学下迁吉安市青原山公社。

本月 江西理工科大学下迁武宁县新城公社（6月，又由新城公社迁到景德镇市）。

本月 全省推行“贫下中农管理农村商业”的政策，在农村国营商店（原基层供销合作社）设立贫管会，部分贫下中农代表参加基层商店领导班子，随后脱产，转为“赤脚”营业员。

本月 鹰潭镇城建处成立公共汽车班，购进第一辆营运客车。

3月 March

公元1970年3月							农历庚戌年【狗】						
日	一	二	三	四	五	六	日	一	二	三	四	五	六
1 廿四	2 廿五	3 廿六	4 廿七	5 廿八	6 惊蛰	7 三十	8 妇女节	9 初二	10 初三	11 初四	12 初五	13 初六	14 初七
15 初八	16 初九	17 初十	18 十一	19 十二	20 十三	21 春分	22 十五	23 十六	24 十七	25 十八	26 十九	27 二十	28 廿一
29 廿二	30 廿三	31 廿四											

2日　江西拖拉机厂召开庆祝大会，庆祝井冈山“七〇”型拖拉机试制成功。该机试制成功，对战备、支农都有十分重要的意义。

江西拖拉机制造厂成功试制的新型井冈山“七〇”型拖拉机

3日　省革委会抓促指挥部通知进贤、高安、丰城等10县农机厂，在早稻插秧前生产3000台人力水稻插秧机。

5日　分宜钢铁会战指挥部成立，同时筹建分宜钢铁厂，并集中10万民工修建分宜至江西永新和新余至上高铁路（1972年7月11日，省重工业局决定分宜钢铁厂停产撤销）。

8日　南昌地区各条战线6000多名妇女集会，庆祝“三八”国际劳动妇女节。大会号召全省妇女和一切革命同志向抢救五少年而英勇牺牲的金溪县女英雄郑赛金学习，要求在全省范围内掀起一个广泛深入学习女英雄郑赛金的群众运动。

10日　经国务院批准，萍乡市升为地级市，由省直辖。江西九江、上饶、抚州、宜春、吉安5个专区改称地区。

10日　省财政金融局革委会、省商业局革委会联合发出关于1961年以前的赊销贷款，预付贷款和预购定金三项欠款核销拨款的通知。

13日　省革委会决定成立电视领导小组。领导小组会议决定，恢复1962年中断的电视台筹建工作和召开全省电子工业电视广播会议，部署全省发展电子工业和电视广播事业。

16 日 萍乡钢铁厂由 82 立方米改建成 100 立方米高炉胜利投入生产。全体设计施工人员完成了 3 座热风炉整体一次迁移，卷扬系统自动化和地下料仓半自动化等工程项目。为我国小型高炉上料系统实现全部自动化和半自动化创造了新技术。

18 日 《江西日报》报道，去冬今春，九江县灭螺超过 13 年来灭螺面积的一倍，大部分地区消灭了血吸虫。在灭螺会战中，开新河 4 条，长达 47 华里；围垦了 6 条有螺的湖汊荒洲，面积达 1.5 万多亩，使血吸虫病危害严重的地区生产和健康卫生出现了前所未有的变化。

20 日 分（宜）文（竹）线在近期开工（该线为Ⅲ级单位，全长 158.45 公里，由南昌勘测设计所于 5 月完成全线初设，1972 年末竣工通车，1976 年 5 月交南昌铁路局接管，1977 年 4 月 1 日正式并网运营）。

21 日 省轻化局革委会、省财金局革委会、省商业局革委会联合发出《关于大力开剥猪皮发展制革工业的联合通知》。《通知》要求全省开展一个开剥猪皮、加速发展制革工业的群众运动，完成开剥猪皮 300 万张、猪皮制革 200 万张的任务。对开剥猪皮的政策性亏损，由财政给予补贴。

24 日 省革委会抓促指挥部通知各地立即对农机具进行全面检修，及时投入春耕生产。

29 日 省革委会举行常委会议。会议贯彻 2 月 15 日至 3 月 21 日国务院召开的全国计划会议精神，讨论确定本年度基本建设计划和 1971 年至 1975 年国民经济发展规划，要求年产钢 100 万吨，粮食 400 亿斤，基本实现农业机械化、电气化、化肥化和水利化。

30 日 江西省地矿局九〇九地质大队在会昌县周田乡发现岩盐矿藏，命名为“三三〇盐田”。6 月 18 日，三三〇盐田生产出第一批食盐。

本月 省革委会作出《关于建立专（市）一级财政的决定》，恢复地（市）一级财政。

本月 南昌钢铁厂 1970 年 1 月至 3 月完成的工业总产值，比 1969 年同期增长 49%，生铁、钢、钢材等主要产品的产量直线上升，超过历史最高水平。其中钢产量比 1969 年同期增长 75%（电炉钢比去年同期增长 110%），质量大大提高，原材料和燃料的消耗量显著降低，第一季度共为国家节约电 100 万度；并炼出了具有先进水平的模具钢等新品种。

本月 全省受灾的 35 个县，已有 13 个县消灭了血吸虫病。仅 1969 年灭螺面积就达 38.7 万多亩，其中水田改旱地 9.4 万多亩。治疗病人 5.09 万多人。

本月 赣南供电局和赣东北供电局建立。

本月 江西医科大学（由江西医学院和江西中医学院合并而成）招收首届工农兵学员 528 名。

本月 二二四队在花鼓山矿区山南地区勘探结果，证实原电法普查结论基本正确，获炼焦煤储量 1306 万吨。

本月 赣州精选厂年炼锡 400 吨车间动工兴建。11 月建成投产。

本月 省革委会颁发《关于加强建设统一领导的决定》，决定全省基本建设工作由省建工局统一领导，统一管理。

公元1970年4月							农历庚戌年【狗】						
日	一	二	三	四	五	六	日	一	二	三	四	五	六
			1 廿五	2 廿六	3 廿七	4 廿八	5 清明	6 三月小	7 初二	8 初三	9 初四	10 初五	11 初六
12 初七	13 初八	14 初九	15 初十	16 十一	17 十二	18 十三	19 十四	20 谷雨	21 十六	22 十七	23 十八	24 十九	25 二十
26 廿一	27 廿二	28 廿三	29 廿四	30 廿五									

1日　全省煤矿推行国家建委在全国设计革命经验交流会提出的“四边三当年”（即边勘探、边设计、边施工、边生产和当年设计、当年施工、当年投产）经验以后，在建设中忽视技术规范要求，打乱基本建设程序的错误更加严重。

1日　南昌钢铁厂发出《向全省兄弟厂矿发起革命竞赛提议》，这一倡议，立即得到全省各钢铁企业的响应。据报道，“全省以钢铁工业为主，迅速发展到煤炭、机械、轻工、化工、纺织等各行各业，”都迅速掀起了以增产节约为中心的社会主义劳动竞赛高潮。

2日　省革委会抓促指挥部发出通知，收回各级建筑企业50%的自有流动资金，以支援江西工业“大跃进”。

5日　省、市军民2万余人分别在烈士陵园和李文忠烈士纪念碑前举行了祭扫烈士陵园大会。省革委会、省军区、南昌市革委会、南昌警备区的负责人出席了大会。

6日　省革委会抓促指挥部发出《关于各地财政、银行机构在五月份全部合并的通知》，《通知》要求，合并后，对外仍保留人民银行牌子，银行的信贷、结算、现金管理、联行往来等，仍使用人民银行公章。

9日　《江西日报》报道，井冈山钢铁厂从1969年12月中旬起，用了3个月的时间，提前建成了附有电、运、焦、矿等全部工程在内的炼铁高炉。

9日　《江西日报》报道，东乡钢铁厂在原下马后的废墟上建成高炉，并在最近投产。

10日　全国煤炭工作会议在萍乡矿务局召开，会议提出：“大干三年，扭转煤炭南调局面”。会议要求1972年江南九省煤炭基本自给。萍乡矿务局在会上介绍“以煤为主、多种经营”的经验。会议于4月22日结束。

15日　《江西日报》报道，原来只能修造小木船的都昌县造船厂，1968年造出了具有多用特点的“三忠号”钢质轮船，1969年又造出了船体更大、造价更低、质量更好的“三忠二号”、“三忠三号”等4艘钢质轮船，造出了50吨以上的机帆两用大型水泥船。

20日　《江西日报》报道，省革委会最近

在南昌召开了全省首次通讯报道工作会议。会议“以毛主席的无产阶级新闻路线为武器，以‘斗私批修’为纲，大插红旗，狠抓通讯报道队伍建设”。大会还通过了倡议书。

21日 据《江西日报》报道，1968年8月创办的崇仁县电机厂，如今已建设成一个现代化电机厂。该矿从翻矿到生产产品，整套工序都实现了机械化生产，成批生产了各种变压器和电焊机、电动机。

24日 省革委会通知，将省属南昌拖拉机厂、江东机床厂、江西电机厂、南昌柴油机厂、江西省气体压缩厂、江西轴承厂、八面山汽车厂等下放所在专区、市领导。

25日 《江西日报》报道，江西电机厂制造的“铁皮电动机和发电机”，不用矽钢片（用铁皮替代），不用铜线（用铝线替代），不用轴承，不用励磁机。

27日 省农业局革委会转发农业部通知，在江西征集水稻品种“莲塘早”3号、“油黏子”和花生品种“六月爆”等，供出国展览。

29日 江西拖拉机厂4月份提前两天突破3月份生产拖拉机550台大关，创造了该厂生产的最高纪录。

30日 《江西日报》报道，江西省在1967年以来3年多的时间里，共办起了100多个电子工业厂。现在能制造各种扩大电机、军用整机、电子仪器、电子管锗、硅晶体管等100多种元件、器件和硅单晶。电子技术陆续应用于机械、水电等工业的某些部门，特别是广播器材的大批生产，使全省广播网得到迅速发展。

本月 全省计划会议召开。会议贯彻全国计划工作会议精神，批判所谓“专家路线”、“条条专政”；讨论全国第四个五年计划纲要草案，拟定出江西省“四五”计划纲要。

本月 江西省境内铁路第一个采用590型电气集中电路的大站——鹰潭站开通使用。

本月 鹰潭水电段在衢县建造每小时160立方米重力式无阀滤池竣工投产，运转正常，是全国铁路第一座无阀滤池。经国家建委组织鉴定，肯定了设计与施工的成功。

本月 华东煤矿设计院解体后，一部分职工调来江西，与江西省煤矿设计院下放后剩余人员，在萍乡市组建省重工业局设计研究所，当年8月，设计研究所即撤销，人员下放到19个企业。江西煤矿设计改由施工单位承担。

本月 省革委会抓促指挥部在全省水电设备和铁皮发电机生产会上，安排生产水电设备共8.3万千瓦，其中铁皮发电机5万千瓦。

本月 南昌无线电厂试制成功YHL、YHZ、YHD重、中、轻型橡胶电缆通过鉴定，填补了省内的空白。

本月 宜春钽铌矿筹建处成立。10月成立四一四（宜春钽铌矿代号）建设指挥部。当年抽调大王山钨矿职工300余名来矿。

本月 在江西机械工业局“五七”汽车配件厂基础上创办南昌自行车飞轮厂。

本月 广昌纺织器材厂成功生产出木质经纬纱管，填补了省纺织器材的一项空白。

本月 省建工局组建了10个团：一团（由原一团即六处改编）；二团、五团（均属新组建）；三团、六团（为民工团，未组建）；四团（由原二团即七处改编）；七团（由原五团安装处改编）；八团、九团（均是新组建的安装团）；以及机械施工团（原施工大队）。并将原设计室和科研所改为江西省建筑工程局设计科学研究勘察营。

本月 南昌农药厂年产3500吨烧碱和年产2500吨50%敌白虫生产车间建成投产。

公元1970年5月 农历庚戌年【狗】													
日	一	二	三	四	五	六	日	一	二	三	四	五	六
					1 劳动节	2 廿七	3 廿八	4 青年节	5 四月大	6 立夏	7 初三	8 初四	9 初五
10 初六	11 初七	12 初八	13 初九	14 初十	15 十一	16 十二	17 十三	18 十四	19 十五	20 十六	21 小满	22 十八	23 十九
24 二十	25 廿一	26 廿二	27 廿三	28 廿四	29 廿五	30 廿六	31 廿七						

1日 铁路江西南昌车辆段定检连工人用24天的时间制造出“井冈山69－Ⅰ型”内燃机车。

南昌铁路车辆段定检连制造的“井冈山69－Ⅰ型”内燃机车

1日 省革委会批转《全省电子工业和电视广播会议纪要》。《纪要》提出电视广播的奋斗目标是：“力争在五年内或更多一点时间基本建成微波、电缆通讯网传输的全省彩色电视网和相应的电视广播维修网，使用电源的生产大队都有电视接收机，都能看到中央和江西的电视节目”。1970年电视会战的方向是：力争在国庆节或更早一些时间建立江西电视台，试制成功黑白电视发射机，利用现有设备试播，同时在庐山建立电视转播台，接通北京电视节目，并有计划地进行武汉—庐山—梅岭的微波电路建设。

1日 井冈山吉安大桥建成通车。该桥于1969年3月动工兴建，设计为71米径预应力钢筋混凝土T型钢构桥，16孔，全长1090米，为江西省最长的公路桥。

2月 江西省政治工作会议在南昌举行。会议研究组织党员干部学习九大新党章、加强政治思想教育工作等问题。并要求“全省各地工矿、企业、学校、机关、农村迅速掀起一个学好用好新党章的运动，把所有的党组织都整顿好，使每个支部都建设成为坚强的战斗堡垒，使广大党委都成为无产阶级专政下继续革命的先锋战士”。同时要求加强领导班子、班组、家庭革命化建设。会议于15日结束。

3日 为纪念毛主席《在延安文艺座谈会上的讲话》发表28周年，江西省京剧团演出现代京剧：《智取威虎山》（向上海学习剧目）、《沙家浜》（向北京学习剧目）。

4日 省革委会政治部设立群工组，下设妇女小组。

7日 《江西日报》报道，从1968年10月以来，江西全省共有数10万干部、教师、医务人员和知识青年，遵照毛主席《五七指示》和"广大干部下放劳动"、"知识青年到农村去"的要求，组成"五七"大军，奔赴农村插队落户。各级委员会实行"三三制"，机关工作人员分批下放劳动。其中，上饶专区2.2万名，金溪县2100名。5月8日，《人民日报》发表江西省革委会江宣文的文章《朝气蓬勃的无产阶级干部队伍在成长》。

7日 省革委会抓促指挥部发出《关于在东乡县建立简易灭虫机场的通知》。《通知》要求以东乡县为主，临川、余江、进贤县积极配合，在5月底前修建一个防治松毛虫用的简易机场。

8日 清华大学、北京大学两个学校的部分师生员工，到鄱阳湖畔的鲤鱼洲办起教育革命的试验农场。

10日 《江西日报》报道，瑞昌县农机厂，成功地制造出了农村急需的井冈山牌手扶拖拉机、一九五型风冷柴油机、饲料粉碎机、一机多用碾料饲料粉碎机、脚踏青饲料打浆机、脚踏干饲料粉碎机、脚踏饲料功割机、插秧机。

10日 修水县水泥厂，经过3个多月的27次试验，终于用劣质烟煤烧出500标号优质水泥。

10日 《江西日报》报道，江西钢厂用小设备轧出了符合国家一级标准的重型钢轨。重型钢轨过去一直由大型轧钢厂生产。随着铁路交通运输业的发展，年初，国家要求江西钢厂轧制重型钢轨。该厂工人和干部用大铁钳夹着1000多度高温钢坯，轧出了合格重型钢轨。

13日 省商业局革命委员会通知，自6月1日起，商业部门不经营棉纱，全省各项用纱，统由轻化工业局纱布调拨经理部经营，商业库存棉纱同时移交。

13日 省革委会政治部宣传组在瑞金县举办"全省宣传毛主席伟大革命实践活动"资料工作人员学习班，该学习班整理编写《伟大领袖毛主席在江西革命活动大事记》。学习班于27日结束。

15日 省交通邮政局南昌邮政摩托车厂成功地制造出了20辆井冈山牌七〇一型摩托车。

15日 江西省化工实验厂经过几十次的反复试验，终于试制成功了涤纶树脂（的确良原料），并投入生产，为江西化纤工业增加了一项新的产品。

15日 九江染织厂试制成功了一台自动化丝光机。

16日 越南驻华使馆官员阮同，来江西南昌、井冈山参观访问。历时7天。

18日 景德镇市新华印刷厂试制八开沿线成功，填补了江西省印刷工业新材料的空白。

19日 省农业局革委会通知各县农村社、队，放手发动群众，建立土农药厂，大搞土农药生产。

20日 以查禾多为团长的亚洲作家协会、记者协会访问团22人游赣，并专程赴萍乡参观安源毛泽东革命活动纪念馆及其旧居。

21日 省、市15万军民在南昌市人民广场集会，拥护中共中央主席毛泽东发表的《全世界人民团结起来，打败美国侵略者及其一切走狗!》的声明（至5月28日，全省有1800万人参加了示威游行）。

省、市军民连夜举行集会游行

23日 省军区和革命文艺战士代表2500余

人，当日在南昌市八一礼堂举行盛大集会，隆重纪念毛主席的光辉著作《在延安文艺座谈会上的讲话》发表28周年。

23日 全省各专、市（县）广大军民举行集会和游行示威，拥护毛主席的庄严声明，坚决支持印度支那三国人民和世界各国人民打败美国侵略者及其一切走狗的革命斗争。

28日 第五机械工业部批准建设江西钢厂建设水压机车间（同年省重工业局、省国防工办决定在江西钢厂建设复钢片车间。此两项工程于1971年初动工兴建，1972年厂房基本竣工，后由于种种原因，未建成投产）。

28日 省革委会发出《江西省革命委员会常务（扩大）会议纪要》。《纪要》提出要“加强对知识分子的政治思想教育，对科学家、教授、医生等知识分子，要团结、教育、争取、改造、充分调动他们的积极因素，为社会主义事业作出贡献”。对教育革命的问题，“要摸索经验，认真办好正在试办的大学”，三结合的“五七”学校要坚持以学为主，劳动和学习的时间比例要安排适当。同意设立江西省科学教育研究局。

29日 上饶专区文工团1969年以来，共创作文艺节目70多个，深入厂矿、农村、部队驻地演出189场。

29日 据新华社报道，江西省革委会选择一些有煤铁资源的，工业、交通条件较好的县、市，例如：兴国、分宜县，放手发动群众自力更生兴建小型钢铁厂。只用三四个月的时间，便建成一批小高炉、小炼钢炉、小矿山和小煤矿。

29日 省革委会政治部通知同意省建筑工程局革委会成立党的核心领导小组。

31日 江西水利设备制造厂用两个月时间成功制造出江西第一台5米立式车床。它高6米、宽6米、重50吨（钢铁件），可以用来加工直径5米、高6米、重25吨的加工件。它的制造成功，为制造1万千瓦以上的大型水轮机创造了条件。

本月 南昌塑料二厂由抚河日用塑料厂、抚河纽机厂、南昌鞋帽塑料厂塑料车间组建而成。

本月 水利电力局党的核心小组成立。

本月 新华煤矿王仲吾将H_2O_2应用于临床治疗出血性的感染性休克取得成功（1972年中国医学科学院研究推广此法治疗出血热，1975年医疗期刊推广治疗各型休克、一氧化碳中毒。1982年第三军医大学进一步研制成固体H_2O_2，此发明获1978年省科学大奖）。

本月 根据国家计委《关于建立统计报表制度的通知》要求，自当月开始，基本恢复一度中断的基本统计报表制度。

本月 《红旗》杂志第九期发表文章《一支社会主义建设的开路先锋——江西九〇九地质队》。旋即在全国掀起学习九〇九队高潮。

公元1970年6月 农历庚戌年【狗】													
日	一	二	三	四	五	六	日	一	二	三	四	五	六
	1 儿童节	2 廿九	3 三十	4 五月小	5 初二	6 芒种	7 初四	8 端午节	9 初六	10 初七	11 初八	12 初九	13 初十
14 十一	15 十二	16 十三	17 十四	18 十五	19 十六	20 十七	21 十八	22 夏至	23 二十	24 廿一	25 廿二	26 廿三	27 廿四
28 廿五	29 廿六	30 廿七											

1日　省革委会召开有专、县革命委员会负责人参加的电话会议，号召全省人民“以跃进的思想，跃进的姿态，跃进的作风大战50天，管好早稻，种好一季晚稻，认真落实二季晚稻的耕种面积和良种，力争晚稻赶上早稻，超过早稻，夺取全年农业大丰收”。

3日　洪都机械厂、江西拖拉机制造厂、南昌钢铁厂、井冈山汽车制造厂等38个单位，给全省“贫下中农”写了一封信，表示“全心全意支援农业，实现农业大跃进”、“多快好省地发展农机生产”。

3日　省革委会消灭血吸虫病总指挥部成立。

5日　南昌铁路局向塘工程机械修配厂制造出了一台全长63米、负重130吨的铺轨架桥机。

南昌铁路局向塘工程机修厂工人自行设计制造的架桥机

6 日　由第三十二工程处施工的江西英岗岭煤矿建山斜井，发生瓦斯与煤突出的重大事故，26 人死亡，8 人重伤。

7 日　九〇九地质队在一年多时间里发现了 1100 多个矿点，几十个矿种，许多是在红层地带找到的。该队在会昌周田勘探出盐矿，结束了江西无盐矿的历史。毛泽东主席听了此消息十分高兴，称“这是件大好事”。

8 日　省革委会抓促指挥部发出《关于水文气象体制下放的通知》，决定从 7 月 1 日起将省属各专（市）县水文气象台、站下放给各专（市）县革命委员会领导。

9 日　冶金部批准，新余钢铁厂 4 号 300 立方米高炉动工建设（9 月 28 日建成投产，冶炼生铁）。

11 日　省农业局革委会、省商业局革委会联合通知，1970 年各地早稻矮秆种子大部分来源于商品粮，纯度低，混杂严重，应发动群众做好选种留种工作。

13 日　全省“五七”大军接受贫下中农再教育讲用会召开。会议期间，1300 多名来自各方面的代表，学习了毛泽东主席的“五七”指示和“广大干部下放劳动”、“知识青年到农村去”的讲话，学习了中央两报一刊《改造世界观》的社论等文件，28 个集体和个人在大会上发言，介绍“活学活用毛泽东思想的体会”。讲用会于 24 日结束。

15 日　省农业局发出《关于建立林业机械厂的通知》。《通知》要求各专区和省辖市建立林业机械厂，进行林业机械制造和维修，加快林业机械化进程。

17 日　全省“文艺战线领导班子活学活用毛泽东思想讲用会”在彭泽县召开。参加会议的有省、专（市）、县革委会宣传组和文艺单位的军代表负责同志共 250 余人。会议要求广大文艺战士要到三大革命斗争中去活学活用毛泽东思想，彻底改造世界观；“深入持久地开展革命大批判”，彻底肃清文艺战线的余毒；突出无产阶级政治，加强班子和队伍的革命化建设；紧跟形势抓好工作，努力塑造工农兵新形象，夺取文艺革命新胜利。讲用会于 7 月 3 日结束。

18 日　“三三〇盐田建设大会战指挥部”率上千名干部职工，在会昌县周田乡熬出第一批符合当时标准的食盐（江西省地矿局九〇九地质大队于 3 月在会昌县周田乡发现岩盐矿藏，命名为“三三〇盐田”）。

22 日　据新华社报道，江西在只有 100 多座小型水电站的基础上，新建中型水电站 18 座，小型水电站 2300 多座。这些水电站的装机容量，最小的只有 5 千瓦，最大的是 3.4 万千瓦。

德兴县盘石山水电站

22 日　省卫生局革委会下发关于《牛痘苗、小儿麻痹症口服糖丸疫苗、白喉类毒素列为江西省普种》的通知。

22日 省革委会、省军区发出《关于开展向陈波学习的决定》，并在南昌召开省、市军民

省革委会、省军区召开的省、市军民学习陈波英雄事迹大会

学习陈波英雄事迹大会，动员全省共产党员、全省军民向优秀的共产党员陈波学习。福州部队负责人尹明亮出席了大会（陈波于1969年为抢救一个触电的贫农社员和保护在场群众的安全而牺牲）。

26日 毛泽东签发的中共中央（1970）48号文件，肯定萍乡矿务局自力更生、勤俭办矿的经验。

27日 省、市2500余人在南昌市八一礼堂集会，纪念“朝鲜祖国解放战争20周年”，声讨美帝国主义霸占南朝鲜和我国领土台湾的罪行。

本月 赣州铝厂自行设计并改装的铝材压延成套设备竣工试产，首次产出铝排。

本月 南昌乳品厂全脂奶粉正式投产。

本月 江西省革委会抓促指挥部设立统计组。

本月 国家建材部撤销华东地质公司，将所属五〇一地质队下放江西省，归省建工局管理。

本月 省重工业局审查批准九一二地质队提交的铅山永平矿区天排山大型铜硫矿地质勘探报告。

公元1970年7月							农历庚戌年【狗】						
日	一	二	三	四	五	六	日	一	二	三	四	五	六
			1 建党节	2 廿九	3 六月大	4 初二	5 初三	6 初四	7 小暑	8 初六	9 初七	10 初八	11 初九
12 初十	13 十一	14 十二	15 十三	16 十四	17 十五	18 十六	19 十七	20 十八	21 十九	22 二十	23 大暑	24 廿二	25 廿三
26 廿四	27 廿五	28 廿六	29 廿七	30 廿八	31 廿九								

1日 省财金局革委会通知，实行“四税合一”后，地方附加不分工商统一税或地方税，每月按税收总额1%提取，归地方使用。

1日 以向塘机务段为主、路内外协作制造的井冈山单擎、全电控、两端操纵的500马力内燃机车、牵引旅客列车（4节车厢）驶向南昌，向省市领导和南昌铁路局革委会报喜。

1日 江西电视台成立。

1日 江西广播设备修造厂试制的3台1千瓦黑白电视发射机交付使用。

3日 省重工业局决定，在新余钢铁厂兴建年产5000吨至6000吨炭素制品车间（1971年1月3日动工兴建。1973年6月14日试生产）。

6日 省革委会政治部召开农村党支部工作座谈会。会议讨论加强农村党支部建设，充分发挥党支部战斗堡垒作用的问题；要求各级党组织要定时讨论党支部工作；各级领导都要面向基层，抓好典型，实行活的领导。

7日 《江西日报》报道，贵溪县组织广大贫下中农和医务人员学习毛主席“六二六”指示，开展群众性的大办小药厂运动。贫下中农、“赤脚医生”和医务人员组成了“三结合”的科研小组，一年多来，生产了上万瓶各种医用液体和60多种中草药及针剂，还用猪血制成了“水解蛋白”。

13日 《江西日报》报道，赣州专区各县兴办小钢铁厂、小煤矿、小土化肥厂、小土农药厂、小水泥厂、小电机厂、小柴油厂、小轴承厂等地方小型工业企业，从1970年5月份以来，共兴办和扩建小型厂矿51个，其中新建48个，扩建3个。

13日 省革委会发出《关于加强保密工作，开展保密大检查的通知》。

15日 共产主义劳动大学“贯彻执行毛主席教育革命光辉指示讲用会”召开。会议要求，“进一步坚持共大方向，明确培养目标，紧密结合三大实践”，总结经验，不断提高教学、科研、生产三结合的水平，把共大办成教育革命的样板，生产的先进单位，科研的重要基地。讲用会于25日结束。

15日 南昌市八一化工厂经过160多次试验，试制出成本低，使用方便的“七〇三”高效粮食杀虫药并成批投入生产。

15日 贵溪县红旗化工厂试制成功高效有机磷农药——马拉松。这种农药适用范围广、效力高，尤其对杀灭危害水稻、棉花、果树、蔬菜、玉米、小麦等农作物的虫害有特效，用药量小，1公斤可用于20亩水稻田，对人无毒害。

16日　南昌市八一大桥北岸举行万人集会，庆祝毛泽东主席畅游长江4周年，1万多人畅游了赣江。当天，九江、上饶、吉安、赣州、抚州、宜春、景德镇、萍乡等地也举行了纪念毛泽东主席畅游长江4周年的集会，分别在长江、信江、赣江、抚河、袁河等江河举行游泳活动。

16日　《江西日报》报道，江西龙源口汽车制造修配厂试制成一辆铁木结构简易汽车。这种汽车除发动机和主要机械部件是钢铁做的外。其他部件都是用竹木做成的，大梁和驾驶室是木质的，钢板弹簧也是由毛竹做成的。

16日　《江西日报》报道，南昌市八一粉笔厂在生产粉笔的同时，生产出供农村照明和电动机等使用的多种铝芯电线。现在该厂一个月可以生产8万多米电线。

17日　萍乡市建成了一座年产3000吨合成氨的小化肥厂。

17日　大余县内良公社农科所化肥厂成功地用土法制造出了微生物农药——杀螟杆菌。杀螟杆菌是一种对人畜和植物安全无毒的细菌杀虫剂，对多种害虫具有强烈的毒杀能力，杀虫效果可达80%～90%。

17日　安义县万埠公社农机修配厂试制出7千瓦“七一”型二无（无矽钢片，无机座）三相异步电动机。

17日　崇仁县沙坦公社农具厂试制成功“七〇五”型快速收割器并成批生产，支援夏收。

17日　奉新县赤岸公社农具厂土法上马试制成功无锡、无铜电焊机，支援农业生产。

17日　大余县建成一座柴油机厂和一座电机厂，并分别试制成功柴油机和发电机。

17日　宜春电厂试制成功七五KM三次谐波绕组水轮发电机。这种发电机采用三次谐波绕组励磁，具有体积小、重量轻、结构简单，使用维修方便等特点，适合农村小型水电站使用。

18日　横峰纺织器材厂除生产主业木梭和梭棒产品外，大力生产支农产品。一年多来，生产了手扶拖拉机钢圈692套，油箱160只，汽缸床垫240多片。近3个月，生产了农村人民公社农机厂使用的车床、钻床36台，汽车轴承48套，支农产品17种。

19日　《江西日报》报道，继6月中旬派出395名由干部和技术工人组成的“支农突击队”下乡支农之后，省革委会又抽调800名省直机关干部到全省各地支援抢收抢种。

21日　省革委会批转省保卫部《关于处理户口迁移、落户问题的暂行规定》。

24日　江西电机厂制造出水电建设中一种急需的中型水轮发电机——1250千瓦发电机。

24日　江西省大吉山矿机修连六班全体职工，试制成功一台中国式剪床。

28日　《江西日报》报道，省建筑工程局设计室在扩建萍乡和丰城两水泥厂的工程中，发动工人参加设计，审查设计，成功地设计并建成了大型薄壁砖砌圆库，共9座，它们内径8米，高20米，从上到下，都是用砖或毛石砌成。不仅使6个月的工程缩短到两个月，而且为国家节省了10余万元投资。

30日　省、市军民5万人在南昌市人民广场集会，欢呼“革命样板戏”《智取威虎山》和《红灯记》电视纪录片上映。省、市革委会有关方面负责人出席了大会。这两部影片将从8月1日起，在江西各地陆续上映。

本月　省革委会通知：要求南昌市朝阳农场迁至新建县石岗组建石岗分场（1973年8月，石岗分场撤销，外迁经济损失达103.4万元）。

本月　3DG6等硅三极管在三六无线电厂试制成功。

本月　江西石城钽铌矿日处理230吨选厂试车生产。

本月　铁山垅钨矿隘上坑口撤销，全部人员和设备转移到利村煤矿（1983年6月，江西省冶金厅批准该坑口闭坑）。

本月　江西制药厂葡萄糖车间迁往吉安市，成立赣江制药厂，当年投产。

本月　年产油漆2000吨的前卫化工厂在宜丰建成投产。

公元1970年8月							农历庚戌年【狗】						
日	一	二	三	四	五	六	日	一	二	三	四	五	六
						1 建军节	2 七月大	3 初二	4 初三	5 初四	6 初五	7 初六	8 立秋
9 初八	10 初九	11 初十	12 十一	13 十二	14 十三	15 十四	16 十五	17 十六	18 十七	19 十八	20 十九	21 二十	22 廿一
23 处暑	24 廿三	25 廿四	26 廿五	27 廿六	28 廿七	29 廿八	30 廿九	31 三十					

1日　南昌洪都机械厂承担研制的强五飞机首飞成功。

5日　省革委会在宜黄县召开了全省“保卫战线活学活用毛泽东思想讲用会”。

13日　日本第六次学生友好参观团一行123人，来南昌、井冈山参观访问。历时7天。

13日　江西铜厂薄板车间试产，轧出第一批薄板。

14日　省革委会核心小组召开全省电话会议。会议号召全省军民广泛开展群众性的大检查、大总结、大评比、大讲用，鼓足更大革命干劲，力争晚稻赶早稻、超早稻，夺取全年农业全面丰收。

15日　赣南纺织厂万锭设备全面投产。

16日　《江西日报》报道，1970年，早稻总产量比1969年增产三成左右，涌现了一批早稻一季度产量跨过《全国农业发展纲要》规定指标的公社和生产大队。赣州、井冈山、抚州、上饶、宜春5专区和萍乡市早稻总产量比1969年同期增产三成至五成。

17日　省财金局革委会转发《财政部关于停止执行〈国营工业企业小型技术组织措施贷款办法〉的通知》。

20日　新余钢铁厂从1969年3月开始，经过一年多的努力，目前已建成全省第一座大型现代化焦炉。焦炉用1.2万多吨耐火砖砌筑，安装了700吨炉体设备，是一座横跨袁河的焦炉供水管工程。

23日　江西轻工业发展迅速。全省至今已新建起中小型轻工业企业1000多个，增加了手表、自行车、缝纫机、日光灯、合成洗涤剂、化学纤维和尼龙等200多种轻工业产品。

23日　中国农林科学院研究决定将原中国林业科学研究院木材工业研究所下放抚州。

23日　中共九届二中全会（8月23日至9月6日）在庐山举行。8月31日，毛泽东写了《我的一点意见》一文，严厉批判了林彪、陈伯达在会议期间散布的“天才论”，给了林彪反革命集团以沉重打击。9月6日下午2点30分，中共中央主席毛泽东离开庐山。在牯岭饭店门前下车，直至隧道口，沿途接见干部、职工、战士、公务人员1000多人（11月26日，中共中央发出

《关于传达陈伯达反党问题的指示》。随后，中央作出部署，首先在党的领导机关开展“批陈整风”运动）。

23日 《江西日报》报道，广丰县在两年多时间里，逐步建立起小钢铁厂、小煤矿、小农机厂、小化肥厂、小水电站、小农药厂、小水泥厂等“七小”基础工业。现在，该县乡办厂矿23个；社（厂）办厂矿252个。

30日 建阳工具厂（六〇二厂）建成投产。

31日 省农业局革委会发出通知，要求各地根据1970年全省棉花品种混杂、退化比较严重的情况，积极开展群选、群育和提纯复壮活动，不断提高种子质量。

本月 省革委会决定，老干部和中央各单位下放江西的“五七”干校的老干部，在井冈山举办“毛泽东思想学习班”。

本月 首台14英寸电子管黑白电视机在江西井冈山无线电厂试制成功。

本月 南昌气象台从福建调进英国旦卡四一型3厘米天气雷达，1971年正式投入业务使用（1976年改换国产七一一型3厘米天气雷达。1979年3月15日改换国产七一三型5厘米天气雷达）。

本月 燃料化学工业部江西分宜煤矿电机厂开始建设，设计年产隔爆型电动机3万千瓦。1971年3月简易投产（1972年7月1日，分宜电机厂下放省煤炭局管理）。

本月 省革委会决定撤销省煤炭工业公司，其下属的煤炭工业部由新成立的省重工业局管理。原省煤管局的干部只留下8人继续在省重工业局工作，其余全部下放农村。

本月 省重工业局通知：经省革委会研究决定，岿美山钨矿除留部分人员和设备外，所有人员（计857人）和设备拆至新余良山铁矿。

本月 江西冶金研究所研究成功用食盐浸取、草酸沉淀提取混合稀土氧化物的生产工艺。10月，龙南县应用此工艺于生产，揭开了赣南稀土工业生产的序幕。

本月 新建县璜溪、北山和七里岗等3个国营林场先后获准开办。

本月 原农垦部部长王震视察泰和县武山垦殖场，王震在红星垦殖场指导种植22.4亩旱稻试验田，平均亩产406.65公斤，其中10.4亩珍珠矮亩产432公斤。

王震和红星垦殖场部分领导在田间视察

王震参加红星垦殖场科研小组会议

本月 国营云山垦殖场被撤销，部分干部调永修县工作，山林、工厂、房屋、设备、财产由永修县接管，成立人民公社。

本月 江西省革委会决定，从柘林水库的7万余民工中，调4500余人到省直属施工队。

公元1970年9月							农历庚戌年【狗】						
日	一	二	三	四	五	六	日	一	二	三	四	五	六
		1 八月小	2 初二	3 初三	4 初四	5 初五	6 初六	7 初七	8 白露	9 初九	10 初十	11 十一	12 十二
13 十三	14 十四	15 中秋节	16 十六	17 十七	18 十八	19 十九	20 二十	21 廿一	22 廿二	23 秋分	24 廿四	25 廿五	26 廿六
27 廿七	28 廿八	29 廿九	30 九月大										

1日　柘林水库正式开工。

2日　正在庐山主持中共中央九届二中全会的毛泽东主席亲口品尝江西盐矿的样盐，并称赞江西发现盐矿是件大好事。因此“三三〇”盐田即被命名为“九二盐矿”。

4日　庐山山南公路开始修建，次年7月竣工通车。

7日　江西安源铝厂开始筹建，归萍乡市重工业局领导（1971年10月改称为萍乡市铝厂。1973年1月划归省冶金局领导。萍乡铝厂动工兴建。第一期工程投资295.10万元，建筑面积9262平方米，生产电解铝1000吨。1976年扩建投资3808.69万元，建筑面积37300平方米，年产铝材6000吨。同年5月20日因缺电停产，直至1978年4月才恢复生产）。

8日　乌石山铁矿更名为井冈山铁矿。该矿包括乌石山和株岭坳两个矿区（1974年1月3日井冈山铁矿改回原名乌石山铁矿）。

9日　省军区召开团以上干部学习两个“决议”（即1929年《关于纠正党内错误思想》（古田会议决议）、1960年《中共中央军委扩大会议关于加强军队政治思想工作的决议》）的讲用会。

9日　《人民日报》发表煤炭工业调查组、新华社记者合写的《多快好省建设社会主义矿山——江西萍乡煤矿以煤为主，大搞多种经营的调查报告》。

9日　省财政金融局革委会向省革委会抓促部汇报有关农贷的清理豁免工作。全省共豁免1961年以前旧农贷6061.4万元，贴补信用社豁免贷款损失472.9万元，共计豁免6534.3万元，并上报中国人民银行核销。

10日　省财金局革委会发出通知，要求江西省将1962年至1963年整风整社纠正年调时发放退赔期票剩下的96万元，在年内清理兑付完毕。

13日　萍乡矿务局青山矿快速掘进队创岩巷单孔月进610米全国新纪录。

15日　省革委会在赣州召开全委（扩大）会议。出席会议的有省革委会委员、省军区和生产建设兵团的负责人、驻省部队、各专（市）、县和厂矿企业革委会负责人以及中央驻省“五七”干校和省直单位负责人共1500多人。会议学习和讨论了党的九届二中全会公报，要求全省人民高举团结胜利的旗帜，更加深入开展活学活用毛泽东思想的群众运动，进一步搞好领导班子革命化，组织持续健康的跃进，以新的胜利迎接四届人大的召开。会议于26日结束。

25日 《江西日报》报道，萍乡矿务局以煤为主，综合利用，多种经营，由过去一个单纯挖煤的矿山，变成了以煤为主，同时能生产各种产品的“小而全”的新型企业，办起了65个能为矿山生产建设服务的各种类型的小工厂，形成了钢铁、机械制造、电子、建筑材料等几条线，实现了汽车、水泥、炸药、雷管等8项自给。

江西省革命委员会全体委员扩大会议会场

16日 《江西日报》报道，九九九厂试制成功“中国自己的第一批”一代云母片。一代云母片使用材料全部国产，价钱不到进口云母的3%，性能完全符合使用要求，其中耐高温性能超过了进口的云母片。

16日 《江西日报》报道，八五九厂试制出20世纪70年代新型电表。该厂过去生产的是一种20世纪30年代的老电表，表芯是照美国设计的，外壳为仿苏产品，技术落后，结构复杂，需要进行改制。经过改制的新电表零件只有12个，工序从100多道减少到6道，生产效率提高了15倍。

16日 景德镇市瓷用化工厂日前试制成功的金水，比原来的含金量降低了28%，超过了国际最低含金量的水平。

23日 南昌县罗家吉公社农机厂制造出新型的简易拖拉机，被命名为“安源七〇型”拖拉机。该机结构简单、体积小、成本低廉。与一般拖拉机比较，全机减少了60%的齿轮，许多单件加工大大简化。

23日 伊拉克教师代表团一行7人来江西南昌参观访问。

24日 一机部将所属江西光学仪器总厂下放江西省，由德兴工业管理区直属。

27日 《江西日报》报道，全省基本建设速度加快。1970年头8个月，已完成全年基建投资的62%，比上年同期增长81%。全省先后建成和投产的基本建设工程项目达数百项。许多重点建设工程相继提前完成。全省商品购进总值较1969年同期增长21.5%，销售总值增长19.4%。主要生活日用品如棉布、化纤布、毛巾、胶鞋、火柴、肥皂等商品的供应量比1969年同期增长15%～60%。猪肉、鲜蛋、食糖等主要副食品也较上年同期有不同程度的增长。

28日 省军区举行集会，纪念毛泽东主席

庆祝毛泽东关于“大办民兵师”指示发表12周年游行

关于大办民兵师的指示发表12周年。大会重温了这一指示，并号召全省民兵提高警惕，加强战备，如果敌人胆敢来犯，就配合解放军，把一切入侵之敌统统淹没在人民战争的汪洋大海之中。

28日 江西省产食盐在南昌市各经营食盐的零售商店开始敞开供应。市民纷纷拥向各零售商店喜购省产食盐。

29日 井冈山汽车制造厂在上年增产的基础上，月底造出1008辆井冈山牌汽车，提前3个月完成全年计划，比去年翻了一番。

30日 庐山江西七〇电视转播台建成开播。发射机功率1千瓦，2频道播出。该台建成后，接通黄山电视转播台节目信号，完成北京—黄山—庐山—南昌的节目接转，为即将开播的江西电视台做好技术准备。

本月 1962年停工的王新（柘林）水电站复工续建。

本月 3DD系列低频大功率半导体三极管在江西九江无线电二厂研制成功。

本月 江西铁山垅钨矿杨坑山选厂由日产250吨扩建为日产500吨工程开工，至1971年建成投产。

本月 省革委会决定，从浒坑钨矿抽调980名职工（干部121人，工人859人）和部分设备到乌石山铁矿，浒坑矿除本区维持部分生产，武功山分场全部停产（1973年3月，391名职工调回浒坑矿，恢复本区生产，并开始进行武功山的复产施工）。

本月 江西有色冶炼加工厂新建年产3000吨火法炼铜工程开工建设（1972年5月1日开炉试产未成功。1973年2月24日省冶金局决定该工程缓建）。

本月 井冈山大学下迁到井冈山拿山公社。

本月 吉安市城建局编制完成《吉安市"四五"期间城市规划》。

本月 省重工业局将原有色冶金勘探公司下属各队进行调整合并。六一二队、六一九队合并组成第七地质勘探大队；六一四队与六一五队合并组成第十一地质勘探队；六一六队与六一七队合并组成第十三地质勘探大队。

公元1970年10月 农历庚戌年【狗】													
日	一	二	三	四	五	六	日	一	二	三	四	五	六
				1 国庆节	2 初三	3 初四	4 初五	5 初六	6 初七	7 初八	8 重阳节	9 寒露	10 十一
11 十二	12 十三	13 十四	14 十五	15 十六	16 十七	17 十八	18 十九	19 二十	20 廿一	21 廿二	22 廿三	23 廿四	24 霜降
25 廿六	26 廿七	27 廿八	28 廿九	29 三十	30 十月大	31 初二							

1日 省、市数万军民在人民广场举行集会和游行，庆祝建国21周年。

全省军民庆祝建国21周年游行

1日 南昌湾里铁路支线5月开工，当日通车，支线全长16.80公里（1977年改为货物线）。

1日 南昌钢铁厂500×2开坯机投产，形成年开坯能力10万吨（1972年5月进行扩建，增加一架650轧机，于1973年10月1日建成试产，1975年4月7日正式投产）。

1日 省革委会、省军区召开大会，正式命名“九二”盐矿。

江西“九二”盐矿命名大会

1日 新余钢铁厂2号48孔58－Ⅱ型焦炉动工兴建（于1971年9月4日建成投产，至此，该厂形成年产焦炭60万吨能力）。

1日 江西电视台建成开播，台址设在省革委第二招待所七楼（现省政府大楼七楼）。电视发射机1千瓦，4频道播出。上午9时，电视台成功地转播北京天安门广场群众庆祝建国21周年游行实况。

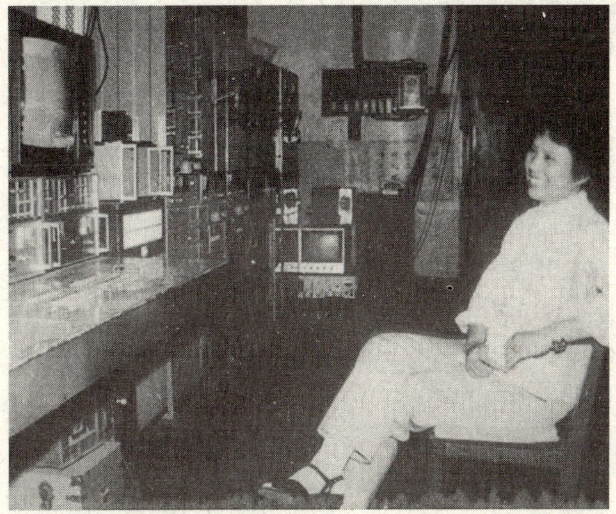

江西电视台微波机房

3日　省革委会领导到萍乡视察城乡建设工作，强调农村要大搞“房屋上山、夺地要粮”。对农村建设提出“八字头上一口塘、渠道开在山脚旁，中间一条机耕道，房屋建在山冈上”的原则。随即传达到全省各地一律按此模式进行建设。

6日　1970年，全省广大军民以毛泽东主席树立的血防战线第一面红旗余江为榜样，大打“送瘟神”的人民战争，至今，玉山、上饶、德安、广丰等县已相继消灭了钉螺。

19日　省革委会政治部最近召开全省政治工作会议，会议要求“各级领导切实搞好自身的活学活用毛主席哲学著作，深入三大革命斗争实践，调查研究、总结经验、加强领导、把活学活用毛主席哲学著作的群众运动提高到新水平。”

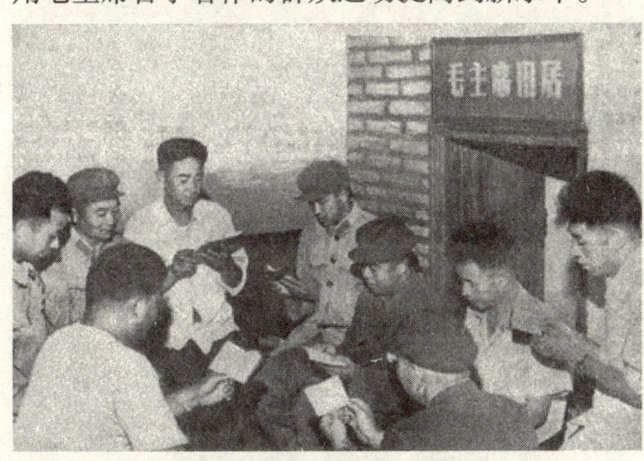

于都县革委会的成员在毛主席旧居举办学习班

19日　省建筑工程局革委会改名为省基本建设局革委会。“江西省基本建设局革命委员会”印章启用。

19日　省革委会政治部决定从各地选调干部700人充实县以上革委会保卫部门。

20日　省革委会近日在进贤召开全省冬种现场会，要求“全省贫下中农和革命干部高举毛泽东思想伟大红旗，用战备观点观察一切、检查一切、落实一切，迅速掀起一个群众性的冬种新热潮”。

20日　全省中草药新医疗法展览开展。

20日　南昌手表厂制造出首批19钻全钢防震“井冈山牌”手表。

22日　萍乡矿务局高坑煤矿4个工人和20个家属办起了一座水泥厂，创制成功了煤矸石水泥新产品，它被列为今年广州秋季交易会的实物展览品。煤矸石水泥的大量生产，使全矿实现了水泥自给，结束了江西历来依靠外地供应水泥的历史。

23日　景德镇市计量制秤工人制造出装在景德镇自制井冈山牌汽车上的硅半导体整流发电机。它比一般直流发电机体积小、性能好、结构简单。

23日　新干县电机厂日前试制出全省第一台30毫安小型X光机，它体积小、质量好、重量只有80公斤、比国外同类产品轻4/5。它不需要专门暗室，仅需十几分钟就能安装使用，适应农村需要。

23日　新建县石岗公社石岗大桥建成通车。

24日　省革委会召开电话会议，号召全省军民立即行动起来，不失时机地掌握生产环节，坚决打好秋收冬种这一仗，夺取秋收冬种全胜。

24日　《毛泽东在井冈山》油画制品在全省发行。

25日　省革委会在南城召开“全省抓革命，促生产，大力发展养猪现场会”。会议要求各地“发扬敢干敢闯精神”，向“一人一猪”、“一亩一猪”的目标进军，各工矿、机关、学校、企事业单位、生产建设兵团一年内实现肉食自给，有条件的要向国家交售。

27日 省革委会政治部最近在南昌市组织工业战线“活学活用毛泽东思想讲用会”。参加“讲用”的有萍乡矿务局、江西九〇九地质队、九二盐矿、横峰纺织器材厂和八〇一厂等先进单位。这些单位介绍了“活学活用毛泽东思想，坚决走《鞍钢宪法》的道路，多快好省地办好社会主义工业企业的经验。”南昌地区各工厂企业连以上干部和省、市直属机关干部6.7万多人听取了“讲用”经验。

27日 江西景光电工厂（七〇四厂）建成投产。

28日 省革委会主任程世清提出“挖山建炉，大搞钢铁，就地取材，闯出新路”的主张。新余钢铁厂挖山建起一座300立方米高炉，耗资150万元，尚未出铁即告报废。

29日 省革委会消灭血吸虫总指挥部在江西玉山县召开现场会，进一步推动全省灭螺大会战。

31日 江西省重工业局二二四勘探队近日在花鼓山矿区红层地区找到了储量丰富的烟煤，开辟了找煤勘探的新途径。

本月 省建筑工程局革命委员会改名为江西省基本建设局革委会。

本月 赣州精选厂筹建钨钼冶炼合金车间（1971年底形成年产15吨钨钴合金生产能力。1972年7月形成年产150吨钼粉生产能力）。

本月 交通邮政局党的核心小组成立（1971年7月成立党委，1973年7月交通邮政分开，10月成立交通局党委）。

本月 赣州铝厂30KA电解系列20台电解槽工程开始建设（1972年5月10日建成投产。同年7月26日，5KA电解系列全部终止生产）。

本月 江西省农机厂研究所、省机械科研所下放给井冈山汽车配送厂，分别成立茨坪机械厂、燎原机械厂，分别生产井冈山－27型汽车方向机和传动轴十字销。江西省机械工业设计室撤销。

公元1970年11月 农历庚戌年【狗】													
日	一	二	三	四	五	六	日	一	二	三	四	五	六
1 初三	2 初四	3 初五	4 初六	5 初七	6 初八	7 初九	8 立冬	9 十一	10 十二	11 十三	12 十四	13 十五	14 十六
15 十七	16 十八	17 十九	18 二十	19 廿一	20 廿二	21 廿三	22 廿四	23 小雪	24 廿六	25 廿七	26 廿八	27 廿九	28 三十
29 十一月小	30 初二												

2日 古巴古中友好协会代表团一行3人来南昌、井冈山参观访问。历时6天。

3日 省革委会档案馆将存放在宜丰县潭山后库的档案再度搬迁至奉新县战备仓库。

3日 泰国前总理乃比里的女儿华妮等一行7人，来南昌、井冈山参观访问。历时13天。

4日 江西电视台成立摄像试制攻关小组。该组在江西光学仪器厂的协助下，于同年12月31日试制成功江西第一台彩色摄像机。

5日 省革委会保卫部举办133人参加的全省办案工作学习班，学习毛泽东哲学思想，集中解决办案中的路线、方针、政策问题。学习班于12月4日结束。

7日 红星垦殖场为改造红壤，实现农业生产良性循环，大力饲养生猪，达到每亩田1.3头，人平均2头。

10日 在江西水泥厂料浆库和五个连续国库组成的水泥库工程施工中，上饶地区建筑公司采用了滑动提升模板施工工艺并获得成功。

11日 由上海京剧团《智取威虎山》剧组集体改编、演出，北京电影制片厂《智取威虎山》摄制组摄制的彩色影片《智取威虎山》，自即日起在南昌市电影院上映，并在江西省各地陆续上映。

13日 省革委会发出通知，要求全省所有的厂矿、农村、机关、学校、企事业单位和民兵组织，都要在年终前，集中力量，进行四好总评。要“以毛主席哲学思想和两个‘决议’为武器，搞好今年的四好总评，把全省活学活用毛泽东思想群众运动提高到一个更高的水平，搞好班子、班组和家庭革命化”。

萍乡钢铁厂的工人在学习毛泽东哲学思想著作

南昌市八一配件厂革委会开展创"四好"活动

15日 江西岿美山钨矿自行设计改造的日产500吨简易厂开工建设，至1972年3月正式投产。

15日 旭光铜矿筹建组成立。1973年5月，改名弋阳县铜矿。

15日 省革委会在金溪县召开全省妇女工作会议，到会代表246人。会议主要交流妇女"活学活用毛泽东思想"的经验，研究妇女工作任务。会议采取流动形式，从金溪到南昌、安源，从韶山到井冈山，12月11日在井冈山闭幕。

16日 上饶专区以生产队为单位或以联队为单位开展农田基本建设，全区有200多万人上阵，完成3000多万土石方，占全年筑塘开渠工程量的37%，比1969年同期增长两倍。

17日 江西省保卫部在南昌市召开全省治安保卫工作会议。会议对交通安全、冬季防火、打击刑事犯罪、户口、外侨管理、警卫工作、业务建设等工作进行了研究和安排。会议于27日结束。

18日 南昌肉类加工厂大搞综合利用，办起了生物制药厂、猪毛加工厂、酿酒厂。生物制药厂利用杀猪遗下的猪肝、猪胆、猪小脑、猪肚皮、猪胰子和猪皮、猪骨、猪血、猪喉软骨等下脚料，加工制成了脾铁片、抗菌痢片、肝宁、重体后叶注射液等10多种生物药品。

21日 省革委会抓促指挥部下达通知，决定将南昌供电局、火电工程团、送变电工程团、分宜电厂、棠浦电厂、赣西供电局、乐平电厂、赣东北供电局、九江电厂（包括庐山水电厂）、九江供电所（局）、抚州供电局及天河电厂分别下放南昌市、宜春专区、上饶专区、九江专区及井冈山专区领导，其中南昌、赣西、赣东北、九江、抚州5个供电局和火电工程团、送变电工程团由省和（地）市双重领导，以省为主。水电工程团一、二、三团，暂下放王新水电站领导。下放单位的交接工作，须在12月10日前完成。

23日 继"九二"盐矿投产之后，又一个更大规模的江西省"六八"盐矿正式投产。参加"六八"盐矿大会战的全体指导员，仅用37天时间就生产了第一批符合国家标准的食用盐。

24日 毛泽东主席作出关于"利用冬季实行长途野营训练"的"11·24"批示。省军区组成野营拉练前沿指挥部，率领两个师进行1100余公里的野营训练，历时62天（从1970年起至1976年，每年都组织机关部队进行长距离的野营拉练）。

27日 省革委会召开妇女工作会议。会议要求全省妇女把自己锻炼成为用马克思主义、列宁主义、毛泽东思想武装起来的，又有一定文化和科学技能的革命的新型妇女，在三大革命中充分发挥"半边天"的作用。

30日 鹰潭磷肥厂在3个月的时间里，建成一座年产6万吨磷肥的高炉，并于最近正式投产。

本月 萍乡钢铁厂生铁日产量大幅度上升，在三座100立方米高炉上实行了大风口、大料批、大喷煤等操作方法，使一号和二号高炉在两天内就突破了日产生铁200吨，高炉利用系数达到2。

本月 二二三勘探队、二二六勘探队与江西萍乡矿务局勘探队在上栗地区进行勘探，历时3年，到目前已施工钻孔112个，钻探进尺5.2万米（1973年6月，提出高山和黄冲—大岭两件地质报告，上栗地区D级以上储量共为957万吨，与原先主观认定的1亿吨左右出入甚大）。

本月 八〇六厂破土兴建。12 月起由九江地区领导。

本月 省重工业局决定从赣州冶金机械修造厂抽调 166 名工人和部分设备到新余筹建江西冶金重型机械厂（12 月份省革委会抓促指挥部批准筹建，年产能力为 2 万吨至 3 万吨。1971 年 7 月动工兴建。1972 年 11 月，改名为新余冶金机械修造厂，归省冶金局领导。1980 年 11 月 15 日，省经委决定，将该厂划归新余钢铁厂领导）。

本月 省革委会通知将省建一团下放井冈山，二团下放宜春，五团下放抚州，三团、六团为民工团（未正式建立），八团所属连队分别下放上饶、景德镇、赣州、九江，九团下放井冈山和宜春，江西水泥厂下放上饶，江西平板玻璃厂下放九江，五〇一地质队下放上饶。原直属四团（七处）改为一团、七团（安装处）改为二团，机械施工团改为三团，原省建工局机械修造厂改为江西省建筑机械修造厂。

公元1970年12月							农历庚戌年【狗】						
日	一	二	三	四	五	六	日	一	二	三	四	五	六
		1 初三	2 初四	3 初五	4 初六	5 初七	6 初八	7 大雪	8 初十	9 十一	10 十二	11 十三	12 十四
13 十五	14 十六	15 十七	16 十八	17 十九	18 廿十	19 廿一	20 廿二	21 廿三	22 冬至	23 廿五	24 廿六	25 廿七	26 廿八
27 廿九	28 十二月大	29 初二	30 初三	31 初四									

1日　江西上饶玉山通讯设备厂成立。

1日　《江西日报》报道，福州部队江西生产建设兵团最近召开了“第二届活学活用毛泽东思想积极分子，第一届‘四好连队’、‘五好战士’代表大会”。出席会议的代表1277名，省革委会、省军区负责人参加了会议。

2日　江西棉纺织印染厂围绕主业、利用主业剩下的边角废料，兴办起了16个工厂，生产产品上百种。仅橡子浆料代替米粉浆料一项，每年可为国家节约粮食100多万斤。

4日　浙赣线泉江站因车站值班员与主任扳道员工作失职，错办进路，致1319次与Z202次货车正面冲撞，油罐车起火，当场死亡机车乘务人员6人，报废机车2台、货车16辆，自19时21分起中断行车2小时49分，构成行车重大事故。

5日　省革委会、省国防工办指示，赣江冶炼厂鸪山厂区交由海军后勤部六二〇单位接管，六二〇单位拨款300万元作为八〇五厂设施折价和搬迁费用。3月，省革委会通知，赣江冶炼厂并入东乡磷肥厂，下放抚州地区领导；今又发出补充通知，八〇五厂仍在宜春建厂，并入分宜铝厂，归宜春地区领导。

6日　省革委会决定，从全省各级机关、部队、企事业单位和“五七”大军中抽调10万人，组成“三结合”的毛泽东思想宣传队，分赴各地农村，用一个半月的时间，集中精力抓好生产队，大力加强基层建设。

7日　省革委会批转省商业局《关于竹木制品、半制品经营管理的报告》，提出轻化工业、手工业部门负责竹木制品的生产，工商双方每年签订一次产品、规格、质量、产销合同，做到有计划地进行生产，保证质量。

10日　《江西日报》头版刊登题为《我省整党成绩巨大，巩固无产阶级专政》的文章，文章说：在毛泽东建党纲领指导下，两年多来，全省整党建党运动历经了两个阶级、两条路线的斗争，有步骤地建立了各级党组织和党的核心领导；新建立的党的领导班子实行了“军、干、群”和“老、中、青”两个“三结合”，吸收了一批“新鲜血液”。

10日　《江西日报》报道，省革委会最近

在丰城召开全省教育革命经验交流会。参加会议的有各地、市、县革委会和江西生产建设兵团、南昌铁路局政治部和教育组织负责人、宣传队和教师、学生代表共450人。

10日 七〇型晶体管短波一级接收机在江西无线电厂（七一三厂）试制成功。

10日 省农业局革委会、省商业局革委会联合通知：从1971年起每上调1斤红花草籽，由调进地（市）、县补给调出地（市）县1.5市斤化肥指标（以硫酸铵计算）。

11日 江西花鼓山煤矿红旗井三水平东采区发生瓦斯煤尘爆炸重大事故，死亡12人，重伤7人（全井于当月24日恢复生产）。

14日 省委召开三届一次会议，决定进一步开展农业学大寨；强调坚持“总路线”，认真搞好“斗批改”；坚持自力更生，艰苦奋斗，按照“八字头上一口塘”的规划，搞好农田基本建设，制定学大寨、赶昔阳和1971年农业发展计划。

都昌县土塘公社华光大队贫下中农发扬“自力更生”、“艰苦奋斗”的精神，组织小兵团作战，大搞农田基本建设

15日 全省33县（市）专（区）粮食亩产跨《农业生产纲要》（以下简称《纲要》）。跨《纲要》的县有崇义、龙南、广丰、余江、玉山、宜春、彭泽、星子、南昌（县）等，其中赣南专区是江西第一个实现全专区粮食平均亩产跨《纲要》的专区。彭泽县还实现棉花亩产跨《纲要》，星子县还实现了平均每人一头猪。

18日 省革委会、省军区通知：气象部门建制由各级革委会的建制实行省军区、军分区、县市人民武装部和各级革委会的双重领导，以军事部门为主，领导关系的改变自1971年1月1日起实行。

18日~26日 中共江西省第七次代表大会召开。出席代表1034人，列席36人。程世清代

代表们在投票选举产生中国共产党江西省第七届委员会

表省革委会党的核心领导小组作了题为《高举毛泽东思想伟大红旗，做无产阶级专政下继续革命的先锋战士》的工作报告。大会通过了关于深入开展活学活用毛泽东思想群众运动、关于进一步开展农业学大寨群众运动、继续轮训干部等决定；选举产生了中共江西省第七届委员会。七届一次全会选举程世清、杨栋樑、文道宏、白栋材、郑国、黄先、陈昌奉、刘云、李登云、涂烈、王萱春、于德馨、黄知真为常委；程世清为第一书记、杨栋樑为书记，文道宏、白栋材为副书记。

19日 省商业局、省财政金融局革命委员会联合颁发《江西省商业财务管理办法（试行方案）》。

20日 上饶玉山半导体厂建成投产。

20日 省医药器材公司移交省商业局领导，改名为商业局医药组。

20日 法国法中文化中心马盖蒂夫人和波诺夫人，来南昌、井冈山参观访问。历时6天。

21日 景德镇〇八六建设筹备处撤销。

21日 省重工业局批准新余钢铁厂新建年产12万吨中板车间，年底开始平基（1972年初，主厂房开始施工。1973年12月缓建。1978年4

月20日，省计委批准恢复建设。同年10月1日2300毫米三辊劳特式轧机建成投产）。

22日 据新华社南昌电讯，江西地方工业蓬勃发展。1970年江西办起了1100多个为农业服务的小厂矿。全省6个地区都办起了自己的小煤矿、小铁矿的小钢铁厂和汽车、拖拉机制造厂。每个县都有农机、电机制造厂，大部分县办起了小化肥、小农药、小水泥厂。全省已生产出1600多辆汽车和2700多辆拖拉机。煤炭、水泥、化肥、农药、铁矿石已能自给。与此同时，炼钢、制铝的有色冶炼工业、化学工业和轻工业也有发展。仅轻工业产品就有1000多种。

22日 根据中央和江西省陆续下放企业的情况，省财金局革委会发出《关于部属、省属企业下放地区管理有关财务交接问题的通知》。

23日 江西化学纤维厂"万吨"化纤扩建工程竣工试车。

25日 省财金局革命委员会发出《关于地（市）县级基本建设试行按计划拨款办法的通知》。

25日 《江西日报》报道，据目前初步统计，全省"五七"农场共有耕地面积9200多亩，今年粮食总产量达到518万多斤，平均亩产900斤以上，大幅度超过《纲要》。养猪12300多头。全省实现粮食、肉类、蔬菜三自给和基本自给的机关单位已有42个。其余的也都实现了半自给。

26日 中共江西省第七届委员会第一次全体会议通过《关于继续轮训干部的决定》。《决定》如下：（一）省、地（市）、县三级党委要继续开办毛泽东思想学习班，有计划地轮训干部。（二）轮训干部必须高举毛泽东思想伟大红旗，突出无产阶级政治，学习毛主席的伟大革命实践，深入进行思想和政治路线方面的教育。（三）各级轮训干部班必须走"抗大"道路，坚持四个第一，大兴三八作风，贯彻"少而精"的原则。（四）各级党委和革委会必须继续加强对轮训干部工作的领导。

出席省第七次代表大会的代表来到《毛主席在江西革命活动》纪念馆参观学习

井冈山大井老暴动队长邹文楷在向代表们宣传毛泽东思想，讲述毛主席关于"枪杆子里面出政权"的伟大真理

26日 江西省第一辆黑白电视转播车研制成功，交付使用。电视转播车由参加全省电视大会战的10多家工厂共同研制，江西广播设备修造厂等厂总装。

28日 《江西日报》报道，今年全省城乡市场销售的棉布、化纤布、丝绸、尼绒、棉毛裤、毛巾、床单、毛线等分别比1969年增长一成至六成以上。供应农业生产的化肥、农药，分别比1969年增长三成至四成。

31日 省农业局、省财政金融局发出《关于森林工业企业下放的有关财务问题的通知》。《通知》决定省管的森林工业企业的财务，1971年1月1日起下放各地、市领导和管理。

本月 九江供电局建立。

本月 中国医学科学院整形外科医院由北京下放至江西永修县，与卫生部"五七"干校部分医务人员成立江西省永修县"五七"医院（今江西省肿瘤医院前身）。

本月 省重工业局决定，从赣州有色冶金机械厂抽调166名工人（其中技工153人）和设备

24 吨筹建新余冶金重型机械厂。

本月 瑞昌县武山铜矿划归九江地区领导。并开始筹建炼铜厂（1971 年 8 月炼铜厂试产。1973 年上半年停产拆除。1973 年 1 月划归省冶金局领导）。

本月 省革委会决定，各钨矿企业下放到各地区重工业局管理。

本月 省医药公司由省卫生局划归省商业局领导，在省商业局内设立医药组。

本月 卫生部江西永修“五七”干校制药厂与上海第四制药厂合作，人工合成鱼腥草素成功。

本月 全南、德安、瑞昌、彭泽、崇义、余江、新余、分宜、资溪 9 县实现户户通广播。

本年 全省疟疾大流行，患病 100449 人，是有史以来的高峰年。省卫生局革委会组织疟疾防治队赴各流行区进行防治。

本年 东乡县首先发生猪水泡病（1 号病）（1973 年为该病流行高峰，发病猪 1.11 万头，死亡 383 头）。

本年 省冶金研究所技术员雷捷和省重工业局九〇八队技术员胡淙声等共同研究，指出稀土元素的赋存状态。

本年 日本反修青年访华团、东南亚参观团、越南人民军工程干部实习生代表团、法中友好旅游团、挪威马列组织代表团、泰国革命青年代表团先后抵赣，专程赴萍乡参观安源毛泽东革命活动纪念馆。

本年 全省电子工业总产值 6098 万元（中央企业 3540 万元，地方企业 2558 万元）。

本年 全省开展电视大会战，陆续试制成 1 千瓦、10 千瓦黑白电视发射机。

本年 省建筑总公司一团（七处）在新余第二化肥厂现浇钢筋混凝土造粒塔，高 65 米，采用螺旋千斤顶滑模施工，属省内首创。

本年 省建筑总公司五团（二公司前身）在洪都机械厂总装车间施工中，首创 36 米预应力混凝土屋架施工成功。并首次应用 JM－12 型锚具及 2V 级钢筋作为预应力主筋。

本年 省革委会通知各地，严格控制国家建设征用土地。坚决制止不顾全局，滥征土地，多征少用，早征迟用，只顾施工方便，不注意利用山地、荒地，随意占用水田、耕地的基建单位。

本年 南昌市民德路西段（子固路—沿江路）打通，直达沿江路。

本年 南丰县凌溪乡杨梅村宋代大文学家曾巩的墓被盗掘，仅存墓志、石砚等物。

本年 赣江化工厂在清华大学、北京大学帮助下，从氰化钠废渣中试制成化工产品黄血盐（亚铁氰化钠）。

本年 全省取消猪、禽、蛋、鱼等商品的地区差价，取消了鱼的季节差价，实行全省统一收购价。

本年 各县相继成立畜牧生产办公室，大办县、社、大队、生产队四级集体养猪场。

本年 农业科学研究所育成的 6044、7055、5450 水稻良种，在全省大面积推广种植。

本年 进贤县在赣抚平原东干渠兴建张王庙水电站。

本年 在江西电机厂发电机车间基础上组建江西第二电机厂（后改名三波电机总厂）。

本年 江西油脂化工厂“牙膏车间”划出与“抚河化工厂”合并，另建“南昌日用化工厂”。

本年 南昌市逐步建立和发展以国营朱港农场、恒湖农场、成新农场为主的蛋品出口生产基地。

本年 井冈山南山落成“毛主席去安源”铜像，基础深 11 米，为钢筋混凝土工程。这项大而深的基础工程由井冈山地区建筑工程局施工。

本年 井冈山七一二造币厂工程，为首次施工的全封闭式建筑。该工程由省综合设计院杨烈文等人设计，地区建筑工程局和省建二公司在莲花县承建。

本年 根据省革委会主任程世清等加速湾里区建设的命令，南昌市湾里区在今年前8个月共完成30余万平方米建筑物，其中大部分是土筑墙承重的楼房。由于强度低、干裂严重，风雨过后，往往发生倒塌事故。

本年 于都县革委会命令县房建公司拆毁宋代建筑重光宝塔，取其砖石建造于都造纸厂、农药厂、塑料厂，导致该塔全毁。

本年 在国务院总理周恩来的关怀下，派来了北京医疗队，与德兴县有关单位协作，研制牡荆油胶丸油（1974年研制成功。由德兴制药厂生产，运销全国各地）。

本年 国家投资10万元在九江化工厂石英玻璃车间，采用气炼工艺生产石英玻璃坩埚、石英玻璃管，成为全省首家生产气炼石英坩埚的企业。

本年 吉安井冈山大桥（后改为吉安大桥）、广丰五都大桥、贵溪鱼塘大桥、景德镇高沙大桥、德兴黄板大桥、吉水南门大桥相继建成通车。

本年 兴国、南康、赣县等地首次发现毛竹枯梢病。

本年 南昌市万寿宫、佑民寺被拆毁，号称“南昌三宝”的佑民寺铜佛和普贤寺铁像，被锯断投入熔炉熔毁。

本年 福州军区编制江西境内1∶300000地形图。

本年 省重工业局九一五队在清江县石油普查孔“清三井”中，打出了工业盐矿层。

1971年

概要

本年是第四个五年计划贯彻执行的第一年。江西省贯彻“备战、备荒、为人民”的战略方针和“要准备打仗”的战斗号令，力争经过第四个五年计划，全省实现农业“四化”，初步建立为战备、为农业服务的比较完整的工业体系。江西“四五”计划主要发展指标和总体目标是：粮食产量在1975年达到370亿斤至400亿斤，比1970年增长60.8%至73.9%，平均每年递增9.9%至11.7%，实现耕地亩产超千斤。对“四五”期间基本实现农业“四化”的具体要求是：旱涝保收面积从1970年至1975年，从2000万亩增加到3500万亩，为总耕地面积的87%；化肥每亩施用量从40斤增加到150斤；80%的耕地实现机耕；全省70%的农户加工照明都用电。初步建立以“中小为主，星罗棋布；大为骨干，各有基地；配套成龙，各自为战”为特点的工业，实现“全省各种原材料、燃料基本自给，机械工业能为各部门提供一般成套装备，轻纺产品立足于专区解决，电力和交通运输适应国防和国民经济发展的需要”。全省工业总产值达到100亿元至120亿元。其中钢产量达到80万吨至100万吨，汽车产量达到4.5万辆至5万辆，基本建设投资计划为50亿元，比上一个五年计划增加1.4倍。

“批林整风”运动 八九月间，毛泽东巡视南方途经南昌，召集江苏、福建、江西省党政军负责人谈话，揭露和批评林彪等的阴谋活动，指出：“有人急于想当国家主席，要分裂党，急于夺权。”10月下旬，省委按照中共中央有步骤地逐级传达的部署，向全省传达林彪叛党叛国事件。11月，传达中共中央《关于林彪叛国出逃的通知》，批判林彪一伙炮制的反革命武装政变计划《“571工程”纪要》。中共江西省第七次代表大会后，省委仍然执行“文化大革命”的错误路线。“九一三”事件发生后，省委主要领导人竭力捂盖子，阻挠联系江西实际揭发批判林彪反革命集团的罪行。

农业学大寨群众运动 1月，省委作出《关于进一步开展农业学大寨群众运动的决定》，号召全省各条战线、各行各业都要面向农业，把自己的工作转移到农业为基础的轨道上来。河南省林县“红旗渠”代表团、山西省昔阳县陈永贵率领的大寨代表团、黑龙江省大庆油田代表团先后来江西传授经验。

高速度、高投入的国民经济出现问题 年初全省计划建设项目72个，到10月份猛增到156

个，许多新上项目不经过科学论证，由领导个人批条子或点头决定。基本建设投资比上年增加10.36%。连续三年高速度、高投资下运行的国民经济，暴露出一些问题：（一）对宏观经济平衡有重大关系的职工人数、工资总额、商品粮销售三项指标连年突破计划；（二）基本建设战线过长，投资效率下降；（三）农业生产中粮、油产量有所增长，但绝大部分经济作物产量下降；（四）工业高速增长，但经济效益明显下降。

“大会战”损失严重 从1969年开始的全省拖拉机“大会战”因条件不成熟，致使损失严重。“大会战”规模太大，战线太长，参加人员太多，共有15个汽车厂、306个配件厂、152个拖拉机总装厂、102个动力厂“参战”，几百家工厂互相争设备、争投资、争人员、争材料，国家计划受到严重的冲击，整个机械工业的布局和结构被打乱。据统计，历时三年的“大会战”，浪费国家资金1.36亿元，钢材2.9万吨。仅制造的“安源-70”型拖拉机零部件积压损失就达649万元。“大会战”给江西机械工业留下了严重的后遗症。在所谓“第二次工业革命”中，对工厂进行大拆、大迁。据有关部门统计，全省因拆迁工厂直接损失1.1亿元。

农业生产瞎指挥 本年全省自留地只剩下121万亩，平均每人只有5.2厘，大大低于《十六条》规定的标准。由于不顾自然条件，强制推行水稻栽培“早、小、密、矮”的规定，强行在全省推广双季稻，全省小麦冬种现场会下令要在田塍上种几万亩小麦，致使早稻大量烂种烂秧，晚稻无收面积达300万亩。经济作物产量大幅度下降（与1965年比较）：棉花下降55.3%，黄麻下降13.3%，烟叶（包括烤烟和晒烟）下降27.7%，水果下降29.1%，水产品下降14.9%，造成轻纺工业原料紧张，开工不足。当年生猪、家禽、鲜蛋只完成原定计划的70%，国家和人民生活需要的小宗农副产品的收购任务完成不到20%，城乡市场供应出现紧张局面。

各类会议的召开 全省国营农场、垦殖场、畜牧场、水产场工作会议，全省棉花生产现场会，南方水田机械化现场经验交流会，全省林业工作会议，全省农业机械化会议，全省干部工作会议，全省中西医结合工作会议，全省教育工作会议，全省大学教育工作会议，全省外事工作会议等一系列会议相继召开。

全省本年主要经济指标情况 国民生产总值（按当年价格计算）62.24亿元，比上年增长8.4%；工业总产值50.31亿元，比上年增长21.4%；农业总产值42.72亿元，比上年减少0.5%。粮食总产量198.94亿斤，比上年增长0.93%。财政收入10.25亿元，比上年增长15.2%。年末全省总人口2652.31万人，人口自然增长率22.47‰。

公元1971年1月 农历辛亥年【猪】													
日	一	二	三	四	五	六	日	一	二	三	四	五	六
					1 元旦	2 初六	3 初七	4 腊八节	5 初九	6 小寒	7 十一	8 十二	9 十三
10 十四	11 十五	12 十六	13 十七	14 十八	15 十九	16 二十	17 廿一	18 廿二	19 廿三	20 廿四	21 大寒	22 廿六	23 廿七
24 廿八	25 廿九	26 三十	27 春节	28 初二	29 初三	30 初四	31 初五						

1日　江西省成立新余、清江、丰城、东乡、德兴、乐平等6个工业管理区，各冶金企业分属所在地区工业管理区和省重工业局双重领导。

1日　随着国家经济体制改革，财政实行“分灶吃饭”，财政部、粮食部再度将粮食财务管理体制下放江西，列入江西地方财政预算管理，省下放给县财政预算管理。

1日　省革委会发出通告，严格禁止粮食流入自由市场，限制农民用粮食搞副食品生产，非国家委托一律不准收购粮食，进入“黑市”的，粮食部门全部按牌价收购，粮食市场全面关闭。

2日　全省军民祝贺毛泽东主席的指示和中央两刊一报刊登的元旦社论《沿着毛主席革命路线胜利前进》的发表。

5日　省革委会向全省各地发出《开展拥军优属运动、加强军民军政团结》的通知。通知要求各级党组织、革委会和广大革命群众切实做到：(一）广泛深入地进行拥军优属教育；(二）进一步开展向解放军学习活动；(三）积极支持人民解放军搞好“三支”、“两军”工作，搞好军事训练和战备工作；(四）认真做好优抚和复员、退伍军人的安置工作；(五）加强对拥军优属运动的领导。

5日　省军区政治部发出《发扬我军革命传统，开展拥政爱民运动》的通知。

12日　赣抚航道通航后，按《江西省赣抚航道船闸船舶，排筏过闸费征收和使用暂行规定》，自即日起对来往船舶筏排征收过闸费。

13日　省财金局根据财政部关于国营企业行业税扩大试点的要求，通知所属单位加快税制改革进程，并要求南昌、宜春等9市（镇）财金局立即进行试点准备。

15日　省革委会颁发《关于春节前后开展除害灭病爱国卫生运动的通知》。《通知》指出，这次除害灭病运动，主要是清除病虫害孳生场所，消灭过冬蚊蝇、老鼠及其他虫害。要求各级党组织、革委会把爱国卫生运动列入重要议事日程，切实加强领导。各级卫生部门要作出榜样，当好参谋，充分发挥赤脚医生和不脱产卫生员的作用，大力挖掘土方、草药除害灭病。

17日　根据中共江西省第七次党代会作出

的《关于进一步开展农业学大寨群众运动的决定》精神。号召全省各条战线，各行各业都要面向农业，把自己的工作转移到以农业为基础的轨道上来，做“农业学大寨”的促进派，为农业学大寨群众运动作出新贡献。

17日 省委、省革委会给解放军驻省部队全体指战员和全省烈军属、荣复转退军人、退休老干部发出慰问信。慰问信代表全省2500万井冈山儿女向他们表示亲切慰问，祝贺他们新年快乐。

18日 南昌市第一批工农兵大学生入学。

19日 省革委会政治部最近召开全省干部工作会议。会议遵照毛泽东主席关于在全党进行一次思想和政治路线方面教育的教导，着重研究了如何具体落实省委关于继续轮训干部的决定。

20日 省委、省革委会、省军区给全省下放劳动的革命干部、革命知识分子和知识青年发出慰问信。希望进一步加强革命团结，坚守战斗岗位，继续深入开展农业学大寨运动，做抓革命，促生产，促战备的模范，为建设社会主义新农村立新功。

24日 赣州市国营八〇一厂将含砷污水排入章江，致使自来水厂取水口水中含砷量超标12.4倍，赣州全市停水74小时。

25日 省、市革委会在南昌八一礼堂举行江西省春节拥军慰问大会，2500余人欢聚一堂，慰问省军区和驻省部队广大指战员。会上，省、市革委会和省军区、驻省部队互送了《拥军公约》和《拥政爱民公约》；省、市革委会拥军慰问团向省军区和驻省部队全体指战员赠送了《井冈山画册》慰问品。

30日 1970年5月始建的江西有色冶炼加工厂漆包线生产线建成投产。

31日 省委、省革委会在南昌召开全省农林垦殖工作会议。出席会议的有关单位负责人共579人。会议要求：（一）各级党委要把批修整风的头等大事抓紧抓好；（二）要遵照毛主席关于“农、林、牧三者互相依赖，缺一不可，要把三者放在同等地位”的教导，正确认识和处理好农、林关系，发展和保护森林资源；（三）国营垦殖场、农场要以党的基本路线为纲，深入开展“农业学大寨”的群众运动，大办农业、大办粮食，做到以粮为纲，农、林、牧、副、渔、工全面发展；（四）必须贯彻执行“以营林为基础，采青结合，造管并举”的林业建设方针；（五）必须加强山林保护管理。省、地、市、县要迅速建立、健全防火机构和制度。要充分利用和节约森林资源。

本月 省重工业局批复宜春钽铌矿设计规模一期工程采选能力为每日1500吨，于7月动工兴建（1976年6月，一期采选工程基本建成，于1977年4月开始试生产。1978年选厂施工中出现滑坡。1979年5月该矿被列为停缓建项目。1980年至1981年11月进行滑坡治理。1982年恢复建设，1986年3月一期工程经竣工验收正式投产）。

本月 国家建委决定将在九江地区大三线施工的第一施工大队建制下放江西（4月改名为江西省建筑工程第一纵队）。

本月 德兴铜矿、铅山、赣东北供应站、701T归德兴工业管理区和江西省重工业局双重领导（1972年11月5日，德兴工业管理区撤销，上述单位仍归江西省冶金局领导）。

本月 省革委会抓促指挥部召开万台“安源－70型”拖拉机大会战动员大会，全省各专县农机修造厂掀起大造“安源－70型”拖拉机高潮。由于机型设计和制造工艺问题，造成人力、物力的严重损失。

江西拖拉机厂生产的拖拉机

公元1971年2月							农历辛亥年【猪】						
日	一	二	三	四	五	六	日	一	二	三	四	五	六
	1 初六	**2** 初七	**3** 初八	**4** 立春	**5** 初十	**6** 十一	**7** 十二	**8** 十三	**9** 十四	**10** 元宵节	**11** 十六	**12** 十七	**13** 十八
14 十九	**15** 二十	**16** 廿一	**17** 廿二	**18** 廿三	**19** 雨水	**20** 廿五	**21** 廿六	**22** 廿七	**23** 廿八	**24** 廿九	**25** 二月大	**26** 初二	**27** 初三
28 初四													

4日　省革委会决定在南昌钢铁厂筹建非标66型25孔焦炉一座（3月动工兴建。于1972年12月27日停建。1985建设南昌市煤气工程气源厂时拆除）。

6日　江西省气象局成立。

6日　经省革委会政治部批准，江西省电影公司改名为江西省电影事业管理局。各专区电影公司相应改为专区电影事业管理处。

7日　中共赣州地区第一次代表大会在赣州召开，会议选举产生了中共赣州地区第一届委员会。大会于13日结束。

7日　中共井冈山地区第一次代表大会召开。大会历时6天，选出51名委员和8名候补委员，组成中共井冈山地区第一届委员会。

9日　省、市5000多人举行欢迎大会，欢迎山西省昔阳县委书记、大寨大队党支部书记陈永贵率领的大寨代表团。省委、省革委会和省军区、解放军某部、江西生产建设兵团的负责人出席大会。省广播局会同省电信局、南昌市电信局和南昌市广播站，利用有线广播载波向全省转播了大会实况。

10日　省革委会遵照毛主席关于"发扬革命传统，争取更大光荣"的教导，组织各级革委会领导班子成员到井冈山举办毛主席思想学习班，进行革命传统教育。

井冈山地委成员在大井毛主席旧居前，请革命老人讲述毛主席当年在大井居住时认真读书的故事

11日　全省各地春节拥军慰问团前往驻军营区向全省荣誉、复员、转业、退伍军人和烈军属进行慰问。

12日　1970年6月开工建设的江西有色冶炼加工厂电铅年生产能力由2000吨扩大到4000

吨的技改工程竣工投产。

13日 全省著名农业学大寨样板——河南省林县“红旗渠”代表团应省委、省革委会邀请，到江西介绍经验。省委、省革委会于翌日举行欢迎大会，省设市5000多军民参加欢迎大会。

河南省林县代表团在江西革命活动纪念馆参观

14日 省、市军民组成的回收废钢铁大军，协助南昌钢铁厂挖出废钢铁2000余吨。

18日 江西省革委会政治部最近召开了全省整团建团工作座谈会。会议认为，要把共青团组织建设成毛泽东思想大学校，在搞好思想整顿的基础上，必须搞好组织整顿。会议指出，建设一个朝气蓬勃的团支部是当前搞好整团建团工作的重要任务。

18日 根据党的“九大”以后中央发出的“关于召开地方各级代表大会的通知”和江西省委的通知，中共南昌市第四次代表大会在南昌召开。会议选举出58名委员和9名候补委员，组成第四届南昌市委。大会于24日结束。

20日 省委、省革委会召开电话会议，号召全省人民深入开展农业学大寨运动，迅速掀起春耕生产高潮。会议强调狠抓阶级斗争，深入进行路线教育，反骄戒满，虚心向大寨和林县人民学习，夺取全年农业新丰收。

25日 日本关西学生友好访华团一行32人来南昌参观访问。访问于27日结束。

25日 江西省第十九次公安保卫会议在南昌召开，传达贯彻第十五次全国公安会议精神。会议着重传达贯彻和学习周恩来总理在第十五次全国公安会议上传达的毛泽东关于对公安工作要“一分为二”的指示，肯定了新中国成立后17年来的公安工作，认为公安干警绝大多数是好的和比较好的。会议于3月25日闭幕。

25日 省委举行常委（扩大）会议，按照中共中央2月21日《关于扩大传达反党分子陈伯达问题的通知》，讨论进一步开展批陈整风问题。会议于3月28日结束。

26日 省委、省革委会召开座谈会。会议号召全省广大“五七”战士积极投入到春耕生产高潮中，学大寨、赶林县，为夺取农业生产第十个连续丰收年作贡献。

本月 冶金部决定，将江西钽铌冶炼厂（代号八〇四厂）合并到江西九江稀土冶炼厂建设，并改名为九江钽铌稀土冶炼厂（代号八〇六厂）（1972年，江西省重工业局正式将该厂定名为九江有色金属冶炼厂）。

本月 全省组织12万人的宣传队深入农村，进一步开展“学大寨运动”，帮助基层开展“路线教育”，搞好农田基本建设。

本月 省革委会批准设立南昌市友谊商店，由省商业局领导，负责外宾商品供应，为国际友人服务。

本月 九江专区革委会改名为九江地区革委会。

公元1971年3月							农历辛亥年【猪】						
日	一	二	三	四	五	六	日	一	二	三	四	五	六
	1 初五	2 初六	3 初七	4 初八	5 初九	6 惊蛰	7 十一	8 妇女节	9 十三	10 十四	11 十五	12 十六	13 十七
14 十八	15 十九	16 二十	17 廿一	18 廿二	19 廿三	20 廿四	21 春分	22 廿六	23 廿七	24 廿八	25 廿九	26 三十	27 三月小
28 初二	29 初三	30 初四	31 初五										

1日 由陈永贵率领的大寨代表团先后到南昌、宜春、萍乡、井冈山、赣州、抚州、上饶、景德镇、九江等地、市，向群众和干部介绍大寨的经验。

陈永贵和代表团在黄洋界保卫战旧址参观

陈永贵和代表团在瑞金沙洲坝参观

1日 按财政部发出《关于实行财政收支包干的通知》，江西省决定自1971年起，实行“定收定支，收支包干，保证上缴（或差额补贴），结余留用，一年一变”的体制的规定，江西的财政收入按15%的比例上缴，85%留省。

5日 《江西日报》报道，安远县安子栋林场的57名林业工人，在7年的时间内，开垦造林5万余亩，封山育林4万余亩，抚育幼林14.2万余亩次，提前四年绿化了全场，为国家节约投资20余万元，实现了粮、油、肉、菜和多种经营的经费自给有余，建成两座小型水电站，办起两个农副产品加工厂，成为全省林业战线上的一面红旗。

6日 省军区最近发出关于积极支援春耕生产的通知。要求所属机关、部队和驻省部队及民兵组织进一步发扬我军光荣传统，以战斗的姿态积极投入春耕生产，高标准、高质量、高速度地搞好部队和地方的春耕生产。

7日 省、市各界妇女2000余人在南昌八一礼堂集会，纪念“三八”国际劳动妇女节。省委、省革委会和南昌市委、市革委会的负责人出席了大会。参加大会的妇女代表表示：“男同志能办到的事情，女同志也能办得到。”

8日 省革委会发出《关于加强林业工作的通知》，决定成立省林业局；各地、市和山林较多的县相应成立林业局，已经成立林业局的不得撤并；各地革委会成立木竹生产调节器运指挥部；全省抽调3万劳动力充实运输队伍，组织300辆汽车运输，保证完成国家木竹生产和上调任务。

10日 省革委会在德兴县召开全省中西医结合工作会议。会议代表1000人。会议传达了全国中西医结合工作会议精神，学习交流了德兴县中草药运动经验，制定了《江西省卫生事业发展“四五”规划》和《江西省中西医结合工作“四五”、十年规划》。会议于15日结束。

15日 江西八〇五厂电解铝土法车间建成投产，年产铝能力70吨。

25日 越南空军参观团一行11人，来萍乡、井冈山、南昌等地参观访问。访问于30日结束。

28日 省商业局接到中商部（1971）基字第5号文件，决定在九江地区新建10万立方米石油库一座，并定名为“七一〇五工程”（随后，省商业局派员实地勘察了建库地址，并和九江地区国防工办召开有“六二一四二”工程指挥部、地区革委会生产指挥部、地区商业局等单位参加的座谈会）。

29日 《江西日报》报道，一个多月来，河南省林县代表团先后到达南昌、九江、景德镇、上饶、抚州、赣州、井冈山、萍乡、宜春等地、市介绍经验，对全省学大寨运动起到很大推动作用。

31日 《江西日报》报道，驻赣部队广大指战员遵照毛主席关于“目前正当春耕时节，希望一切解放区的领导同志，工作人员，人民群众，不失时机地掌握生产环节，取得比1970年更大的成绩”的教导，先后组织了170多个“毛泽东思想宣传队”下乡，投入支农活动。

宁冈县人民武装部在红四军广场宣传毛主席的革命实践和中国共产党、中国人民解放军的光荣革命传统

本月 江西七〇二电视转播台建成，电视发射机功率7.5千瓦，5频道转播江西电视台节目（12月26日正式开播）。

本月 宜春专区革委会改称宜春地区革委会。

本月 景德镇市医疗器械厂建成，主要从事小型医院设备和药片包装机的生产。

本月 南（昌）井（冈山）线、上（饶）分（水关）线等主要公路干线开始铺筑柏油路面。

本月 赣州市投资96万元，改造大公路西段北侧民房，改造面积6000平方米，新增住房31户。

公元1971年4月 农历辛亥年【猪】													
日	一	二	三	四	五	六	日	一	二	三	四	五	六
				1 初六	2 初七	3 初八	4 初九	5 清明	6 十一	7 十二	8 十三	9 十四	10 十五
11 十六	12 十七	13 十八	14 十九	15 二十	16 廿一	17 廿二	18 廿三	19 廿四	20 廿五	21 谷雨	22 廿七	23 廿八	24 廿九
25 四月小	26 初二	27 初三	28 初四	29 初五	30 初六								

4日 省委、省革委会在南昌市召开“活学活用毛主席哲学思想的优秀共产党员罗迈生先进事迹”报告大会（江西省新华书店出版发行《罗迈生日记论文选》达到100万册；罗迈生先进事迹展览接待全省各地群众11万多人次。全省各地建立学哲学小组数万余个）。

学习罗迈生先进事迹大会会场

5日 省农业局革命委员会根据省动、植物防疫检疫站《关于开展毒麦普查的报告》发出通知：要求各地植检站帮助群众识别和防除毒麦，因为毒麦是一种影响麦类增产，危害人、畜健康的检疫性杂草。该病毒由高安县植保干部文中妹首次发现，经查实由1969年引种阿尔巴尼亚小麦品种阿波、阿夫时传入。

7日 《江西日报》发表题为《为革命认真读书坚持读书》的社论。该社论指出：认真读书、弄懂弄通马克思列宁主义、毛泽东思想，是提高路线斗争觉悟，巩固无产阶级专政，加强党的思想建设的一项根本任务。全省活学活用毛泽

中共奉新县委常委以罗迈生为榜样，认真读书学习，搞好领导班子革命化

东思想的群众运动正在深入开展，为革命认真读书的空气越来越浓，这是社会主义革命和建设事业兴旺发达的重要标志。我们要通过学习罗迈生，把认真读书变为全省军民的自觉行动，以推动各项工作前进。

7日 阿尔巴尼亚驻华大使乔尔吉·罗博夫妇及三等秘书法特尔巴，在外交部苏欧司副司长李庭荃的陪同下，来南昌、井冈山参观访问。访问于13日结束。

8日 省委领导在南昌会见阿尔巴尼亚驻中国大使乔尔吉·罗博和夫人等一行。

9日 省军区任命孙树义为省气象局政治委员，程其善为副政治委员。

13日 江西省农业科学研究所恢复，所址在南昌县横岗省良种繁殖场内（1975年4月迁回莲塘伍农岗）。

15日 江西共大总校党委书记黎超应周恩来总理邀请参加在北京召开的全国教育工作会议，并列席中央政治局会议，参与讨论“全国教育工作会议纪要”。毛泽东1961年7月30日为共大所写信函的精神，被写进了会议纪要。

16日 江西省外事志工作会议在南昌召开，传达中央对外事工作的指示，并就对外宣传和涉外人员的思想建设等问题进行研究。会议于30日结束。

25日 上饶专区革委会改为上饶地区革委会。

30日 国务院发出《一九七一年国民经济计划的通知》，将赣南林区列为国家大中型建设项目（至1983年，完成项目预算拨款1.18亿元，占投资概算总数的91.3%）。

公元1971年5月							农历辛亥年【猪】						
日	一	二	三	四	五	六	日	一	二	三	四	五	六
						1 劳动节	2 初八	3 初九	4 青年节	5 十一	6 立夏	7 十三	8 十四
9 十五	10 十六	11 十七	12 十八	13 十九	14 二十	15 廿一	16 廿二	17 廿三	18 廿四	19 廿五	20 廿六	21 廿七	22 小满
23 廿九	24 五月大	25 初二	26 初三	27 初四	28 端午节	29 初六	30 初七	31 初八					

1日 全省军民热烈庆祝“五一”国际劳动节。南昌、景德镇、萍乡市和赣州、井冈山、上饶、宜春、九江、抚州等地区的工矿企业、人民公社、机关、学校以及驻赣解放军部队、江西生产建设兵团、南昌警备区、各军分区均分别举行了报告会、讲用会、座谈会等各种庆祝活动。

3日 《人民日报》、《江西日报》分别刊登以《最新最美的人》、《万匹马拉不回头》为题的文章，介绍永洲垦殖场党委书记谭冬幼的事迹。

7日 全省举行纪念毛主席“五七”指示发表5周年大会。出席会议的代表共1200余人，省、市各单位代表3000余人参加大会。会议于17日结束。

11日 省委举行常委（扩大）会议，讨论贯彻中共中央转发的《一九七一年全国计划会议纪要》。会议决定撤销省革委会“抓革命、促生产指挥部”，成立省计划委员会和工业、农林、交通、商业4个办公室。会议于20日结束。

14日 朝鲜驻华使馆武官张来宪大校夫妇及副武官文成泽上尉来南昌、井冈山参观访问。访问于21日结束。

14日 参加亚洲记者协会举办的第六期亚非记者训练班的刚果人民共和国学员一行12人，来南昌、萍乡、井冈山参观访问。访问于30日结束。

16日 澳大利亚澳中协会5月访华团一行20人，到萍乡参观访问。访问于17日结束。

20日 省委第一书记、省革委会主任程世清视察井冈山无线电厂。程世清强调要搞出有井冈山特色的收音机，不要长长方方的形状，而要“南瓜”、“黄洋界纪念亭”形状，且限期完成任务（已经定型生产的五晶体管收音机被迫停产。由于“南瓜”、“黄洋界纪念亭”形状的收音机只能作为工艺品摆设，成本高且不能批量生产，使江西井冈山无线电厂当年亏损8.74万元）。

21日 应省委、省革委会、省军区的邀请，大庆油田代表团到萍乡，受到专程前往萍乡迎接的省委、省革委会、省军区的有关负责人和萍乡市1万余人欢迎（25日，代表团到达井冈山访问）。

省、市军民欢迎大庆代表团大会会场

22日 省革委会常委研究同意恢复省劳改局，由保卫部负责筹办。

28日 省农业局革命委员会、省财政金融局革命委员会联合召开全省国营农场、垦殖场、畜牧场、水产场工作会议。会议总结交流贯彻“以粮为纲，全面发展”的方针，搞好体制管理，加强经济核算，大搞科学研究等经验。同时，进一步明确办场方向，落实今后任务。

29日 江西七一〇五工程正式开工。

30日 《江西日报》报道，全省早稻、棉花、甘蔗等农作物长势喜人，各地党组织和革委会以“两分法”为武器，防骄反骄，狠抓田间管理，决心夺取早稻等农作物大丰收。

本月 省林业汽车运输团成立，为省林业局直属单位。

本月 省水利电力局所属火电四团更名为“江西省火电工程团”，省水利电力局所属五团更名为“江西省送变电工程团”。

本月 南昌市梅岭管理区委成立（1972年3月，梅岭管理区委改为湾里管理区委；1973年7月2日改为湾里区委。1972年3月，恢复南昌市郊区委。至此，南昌市辖东湖、胜利、西湖、抚河、青云谱、湾里、郊区7个区委和南昌、新建2个县委）。

本月 江西铸锻厂成功造出重30吨的1立方米的全液压多用挖掘机。

本月 江西省援外办公室首次承担赞比亚经济援助项目，即广播发射台，建筑面积2021平方米，地点在卢萨卡市。该工程由中国建筑总公司江西分公司承建，派出24人，夏志坚任工程组副组长。

本月 江西省基建局颁发《建筑安装施工队伍实行经常费和施工实行按实结算办法》。

公元1971年6月							农历辛亥年【猪】						
日	一	二	三	四	五	六	日	一	二	三	四	五	六
		1 儿童节	2 初十	3 十一	4 十二	5 十三	6 芒种	7 十五	8 十六	9 十七	10 十八	11 十九	12 二十
13 廿一	14 廿二	15 廿三	16 廿四	17 廿五	18 廿六	19 廿七	20 廿八	21 廿九	22 夏至	23 闰五月	24 初二	25 初三	26 初四
27 初五	28 初六	29 初七	30 初八										

2日　大庆油田代表团在参观访问萍乡、安源、井冈山、赣州、抚州、新余等地后，到达南昌。

三二〇一钻井队工人热烈欢迎代表团

5日　江西良山铁矿良山矿区露采揭顶大爆破成功。在这次大爆破中，共使用2号硝铵岩石炸药262吨。

5日　省委、省革委会决定1971年7月中旬在南昌召开全省“工业学大庆”经验交流会。要求各地、市、工业管理区以大庆精神学大庆，积极行动，组织广大工人群众和干部更加深入地、扎实地掀起“工业学大庆”群众运动新高潮。

6日　中共景德镇市第三次代表大会召开。大会选举出44名委员和9名候补委员，组成新的中共景德镇市委。会议于13日结束。

8日　中共九江地区第一次代表大会召开。大会选举48名委员和7名候补委员组成中共九江地区第一届委员会。会议于11日结束。

9日　省卫生局革委会近日按卫生部军管会关于进行工业三废（废水、废气、废渣）调查要求，组织150名医务人员对60多个厂矿及长江、赣江、抚河等13条河流和空气、大气进行三废危害调查。

10日　省卫生局革委会《关于加强工业卫生工作意见》的报告由卫生部向全国转发。

10日　省、市军民4000余人集会，纪念毛主席“发展体育运动、增强人民体质”题词发表19周年。

南昌市第十中学的师生积极开展群众性体育活动

10日 省农业局革委会发出通知，要求各地做好剧毒农药安全使用工作，确保人、畜安全。

10日 中共萍乡市第四次代表大会召开。大会选举46名委员和7名候补委员组成中共萍乡市第四届委员会。会议于14日结束。

10日 中共宜春地区第一次代表大会召开。大会选举55名委员和8名候补委员组成中共宜春地区第一届委员会。会议于15日结束。

12日 江西省广播局、南昌市革委会政治部在南昌县罗家公社召开省市利用电灯线传送广播现场会。会议于23日结束（会后全省掀起利用电灯线传送广播热潮。到年底，全省有73个县市的184个公社和664个生产大队利用电灯线传送广播）。

13日 中共上饶地区第一次代表大会召开。大会选举60名委员和5名候补委员组成中共上饶地区第一届委员会。会议于16日结束。

14日 中共抚州地区第一次代表大会召开。大会选举44名委员和7名候补委员组成中共抚州地区第一届委员会。会议于17日结束。

18日 省军区领导机关召开大会，纪念毛主席关于“民兵工作要做到组织落实、政治落实、军事落实”的指示发表9周年。会议强调要发扬我军的光荣传统，积极做好民兵工作，充分做好反侵略战争的准备。

18日 省委、省革委会在都昌县召开全省政治工作会议。各地（市）、县委和部分工矿企业政治部负责人参加了会议。会议对今后的政治工作提出了四点要求：（一）要认真读书，深入开展批修整风，进行思想和政治路线教育；（二）要继续狠抓基层建设，特别是党支部的建设；（三）要切实加强对教育、文化、卫生、新闻单位的领导；（四）各级党组织要加强政治思想工作的领导，充分发挥政治机关思想战线指挥部的作用。会议于7月3日结束。

23日 萍乡市山口岩水电工程动工兴建（在“边勘探，边设计，边施工”的思想指导下，拆迁民房240多户，移民近千人。8月动员万人上阵。因地质情况不明，于1972年停建，经济损失300余万元）。

23日 江西省林业局革委会成立。

24日 省委在抚州召开七届三次全委扩大会议，传达贯彻中共中央1971年4月15日至29日召开的“批陈整风汇报会”精神，以及毛泽东关于“应对南昌起义和两军会合作正确解说”的批示，部署全省工作。会议提出要“深入批修整风，进行思想和政治路线方面的教育，加强无产阶级国际主义教育、推动各方面的工作”。要求农业战线集中力量打好“双抢”仗，夺取农业新丰收；工业战线确保完成国家计划，抓好基础工业、关键厂矿，“继续大打矿山之仗”；领导干部要改进领导作风，深入实际，调查研究。会议于7月3日结束。

荒冲煤矿在大打矿山之仗中，实行领导与群众相结合。图为领导干部与工人一道解决矿山建设中的问题

25日 《江西日报》报道，全省活学活用马列主义、毛泽东思想群众运动深入发展。广大干部群众、解放军指战员召开读书讲用会，认真读马列的书，认真学习毛主席著作，坚持理论和实践联系的革命学风，把学习和调查研究总结经

洪都机械厂党委召开读书讲用会

验，学习和改造世界观结合起来。

28日 中共江西省广播局委员会成立，彭方俊任书记，张汉臣、兰志民任副书记，张世英、许传友、功怀、黄鸿宜任委员。

30日 南昌市举行无轨电车通车典礼大会。省、市委负责人出席通车典礼大会。全市配有电车15辆，建整流站1座。无轨电车南起包家花园，西北至八一桥头，全长9.5公里。

在人民广场举行的南昌市无轨电车通车典礼

本月 南昌钢铁厂炼钢分厂工人大战“红五月”，首破炼钢生产月产万吨关，创建厂以来最新纪录。

本月 1970年动工兴建的解放军防化部队“五七”学校化工厂，预交给省轻化工业局管理，改名为新干化工厂。

本月 《江西日报》报道，全省各级党组织在思想整顿的基础上，认真地进行了组织整顿。全省绝大多数基层党委、总支、支部已经建立，县以上各级党委已经全部建立。新建立的党的各级组织实行了老、中、青三结合。

本月 经省委同意，成立中共江西省水利电力局委员会。

本月 北京中医研究所遵照国务院总理周恩来的指示，派遣医、教、研人员组成北京医疗队到江西德兴县开展中草药研究（连续4年，先后派出8批医疗队）。

本月 经省委批准，恢复江西省计划委员会（7月更名为江西省革命委员会计划委员会）。

本月 省委以会议形式在省革委会毛泽东思想学习班（原省委党校）举办全省批陈（伯达）整风学习班，县以上领导干部1905人参加学习。历时45天。

南昌钢铁厂钢锭和钢材产量突破历史最高纪录

南昌钢铁厂炼钢分厂提前超额完成了1970年国家计划

公元1971年7月　　农历辛亥年【猪】													
日	一	二	三	四	五	六	日	一	二	三	四	五	六
				1 建党节	2 初十	3 十一	4 十二	5 十三	6 十四	7 十五	8 小暑	9 十七	10 十八
11 十九	12 二十	13 廿一	14 廿二	15 廿三	16 廿四	17 廿五	18 廿六	19 廿七	20 廿八	21 廿九	22 六月大	23 大暑	24 初三
25 初四	26 初五	27 初六	28 初七	29 初八	30 初九	31 初十							

1日　《江西日报》报道，全省各地群众认真学习中央“两报一刊”编辑部文章《纪念中国共产党五十周年》。

1日　省军区召开了政治工作会议，研究和部署深入学习中央“两报一刊”文章《纪念中国共产党五十周年》。要求各级领导干部要带头学、带头用，深入基层，亲自实践加强调查研究，抓好典型，及时总结与推广经验，扎扎实实搞好各项工作。

1日　德胜关垦殖场东山陶瓷厂第一代陶瓷耐酸泵研制成功投产，填补了省内的一项空白，成为国内第二家专业生产厂。

1日　为庆祝中国共产党诞生50周年，全省各地电影院放映彩色影片《红色娘子军》、《红灯记》。

1日　江西平板玻璃厂自行设计、制作和安装设备，试制成功人造压电水晶（当年生产水晶10公斤，填补江西省生产压电水晶空白）。

5日　林彪死党周宇驰驾驶直升机到南昌活动（7日，又驾机到井冈山活动。这是1970年10月周宇驰到江西布置仿造水陆两用汽车后，又一次来赣活动）。

7日　省轻化、商业、林业等部门和南昌市、赣州地区轻化局派代表参加在北京市召开的全国日用工业品会议，讨论发展轻工产品的重要意义，如何把生产抓上去，稳定企业的生产方向，积极扩大出口产品生产。

10日　省委、省革委会直属机关抽调一大批干部奔赴全省各地支援“双抢”。省委、省革委会要求下去的同志在“双抢”战斗中，虚心向贫下中农学习，与贫下中农同吃、同住、同劳动，与当地干部群众一起，把各方面的工作做得更好。

12日　时任国务院副总理华国锋到江西进贤县李渡畜牧兽医站和省农科所视察。

13日　《江西日报》报道，驻省部队广大指战员积极支援“双抢”战斗。解放军某部、南昌警备区和赣州、井冈山、宜春、上饶、九江、抚州军分区等领导机关分别召开会议，部署“双抢”工作，派出大批“毛泽东思想宣传队”，奔赴全省各地区农村，大力支援“双抢”。

13日　省农业局革委会、省商业局革委会在彭泽、九江、湖口、都昌县召开全省棉花生产现场会。参加会议的有6地2市24个集中产棉县、88个集中产棉社、队的代表共177人。现场会于17日结束。

15日 省保卫部发出通知，为便于工作联系，决定恢复城镇派出所名称，各地将城镇保卫组改为“××县（市、区）公安机关××镇派出所”。

16日 驻省部队指战员和南昌市工人、贫下中农、学生、机关干部1万余人举行大会和游泳活动，横渡赣江，纪念毛主席畅游长江5周年。同时，各地区、市也举行了纪念活动。

万人横渡赣江

17日 省财金局发出通知，要求各地税务部门自本通知收到之日起，立即对所有国营工矿企业试行行业税。

18日 《江西日报》发表题为《加强领导夺取工业生产新胜利》的社论。该社论指出：集中力量抓好基础工业和关键厂矿，是完成和超额完成1971年国家计划，实现工业生产新飞跃的关键。各级领导成员必须认真改进领导作风和工作作风，坚持从群众中来，到群众中去的领导方法，深入生产第一线，推动“工业学大庆”群众运动向前发展、夺取工业生产的新胜利。

奉新县化肥厂职工，在“工业学大庆”运动中，高举“鞍钢宪法”的旗帜，加紧施工，力争早日投产

19日 省建三团在进贤第二造纸厂工地吊装屋面工程中，由于吊车司机玩忽职守，不按规程操作，致使吊车扒杆猛烈扭转摆动，5名工人连同构件一起，从11.4米的高空跌落，伤亡6人（死2人，重伤2人，轻伤2人）。

20日 《江西日报》报道，全省已初步形成农机修造网，各县建立了农机修造厂，基本做到了农机中小修不出社，大修不出县。

20日 农林部、第一机械工业部在江西省泰和县召开南方水田机械化现场经验交流会。来自南方13省市的农业机械选手1200多人参加，各地的插秧、收割、脱粒、耕作、排灌、植保、中耕等农机140余台进行现场使用表演。江西的丰收-27型拖拉机、井冈山-67型人力插秧机等参加了演示。交流会于26日结束。

插秧机插秧现场表演

22日 南昌市委、市革委召开全市工业学大庆经验交流会。会上，江西水利工程设备制造厂、洪都机械厂、南昌柴油机械厂、江西电机厂、江西氨厂、南昌供电局、化工石油机械厂等单位介绍了开展工业学大庆的先进经验。会议于28日结束。

25日 经省委同意，江西日报社成立党委。

26日 1971年全国少年篮球南昌区集训在南昌举行开幕式。来自全国五省二市（上海市、江苏省、浙江省、广东省、福建省、江西省、南昌

全国少年篮球南昌区集训开幕式

市）的300名运动员参加集训。省委、省革委、省军区、南昌市委、南昌市革委、南昌警备区的负责人出席了开、闭幕大会。集训于8月13日结束。

26日 日本学生友好访华团一行53人，到江西萍乡、井冈山参观访问。访问于31日结束。

30日 《江西日报》报道，江西共产主义劳动大学遵照毛主席“教育必须为无产阶级政治服务，必须同生产劳动相结合”的教导，坚持以抗大为榜样，半工半读、勤工俭学，逐步建立起教学、生产、科研相结合的教育新体制，创办13年来，为国家培养了12万余名有社会主义觉悟、有文化的劳动者。全省共有总校一所，分校132所，学生5万余人，创办了390多个农场、林场和畜牧场，248个小型工厂和车间，拥有6.5万亩水田、旱地和95万亩山林、果园。

31日 省、市军民在南昌八一礼堂集会，纪念解放军建军44周年。省委、省革委、省军区、二五五九部队、南昌市委、南昌市革委、南昌警备区、驻市部队负责人参加了大会。广大军民一致表示，要搞好军政军民团结，做好对付一切反动派发动任何突然袭击的准备，为支援世界人民的革命斗争作出贡献。

本月 第二次全国人防工作会议确定江西南昌等8市为全国人防重点城市。

本月 江西省生产建设兵团缩编为江西省军区农业建设师，归江西省军区建制，受省委、省军区双重领导。

本月 江西气体压缩机厂试制成功由合肥通用机械研究所设计的L5.5－40/8空气压缩机，通过部级鉴定，耗能比功率4.47（千瓦/立方米/分），低于压缩机行业规定优等值4.9，达到国内先进水平。

本月 南昌柴油机厂研制成功X285、X485型高速柴油机，通过技术鉴定后进行批量生产，填补了国内中小功率每分钟3000转柴油机的空白。

南昌柴油机厂生产的多种型号的柴油机

本月 江西电机厂与江西水力发电设备厂共同试制成功 TS900/135－56 型 4.5 万千瓦大型水轮发电机组，发电机重 520 吨，高 7.8 米，定子冲艺直径 9 米。开创了省内大型水电站设备自行成套制造的历史，安装在柘林水电站使用。

江西电机厂工人正在制造 4.5 万千瓦水轮发电机

工人加工出的长达 6.9 米、直径 1.51 米，重 30 吨的大轴

公元1971年8月 农历辛亥年【猪】													
日	一	二	三	四	五	六	日	一	二	三	四	五	六
1 建军节	2 十二	3 十三	4 十四	5 十五	6 十六	7 十七	8 立秋	9 十九	10 二十	11 廿一	12 廿二	13 廿三	14 廿四
15 廿五	16 廿六	17 廿七	18 廿八	19 廿九	20 三十	21 七月小	22 初二	23 初三	24 处暑	25 初五	26 初六	27 初七	28 初八
29 初九	30 初十	31 十一											

2日　《江西日报》报道，1971年江西省深入开展农业学大寨活动，贯彻执行农业“八字宪法”（水、肥、土、种、密、保、工、管）。全省大部分县、社的早稻都比去年有较大的增产。

长势喜人、普遍抽穗的稻田

5日　英国学生、青年访华团一行18人，到萍乡、井冈山、南昌参观访问。于12日结束参观访问。

7日　省委、省革委会召开纪念毛主席《七三〇指示》发表10周年讲用会。江西共大总校和分校的代表，大专学校和地、市教育部门的负责人共380余人参加了大会。会议传达了全国教育工作会议和会议纪要精神，要求进一步办好共大，推动全省教育战线斗、批、改的深入发展，多快好省地造就一支宏大的工人阶级知识分子队伍。讲用会于14日结束。

9日　南昌市粮食公司革命委员会成立，并设有综合组、政工组、业务组。

11日　日本第7次学生友好访华团一行49

人，到萍乡、井冈山、南昌参观访问。访问于13日结束。

11日 省委在井冈山举行常委（扩大）会议，讨论通过了《关于目前农村工作中的若干问题（草案）》等5个文件。会议于23日结束。

12日 列为国家重点建设项目的江西维尼纶厂，在乐平县城南塔山正式破土动工修建。

13日 全省农业工作会议在赣州市召开。会议总结交流了广大农村农民开展“农业学大寨”的经验，研究和部署了1971年冬至1972年春的农业工作。会议要求各地认真抓好晚稻抗旱灭虫，打好秋收冬种仗。会议期间代表们参观赣县高楼、南康崇文等11个大队的旱粮生产。听取赣州、南康、进贤、湖口、贵溪等县革委会负责人的讲话。会议于9月3日结束。

17日 省财政金融局革委会遵照国务院8月11日批转财政部关于调整利率的请示报告，对现行银行利率进行全面调整，并规定除国营工商企业延至1972年1月1日执行外，其他各项存、贷款利率的调整从本年10月1日起执行。

20日 全省“第三届活学活用毛泽东思想积极分子和‘四好’‘五好’代表大会”在井冈山举行。到会代表1万名。表彰了26个活学活用毛泽东思想先进集体和40名积极分子。大会于28日结束。

20日 省革委会批准省卫生局革委会《关于江西省农村实行合作医疗情况的报告》。

25日 景德镇市革委会在市工业局召开全市文件保密和档案工作现场会议。

29日 遂川县召开妇女工作会议，研究对妇女思想和路线方面的教育。会议于9月4日结束。

29日 省保卫部和省交通邮电办公室召开全省交通安全工作会议，要求加强对交通安全的领导，建立健全交通安全管理机构。会议于9月4日结束。

30日 毛泽东主席巡视南方途中在南昌停留。停留期间毛泽东召集江苏、福建、江西省党政军负责人谈话，揭露和批评林彪及其一伙的阴谋活动，指出：“有人急于想当国家主席，要分裂党，急于夺权。”“庐山这件事，还没有完，还没有解决”，林彪对这件事，“当然要负一些责任”毛泽东主席于9月2日离开江西（林彪叛逃后，中共中央于1971年10月7日向全党转发了《毛主席在外地巡视期间同沿途各地负责同志的谈话纪要》）。

全省“第三届活学活用毛泽东思想积极分子和‘四好’、‘五好’代表大会”在井冈山闭幕

公元1971年9月　　农历辛亥年【猪】													
日	一	二	三	四	五	六	日	一	二	三	四	五	六
			1 十二	2 十三	3 十四	4 十五	5 十六	6 十七	7 十八	8 白露	9 二十	10 廿一	11 廿二
12 廿三	13 廿四	14 廿五	15 廿六	16 廿七	17 廿八	18 廿九	19 八月大	20 初二	21 初三	22 初四	23 初五	24 秋分	25 初七
26 初八	27 初九	28 初十	29 十一	30 十二									

1日　景德镇市室内体育馆工程动工。该工程由景德镇市建筑一团施工，首次采用32.5米跨度三铰拱角钢屋架新结构，用钢量为每平方米18公斤（1972年1月1日竣工使用）。

3日　省机械工业管理局设电子器材供应站，负责办理全省地方工业物资和无线电基础产品的计划分配和供应管理工作。

4日　省轻化工业局革委会、省商业局革委会联合通知，全省工业纱布内调业务除部分企业实行对口内调外，自本年10月1日起，全部移交商业部门负责。

10日　省政府、省军区召开全省人民防空工作会议，贯彻全国人民防空工作会议精神。会议于15日结束。

11日　省委、省革委会召开全省大学教育工作会议。出席会议的有各大专院校党的核心小组成员、军代表、连队干部、教师、学员、下放教师代表，以及“三支两军”办公室、有关各局和洪都机械厂、江西拖拉机厂的负责人共174人。会议讨论落实《全国教育工作会议纪要》，确定加强学校领导班子建设，巩固工人阶级的领导；建立和发展教学、生产、科研三结合的新体制，以厂（社）校挂钩为主，“实行开门办学”；“建立一支以工农兵教师为骨干，同革命技术人员和原有教师三结合的教师队伍”。会议还就几所大学的管理体制提出了意见。会议于28日结束。

12日　省委颁发《关于学好唱好“国际歌”“三大纪律八项注意”两首革命歌曲的通知》。通知要求各级党组织和革委会必须把组织学好唱好这两首革命歌曲，当作一项严肃的政治工作，按照“学、唱、做、空”的要求，切实抓紧抓好。

12日　菲律宾青年代表团一行15人，到萍乡、井冈山、南昌参观访问。访问于20日结束。

13日　林彪反党集团反革命武装叛变被彻底粉碎后，省军区遵照中共中央和福州军区党委的指示，在部队开展批林整风运动。

18日　全省大风降温，南昌地区风速平均9.8米/秒，最大13米/秒（20日，最低气温为15.1℃，二季晚稻严重受害。江西省农科所在南昌、九江、上饶、吉安等地调查，平均空壳率达

29.6%，最高达57.3%）。

19日 中共中央委员陈云到江西萍乡钢铁厂视察，他鼓励说："当年我们在延安工作时，只有一个5吨的炼铁炉，制造枪支弹药，解决了很大问题。现在你们有3座100立方米炼铁高炉，真了不起呵！好得很呵！"

19日 《江西日报》报道，全省1971年早稻获得了大丰收，单产、总产均超过了历史最高水平，而且实现了大面积平衡增产。各地涌现了一大批早稻一季跨"纲要"、超千斤的社、队。原来高产的地区，1971年更高产，原来产量较低地区1971年大幅度增产。到目前为止，全省已超额12.9%完成了早稻征购入库计划。

20日 《江西日报》报道，全省产品的自给水平不断提高。棉布、服装、针棉织品、毛巾、袜子、热水瓶、搪瓷制品等日用工业品满足省内需要。全省1971年上半年自产的日用工业品增加到5515种，比1970年全年增加896种。

21日 《江西日报》报道，截至目前，省、地、县各级分期分批举办学习班，轮训了党的领导骨干5.2万余人，训练了基层干部10.5万人。建立了22万余所政治夜校。

26日 于都县仙下公社卫生院成功地为一位女社员切除了一个40斤重的卵巢肿瘤。

30日 南昌市民兵师成立，沈淦任师长，于德馨任第一政委。

30日 截至当日，全省工业总产值较去年同期增长19.7%，主要产品钢、钢材、生铁、铁矿石、原煤、冶金焦、木材、水泥、汽车、电动机、硫酸、硝酸、烧碱、合成氨、化学农药和10种有色金属的产量均分别比去年同期增长10%～250%。工业产品品种也有了显著增加。钢的品种中增加了齿轮钢、高速钢等9个新品种；钢材中增加了汽车大梁钢板、矽钢片等57个品种规格；机械、电子、化工工业方面增加了电视机、3吨自动吊车、150立方米制氧机全套设备等多种新产品，第一次试制了4.5万千瓦水轮发电机组。轻工业产品的品种也比去年增加了284种。

30日 《江西日报》报道，1月至9月，全省机械工业总产值比去年同期增长20%，列入国家计划的26种主要产品与去年同期相比有较大增长。大部分产品质量稳定提高，新产品增加500余种，许多产品的成本和原材料消耗下降。

本月 江西氨厂大胆改革合成塔，充分利用现有设备，创造了投产以来的最高纪录，打破了化肥"夏季高温低产"的常规，实现了稳步高产。

本月 美籍华人、著名作家韩素音同丈夫陆文星游赣，并专程赴瑞金采访，行迹载入1974年美国出版的名著《早晨的洪流》中。

本月 抚州印染厂正式投入生产，该厂于1969年筹建，年生产能力为印染布6000万米。

本月 省商业局会同有关部门在高安县召开全省土化肥、土农药现场会议，决定在全省大力生产、推广腐殖酸、五四〇六两种土化肥和七〇五、七〇七两种土农药（两种土农药为江西共大总校教授章士美1970年研制）。

本月 省革委会政治部召开江西全省出版工作会议，传达贯彻全国出版工作会议精神。

本月 省革委会保卫部、南昌市革委会、南昌市警备区联合颁布《交通管理通令》。

公元1971年10月 农历辛亥年【猪】													
日	一	二	三	四	五	六	日	一	二	三	四	五	六
					1 国庆节	2 十四	3 中秋节	4 十六	5 十七	6 十八	7 十九	8 二十	9 寒露
10 廿二	11 廿三	12 廿四	13 廿五	14 廿六	15 廿七	16 廿八	17 廿九	18 三十	19 九月大	20 初二	21 初三	22 初四	23 初五
24 霜降	25 初七	26 初八	27 重阳节	28 初十	29 十一	30 十二	31 十三						

1日　南昌、景德镇、萍乡市和赣州、井冈山、九江、上饶、宜春、抚州等地区的广大群众以及驻地部队指战员分别举行建国22周年庆祝会、形势报告会、讲用会、文艺晚会、体育表演比赛、大唱革命歌曲、游园等活动。

3日　省委举行常委（扩大）会议，传达、讨论中共中央9月18日《关于林彪叛国出逃的通知》等文件，揭批林彪叛国出逃罪行。会议于10日结束。

5日　陈云参加了江西省委常委（扩大）会议，听取传达中共中央《关于林彪叛国出逃的通知》，在会上作了揭批林彪叛国出逃罪行的发言。

5日　省轻化局革委会在南昌市召开各专、市轻化工业局革委会主任会议，贯彻全国日用工业品会议精神，讨论了机构设置、经济政策、原材料供应等问题。

10日　省革委会保卫部向全省各级保卫部发出《关于审判与侦破分开办公的通知》，指出为了加强审判工作，做到稳、准、狠地打击阶级敌人和刑事犯罪分子，把审判工作与侦破工作分开，成立审判组，仍由保卫部领导。

11日　日本大阪工人友好访华团一行52人，到萍乡参观访问。访问于12日结束。

12日　《江西日报》报头下“江西省革命委员会”的字样取消，只留“江西日报”报头。

15日　省革委会根据国务院决定，将各专、县、市级粮食征购基数改为“一定五年”不变，并在原15.5亿公斤基数的基础上增加（1968年至1970年在征购基数外多购的粮食和农民交售的“献忠粮”），使全省粮食征购基数增加到18亿公斤（分配各县另加3%机动数，共18.54亿公斤，各项粮食征购基数前后调整过4次，到1981年调为10.75亿公斤，并取消省加机动数）。

15日　省委召开全省教育工作会议，贯彻全国教育工作会议精神，研究中小学和中等专业学校教育革命问题。512人出席会议。会议提出“工宣队要在学校长期留下去”；学校要实行开门办学，面向社会；要缩短学制；要加强教师的思想政治教育；在第四个五年计划期间，全省农村普及五年小学教育。会议于12月4日结束。

16日　九江市针织内衣厂二连职工，奋战一个多月，革新成功了（双氧水炼漂）新工艺，为江西省针织漂染工业填补了一项空白。

22日 省革委会在铜鼓县举行追悼大会，悼念最近在阿拉伯也门共和国以身殉职的游增权烈士。中央对外经济联络部、交通部的代表专程前来出席了大会。会上，颁发了国家内务部授予游增权烈士家属的光荣纪念证。

22日 解放军某部四连副班长许荣华和杨秋和在扑灭吉水县白水垦殖场松香厂烈火战斗中英勇牺牲。省军区党委分别给予追记一等功。

23日 《江西日报》报道，全省农业学大寨群众运动蓬勃发展。（一）各级党组织以大寨为榜样，学大寨人，走大寨路，创大寨业，成为农村干部群众的自觉行动；（二）大寨经验由点到面，由小到大遍地开花，各地都在朝大寨式县迈进；（三）坚持科学种田，深入开展农业耕作制度和耕作技术革命，农业机械化事业有了新的发展；（四）农、林、牧、副、渔全面发展，社会主义集体经济不断巩固和壮大。

25日 省委召开揭批林彪叛国出逃罪行会议，按照中共中央有步骤地逐级传达部署，决定向全省逐级传达林彪叛党叛国事件。会议于28日结束。

27日 《江西日报》报道，九江市第一人民医院使用自制中药麻醉，成功地进行了胃切除、阑尾炎、开放性骨折等大小手术9例。病人只要在静脉里注射上2毫升至3毫升的中药麻醉液一分钟左右就平安地熟睡过去，二三分钟后就可以进行手术，手术中病人的呼吸、脉搏、心跳、血压都很平稳。中药麻醉的突出优点是：操作简便花钱少、止痛完全反应少。

31日 江西钢厂本月钢产量突破万吨大关，创造该厂历史最高纪录，质量提高3.9%，原材料消耗也有下降。

本月 向塘西至新余区段第一条132公里的1万伏信号专用贯通电力线及向塘西、樟树、新余变电所正式建成使用，设计与施工均为南昌电务工程队。这项工作受到铁道部表彰。

本月 省轻化、外贸、商业等部门组成代表团前往广州市参加秋季出口商品交易会，成交陶瓷、工艺美术、皮革等产品。

公元1971年11月　农历辛亥年【猪】													
日	一	二	三	四	五	六	日	一	二	三	四	五	六
	1 十四	2 十五	3 十六	4 十七	5 十八	6 十九	7 二十	8 立冬	9 廿二	10 廿三	11 廿四	12 廿五	13 廿六
14 廿七	15 廿八	16 廿九	17 三十	18 十月大	19 初二	20 初三	21 初四	22 初五	23 小雪	24 初七	25 初八	26 初九	27 初十
28 十一	29 十二	30 十三											

5日　省基本建设局召开全省建筑标准设计工作座谈会，讨论开展技术情报活动和建立技术情报网的问题；交流设计革命和双革成果技术资料，探讨以土建为重点改革肥梁、胖柱、重屋盖、深基础等问题。

6日　邓小平参加了新建县拖拉机修配厂党员干部、职工会议，听取传达中共中央关于林彪叛逃事件的文件。回到家中，他说："林彪不亡，天理不容！"随后，他写信给毛泽东和党中央，表示坚决拥护中共中央关于林彪反党集团的决议。

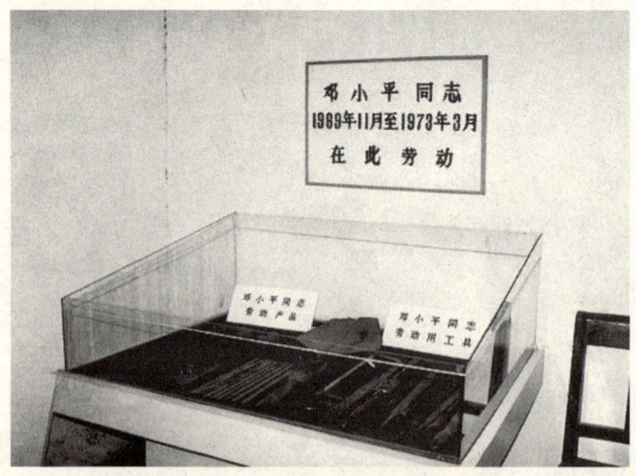

邓小平在南昌市新建县拖拉机配件厂劳动时使用过的工具和劳动产品

邓小平在江西

8日　日本北海道工人访华团一行11[illegible]到萍乡参观访问。参观访问于9日结束。

16日　省革委会发出通知，要求各地[illegible]产队为单位建立常年积肥队，认真抓好绿肥生[illegible]和大搞圈猪积肥。

16日　省委举行常委会议，传达中共中央《关于林彪叛国出逃的通知》，批判林彪一伙炮制的反革命武装政变计划《"571工程"纪要》。

该《通知》和《纪要》由中共中央11月14日印发。纪要是在林彪的儿子林立果北京的秘密据点里查获的。陈云参加了这次会议。会议于18日结束。

17日 省轻化工业局革委会在九江市召开全省纺织工业“抓革命、促生产”和1972年选样定产座谈会。会议于24日结束。

28日 省委、省革委会近日召开了地、市、县委和重点厂矿企业党委电话会议。要求全省工交战线深入“批修整风”，推动增产节约运动，奋战一个月，坚决完成和超额完成今年国家计划。

28日 江西光学仪器厂试制成功全省第一台电视摄像机。

本月 江西电机厂工人、干部和技术人员，在两个半月内，制造出江西省第一台6.3万千伏安大型铝线电力变压器。

江西电机厂的工人制造的6.3万千伏安铝线电力变压器

本月 省革委会决定将丰城县坪湖大队、上塘大队、田西大队并入上塘镇，划归丰城矿务局领导。

本月 江西省基建局调整土建施工团，将一团三营、抚州专建二营、井冈山专建三营、井冈山专建一营调入组成四团，加强三线建设。

公元1971年12月 农历辛亥年【猪】													
日	一	二	三	四	五	六	日	一	二	三	四	五	六
			1 十四	2 十五	3 十六	4 十七	5 十八	6 十九	7 二十	8 大雪	9 廿二	10 廿三	11 廿四
12 廿五	13 廿六	14 廿七	15 廿八	16 廿九	17 三十	18 十一月小	19 初二	20 初三	21 初四	22 冬至	23 初六	24 初七	25 初八
26 初九	27 初十	28 十一	29 十二	30 十三	31 十四								

3日　日本九州工人友好访华团一行10人，到萍乡参观访问。访问于5日结束。

6日　江西省农业机械化领导小组成立。

9日　江西八面山汽车制造厂在生产条件差的情况下，试制成功全省第一辆12吨重型载重汽车。这辆汽车具有速度快、载重量大、耗油少、牵引力强、爬坡性能好的特点。

江西八面山汽车制造厂制造的12吨载重汽车

13日　省革委会政治部调整机构设置，下设办事、组织、宣传、文化、教育、群众工作6个组。

13日　省委印发《关于目前农村工作中的若干政策问题（试行稿）》，对林业问题作出七条决定。

14日　省革委会转发中共中央《关于一九七一年至一九七五年度粮食征购任务一定五年不变的政策》，逐级落实到生产队，不准层层加码。超购部分，继续实行加价奖励办法。今后，国家征用土地或增加经济作物面积，相应减免征购任务。

15日　省革委会批转省财金局《关于当前财金工作几个问题的请示报告》，提出对全省企业、事业单位、机关和农村人民公社进行一次清理资金的工作。

15日　浙江水库移民安置工作会议在南昌召开。会议总结交流移民安置工作经验（据统计，浙江水库移民迁入江西共10.18万余人，分别安置在抚州、上饶、九江、吉安4个地区20个县的113个人民公社）。

15日 江西省科学研究、技术革新经验交流会在南昌市召开。会议提出1972年林业方面着重研究林木优良品种引种繁育、用材林和木本粮油林优质速生丰产技术、森林病虫害防治、采伐剩余物利用和林业机械化等项目。经验交流会于29日结束。

16日 省委、省革委会召开全省林业工作会议，按照《全国农业发展纲要》对江西林业的规划要求，部署1972年的工作任务。

18日 全省农业机械化会议召开。会议传达全国农机化会议精神；参观农机现场表演，总结交流各地农机化经验；讨论、制定江西在1980年前基本实现农机化规划，重点落实1972年计划和布局；研究农机化各项具体政策和加速农机化进程的主要措施。

21日 全省外事工作会议在南昌召开。会议传达学习国务院总理周恩来在全国外事工作会议和全国旅游工作会议上的重要讲话。与会人员还到安源、井冈山、赣州地区的有关县市参观学习，交流对外宣传和接待工作经验。外事工作会议于1972年1月26日结束。

22日 省革委会转发省财金局《关于修订国家机关、事业、企业单位工作人员差旅费和会议费补助标准的通知》。

26日 《江西日报》报道，江西省开展冬季农田水利基本建设。全省开工的各项水利工程达1.4万多项，已完成土石方9500多万立方米。

27日 省革委会办公室向省委呈报《关于解决全省档案经费的报告》。

30日 《江西日报》报道，萍乡市化工厂自己制造并安装，建成了江西第一个高耐磨炭黑车间，为发展汽车、拖拉机橡胶轮胎创造了重要条件。

30日 上饶机务段FD型1024号机车司机楼根友值乘1210次货物列车，在浓雾中臆测行车，冒进樟树潭站，在该站下行进站信号机外126米处，与进站的2561次货物列车正面相撞，造成两机车乘务员5人死亡，2人重伤，报废机车2台、货车19辆，中断行车41小时33分钟，造成直接经济损失126万元。

30日 省冶金建设工程团直属连成功地试制风动混凝土泵，实现了混凝土运输、浇灌机械化、自动化。

31日 国务院总理周恩来得悉江西樟树潭站事故的发生，极为震惊，指示交通部严查处理。

31日 全省原煤年产量突破千万吨大关，达到1056万吨。

31日 省委、省革委会近日召开全省文艺工作会议。内容是深入批修整风，总结交流经验，要求以新的成绩，迎接毛主席《在延安文艺座谈会上的讲话》发表30周年。省委、省革委会负责人到会讲话。

本月 江西乐（平）德（兴）铁路支线破土动工。该线由南昌铁路设计事务所设计，宁赣铁路工程指挥部及铁道兵施工（1985年3月竣工，9月全线开通临时运营。线路等级为Ⅱ级，全长43.9公里）。

本月 中共江西省卫生局党委成立。

本月 冶金部在江西下垄钨矿召开全国冶金矿山安全防尘现场会议。

本月 萍乡铝厂第一批22台20KA电解槽建成，形成电解铝年生产能力1000吨（1972年8月1日全部投产）。

本月 冶金部决定江西冶金学院从1972年起恢复招生，归江西省和冶金部双重领导，以省为主。

本月 省革委会发出《关于加强统计工作的通知》，并召开全省统计工作会议，逐步恢复统计工作。

本月 经省革委会批准，省新华书店增设江西人民出版社牌号，用江西人民出版社署名版权。省新华书店设立编辑组，开展编辑出版业务。

本年 省建三团（省机械施工公司前身）完成了江西水泥厂33米跨度和洪都机械厂总装车间36米跨度的混凝土预应力屋架吊装，是当时全省最大最高构件的单层工业厂房。

本年 南昌市自来水公司接管省军区农建师供水站，成立长堎水厂，规模由原日改造0.3万吨扩建为1万吨（1976年扩建至2万吨，1982年6月扩建至3万吨，1986年12月扩建至5万吨）。

本年 南昌市郊区顺外大队工副业收入达到48.9万元，首次超过农业收入，公共积累达15.58万元，社员人均收入突破200元。

本年 宜春秀江大桥、修水公路大桥、上高公路大桥、余江公路大桥、信丰桃江大桥建成通车。

本年 都昌县建成新妙大坝船闸，沟通了外河与坝内沿湖7个乡的水上交通，当地群众称之为“金银闸”。

本年 庐山机场开工兴建，占地219公顷，跑道长2800米，宽50米，可供波音737以下型号客机起降（1983年11月建成。1984年8月2日试航成功。8月6日正式启用，首航庐山至广州）。

本年 省重工业局九〇八队在龙南县足洞稀土矿区的百去母化石粒花岗岩中，发现了钛钇矿、直氟碳钙钇矿和砷钇矿，为国内首次发现的新矿物。

本年 江西光学仪器厂全面投产（该厂1965年以南京和上海内迁的部分工厂为基础，在德兴县花桥动工新建，1969年基本建成）。

本年 华东交通大学筹建处成立，该校隶属铁道部与江西省双重领导（1975年华东交大建工系招收第一批学员。建工系设有工业与民用建筑、给水排水工程专业，并设有工程力学研究会）。

本年 江西制药厂为提高产品经济效益，搞综合利用，从庆大霉素发酵液中提取维生素B_{12}成功。化工部拨款33万元，新建维生素B_{12}车间，当年试产，产量为0.025公斤。同时试制四环素成功，自筹资金加工设备，当年投产，产量为0.14吨。

本年 宜黄县医药公司进行“北参南移”，试种人参成功，收获鲜参320公斤。

本年 省卫生厅医药器械修理厂更名为江西医疗器械厂，是全省首家专业化医疗器械生产企业。

本年 江西省测绘管理工作划归省革委会办公室，省革委会办公室向各县革委会办公室发出《关于新编江西省地图图稿送审的通知》。

1972年

中共中央[1972]17号文件指出要“放手发动群众，结合江西的实际，认真开展思想和政治路线方面的教育，彻底揭发批判林陈反党集团的罪行，有步骤地揭发和批判程世清所犯的严重方向路线错误。”1月，省委七届四次全委（扩大）会议揭批了林彪反革命集团炮制的《“571工程”纪要》反革命纲领。4月，中共中央决定充实、调整中共江西省委领导成员，任命福州军区副政委兼政治部主任佘积德为中共江西省委书记，主持省委全面工作。6月，中央批准对程世清实行隔离审查。省委新的领导班子根据中共中央17号文件对处理江西问题的指示，省委、省革委、省军区联合召开省委七届五次全委扩大会议和全省县、团级以上干部会议，进行批林整风，并联系全省的实际，揭批程世清所犯的严重方向路线错误，在全省范围内开展批林整风运动。一大批受迫害的老干部陆续回到工作岗位。

国民经济主要比例关系严重失调 在《江西省一九六九年至一九七二年工农业生产建设发展规划（草案）》中，提出到1972年，江西要达到170万吨钢，3万辆汽车，10万台拖拉机，1.5万台机床。由于资金过分集中于重工业，从1969年到1972年，全民所有制基本建设中重工业投资是农业的12倍，是轻工业的15.5倍，而重工业的增长速度是农业的14.9倍，是轻工业的2.6倍，导致重工业膨胀，经济结构失衡。从1969年至本年，由于基本建设规模太大，连续四年基本建设投资总额突破计划指标，造成江西经济的“三个突破”：职工人数突破计划；全民单位职工工资总额大大超过计划控制指标；超计划招工，突破了国家计划销售指标，这“三个突破”，大大地超过了当时江西财力和物力的承受能力，造成国营企业人均劳动生产率和经济效益低下的严重后果。

纠正“左”倾错误 中共中央将江西省委、驻赣部队负责人先后召至北京，在中央直接领导下召开会议，解决江西问题。2月，中央下发[1972]17号文件，同意省委和驻赣部队来京开会的11位同志《关于继续深入开展对林（彪）陈（伯达）反党集团斗争的请示报告》。指出要“放手发动群众，结合江西的实际，认真开展思想和政治路线方面的教育，彻底揭发批判林陈反党集团的罪行，有步骤地揭发和批判程世清所犯的严重方向路线错误。” 中央指派福州军区司令员韩先楚来江西指导解决省委主要负责人的问题，同时调整了江西领导班子，批准增加刘俊秀等为省委常委，但是造反派坏头头涂烈仍为省委常委。调整后的省委把批林整风重点落实在纠正“左”的错误上，决定恢复全省各级人民法院。并发出《关于进一步落实党的农村政策的意见》，提出纠正工农业生产和基本建设方面存在的错误，恢复和发展工农业生产，作出立即缓建、停建一批项目的处理决定，并重申严格制止计划外基本建设的决定，从而使"四五"计划确定投产的一些重点项目得以按计划建成投产。

全面纠正扩社并队 9月，省委下发了《关于合理调整社队规模的意见（试行草案）》，规定了调整社队规模的原则要有利于生产，有利于经营管理，有利于团结等。生产规模以30户左右为宜，居住分散的可以少于30户，各地坚持由点到面的做法，广泛听取基层干部和农民的意见，从原有基础和现实情况出发，合理确定社队规模，慎重处理调整中的各项经济问题。经过调整，全省的公社较以前增加451个，大队增加4177个，生产队增加53537个，生产队规模由原来的40户减少到28户。

整顿教育和科技 省革委会批转省革委会政治部《关于高等学校布局、校舍设备等问题的请示报告》，恢复江西大学、赣南师范专科学校和赣南医学专科学校，将江西理工大学改名为江西工学院，江西井冈山大学改名为江西师范学院，江西医科大学改名为江西医学院，恢复江西中医学院。江西省共产主义劳动大学总校、江西井冈山大学、江西理工科大学、江西医科大学、江西冶金学院、江西药科学校6所大专院校恢复招生。清华大学、北京大学、中国科技大学等50余所大专院校在江西招收一批工农兵学员。省委政治部还发出《关于高等院校下放人员复钩管理的通知》，原高校教职工人员回原校安排工作。

全省本年主要经济指标情况 国民生产总值（按当年价格计算）66.61亿元，比上年增长4.6%；工业总产值50.74亿元，比上年增长1.2%；农业总产值45.73亿元，比上年增长1.6%。粮食总产量199亿斤，比上年增长0.03%。财政收入10.02亿元，比上年增长2.2%。年末全省总人口2723.02万人，人口自然增长率24.21‰。

公元1972年1月							农历壬子年【鼠】						
日	一	二	三	四	五	六	日	一	二	三	四	五	六
						1 元旦	2 十六	3 十七	4 十八	5 十九	6 小寒	7 廿一	8 廿二
9 廿三	10 廿四	11 廿五	12 廿六	13 廿七	14 廿八	15 廿九	16 十二月大	17 初二	18 初三	19 初四	20 初五	21 大寒	22 初七
23 腊八节	24 初九	25 初十	26 十一	27 十二	28 十三	29 十四	30 十五	31 十六					

1日　省革委会颁发的《江西省农村工商税征收试行办法》，从当日起执行。

1日　上饶铁路分局撤销。南昌铁路分局管界延伸，东至新塘边站（不含该站），南至资溪站（含该站），西至醴陵车站（不含该站），与省的管界相一致，江西省境内有1007公里营业里程。

1日　景德镇市体育馆开工兴建（5月1日竣工，占地面积1640平方米，可容纳3000名观众）。

2日　《江西日报》报道，全省军民认真学习毛主席重要指示和中央“两报一刊”《元旦社论》，决心在新的一年里，团结起来争取更大的胜利。

3日　省革委会批准，省财金局颁发现金检查证。

3日　省委书记黄知真在省革委会办公室《关于解决全省档案经费的报告》上批复：“同意档案事业可从1972年起逐年建立确定。县档案的基建问题，同意从1972年起，逐年建起来。”

5日　省革委会发出紧急通知，规定：“一切单位的职工人数、工资总额均应控制在1971年末达到的在册人数和12月的工资总额，除经县以上劳动、组织部门正常调动外，未经省革委会批准，一律不准擅自招收人员。”

7日　省革委会、省军区就贯彻国务院、中央军委发出的《关于一九七二年新年春节期间开展拥军优属拥政爱民运动的通知》精神，颁布贯彻意见。意见要求在全省立即掀起一个全国学人民解放军和解放军学全国人民的新高潮。更加广泛深入开展拥军优属和拥政爱民运动，进一步加强军民团结，在党的一元化领导下，更好地完成各项战斗任务，夺取新的更大的胜利。

8日　省商业局、省林业局联合发出通知。通知规定：（一）公社、大队、生产队、社队林场等集体单位交售给林业部门的木材，从1972年1月1日起，实行粮食、布票奖售政策，原规定的粮食补助同时取消；（二）全省抽调从事木材生产的3万名劳动力，从1972年1月1日起转吃定销粮，由省分配各地的定销粮指标中予以安排。

10 日　省委、省革委会近日在南昌召开全省科学研究、技术革新经验交流会。参加会议的有工人、贫下中农、科技人员的代表和各地（市）负责人共 1049 人。会议分析了全省科技战线的形势，总结交流了科技工作的经验，讨论了 1972 年的科研任务和今后的科技工作意见。会议认为要多快好省地发展科学事业，必须实行普及与提高相结合，当前与长远相结合，群众研究与专业研究相结合。

11 日　江西省农机研究所和省机械科研所收归省机械局直接领导。恢复省机械工业设计室。

14 日　全省植保工作座谈会在奉新县召开。所属地市及 32 个县的农业局干部，省商业局、共大总校有关人员和奉新县各公社的植保人员共 59 人参加了会议。

15 日　省委批转省革委会政治部《关于中等专业学校和中小学教育革命中几个问题的报告》。

16 日　江西省地方戏调演大会在南昌举行，调演大会于 2 月 7 日结束。

17 日　省委批转了 1971 年 12 月 15 日《全省科学研究技术革新经验交流会的会议纪要》。

20 日　南昌市革委会抓促指挥部印发《关于征用集体荒山有关几个问题的通知》。

24 日　省委、省革委在南昌召开全省科学研究技术革新经验交流会。参加会议的有工人、贫下中农、科技人员的代表和各地（市）负责人共 1049 人。会议讨论了 1972 年科研任务。确定工业方面，要高举“鞍钢宪法”的旗帜，狠抓基础工业，大打矿山之仗，研究新工艺，同时广泛开展综合利用的研究。农业方面，要正确执行“以粮为纲，全面发展”的方针，广泛开展以农业“八字宪法”为主要内容的科学研究。

南昌钢铁厂取得了高产优质的新成绩

轧钢车间三工段工人正在轧制钢材

25 日　省委举行七届四次全委扩大会议，讨论中共中央转发的《粉碎林陈反党反革命集团政变的斗争》材料之一、之二。按照中央通知的要求，重点批判林彪一伙炮制的《“571 工程”纪要》反革命纲领。

30 日　省委、省革委会给解放军驻省全体指战员和全省烈军属、荣复转退军人、退休老干部发出慰问信。在春节来临之际代表全省 2500 万人民向他们表示亲切慰问，对他们过去一年在社会主义革命和建设中取得的成绩表示祝贺。希望再接再厉，继续革命，做“抓革命，促生产”的模范。

31 日　省革委会政治部决定从各地市县、工矿企业及管理机关的在职干部、下放干部中选调一批干部充实省级机关。

本月　按照省革委会的决定，江西医科大学从下放地点迁回南昌。随后，江西理工科大学和江西井冈山大学也相继从下放地点迁回南昌。

本月　江西省财政金融局基本建设服务部成立。

本月　省卫生局革委会决定：全省县以上医疗单位抽调本单位 10% ~20% 的卫生技术人员到农村巡回医疗。

本月　省重工业局对 1970 年按“四边”方法

建设的简易投产矿井进行检查。1970 年简易投产矿井 29 对，总设计年生产能力 475 万吨，有效能力共为 229 万吨，只占原总设计能力的 48%。

本月 江西省重工业局决定恢复江西省钢铁研究所（9 月在原分宜钢铁厂重建）。

本月 全省对家禽、蛋品恢复计划派购政策，任务逐级下达到生产队，由队落实到户。

本月 国家建委收回原下放江西的第一施工大队，对于在江西招收的 1665 名新工人仍留给江西。

本月 柘林水库主坝、副坝基本建成，封堵导流涵洞（3 月中旬，泄空洞开始泄水。5 月第一台机组 4.5 万千瓦安装完成）。

本月 赣州地区甘蔗实验站选育的“赣蔗”1 号、8 号通过生产鉴定（1982 年获江西省优秀科技成果一等奖。同年，“赣蔗”1 号获国家科委、国家农委推广奖）。

本月 四四一厂、六三所与哈尔滨工业大学开始联合研制 TPCT－I 型双轴陀螺漂移测试台（1979 年研制试验成功，1980 年 5 月通过部级技术鉴定，同年获国务院国防工办重大技术改进一等奖，1985 年获国家科技进步二等奖。主要完成人为讲师胡恒章、工程师肖德臣、总工程师胡昌春等）。

公元1972年2月 农历壬子年【鼠】													
日	一	二	三	四	五	六	日	一	二	三	四	五	六
		1 十七	2 十八	3 十九	4 二十	5 立春	6 廿二	7 廿三	8 廿四	9 廿五	10 廿六	11 廿七	12 廿八
13 廿九	14 三十	15 春节	16 初二	17 初三	18 初四	19 雨水	20 初六	21 初七	22 初八	23 初九	24 初十	25 十一	26 十二
27 十三	28 十四	29 元宵节											

1日 八〇五厂划分为分宜铝厂和分宜镍厂。分宜镍厂仍称八〇五厂，划归新余工业管理区领导。分宜铝厂缓建，仍归宜春地区领导（同年12月，两厂合并，仍称八〇五厂，归省冶金局领导。1973年6月14日决定铝厂关停。1978年3月13日，八〇五厂更名为分宜有色金属冶炼厂。1986年6月17日又改名为江西锂厂）。

5日 美国"对外新政策委员会"访华团一行6人，来南昌、萍乡参观访问。

7日 省委、省革委会给全省下放干部、下乡知识青年和城镇居民发出慰问信，在春节来临之际向他们表示慰问。

9日 吉安市东方红木器厂共产党员江全兴带领革新班自行设计制造出200吨热压机，并成功地制造了第一批纤维样品。每年将为国家回收400多立方米木材。

9日 南昌市积雪深度达到24厘米，最低气温零下9.3摄氏度，至下旬，积雪时间达10天。

19日 江西省戏剧调演第二轮——京剧调演会在南昌举行。参加这次调演会的有省、地（市）、县京剧团（文艺宣传队）共12个，各地（市）、县革委会宣传组、文化组和剧团（文艺宣传队）的负责同志，专业演职人员和创作人员共1100多人。调演活动于3月19日结束。

21日 国际著名昆虫学家、中国科学院学部委员、中国科学院江西分院副院长、江西农学院院长杨惟义教授逝世。杨惟义生于1909年，江西上饶人，早年留学法、英、德等国。1957年加入中国共产党（1979年3月27日，杨惟义同志追悼会在南昌举行。杨惟义在"文革"中被打成"走资派"，惨遭迫害，身心受到严重摧残，党和人民为其平反昭雪，恢复名誉）。

21日 全省血防工作会议在南昌召开。会议指出，全省已消灭钉螺面积186万多亩，占有钉螺面积的64.5%，治愈血吸虫病患者27.9万余人。全省26个流行血吸虫病的山区和丘陵地区的县、市，已有25个县、市达到和接近消灭血吸虫病。会议认为，消灭血吸虫病，必须加强领导，发动群众，做到血防与生产相结合，灭螺与农田水利建设相结合，突击与经常相结合。会议于25日结束。

21 日　江西为民机械厂试制成功 67 式操舟机，通过省级鉴定（获 1978 年全国科学大会奖，获 1981 年省优质奖）。

为民机械厂开发生产的 67 式舷外机（操舟机）

26 日　江西举行地方戏调演会。全省 13 个地（市）、县剧团先后演出了采茶戏和赣剧移植的现代样板戏《红灯记》、《沙家浜》、《智取威虎山》、《奇袭白虎团》、《白毛女》以及反映现实斗争题材的创作剧目。调演会围绕地方戏曲改革问题，交流了发展文艺创作和地方戏曲在唱腔、音乐、语言、表演改革等方面的情况。

本月　吉安电机厂研制成功 SF12、40、50 千瓦双频发电机组和 SFW 型 10 千瓦无刷发电机通过鉴定，达到国内先进水平。

1972 3月 March

公元1972年3月 农历壬子年【鼠】													
日	一	二	三	四	五	六	日	一	二	三	四	五	六
			1 十六	2 十七	3 十八	4 十九	5 惊蛰	6 廿一	7 廿二	8 妇女节	9 廿四	10 廿五	11 廿六
12 廿七	13 廿八	14 廿九	15 二月大	16 初二	17 初三	18 初四	19 初五	20 春分	21 初七	22 初八	23 初九	24 初十	25 十一
26 十二	27 十三	28 十四	29 十五	30 十六	31 十七								

1日 江西钢厂八〇一车间三座6吨蜗鼓形空气侧吹转炉工程开始建设（1号炉于7月1日出钢，2号、3号炉于10月26日投产）。

1日 抚州市成立市容整顿领导小组，并发出公告，限期拆除或改建市区内所有影响市容的建筑物。

5日 省委、省革委会在南昌召开全省妇女工作会议。全省各级妇女干部、各条战线的妇女代表和各地（市）、县政治部群工组负责人、被邀请的部分老同志、解放军指战员和家属中的女代表共610人参加了会议。省委、省革委会负责人到会讲了话。会议要求各级党组织必须高度重视妇女工作，从思想上、政治上、组织上切实加强对妇女工作的领导。会议于14日结束。

出席省妇女工作会议的各条战线的代表聚集在一起，交流学习经验

6日 在北京召开的全国地质工作会议上，江西九〇九地质队被评为先进单位。

7日 江西共产主义劳动大学总校、江西井冈山大学、江西理工大学、江西医科大学、江西冶金学院、江西药科学校等6所大专院校，在前两年试办的基础上，1972年春招收新生1600余人。清华大学、北京大学、中国科技大学以及兄弟省市的50余所大学，1972年在全省招收工农兵学员。

8日 出席全省妇女工作会议的代表及省、市各条战线的妇女代表4000余人隆重集会，纪念“三八”国际劳动妇女节。省委、省革委会、省军区的负责人出席了大会。

9日 省委、省革委会召开全省电话会议，号召全省军民立即行动起来，广泛深入地开展以除害灭病、卫生积肥，促进工农业生产为主要内容的春季爱国卫生运动。

10日 南昌市梅岭管理区改名湾里管理区。

10 日 省轻化局革委会召开各地区轻工出口产品评比展览会，交流经验，落实计划。福建口岸派人莅会指导，省革委会有关负责人到会参观并讲话。展览会于15日结束。

13 日 江西省革委会计划生育委员会成立。黄知真任主任委员。办公室设在省卫生局。

13 日 江西省医学科学研究所成立。

15 日 《江西日报》报道，南康县种植北方杂交高粱获得丰收。1971年，该县春、秋两季种植杂交高粱9816亩，平均亩产570多斤，最高的亩产达1100多斤，打破了南方不能种植北方杂交高粱的纪录，为发展粮食生产闯出了一条新路。

15 日 《江西日报》转载新华社题为《触目惊心的公害病》的文章。第一次在省报介绍公害对人体健康的危害。

17 日 省革委会在《总结经验，加强领导，夺取社会主义革命和社会主义建设新胜利》的报告中强调指出："国民经济的综合平衡是多方面的，主要是搞好工业和农业的平衡。工农业的平衡，最重要的又是劳动的平衡。要采取有效措施，从挖掘内部潜力来发展生产，严格控制职工人数的增加。1972年工业生产和基本建设，一般不再增加职工。"

21 日 省军区近日发出通知，号召所属部队全体指战员和全省民兵立即行动起来，以战斗的姿态支援春耕生产。要求各级党组织、人民武装部门、"三支两军"人员在完成战备、训练、执勤、施工、生产等任务的前提下，尽力组织人力、物力支援春耕生产。

24 日 吉安市革委会发出《关于改革主要道路名称和设立路牌的通知》。

25 日 省革委会政治部批准，省林业局定编制85人，其中局机关定行政编制55人，局内机构设政工、办事、计划基建、森工、营林等5个组；新设供销经理部，定企业编制30人。

27 日 毛泽东主席召集江西省委、省革委会和驻赣部队的11位负责人先后到北京参加讨论解决江西问题。讨论期间中共中央决定充实、调整省委领导成员。同时，中共中央发出［1972］17号文件，同意省委和驻赣部队在京开会的11位同志《关于继续深入开展对林陈反党集团斗争的请示报告》。指出：要"放手发动群众，结合江西的实际，认真开展思想和政治路线方面的教育，彻底揭发批判林陈（林彪、陈伯达）反党集团的罪行，有步骤地揭发和批判程世清所犯的严重方向路线错误。"中央指派福州军区司令员韩先楚来江西指导解决省委主要领导人的问题。

27 日 江西省保卫部召开地、市保卫负责人座谈会，学习公安部有关文件，分析对敌斗争形势，研究了工作。会议要求各地要按照周总理的指示，搞好公安队伍的新老结合，抓紧选调一些老公安干部充实公安队伍，加强各级领导班子和各业务组的骨干力量。座谈会于30日结束。

28 日 经省革委会批准，全省航运管理局自上而下恢复建制。

本月 江西油脂化工厂二连工人用辉岗岩和瓷砖代替不锈钢制造冲油溶解锅，建成了一座年产1000吨的硬脂酸车间。

本月 宜春大桥建成通车，长235米，宽10.5米。

本月 九江市新建八里湖居民新村，建筑面积3000平方米，投资100万元。

本月 省革委会派出工作组，由马迅、张广先带队到云山垦殖场进行恢复、整顿试点工作，至10月结束。

本月 南昌铁路分局分宜站一道道心突然发生塌陷，陷坑直径2米，深1.8米，造成轨面下沉，致使运行中的1314次列车两辆煤车颠覆，中断行车4小时。自1964年以来，分宜站内岩溶地面塌陷已发生24次，导致列车颠覆两次。

本月 南昌制材缝纫机厂收归省森林工业局管理，同时恢复原统配木材的调供关系。

本月 赣州地区七一九矿17项单元工程开工。该工程由赣州地区建筑安装一工区承建（1980年上半年陆续竣工。经国家经济委员会、国家基本建设委员会、国家建工总局和核工业部审核评定，被评为优质工程，于1983年9月获国家银奖）。

本月 省人民出版社制定《革命文艺丛书》出版计划，迎接《在延安文艺座谈会上的讲话》发表30周年。

公元1972年4月　农历壬子年【鼠】													
日	一	二	三	四	五	六	日	一	二	三	四	五	六
						1 十八	2 十九	3 二十	4 廿一	5 清明	6 廿三	7 廿四	8 廿五
9 廿六	10 廿七	11 廿八	12 廿九	13 三十	14 三月小	15 初二	16 初三	17 初四	18 初五	19 初六	20 谷雨	21 初八	22 初九
23 初十	24 十一	25 十二	26 十三	27 十四	28 十五	29 十六	30 十七						

3日　九江市革委会颁布《关于加强防洪工程管理的通告》。

4日　省农业局、省商业局、省轻化工业局革委会联合通知各地，推广农用氨水。

5日　江西省民政信访工作会议召开。

6日　原省委书记陈正人因心肌梗塞，经抢救无效，不幸逝世。陈正人在土地革命战争时期曾任遂川县委书记、湘赣边特委副书记、省委代理书记、省苏维埃政府副主席。

12日　《江西日报》报道，全省军民春季爱国卫生运动，经过一个月的突击战，歼灭了大量的“四害”，清除了大量的蚊蝇孳生地，收集了大量的废钢废铁和垃圾肥料，城乡卫生面貌焕然一新。

13日　省气象局在赣州召开汛期气象服务座谈会。会议总结春播气象服务工作，讨论汛期降水趋势和气象保障任务，交流降水预报方法。座谈会于20日结束。

15日　省革委会在安义县召开全省生猪生产会议。会议通过会谈和现场参观，进一步提高了大家对“养猪是关系肥料、肉食和出口换取外汇的大问题”的认识（1971年全省收购生猪比1970年增加44万头，其中出口比1970年增长37%，加速实现“一人一猪”、“一亩一猪”，促进农林牧副渔全面发展）。建立和健全各级生猪生产领导，要求层层有人抓，定期开展评比活动。

16日　江西省1972年乒乓球比赛在省体育馆举行。赣州、九江、井冈山、抚州、宜春、上饶6个地区和景德镇、萍乡、南昌3市以及解放军驻省部队、南昌铁路局、省体工队等单位的230多名乒乓球运动员参加了比赛。省委、省革委会、省军区的负责人出席了开、闭幕式，20多万人次群众观看了比赛。比赛活动于30日结束。

21日　江西省恢复成立南昌市计量研究所、南昌市农业科学研究所、南昌市工业研究所，新建南昌市水产科研所。

21日　《江西日报》报道，洪都机械厂、江西拖拉机厂分别创办一所工人大学，89名具有5年以上实践经验的男女优秀工人日前应招入学。一批有丰富实践经验的老工人、技术员抽调担任专职和兼职老师。

22 日　陈云离赣返京。

23 日　美国著名记者埃德加·斯诺的夫人洛依偕其妹卡辛和儿子克里斯托夫，来萍乡、井冈山、南昌等地参观访问。访问于 29 日结束。

26 日　省基本建设局召开城市建设座谈会，座谈城市建设工作情况及存在的问题，研究加强城建工作的意见。

27 日　省革委会政治部下发《关于选调外语干部的通知》，决定选调一批外语干部到驻外使馆或中央有关部门工作。

28 日　中共中央任命福州军区副政委兼政治部主任佘积德为省委书记，省革委会副主任白栋材、文道宏、黄知真、陈昌奉为省委副书记。

29 日　省委常委和省军区党委召开联席会，并相继于 5 月 8 日至 20 日召开省委七届五次全委（扩大）会议，5 月 30 日至 6 月 18 日召开全省县、团级以上干部会议，传达贯彻毛泽东指示和中共中央关于解决江西问题的 17 号文件精神，揭发批判林彪反党集团策动反革命政变的罪行，并联系江西实际，揭批程世清所犯的严重方向路线错误。之后，一场批林整风相结合的运动在全省展开，一大批受到迫害的老干部陆续回到工作岗位。

本月　国务院确定江西井冈山为全国 4 个革命根据地农业机械化试点之一，要求 1975 年以前实现农业机械化。

本月　南昌肠衣厂生产的肠衣被评为全国优质产品。南昌肠衣厂成为肠衣出口质量免检单位。

本月　南昌市成立药品检验所。

本月　为贯彻中央军委办好教导队、加速轮训部队基层干部的决定，省军区抽调有作战、训练经验的团以上领导干部任教，进行传、帮、带，严格训练，严格要求。

本月　江西省革命委员会增补佘积德为江西省革委会副主任。

1972 5月 May

公元1972年5月 农历壬子年【鼠】													
日	一	二	三	四	五	六	日	一	二	三	四	五	六
	1 劳动节	2 十九	3 二十	4 青年节	5 立夏	6 廿三	7 廿四	8 廿五	9 廿六	10 廿七	11 廿八	12 廿九	13 四月小
14 初二	15 初三	16 初四	17 初五	18 初六	19 初七	20 初八	21 小满	22 初十	23 十一	24 十二	25 十三	26 十四	27 十五
28 十六	29 十七	30 十八	31 十九										

1日 南昌、上饶、井冈山、宜春、九江、赣州、萍乡、景德镇等地、市工矿企业、人民公社、机关、学校和当地驻军分别举行报告会、座谈会，热烈庆祝“五一”国际劳动节。省、市和各地专业剧团的文艺工作者，还为广大群众演出《红灯记》、《白毛女》等戏剧选场、选段，活跃庆祝气氛。省委、省革委会、省军区和驻省部队负责人在南昌和广大群众参加游园庆祝活动。

1日 按照公安部统一规定，即日起全省公安干警换着七二式新警服。

1日 新余纺织厂建成投产。该厂拥有2万纱锭、50台织机、8台帘子布机。生产棉纱、帆布、窗子布、帘子布，填补了省内空白。

4日 省、市数万名男女青年汇集到南昌人民公园、八一公园、省体育馆、文化宫等地举行文艺、剧目、篮球、乒乓球表演赛等活动，庆祝“五四”青年节。

7日 省革委会召开第一次全省援外工作会议。会议传达全省援外工作会议精神，要求各级党委加强对援外工作的领导，有援外任务的单位要建立和健全援外机构。会议于5月11日结束。

10日 “解放巴勒斯坦人民阵线”学习团一行20人，来南昌、井冈山参观访问。访问于16日结束。

11日 江西省机械工业局技术情报站成立，设在省机械科研所内（1981年分出成立江西省机械工业厅技术情报站，1990年4月更名为江西省机械工业情报所）。

12日 省革委会发出《关于抓紧财政收入的通知》，针对1月至4月财政收入比上年同期下降的情况，要求各级革委会采取坚决措施，加快财政收入进度。

13日 省革委会发出《关于加强外贸工作的通知》。

17日 新华社南昌电，江西省发扬自力更生、艰苦奋斗精神，积极发展水泥生产。目前，江西省绝大部分县共办小水泥厂125个，其中属县、社办的116个。

18日 省革委会召开全省防汛电话会议。会议明确指出，沿江滨湖的圩堤、长江干堤的一切大、中、小型水库，都要千方百计确保汛期安全。要求进一步动员群众，提高干部和群众对防汛工作的认识，扎扎实实做好防汛工作。

18日 省革委会转发省重工业局《关于严禁乱开小煤窑的报告》，禁止在国家已经或即将开发的煤田范围内滥开小煤窑，社队为解决社员生活用煤，可在本地区内国家尚未开发的煤田边缘小块地带上开小煤窑，但必须经所在地（市）批准，报省备案，作为社队企业集体经营。

20日 为纪念毛主席《在延安文艺座谈会上的讲话》发表30周年，全省上映《海港》、《龙江颂》、《红色娘子军》（京剧）等影片。

23日 连日来，全省纷纷举行学习会、报告会、座谈会及文艺、戏剧表演等各种形式的活动，纪念毛泽东《在延安文艺座谈会上的讲话》发表30周年。江西人民出版社、省新华书店出版了多种书籍，向《讲话》发表30周年献礼；省展览馆举办了美术、摄影展览，反映工农业各条战线的火热生活，纪念《讲话》发表30周年；省图书馆从5月2日起，举办了纪念《讲话》发表30周年图书展览，展出了毛主席《在延安文艺座谈会上的讲话》发表以来的各种版本；省、市文艺团体演出了《红色娘子军》、《白毛女》、《红灯记》、《沙家浜》、《智取威虎山》、《海港》和《龙江颂》等戏剧。

28日 省革委会通知，执行国务院批转的财政部《关于扩大改革工商税制试点的报告》和《中华人民共和国工商税收条例（草案）》。

本月 江西省柘林水电厂建立。柘林水库库容79.2亿立方米，是中国土坝水库中库容最大的水库。

本月 九江国棉一厂教育全厂职工认真学习大庆工人的“三老”（当老实人，说老实话，办老实事）“四严”（严格的要求，严密的组织，严肃的态度，严明的纪律）的革命作风，扎扎实实提高产品质量。棉纱、棉线一级品率达97.27%，超过历史水平。

本月 江西省建设银行恢复成立。

公元1972年6月							农历壬子年【鼠】						
日	一	二	三	四	五	六	日	一	二	三	四	五	六
				1 儿童节	2 廿一	3 廿二	4 廿三	5 芒种	6 廿五	7 廿六	8 廿七	9 廿八	10 廿九
11 五月大	12 初二	13 初三	14 初四	15 端午节	16 初六	17 初七	18 初八	19 初九	20 初十	21 夏至	22 十二	23 十三	24 十四
25 十五	26 十六	27 十七	28 十八	29 十九	30 二十								

1日 省委批准，成立江西省劳改局委员会。

9日 为了纪念伟大领袖毛主席"发展体育运动，增强人民体质"题词20周年，南昌市中小学田径运动会开幕。

10日 省体育干部训练班男、女篮球、排球队、足球队、乒乓球队参加"文化大革命"期间在北京举行的第一次全国大型运动会——五项球类运动会。运动会于7月8日结束。

18日 省委发出《关于进一步落实党的农村政策的意见》和《关于当前我省工业生产建设若干问题的处理意见》，提出纠正工农业生产和基本建设方面存在的错误，恢复和发展工农业生产。

22日 省计委向省委呈送《一九七二年全省援外工作情况报告》，提出加强党的领导，调动一切积极因素，认真做好出国人员的选派工作，认真做好援外人员的家属工作，积极承担援外物资供应任务。

23日 省革委会转发省财金局《关于全面推进工业农业商业经济核算的报告》。

29日 中共中央批准对程世清实行隔离审查。程世清不再任江西省委第一书记、常委、委员，省革委会主任、常委、委员和省军区政委等职务。杨栋樑不再任省委书记、常委、委员，省革委会副主任、常委、委员和省军区司令员等职务。李登云不再任省委常委、委员职务。

30日 省革委会保卫部、省交通邮政局颁发《关于保护航道设施，维护水上安全秩序的联合通告》。

本月 在实行计划生育过程中，九江县委、县革委会认真抓好计划生育和晚婚工作。截至本月底，九江县全县27270名育龄妇女，有14427名实行了计划生育，占育龄妇女的53%；21391名未婚青年，已有12256名制定了晚婚计划，占未婚青年的54.3%，比1971年同期下降了2.3‰。

本月 萍乡钢铁厂第一座5平方米球团竖炉建成投产。

本月 七宝山铁矿洗矿技措一期工程竣工投产（第二期工程于同年11月建成投产，从此该矿实现正常生产）。

本月 卫生部军管会委托江西省卫生局在德兴县举办全国中草药采种、制、用经验交流会。

公元1972年7月							农历壬子年【鼠】						
日	一	二	三	四	五	六	日	一	二	三	四	五	六
						1 建党节	2 廿二	3 廿三	4 廿四	5 廿五	6 廿六	7 小暑	8 廿八
9 廿九	10 三十	11 六月小	12 初二	13 初三	14 初四	15 初五	16 初六	17 初七	18 初八	19 初九	20 初十	21 十一	22 十二
23 大暑	24 十四	25 十五	26 十六	27 十七	28 十八	29 十九	30 二十	31 廿一					

1日 省革命委员会通知全省各地、市、县革委会，继续抓好土农药、土化肥生产、使用，解决农业生产中存在的问题。

2日 江西省广大文艺工作者和工农兵业余文艺工作者，开展多种形式的纪念活动，纪念毛泽东《在延安文艺座谈会上的讲话》发表30周年。

3日 省财政金融局革委会向省革委会呈送《关于机构设置和人员编制问题的报告》，申请全局编制185人。

3日 为纪念毛主席“发展体育运动，增强人民体质”题词20周年，全省中小学田径运动会在赣州市隆重开幕。来自江西省各地的400多名运动员、裁判员和赣州市3万多工农兵群众参加了开幕式。有23人、4个接力队打破了8项全省少年纪录。赣州地区一队获得团体总分第一名，宜春地区代表队、南昌市代表队、井冈山地区代表队分别获得团体总分第二名、第三名、第四名。田径运动会于9日结束。

9日 1972年江西省中小学游泳比赛在南昌举行。来自全省各地的330名运动员参加了比赛。共有20名运动员先后刷新了20项省最高纪录和省少年最高纪录。团体总分名次是：第一名宜春地区代表队、第二名南昌地区代表队、第三名井冈山地区代表队、第四名南昌铁路局代表队。游泳比赛于12日结束。

省游泳队和宜春代表队教练员、运动员互相学习，切磋技艺

11日 巴勒斯坦“法塔赫”学习团一行28人，来萍乡、井冈山、南昌参观访问。访问于22日结束。

15 日　省委、省革委会召开全省“双抢”工作电话会议。会议要求各地鼓足干劲，全力以赴，坚决打好“双抢”这一仗，夺取全年农业新丰收。

16 日　省、市 4000 余人横渡赣江，纪念毛主席畅游长江 6 周年。全省各地、市也分别举行了纪念活动。

24 日　省革委会、省军区发出关于组建省军区农业建设兵团的通知，将原福州军区江西生产建设兵团机构和 8 个农业团、2 个农业独立营缩编为 1 个农建师，称“中国人民解放军江西省军区农业建设师”，由省委和省军区双重领导，8 月 1 日起正式办公。

25 日　中共中央批准刘俊秀、熊振武、张志勇为省委常委。至此，省委常委共有 14 名，他们是：佘积德、白栋材、文道宏、黄知真、陈昌奉、郑国、黄先、刘云、涂烈、王宣春、于德馨、刘俊秀、熊振武、张志勇。

25 日　意大利乒乓球代表团一行 12 人，到达南昌访问。26 日省体委举行仪式，欢迎意大利乒乓球代表团访问江西。4000 多名观众观看了双方运动员进行的友谊比赛。

省、市领导和古列尔莫·西内利团长同双方运动员合影

25 日　省重工业局转发冶金部通知，将四一四、六〇三、八〇一、八〇六、八〇七、八〇三等代号企业相应改用正式名称为宜春钽铌矿、南昌硬质合金厂、赣州钴冶炼厂、九江有色金属冶炼厂、石城钽铌矿和赣州冶金化工厂。

28 日　省革委会颁布《关于庆祝中国人民解放军建军四十五周年的通知》。通知要求各地组织慰问小分队，深入部队和驻军医院进行慰问，广泛征求对地方工作的意见，密切军民关系，加强军民团结。

30 日　《江西日报》报道，省军区和驻省部队广大指战员积极支援地方“双抢”，进一步密切了军队和人民的关系，增强了军政、军民之间的团结。

31 日　驻江西省部队指战员和省、市群众 2500 余人，在南昌市八一礼堂集会，热烈庆祝中国人民解放军建军 45 周年。省委书记黄知真、省军区司令员熊振武在会上讲了话。省、市文艺界演出了歌舞、杂技等文艺节目。

本月　江西省革委会计划委员会恢复，下设统计组等。

本月　省建工局筹建弋阳铸石厂，总投资 140 万元，规模为年产铸石板材 3000 吨。

本月　省商业局决定设立土产公司（含杂品、土产、棉麻烟、废品），管理全省土产公司系统的经营业务。随后，成立棉麻烟经营管理处，管理全省棉麻烟经营业务。

省商业局土产公司的职工贯彻“发展经济，保障供给”的方针

公元1972年8月							农历壬子年【鼠】						
日	一	二	三	四	五	六	日	一	二	三	四	五	六
		1 建军节	2 廿三	3 廿四	4 廿五	5 廿六	6 廿七	7 立秋	8 廿九	9 七月大	10 初二	11 初三	12 初四
13 初五	14 初六	15 初七	16 初八	17 初九	18 初十	19 十一	20 十二	21 十三	22 十四	23 处暑	24 十六	25 十七	26 十八
27 十九	28 二十	29 廿一	30 廿二	31 廿三									

1日　全省各地热烈开展拥军爱民运动，共庆“八一”建军节。南昌、安源、井冈山、宁冈、永新、瑞金、兴国等全省各地广泛运用各种宣传形式宣传人民解放军的丰功伟绩，派出慰问代表深入部队和驻军医院进行慰问，征求部队对地方工作的意见。驻省各部队和南昌、赣州、上饶、井冈山、宜春、九江、抚州、景德镇、萍乡等地市人民武装部派出干部战士或组织小分队，深入人民群众，征求意见，向群众学习。各地举行军民座谈会、联欢会、报告会，畅谈军爱民、民拥军的战斗情谊。

老工人徐顺远对民兵讲述毛主席当年在安源亲自武装群众的伟大革命实践，进行革命传统教育

3日　新建县遭龙卷风、冰雹袭击，有12个生产大队受灾。

9日　新华社南昌分社报道，江西省广大干部群众战胜严重自然灾害，夺得早稻丰收。目前，全省农村社员群众在抓紧收割早稻的同时，正在紧张地栽插晚稻和加强棉花、黄麻等经济作物的田间管理。

10日　省革委会政治部召开全省学校体育工作座谈会。会议提出体育运动要从儿童抓起。要求各地教育部门加强对学校体育工作的领导，各学校要努力抓好体育工作，积极试行《体育锻炼标准》，上好体育课，认真开展课外体育活动。座谈会于18日结束。

14日　省革委会批转省革委会政治部《关

于高等院校布局、校舍设备等问题的请示报告》。该《报告》提出，（一）学校布局问题：恢复江西大学、赣南师范专科学校和赣南医学专科学校；将江西理工科大学改名为江西工学院，江西井冈山大学改名为江西师范学院。江西医科大学改名为江西医学院，在江西药科学校基础上恢复江西中医学院。（二）校舍设备问题：根据中共中央（1969）72号文件和28号文件精神，外单位占用高等院校的校舍、设备，应归还各院校。（三）教学基地问题：将高等院校调出的实习工厂、农场、医院、学校，调回给各高等院校。

14日 柘林水电厂投产发电，共装机18万千瓦，其水库容为79.2亿立方米，坝高73.5米，长590.7米，坝底宽400米，坝顶宽6米，是我国土坝水库中容量最大的水库。

18日 省革委会决定将省重工业局划分为煤炭工业局和冶金地质局两个单位。

23日 省革委会政治部发出《关于高等院校下放人员复钩管理的通知》。《通知》指出，原各高等院校脱钩下放的教师、医务人员、工程技术人员，包括调到其他战线工作的、借用的和劳动锻炼的，统统与原校复钩，即恢复原先的隶属管理关系，回归原校安排工作。

25日 省革委会批转省财金局《关于恢复各级税务机构的请示报告》，决定恢复税务机构。全省税务人员定编4000人，省税务局属二级机构，由省财金局领导，地市县税务局为地市县一级机构，由当地政府和上级局双重领导。

28日 景德镇市革委会发出通知，要求“全市陶瓷工业以改造烟囱除尘为重点。”

28日 全省水产工作会议在九江召开。会议传达全国淡水渔业重点县会议精神，听取九江地区发展渔业生产的经验，讨论发展渔业生产的路线、方针和政策。

本月 全省各地、市建设银行相继成立。

本月 省军区所属机关、部队及驻赣部队、院校参加“三支两军”人员，陆续撤回部队。

本月 美籍华人、物理学博士叶文回赣州探亲旅游。

公元1972年9月							农历壬子年【鼠】						
日	一	二	三	四	五	六	日	一	二	三	四	五	六
					1 廿四	2 廿五	3 廿六	4 廿七	5 廿八	6 廿九	7 白露	8 八月小	9 初二
10 初三	11 初四	12 初五	13 初六	14 初七	15 初八	16 初九	17 初十	18 十一	19 十二	20 十三	21 十四	22 中秋节	23 秋分
24 十七	25 十八	26 十九	27 二十	28 廿一	29 廿二	30 廿三							

1日　南昌肿瘤医院移交给省劳改局管理，改名为省劳改局中心医院。

1日　省委决定撤销省革委会办公室内务组，成立省民政局革委会。谢象晃任局革委会主任（同年11月，谢象晃任省民政局局长）。

5日　中国建设银行江西省分行由省财金局领导。省财金局基建服务部同时撤销。

5日　省委决定恢复全省各级人民法院。江西省高级人民法院正式恢复，柳滨任院长。

8日　省军区召开民兵工作座谈会。会议认真地分析了全省民兵工作形势，总结交流了经验，提出了当前加强民兵工作建设的任务。会议要求各军分区要把民兵工作列为自己的主要任务，要用主要精力和力量抓好民兵建设，第一把手要亲自抓。省委书记白栋材到会作了讲话。

10日　农林部、商业部、外贸部在九江召开全国狩猎生产会议，要求各地认真贯彻国务院制定的“加强资源保护，积极饲养繁殖，合理猎取利用”的狩猎方针。会议于20日结束。

11日　省农业局革命委员会通知棉区，组织棉农因地因品种进行块、株、铃、粒选留自用良种。轧花厂对良种要分轧、分储，严防混杂，并储足备荒种子。

11日　省体委举行仪式，欢迎马里国家男子篮球队访问江西，并进行了友谊比赛。

14日　省委、省革委会召开电话会议，号召全省工交战线以批修整风为纲，深入开展“工业学大庆”群众运动，抓紧今后三个半月时间，努力完成1972年工业生产计划。

15日　省革委会发出通知，粮、棉、油作物良种和绿肥种子，统由农业部门经营。

18日　燃料化学工业部决定将江西省煤炭工业局第三十二工程处调往山东兖州矿区。

20日　省委发出《关于恢复、整顿国营垦殖场、农场的试行方案》。

21日　江西省革委会文教办公室成立，主任莫循。文教办公室下设办事组、教育组、文化组、科技组。

21日　省委决定撤销省革委会保卫部，成立江西省公安局，下设9个组1个局。张文信任省公安局革委会主任、局长。

22日　省财金局发出《关于分配一九七二

年人民防空经费的指标和增设“人民防空经费”科目的通知》。

23 日 江西省二六四队职工在六七一〇地区探明了具有较大规模的稀有金属矿床，该队连续向国家提交了三个大型矿床的任务报告，为满足国家建设需要作出应有的贡献。

26 日 省基建局在乐平维尼纶厂工地召开全省建筑安装“大包干”经验交流现场会。

26 日 南昌铁路局第一次代表大会在南昌召开。大会选举产生了南昌铁路局第一届委员会。省委、省军区党委负责人和交通部党的核心小组派来的代表出席了大会。马寅初当选为书记。代表大会于 30 日结束。

27 日 在最近举行的江西省田径运动员选拔赛中，江西省少年女运动员周新华以 11.87 米的优异成绩打破了 11.8 米的全国少年女子铅球纪录。

28 日 南昌市委决定将《南昌日报》改为《南昌通讯》(12 月 1 日正式出刊)。

30 日 《江西日报》报道，江西省城镇储蓄存款 1972 年显著增长。据统计，今年 1 月至 9 月，各地、市的城镇储蓄存款总额达 1.3805 亿元，比 1971 年同期增长 22.1%。

本月 省委下发《关于合理调整社队规模的意见（试行草案)》，规定调整社队规模的原则要有利于生产，有利于经营管理，有利于团结。生产队规模以 30 户左右为宜。经过调整，全省的公社、大队和生产队分别比以前增加了 451 个、4177 个和 5353 个，生产队的规模由原来的平均 40 户减少到 28 户。

本月 江西井冈山大学由井冈山拿山公社迁回南昌江西师范学院。

本月 南昌市工商管理局和南昌市物价委员会，工商行政管理和物价管理分别移交工商局、物价委员会管理。

本月 粮食业务从江西省商业局划出，设立江西省粮食局。

本月 江西省发出《关于妥善处理城镇集体所有制单位下放人员问题的试行意见》，提出 1968 年下放中强行解散的合作商店、手工业社、运输社等集体所有制单位，根据需要逐步恢复一部分（全省从 1973 年起，逐步恢复一批合作商店，合作小组)。

本月 省革委会决定将原下放宜春地区的省建二团收归省基建局领导。

本月 江西省计划委员会正式上报的《九江地区长江堤岸治理设计任务书》由国家计划委员会批准（1973 年省计划委员会决定，九江长江大堤包括梁公、赤心、永安等堤及赛城湖与八里湖之间的公路，形成九江市区的防洪体系)。

本月 江西省革委会政法办公室成立（1975 年 12 月撤销，改设省委政法领导小组)。

本月 江西省革委会财贸办公室成立（1980 年 11 月撤销)。

本月 江西省将工业、交通两个办公室合并成立工交办公室（1975 年 10 月撤销，工作并入江西省计委)。

本月 省手工业管理工作从省轻化工业局革委会划出，成立江西省手工业管理局革委会。

公元 1972 年 10 月 农历壬子年【鼠】													
日	一	二	三	四	五	六	日	一	二	三	四	五	六
1 国庆节	2 廿五	3 廿六	4 廿七	5 廿八	6 廿九	7 九月大	8 寒露	9 初三	10 初四	11 初五	12 初六	13 初七	14 初八
15 重阳节	16 初十	17 十一	18 十二	19 十三	20 十四	21 十五	22 十六	23 霜降	24 十八	25 十九	26 二十	27 廿一	28 廿二
29 廿三	30 廿四	31 廿五											

1 日　南昌、九江、景德镇、上饶、萍乡、宜春、抚州、吉安、赣州等省、地（市）所在地的军民举行游园、形势报告、座谈和文艺、体育表演等多种形式的活动，庆祝建国 23 周年。省委、省革委会、省军区、驻省部队和各地、市、各军分区负责人，分别到各个庆祝活动地点，和群众一道共度佳节。

省、市军民在人民公园和八一公园举行庆祝游园活动，工人们为参加游园群众表演精彩的文艺节目

1 日　江西省美术摄影作品展览在省展览馆开幕，共展出了 200 多幅美术、摄影作品。这次各地选送参加展览的作品，70% 出自工农兵业余作者之手，生动地反映了全省美术、摄影创作活动的新发展。

4 日　燃料化学工业部将江西省煤炭局一一九勘探队调往山东兖州（12 月又将省煤炭局地震队调往大屯矿区）。

4 日　江西省儿童医院成功为一位 4 岁儿童切除重达 12.5 斤重的肾胚胎瘤。瘤与肝脏、十二指肠、结肠及腹壁广泛粘连，血管纵横交错。手术进行了 3 小时 15 分钟。

5 日　自即日始，全省棉花生产以植棉生产队为单位，完成统购任务后，每超购1担皮棉，奖售大米100市斤、木材0.1立方米。

5日 1972年全国足球分区赛（南昌赛区）举行。湖北、云南、上海、湖南、贵州、青海、江西7省市和南昌市等8个单位的320名运动员参加了比赛。省委书记、省军区副司令员陈昌奉致开幕词，湖南成年队和上海青年队分别获得第一名。省市数十万观众观看了比赛和竞技表演。这次全国足球分区赛活动于21日结束。

18日 宁冈县专案领导小组办公室派出工作组，对该县葛田公社葛田大队在1968年“三查”运动中搞出的“反共救国军”冤案进行调查。经查，这起所谓的反革命案件纯属冤假错案。该案将91人打成“反革命”，设立监狱58间，刑讯逼供用刑42种，造成11人死亡，18人重伤，10人轻伤。由于“左”的错误，这一冤案扩散到全县范围，形成处处挖“反共救国军”的严重错误。

全国足球分区赛（南昌赛区）在省体育场隆重开幕

10日 省革委会批准恢复省直各机关档案室，省革委会档案馆搬回存放在江西奉新县战备后库的全部档案。

12日 全省电子军工企业撤销连、排建制，恢复科（室）、车间班组筹建制。

12日 省农业局革命委员会在余江县召开化学除草会议，交流经验，研究进一步开展试验和推广工作。

12日 省轻化工业局、省商业局联合发文，明确棉花供应单位与棉纺织厂在交接棉花中“关于品级长度、水分、杂质、重量与原检验结果出现差异时的处理办法”，以解决工商棉花交接中的纠纷。

13日 朝鲜警卫学习团一行11人，来南昌、井冈山参观，于18日结束。

15日 南昌铁路局党校在上饶成立（1984年12月24日改为上海铁路局党校上饶分校）。

20日 省革委会在省农业局《关于全省水产工作会议的报告》中批示，各级革委会要加强领导，落实政策，建立和健全水产队伍，重视水产资源繁殖保护，充分发动群众，尽快利用可放养的水面，在几年内，使江西的水产有较大的发展。江西省革委会任命王书枫为省农业局革委会主任、局长。

21日 经省委研究决定成立江西省革委会编制委员会，设办事机构——编制组。编制组设在革委会办公室（1975年撤销省革委会办公室，编制组随之撤销，同时成立省革委会编制委员会办公室）。

23日 江西省机械局组织107个企业139人，由18个专业组成的20个检查组，对107个企业的计划内产品进行质量大检查。18个专业是：机床、量刃具、砂轮、标准件、仪器仪表、电机、变压器、电器、电线电缆、电瓷、矿山机械、轴承、动力、水泵、水轮机、电子整机、电子文件及农机配件。

25日 省高级人民法院召开全省各中级人民法院院长和地、市原保卫部审判组长会议，研究恢复人民法院和做好1968年以来的刑事案件的复查以及恢复开展民事审判等工作。会议于30日结束。

26日 冶金部决定恢复江西省有色冶金勘探公司，将原划归重工业局的七队、十一队、十三队和并入物探大队的中心实验室建制收回。潘学敏任公司革命委员会主任。

27日 阿尔巴尼亚地质考察组对江西的考察访问结束。

27日 宜春地区保卫部对奉新县甘坊公社进行调查。该公社在1968年“三查”运动中，揪斗无辜人员905人，打残、逼死73人（翌年2月统计，全区在“三查”和“一打三反”两个运动中错定“反共救国军”假“反革命集团”644个，假“反革命分子”3384人，错划阶级成分7709户，错定“四类”分子9793人，非法抄家39002户，“群众判刑”4512人，被打致残217人）。

28日 省委批转省革委会政治部《关于共大教育革命几个问题的请示报告》，确定共大实行省、地、县三级办学，总校负责对分校的业务指导。

28日 江西省基本建设局革委会改为省建筑工程局革委会。

28日 江西省林业局更名为江西省农林垦殖局。

28日 省革委会决定将省冶金地质局分设为江西省冶金局和江西省地质局。各系统地质队伍建制不变，回归原系统。

28日 省革委会决定重建江西省地质局并成立革委会。划归江西省地质局的地质队伍有九〇一、九〇二、九〇八、九〇九、九一二、九一五、赣东北、赣西北、区调、测绘、水文、物探、石油指挥部、第五普查队以及实验室、探矿厂等16个单位。

本月 在新建县拖拉机修造厂劳动的邓小平，偕夫人卓琳，到江西瑞金、兴国、于都、宁都等中央苏区参观革命旧址和革命纪念馆。

本月 省基建局决定撤销省建筑工程营，成立“一号”工地指挥小组（八二八工地）。

本月 省计委批准，投资200万元，在江西平板玻璃厂扩建一个年产10吨的水晶车间。

本月 省地质局九〇九队发现寻乌县河岭灿岩、次火山岩中的大型轻稀土矿床。

公元1972年11月							农历壬子年【鼠】						
日	一	二	三	四	五	六	日	一	二	三	四	五	六
			1 廿六	2 廿七	3 廿八	4 廿九	5 三十	6 十月大	7 立冬	8 初三	9 初四	10 初五	11 初六
12 初七	13 初八	14 初九	15 初十	16 十一	17 十二	18 十三	19 十四	20 十五	21 十六	22 小雪	23 十八	24 十九	25 二十
26 廿一	27 廿二	28 廿三	29 廿四	30 廿五									

3日　省公安局召开全省侦查工作座谈会，批判林彪反革命集团“专政工作无用”、“侦查、逮捕、起诉都交给群众去办”、“拳头底下出证据”等谬论，要求各地年内把内保预审机构恢复和健全起来，尽快配齐侦察部门干部，狠抓侦破工作，积极开展侦察业务建设。座谈会于11日结束。

4日　江西省同位素农业应用座谈会在南昌召开。

4日　省林业局、省财政金融局颁发《江西省森林工业企业更新改造资金管理暂行办法》，规定从1972年1月1日起，从每立方米商品木材生产成本中提取5元更新改造资金（简称更改资金），其中80%上缴省林业局统一安排，20%留作企业用于维持简单再生产。

6日　中共江西省军区第四次党代表大会召开。出席会议代表514人，会议选举产生中共江西省军区第四届委员会。会议于12日结束。

7日　省革委会转发财政部《关于税务助征员列入国家编制的通知》，要求各市县革委会按《通知》精神办理税务助征员的定编手续。

8日　省委决定调整工交企业管理体制，原下放给各地、市管理的131个企业、单位，仍旧收归省管。

8日　南昌市革委会制发《南昌市港口管理办法》。

10日　省革委会决定撤销省冶金地质局，分别成立江西省冶金局革委会和江西省地质局革委会。省冶金局革委会主任：朱迺锦，副主任：王哲生、金瑞藻、白玉民、刘凯。

17日　省革委会政治部制定下发《关于干部调配的暂行规定》。

18日　省革委会决定撤销各地工业管理区，将原下放给地市和工业管理区管理的17个煤炭企业上收，仍归省煤炭局管理。

18日　省革委会决定撤销各工业管理区，各冶金企业重归省冶金局领导，1970年下放地、市管理的冶金企业收回省冶金局管理。

18日　省机械工业局根据省革命委员会关于调整工交企业管理体制的决定，将下放地市的18个机械工业企业收归省机械局直属，分别为：江西拖拉机厂、南昌柴油机厂、南昌齿轮厂、井冈山汽车厂、八面山汽车厂、江西电机厂、高安电机厂、江西制氧机厂、瑞昌油嘴油泵厂、南昌电线厂、井冈山电缆厂、江西重型机床厂、江西气体压缩机厂、江西轴承厂、江西机床修理厂、江西光学仪器总厂、为民机械厂、抚州无线电三厂。

19日　省革委会在朱港农场召开全省劳改系统知识青年工作座谈会，研究加强对知识青年的思想政治教育工作问题。

20日　省财政金融局革委会转发中国人民银行会计基本制度的通知，从1973年1月1日起实行。

20日　省财政金融局革委会转发财政部关于改变人民银行经费管理办法的通知，从1973年起，省、地（市）银行为行政编制，基层行处和营业所、储蓄所为企业编制，企业编制的经费自行管理。

21日　省公安局、劳动局、财政局联合发出通知，恢复留场（厂）、矿就业人员的工资制度。

21日　全省篮球分区赛近日分别在抚州市和上饶市胜利结束。各赛区的篮球队深入到工矿、学校、部队进行表演，受到广大群众的欢迎。

参加江西省篮球赛抚州军分区代表队与地方代表队相互交流经验

22日　新华社南昌分社报道，江西省1972年黄麻丰收，总产量比1971年有大幅度增长。重点产麻县余江、广丰、上饶等已超额完成国家黄麻收购任务。

22日　省军区在南昌举行了篮球比赛。省军区各部队、各军分区、南昌警备区、农建师以及省军区直属队、后勤等16个单位的男女球队，共200多名运动员参加了比赛。

参加省军区篮球比赛的井冈山军分区和部队代表队员在切磋球艺

24日　省机械局调整结构，改设1室1部7处，即办公室、政治部、规划基建处、技术受理处、劳动工资处、计划生产处、农机修配处、财务处、供销处。并将原电子组与电子工业器材供应公司合并，成立省电子工业公司，作为局的二级结构。

26日　省革委会文教办主办“革命样板戏”折子戏专场演出。省京剧团、赣剧团、南昌市采茶剧团，演出了《红灯记》、《海港》、《沙家浜》、《红色娘子军》、《智取威虎山》中的5个选场。省委、省革委会、省军区、南昌市革委会负责人观看了专场演出。演出于27日结束。

27日　瑞昌县最近发现了一座西晋古墓，出土一批珍贵文物。出土文物中有金器12件，铜器7件，铁器6件，青瓷器72件以及其他银、石、陶器等总计100余件。在已发现的西晋墓葬中，墓室规模之大、出土文物之多，在江西尚属首次。

28日 省革委会通知，将原由工业管理区管理的分宜电厂等6个发电、供电企业和原由地、市管理的南昌电厂等13个发电、供电企业上收省管，归口管理单位为江西省水利电力局。对于上收企业的党的关系和政治工作，南昌电厂、东方红电厂、萍乡电厂、泉江电厂实行省、市双重领导，以市为主；分宜、新余、乐平、江口、九江、上犹、信丰等电厂和赣西、赣东北、抚州、九江、赣州供电局，实行省、地双重领导，以地区为主；里村电厂由景德镇市领导，洪门、王陂电厂由江西抚州地区领导。本通知从1973年1月1日起执行。

28日 江西派出以马道宏、李芳云为首的农技组，赴毛里塔尼亚姆颇利农场执行合作项目，开发1500公顷的水稻种植，指导建设水稻设施和农机具的使用、维修和管理。

30日 《江西日报》报道，全省超额完成1972年棉花收购任务。截至当日，全省已超额0.3%完成了1972年的棉花收购任务。目前各地在抓好秋收冬种的同时，发动群众做到精收细收，全部归仓。彭泽、都昌、进贤、新余等县还开展了捡“五棉”（路边棉、落地棉、眼睫棉、僵辨棉、剥桃棉）活动。

30日 萍乡钢铁厂1月至11月已产合格生铁136180吨，占年计划的90.77%。生铁合格率平均达到97.91%，入炉焦比平均为633公斤，取得了高产、优质、低消耗的新成绩。

萍乡钢铁厂的职工在运送铁矿石

本月 玉山县“七一”水库扩建，放空水库施工。因放水隧洞未安装控制闸门便炸开进口泄流，使水库水位骤降。19日和23日，大坝上洲坡面两次发生大滑坡，坍方量共达50万立方米（1974年2月2日水利电力部向全国通报此事）。

“七一”水库外貌

本月 江西省卫生局革委会恢复为江西省卫生局。原革委会主任、副主任改称局长、副局长。

本月 八一垦殖场职工医院制药厂（青峰制药厂前身）在国内首创碘化工艺制出水溶性穿心莲总内酯，为生产高浓度穿心莲总内酯注射液开创了新路（后于1975年4月在黄山经过全国八省一市技术鉴定会获得通过，并定名为“喜炎平注射液”。1976年12月省药政局批准投产。1978年获省科技成果奖）。

本月 经省革委会批准将原下放给上饶、井冈山地区的安装队收回，归省安装团统一领导。

本月 江西化学仪器总厂首次应用计算机光学仪器运行参数运算，自行设计试制成功WXS－01型1350X生物显微镜通过鉴定，并试制成16毫米电动式战地摄影机。

本月 恢复江西省建筑技工学校，设置给水排水、暖通、工业与民用建筑、建筑机械等专业，招收本系统各专业工人学习，学制两年。

本月 省革委会召开地市群工组长会议，明确了整顿妇女组织和筹建各级妇联组织的任务。

本月 省计委在清江县召开全省统计工作会议，传达贯彻全国统计工作会议精神，提出进一步健全统计机构，充实统计力量。

本月 江西钢丝厂开始研制SSL无雷汞击发药（1974年9月通过兵器工业部设计定型，1980年10月26日获国防科工委授予的重大技术进步一等奖）。

本月 邓小平在井冈山和永新、宁冈、泰和、吉安等地调查研究。他到井冈山访问时说："井冈山精神是宝贵的，应当发扬。"并对干部群众说："我们的党是好的，是有希望的。我们的人民是好的，是有希望的。我们的国家是好的，是有希望的。"

本月 江西省知识青年上山下乡安置工作领导小组成立（1975年改为江西省知识青年上山下乡办公室）。

公元1972年12月 农历壬子年【鼠】													
日	一	二	三	四	五	六	日	一	二	三	四	五	六
					1 廿六	2 廿七	3 廿八	4 廿九	5 三十	6 十一月小	7 大雪	8 初三	9 初四
10 初五	11 初六	12 初七	13 初八	14 初九	15 初十	16 十一	17 十二	18 十三	19 十四	20 十五	21 十六	22 冬至	23 十八
24 十九	25 二十	26 廿一	27 廿二	28 廿三	29 廿四	30 廿五	31 廿六						

1 日　赣南水泥厂兴建全省第一条直径 2.5 米×高 10 米机立窑生产线投产。

2 日　省革委会通知，将省林业科学研究所、省木材工业研究所由靖安县迁回南昌市梅岭，并决定省林业科学研究所更名为省农林垦殖科学研究所。

2 日　省委召开全省工作会议。省、地、县、社的主要负责人，部分生产大队、生产队的干部和劳动模范、先进单位代表，部分厂矿的负责人，省军区和驻省部队团以上单位的主要负责人，共 3400 余人出席了会议。省委书记佘积德作了工作报告，省委书记白栋材作了会议总结。会议以党的基本路线为纲，总结了工作，分析了形势，决定动员全省广大军民，深入开展“批修整风”，开展“农业学大寨”、“工业学大庆”的群众运动，加速社会主义建设步伐，争取 1975 年全省粮食上《农业生产发展纲要》。

3 日　邓小平亲临江西省地质局九〇九队，先后视察了会昌周田盐矿探机台和大队地质陈列馆、实验室及修配厂。

4 日　《江西日报》编辑部邀请省著名农业劳动模范丁长华、彭光贤、万绍鹤、江善讲、涂

省农业劳动模范丁长华、彭光贤等在畅谈“农业学大寨”的体会

远兴、李页俚、刘体煊、曾振华，座谈开展“农业学大寨”的体会。

4日 省革委会文化组决定，将省电影事业管理局改名为江西省电影发行放映公司。各地、市电影事业管理处，相应改名为江西省电影发行放映分公司。

6日 省革委会财政办公室批转省财金局《关于加强财政支出管理工作几个问题的报告》。

7日 《江西日报》编辑部邀请全省工业战线著名劳动模范赵志坚、郭清泗、经自麟、瞿兰香、陈斌、叶怀茂、石桂英、幸垂训、秦凤生、李祖根、邹德勋、黄婆子、刘鑫山、曾兰生，座谈开展“工业学大庆”体会。劳模们表示，坚决执行“以农业为基础、工业为主导”的发展国民经济的总方针，坚持地方工业为农业服务的方向，为农业提供更多的农业工具、生产资料等，为加速农业机械化作贡献。

部分省工业劳动模范在座谈“工业学大庆”的体会

8日 罗马尼亚矿业考察组一行3人，到西华山钨矿参观考察，考察于17日结束。

12日 省农林垦殖局、省商业局在崇义县召开全省松香生产座谈会议，会议于18日结束。并于1973年3月19日印发会议纪要。

13日 邓小平偕夫人卓琳参观江西广昌县沙子岭邱家祠——红一方面军总前委第三次会议旧址和毛主席故居。

13日 省革委会与省军区研究决定，农建师属省军区建制，并属省革委会的一个直属单位，其农业生产建设以省农林办公室管理为主，工业生产建设以省工交办公室管理为主，整个计划由省计委统一管理。其他方面的问题，由农建师直接与省革委会有关部门和单位联系解决。

14日 省税务局发出《江西省税收计划、会计、统计工作制度暂行规定（试行草案）》。

14日 中国人民银行井冈山支行发生金库被盗案，被盗现金1万元。井冈山保卫部经过两昼夜的奋战，迅速破获此案，依法逮捕罪犯李椿祥，缴获赃款9889元。

17日 南昌市委决定恢复成立中共南昌市委党校。

18日 省委、省革委会召开全省退休、离休老干部代表会议。会议认为，退休、离休的老干部是党的宝贵财富，他们在长期的革命斗争实践中，积累了比较丰富的经验，要求他们经常到工厂、农村走走，宣传党的政策，做好党的参谋。会议于28日结束。

20日 省委发出《关于恢复、整顿国营垦殖场、农场试行草案》。贯彻执行中央（1972）17号文件，纠正程世清大砍垦殖场、农场的错误。对恢复、整顿垦殖场、农场的原则、经营方针和管理、领导体制等问题作了明确规定。

20日 全省建设县农机修造厂工作会议在清江县召开，传达贯彻全国建设县农机修造厂工作会议精神。会议于24日结束。

21 日 省委决定对全省各机关、团体、企业、事业和各级财政 12 月 31 日在银行的存款，除人防经费等项外，先行冻结清理，按规定经过批准后使用。

21 日 省手工业管理局革委会从省轻化局革委会划出。省轻化局革委会负责管理全省一轻和化工、纺织、医药工业，省手工业管理局革委会负责管理全省二轻工业。

21 日 全省农机使用管理工作会议在井冈山召开。研究加强农机使用管理工作和讨论修改《江西省社队农业机械使用管理规章》（草案）。全省农机使用管理工作会议于 28 日结束。

22 日 邓小平偕夫人卓琳从南昌到新干县、吉安市、泰和县、抚州和井冈山视察工作。25 日离开井冈山。

24 日 天河电厂与吉安电厂通过 35 千伏的永敦线（永阳变电站—吉安敦厚）正式联网，形成吉安地区电网。

25 日 阿拉伯也门共和国总统、武装部队总司令、人民代表大会党总书记阿里·阿伯杜勒·萨利赫来华访问，授予省交通厅副厅长杨斌（原援也公路专家组长）二级勋章，以表彰他为加强也中两国的友好关系所作的贡献。

26 日 上海市舞蹈学校《白毛女》剧组在江西开始演出，共演出舞剧《白毛女》、钢琴协奏曲《黄河》及音乐、歌舞节目 10 余场。江西省委、省革委会、省军区负责人和观众 7 万余人观看了演出。演出活动于 1973 年 1 月 12 日结束。

省委、省革委会、省军区、市委、市革委会、南昌警备区负责人和群众前往车站欢迎上海市舞蹈学校《白毛女》剧组

26 日 省革委会颁发《江西省试行工商税征收办法》，规定纳税单位适用的税目税率。

27 日 省革委会授权，凡上报省革委会审批的工商税减免，由省税务局签注意见，报省财金局审批。

28 日 江西省财金局发出《关于清理一九七二年年底机关、团体、企业、事业单位和各级财政在银行存款的紧急通知》。

30 日 省、市军民 2500 余人，在南昌市八一礼堂举行 1973 年元旦联欢晚会。佘积德、白栋材、文道宏、黄知真、陈昌奉和省、市有关方面负责人出席晚会，刘俊秀和张志勇在大会上讲话。

30 日 省卫生局就近期江西省流行性出血热流行，发病 1636 人，病死 235 人的严重情况，立即成立江西省防治流行性出血热病领导小组。

30 日 贵阳地球化学研究所近日在于都县盘古山钨铋矿中发现了新矿物锑－硫铋矿 A（赣江矿），为国内首次发现。

31 日 南昌市汽车拖拉机工业局与南昌市重工业局日前合并，成立南昌机械工业局。

本月 南昌铁路技术学校在清江县黄土岗成立，该校设运输、机务、车辆、通信信号等专业（1982 年 9 月迁至南昌市郊，1983 年更名为南昌铁路机械学校）。

本月 江南材料厂试制出"雪崩光"电子二极管和甘氏效应管（体效应管）。BT31－35 型双基极管在德安半导体厂问世。

本月 省革委会档案馆发出通知，要求全省各地档案馆认真填写档案工作情况报表，以便准确地掌握了解全省档案工作基本情况。

本月 江西省冶金建设工程团直属连，成功地试制出风动混凝土泵，实现了混凝土运输浇灌机械化、自动化。

本月 江西蓄电池厂研制成功海军舰艇导弹电源 JW－102 银锌电池组（1978 年该电池组获全国科学大会奖）。

本月 省革委会文化组、财政厅核定，全省在“文化大革命”期间封存和销毁各类图书报废金额合计达720万元。

本月 国务院批准兴建九江长江大桥。大桥铁路北接合浔线，南接南浔线。

本月 南昌市城建局、公安局抽调专人联合组成城建管理办公室，对本市道路开挖、占用等进行统一管理。

本年

本年 赣南地区在800多万亩宜林荒山上大规模地植树造林，种植了松杉300多万亩，油茶、油桐林40多万亩，茶树13万多亩，果树7万多亩。并在全区推广学大寨的先进单位兴国蕉溪大队山、水、田综合治理的经验。

本年 江西省首次使用飞机在赣西地区进行航空物理探矿。

本年 美国对华政策访华团，巴勒斯坦学习参观团，缅甸、洪都拉斯共产党参观团，马尔加什共产党负责人，阿根廷共产党代表团先后抵赣，皆专程赴萍乡参观安源革命旧地。

本年 全省城镇储蓄存款总额比1971年增长24%，其中景德镇市和抚州地区增长30%以上。南昌市新储户比1971年增加了41%，定期存款储蓄额占全市储蓄总额的71.2%，安福县比1971年增加24.5%，都昌县万户大队第五生产队共储蓄存款8500多元，每户平均237元，实现了家家户户有存款。

本年 南昌通信信号工厂研制成功30门全电子自动电话交换机，产品已销往国外。

本年 新余县脊髓灰质炎暴发流行，发病894例，死亡104例。

本年 全省电子工业总产值7436万元（中央企业3998万元，地方企业3438万元）。

本年 南昌地区降大雪，安义县部分山区出现极端低温零下15.2度，积雪深40厘米，9天不融。

本年 南昌市制发《安全服务工作暂行规定》。

本年 中央拨款1500万元补贴南昌市住宅建设投资，以解决人民群众的住房困难。同时成立市民房建设委员会，负责统一兴建民房。

本年 随着“三支两军”人员撤出企业，省重工业局各单位进入党委“一元化”领导时期。

本年 赣州地区园艺场朱文灿，首次发现柑橘木虱（1982年已蔓延到赣州地区18个县、市及吉安的遂川、泰和、万安、永新、吉水等地）。

本年 中蜂囊状幼虫病（又叫蜂瘟）在全省各地全面暴发，宜春地区1.5万余群中蜂，只剩98箱。省农业局向各地印发《中蜂囊状幼虫病防治方法》。

本年 全省早、晚稻严重发生稻飞虱，损失稻谷6亿多斤。

本年 省农业局革命委员会组织全省各地、市科研、生产单位的种田能人集中到省农业科学研究所，开展水稻、甘蔗高产栽培竞赛。

本年 恢复实行按经济区划组织商品流通，以南昌市中心组织商品流通，成立南昌采购供应站。

南昌市组织商品流通，销路十分旺盛，群众踊跃购物

本年 萍乡市农业科学研究所首次用野败材料转育成珍汕不育系和相应的保持系；并与省农业科学研究所和赣州、宜春两地区所同时测交、筛选出 IR24 恢复系，实现三系配套，配制强优势组织籼优二号（1974 年，在全省进行多点试验、示范。1980 年 6 月被鉴定为全国杂交水稻最佳组合）。

本年 江西商标彩印厂试制成功四色凹版轮转印刷机，并将吹塑装制，印刷、封口、合成一道工序完成。

本年 南昌灯泡厂对吹泡机械进行改革，研制出火焰自动式热割机壳头装置。使机制泡壳合格率提高 8%，利用率提高 23%，在生产工艺上首次领先于全国同行业水平，轻工部在该厂召开现场会，向全国推广。

本年 南昌无线电三厂被列为全国首家重点项目配套定点单位。

本年 江西东风制药厂接受援外任务，成立援助越南、阿尔巴尼亚工作小组。

本年 上饶地区革委政治部群工组派人到铅山、万年、乐平、广丰、上饶等地调查男女同工同酬状况，落实男女同工同酬的生产队占 63%。

本年 江西省建筑科研所试制成人造金刚石，填补了全省非金属矿产品的一项空白。

1973 年

概要

中共江西省委七届七次全委会要求各级党委继续把“批林批孔”整风放在首位。清查林彪反党集团的反革命阴谋活动；“重视上层建筑包括各个文化领域的阶级斗争，改革一切不适应经济基础的上层建筑”；进一步健全民主集中制，提高领导水平，加强党的一元化领导。省委常委扩大会议要求进一步落实党的各项政策；广泛开展“农业学大寨”、“工业学大庆”的群众运动。机械工业进行了大调整，在很大程度上避免重复布点、重复生产现象和人力、物力、财力的浪费。由于对“左”倾错误进行了初步纠正，当年全省国民经济有明显好转，形成了工业生产的较好局面，工农业总产值连续两年回升。财政收入达到“文革”时期的最高水平，收支基本平衡。江西分宜、乐平电厂分别建成发电。江西第一艘吸扬式挖泥船试制成功。

调整农村政策　调动农民积极性　为纠正农村普遍存在的分配不兑现、劳动计酬上的平均主义和扩社并队中大砍自留地、不准搞副业的各种“左”的错误，适当增加了社员自留地，允许发展社员家庭副业和农村手工业，恢复和开放农村集市贸易等，使农村经济有了生机。同时纠正了一平二调的“共产风”和违背科学规律的“一刀切”。3 月，全省水利工作会议召开，农村普遍开展兴修水利活动，从而战胜了当年的严重自然灾害，农业生产获得了全面丰收。

落实城镇集体经济政策　省委召开落实城镇集体经济政策工作会议，重申发展城镇集体经济的必要性，整顿和恢复一部分城镇集体企业，退还被平调的资金和财产，并根据需要和可能，有计划地逐步召回了部分下放农村的集体企业职工和工商业者。

经济工作的调整和转机　面对经济工作中的主要问题，省委、省革委会把重点放在压缩基本建设战线和调整比例失调上。基本建设从清理在建项目开始，本年起从压缩基本建设规模、调整资金投向入手，解决国民经济比例失调问题。农业和轻工业的投资得到加强，在绝对投资额增长的前提下，农业和轻工业的投资比重由 1971 年的 4.2% 上升到 1973 年的 10.5%，轻工业由 5.4% 上升到 7.5%，重工业由 73% 下降到 62.1%，使农、轻、重的投资比例初步得到调整。城市民用事业的投资额比 1971 年增长 83%。与此同时，增加了住宅建设和一些公共设施建设的投资。在工业管理体制上，撤销了六个工业管理区，所属企业实行归口管理。在企业内部恢复和健全了岗位责任制、考勤制度、技术操作规程、质量检验制度，以及品种、质量、劳动生产率、利润等考核指标，强化了企业内部管理，各级企业的面貌有了较为显著的改观。

整顿教育和科技 省革委会分别召开教育和科技大会，决定恢复一大批大、中专学校和专业科研机构，落实党的知识分子政策。上半年，开始制定曾经一度中断的全省科研规划；江西大学、江西师范学院、江西工学院、江西医学院、江西中医学院等主要大、专院校恢复原有建制，从农村迁回南昌市；逐步收回被占用的校舍，增拨了教育和科研经费；开始大批招收学员，调回下放的教师和科研人员；并对冤假错案进行平反，恢复名誉。当年还创办了江西省体育运动学校。

“反潮流” 江西造反派以“反潮流英雄”自居，在省体育馆召开了几万人的大会，大造“要落实全省大大小小的万里浪和洪都政策”的舆论；指责“省委执行了没有程世清的程世清路线”，犯了“否定推翻文化大革命的错误”，鼓噪所谓“反潮流”精神，煽动层层揪“复辟势力代表人物”，揪“孔老二”。省、市的许多单位和地市县，相继成立“上访团”、“批林办”、“反潮流”等组织，拉山头，打派仗，许多单位正常的生产秩序遭到破坏。

全省本年主要经济指标情况 国民生产总值（按当年价格计算）66.84 亿元，比上年减少 0.6%；工业总产值 56.14 亿元，比上年增长 8.9%；农业总产值 43.46 亿元，比上年减少 5.9%。粮食总产量 188.39 亿斤，比上年减少 5.33%。财政收入 10.36 亿元，比上年增长 3.4%。年末全省总人口 2810.46 万人，人口自然增长率 28.49‰。

公元1973年1月							农历癸丑年【牛】						
日	一	二	三	四	五	六	日	一	二	三	四	五	六
	1 元旦	2 廿八	3 廿九	4 十二月大	5 小寒	6 初三	7 初四	8 初五	9 初六	10 初七	11 腊八节	12 初九	13 初十
14 十一	15 十二	16 十三	17 十四	18 十五	19 十六	20 大寒	21 十八	22 十九	23 二十	24 廿一	25 廿二	26 廿三	27 廿四
28 廿五	29 廿六	30 廿七	31 廿八										

1日　江西省开始实施财政部颁发的基本建设、地质勘探、建筑安装企业会计制度以及建筑安装工程成本核算试行办法。

1日　省革委会决定省地质局所属单位管理体制。一类为工业管理区所属企业、地质事业单位，归口江西省地质局管理；另一类为从地、市收归省地质局管理的地勘单位。党政关系均实行双重领导，以省地质局为主。

1日　省计委通知，停止建设株岭坳铁矿。

2日　省革委会发出《关于改进商业管理体制的通知》，要求商业部门主要商品的计划分配调拨权集中到省，按经济区划组织商品流通，并决定在南昌、九江、上饶、赣州设立二级批发站，在抚州、井冈山（吉安）、宜春设立二级批发分站，撤销宜春地区在南昌市的二级站。省、市、地、县恢复必要的专业公司。全省商业财务，从当年1月1日起，收归省商业局统一管理，不再列入各地、市、县（市）财政预算。

3日　省建工局印发《江西省建筑安装工业企业管理制度》（试行草案），内容有计划管理、施工管理、技术管理、劳动管理、机械管理、材料管理、财务管理七章，共25条。

5日　省公安局召开全省治安工作会议，分析全省治安形势，检查春节前县以上城镇集中打击刑事犯罪活动的准备情况。

5日　景德镇市开工兴建黄泥头自来水厂，取南河水作水源，日出水规模1万吨，景德镇市城建局设计室设计（1975年5月19日竣工投产）。

5日　省文教办公室召开全省教育工作会议，提出要加强大学教育，大力普及小学五年教育，巩固提高中学教育，有计划有步骤地恢复中等专业学校，积极开展扫盲和业余教育，努力提高教育质量。会议于15日结束。

6日　南昌市破获一起重大盗窃汽车集团案。首犯林顺自1972年11月以来，纠集6名罪犯，盗窃汽车16辆。

7日　全国计划会议作出加强农业、缩短基本建设战线等项决定。江西省贯彻决定精神，安排经济建设费比上年增长2.17%，其中农业事业费支出比上年增长1.6倍，基本建设投资比上年下降33.6%。

8日　江西省委重设外事小组。同时，撤销

江西省革命委员会办公室外事组，成立江西省革命委员会外事办公室。

8日　南昌市湾里管理区革命委员会首次在本区主持召开“江西九县一区护林防火战备联防委员会第二次会议”。

9日　省委召开电话会议，号召全省各地充分发动群众，以批修整风为纲，鼓足干劲，力争上游，多快好省地完成兴修水利任务，为建设更多的旱涝保收、高产稳产农田，夺取1973年农业生产新丰收而努力奋斗。会议强调：各级领导要认真贯彻执行“以农业为基础、工业为主导”和“水利是农业的命脉”的教导，要求全省1975年粮食亩产上《全国农业发展纲要》。

9日　《江西日报》报道，上饶地区广大干部和社员群众，深入开展“农业学大寨”的群众运动。1973年全区有31.77万多名劳力投入农田水利建设第一线，动工兴建水利工程1930多座，完成工程量1500多万土石方。南丰县80%的劳力投入农田基本建设、改造低产田2.1万余亩，完成兴修水利工程量36万土石方，建设旱涝保收农田面积6900余亩，积肥造肥280多万担。

10日　江西省煤矿设计院恢复，定编70人。

10日　江西省文教办公室教育组成立省中小学教材编写组、江西省教学仪器供应站。

10日　省革委会批准成立省对外援助办公室，归口管理全省援外工作。

10日　省编制委员会通知恢复省工艺美术研究所、省工艺美术服务部，成立江西工艺美术馆。

10日　省编制委员会下达编制方案，确定：省农林垦殖局定行政编制72人，省农林垦殖勘察设计院定事业编制150人，省农林垦殖科学研究所定事业编制72人，省木材工业研究所定事业编制170人，省西山实验林场定事业编制200人，省森林病虫害防治试验站定事业编制60人，省水土保持站定事业编制20人，省木竹检查站定事业编制36人。

10日　省编制委员会下达省轻化工业局及新属事业单位编制方案。其中：省轻化工业局95人（行政）、省轻化科研所80人（事业）、省轻化工业设计院100人（事业）。

10日　江西省物资储备管理局成立，由省物资局代管，属二级局（1973年5月15日，遵照国务院（1973）41号文件的精神，经省委决定，由二级局升格为一级局，隶属以国家计委为主和省地方兼管的双重领导）。

11日　《江西日报》发表江西省军区政治部“井战文”《按照毛主席人民战争思想，加强民兵建设》的文章。

12日　上海市舞蹈学校《白毛女》剧组圆满结束在江西省的演出，当日上午离开南昌前往杭州。该剧组在我省演出革命现代舞剧《白毛女》和革命现代舞剧折子戏、钢琴协奏曲《黄河》等音乐、歌舞节目10场，并深入工厂、共大总校、部队演出，观众达7万余人次。

15日　省委、省革委会给驻省部队指战员和全省民兵、烈属、军属、荣誉军人、复员、转业、退伍军人、退休老干部发慰问信。鼓励他们认真贯彻“以农业为基础、工业为主导”的发展国民经济的总方针，更深入广泛地开展“农业学大寨”、“工业学大庆”的群众运动。调动一切积极因素，为夺取1973年农业更大丰收和实现1975年全省农业上《全国农业发展纲要》而努力奋斗。

15日　《江西日报》评论员发表题为《大力发展工农业余教育》的文章。文章说，办好工农业余教育，扫除文盲和普及社会主义文化，是党的无产阶级教育事业的重要组成部分，也是加速社会主义革命和社会主义建设的需要。希望各级领导把工农业余教育当作一项重要政治任务，扎扎实实地抓好。

15日　省革委会在南昌市召开全省农林垦殖工作会议，会议部署恢复整顿垦殖场、农场的工作，并于25日印发会议纪要。会议于25日结束。

16日　最近，吉水县出土南宋嘉定二年（1209）彩绘莲荷纹瓷炉。彩绘海水波涛纹瓷瓶、贴花鸾凤朵梅碗及剔花折枝梅花纹瓶等珍贵古瓷。

剔花折枝梅花纹瓶

18 日 景德镇发电厂工程筹建处成立。

20 日 省革委会批转省农林办公室《关于恢复、整顿国营玉山垦殖场座谈会纪要》。

22 日 南昌市委、市革委会对南昌市市级机构设置进行了全面调整。

22 日 省、市各界人民在八一礼堂举行春节拥军慰问大会，热情慰问省军区和驻省部队广大指战员。省市领导表扬了广大指战员是执行"三大纪律、八项注意"的模范，是人民的好榜样。

春节拥军慰问大会会场

23 日 南昌、抚州、上饶 3 地市的广大干部和社员，踊跃向国家交售粮油，超额完成 1972 年的征购任务。南昌县蒋巷公社超额 750 万斤粮食征购任务；南城县前进公社和骆坪大队超额 30% 完成油脂征购任务；宜黄县棠阴公社超额 150 万斤粮食征购任务。

安远县孔田公社社员向国家卖公粮

25 日 省革委会成立煤电生产、运输、供应领导小组，省革委会副主任黄先任组长。

25 日 省革委会下达（1973）32 号文件，决定将被下放的省属垦殖场复归省领导。

26 日 福州军区副司令员龙飞虎视察江西景光电工厂。

29 日 省委召开电话会议，动员各级党组织和全省人民，以"批修整风"为纲，加强领导，抓紧时机，迅速掀起春耕生产高潮，夺取 1973 年农业生产更大丰收。省委书记佘积德、黄知真、陈昌奉，省委常委刘俊秀等参加了会议。

30 日 南昌市粮食局恢复办公。内设党委办公室（后改政治处）。

30 日 省革委会发出加强粮食工作的指示，提出认真整顿粮食统销，压缩不合理的供应，号召城镇人口粮食定量水平从 2 月份起，在原有水平基础上平均每人每月调减 0.5 公斤；工商行业用粮压缩 15% ~20%，酿酒用粮压缩 40% 左右，工业用粮积极开展代用，保证合理需要。

本月 南昌市决定恢复市图书馆（经一年多的搬迁管理，1975 年 7 月在原馆内重新开放）。

本月 南昌市成立"七三一"工程指挥部，负责全市人民防空工程施工和管理。

本月 省革委会决定将 1970 年下放专区管理的钨矿收回省冶金局管理。

本月 省冶金局批复铁山垅钨矿黄沙矿区日采500吨选露采设计，露采基建工程开工。

本月 省农科所主办的《农业科技》创刊，主编罗盛槐（1977年1月改名为《江西农业科技》）。

本月 南昌市革委会决定撤销社会主义建设义务劳动指挥办公室机构，恢复设立绿化委员会。南昌市革命委员会农林办公室成立。

本月 南昌市交通局公路管理处成立。

本月 南昌市革委会抓促部撤销。此后，市级工业管理机构逐步恢复或成立，成立了市工交办公室、国防工业办公室、机械工业局，同年3月，撤销市汽车拖拉机工业局。

本月 南昌市东郊先后发掘12座两汉墓葬，共出土钟、豆、钫、鼎、俑、镜、剑等铜器及铁刀、象牙手镯、象牙剑饰、玉璧以及各种滑石器和陶器等珍贵文物200余件。滑石器有鼎、敦、壶、钫、盒、甑等。其中温酒铜、4个铜俑、象牙剑饰在我省属首次发现。

本月 省机械局制定《江西省机械工业直属企业固定资产更新和技术改造资金管理细则》，规定更新改造资金的使用范围，留用与上缴比例，以及用款计划的编报与审批等事项。

本月 经省革委会批准，省公路管理局、省汽车运输管理局自上而下恢复建制。

本月 省委负责人到新建县看望邓小平，转告他中央通知他近期内回北京。邓小平在回北京前，到景德镇、进贤等地进行了调查。

公元1973年2月							农历癸丑年【牛】						
日	一	二	三	四	五	六	日	一	二	三	四	五	六
				1 廿九	2 三十	3 春节	4 立春	5 初三	6 初四	7 初五	8 初六	9 初七	10 初八
11 初九	12 初十	13 十一	14 十二	15 十三	16 十四	17 元宵节	18 十六	19 雨水	20 十八	21 十九	22 二十	23 廿一	24 廿二
25 廿三	26 廿四	27 廿五	28 廿六										

1日　省革委会给煤炭工业和交通运输战线工人、干部写慰问信。信中说，煤炭是工业的粮食，交通运输是农业生产的“先行官”。为夺取1973年的更大胜利，希望煤炭和交通运输部门的工人和干部遵照毛主席“路线是个纲，纲举目张”的教导，贯彻执行“鞍钢宪法”，继续开展“工业学大庆”的群众运动，增产煤炭，多拉快运，安全生产，为社会主义革命和社会主义建设作出更大贡献。

7日　省公安局召开各劳改场（厂）、矿负责人会议，传达学习毛泽东和周恩来对监管工作的重要指示。会议于8日结束。

8日　针对几年来普查与精查比例失调的状况（提交的储量中，普查储量仅占8.9%），省煤炭局提出1973年煤田地质勘探工作方针：积极开展普查，寻找勘探基地，尤其加强老矿区外围，交通、电力方便的烟煤赋存地区的普查。

10日　省革委会召开全省对外贸易工作会议。提出要在统一政策、统一计划安排的原则下，认真做好出口商品的对外宣传工作，以利扩大销售。进一步加强外贸工作的领导，完成和超额完成1973年的各项外贸工作任务。3月9日批转《全省外贸工作会议纪要》。会议于27日结束。

11日　《江西日报》评论员发表题为《认真总结经验》的文章。文章指出，认真总结经验，提高阶级斗争、路线斗争和继续革命的觉悟，发扬无产阶级正气，纠正不正之风，对认清形势继续搞好“批修整风”，加强团结，加快社会主义建设步伐具有重大意义。总结经验要遵照毛主席“要搞马列主义，不要搞修正主义；要团结，不要分裂；要光明正大，不要搞阴谋诡计”的教导，还要遵照毛主席“要划清正确与错误、成绩与缺点的界限，还要弄清它们中间什么是主要的，什么是次要的。”要坚持“惩前毖后，治病救人”。

12日　省外事工作会议在南昌召开。会上，总结交流接待工作经验，研究讨论外事机构设置、外事经费管理、对外宣传和陪同接待人员守则等问题。会议于21日结束。

13日　共青团洪都机械厂第五次代表大会召开。参加大会的代表有605名。会议作出了关于开展“三好青年”、“先进团支部”、“先进团小组”和“向雷锋同志学习”活动的决定。

13 日　省地质局会同有关单位审查批准瑞昌县武山大型铜硫铁矿区地质勘探报告。

14 日　省委任命李如皋为省地质局革委会主任（局长），丁振乾为副主任（副局长）。3 月 15 日，又任命刘荣为省地质局革委会副主任（副局长）。

15 日　省革委会批转省机械工业局《关于机械工业的调整意见》，按“调整长线，充实短线，主机集中，配套定点，零部件扩散，工艺协作提高专业化水平”的原则，调整机械工业布局，比例关系，企业产品方向。企业由 496 个调整为 355 个，其中机械工业 290 个，电子工业 65 个。

19 日　邓小平偕夫人离赣返京。

21 日　省革委会决定七一〇五工程竣工验收后，定名为“江西省燃料公司瑞昌石油站”，由省燃料公司与九江商业局双重领导。

21 日　省委召开春耕生产电话会，要求各地搞好水稻品种搭配，推广尼龙薄膜育秧、湿润育秧，推行合理密植，增加基本苗。

22 日　北方强冷空气南下，南昌市区出现 6 级至 9 级大风，新建县阵风达 12 级。

23 日　省委批转省民政局《关于进一步做好知识青年上山下乡工作的请示报告》，要求各级党委，重视并进一步做好上山下乡知识青年的工作。

24 日　根据省革委会通知，省财政金融局分设为江西省财政局和中国人民银行江西省分行，从 3 月 10 日起分开办公。

26 日　省地质局张浩、朱训、汤加富、陈聚兴、张君立等 5 人赴阿尔及利亚援助勘察有色金属及黏土矿，为期 1 年。

27 日　省外贸局与省军区农业建设师签订“出口商品生产基地协议”，确定农建师所属 8 个团为活猪等商品出口生产基地。

27 日　全省配备植保干部 260 多人，建立和健全县测报站 96 个、公社测报站 710 多个、配备测报员 960 多人，培训测报员 1.6 万多人，初步形成了以队为基础、社为骨干、县为中心的测报网。

本月　萍乡“六七三〇”战备油库工程大部分竣工，油库定名为“萍乡石油储存站”。

本月　江西省民政局、浙江省内务局和两省有关地、县在杭州协商，对解决计划迁往江西的新安江水库移民 2000 余人的遗留问题取得一致意见。

本月　冶金部在江西大吉山钨矿召开江西钨矿山地压处理方案审查会议。

本月　中国人民银行江西省分行从省财政金融局分出后设立党组。

本月　经省编制委员会批准同意，恢复各地（市）建筑工程局或建立城建局和房地产管理局。

本月　增补杨尚奎为江西省革委会副主任。

本月　江西省水电局派柏长秀任组长，一行 9 人赴塞拉利昂共和国考察援建哥马水电站工程，装机 4000 千瓦，经水电部、外经部批准，由省水利电力勘测设计院负责勘测设计（1983 年电力工业局负责施工，1987 年 3 月通过竣工验收，交付使用）。

本月　省革委会批转《全省手工业座谈会纪要》，提出大抓“三小”（小五金、小百货、小农具），尽快实现手工业产品省内自给。

公元1973年3月							农历癸丑年【牛】						
日	一	二	三	四	五	六	日	一	二	三	四	五	六
				1 廿七	2 廿八	3 廿九	4 三十	5 二月小	6 惊蛰	7 初三	8 妇女节	9 初五	10 初六
11 初七	12 初八	13 初九	14 初十	15 十一	16 十二	17 十三	18 十四	19 十五	20 十六	21 春分	22 十八	23 十九	24 二十
25 廿一	26 廿二	27 廿三	28 廿四	29 廿五	30 廿六	31 廿七							

3日　省体委在江西省体育工作队恢复田径、游泳、体操、篮球、乒乓球、足球、射击7个项目队。

4日　省粮食局、省商业局、省工商行政管理局日前协商决定：凡稻谷、大米、大麦、荞麦、高粱、蚕豆、豌豆、绿豆、粟米、玉米、红薯及其制品、熟食品和菜油、花生油、芝麻油、棉籽油、茶籽油及其油料等一类物资只能由国营粮食企业统一归口经营。

5日　省委批准省民政局《关于落实苏区老干部、在乡退伍红军老战士政策的报告》。全省为2102名伤残军人恢复称号，补发抚恤金；3239名在乡苏区老干部和退伍战士恢复定期定量补助。

5日　巴西共产党中央委员阿鲁达偕夫人来江西南昌、井冈山参观访问，10日离赣。

5日　全省棉花工作会议在南昌市召开，交流植棉经验，讨论研究1973年棉花生产计划和棉田合理布局。会议于11日结束。

7日　江西省委党校举办认真学习马列著作和毛主席著作轮训班，通过学习恩格斯的《路德维希·费尔巴哈和德国古典哲学的终结》和毛主席的《实践论》等著作，划清哲学上的两条路线的界限。

8日　全省各级党组织加强了对妇女工作的领导，培养和选拔妇女干部进省、地（市）、县、社四级党委的有208人。全省有39个县成立了妇联。各级党组织认真抓男女同工同酬、妇女劳保福利等政策的落实。

万年县珠田公社库田大队妇女干部带领全大队妇女努力生产，充分发挥妇女的重大作用

9日　省委发布《关于召开共青团江西省委第八次代表大会的决定》，省委认为召开全省团代会，建立团省委的条件已经成熟，决定成立省团代会筹备小组及其办事机构。省第八次团代会

代表名额，暂定1300名。特邀老战士、劳动模范、人民解放军和革命烈士家属、下乡知识青年家长30名。决定对代表的条件、代表名额的分配、代表产生的办法都作出了具体规定。省委号召全省各级团组织，共青团员和广大青少年，在党的一元化领导下，坚决落实毛主席关于“深挖洞、广积粮、不称霸”的指示，进一步开展“向雷锋同志学习”的活动，坚持上山下乡，走与工农相结合的道路。

9日 江西省城市规划领导小组成立。

9日 省革委会批准高安、进贤、万年、余江县和省农垦局、农建师所属12个场（团）为出口活猪生产基地。

12日 省粮食局、省商业局发出通知：对机关、部队、学校、厂矿、企业、事业集体伙食单位和居民购买以豆类为原料的粉丝、粉皮、腐竹、干豆腐等，一律收取粮票，每供应1斤，收取粮票1斤。

13日 江西省电子工业公司成立，隶属省机械工业局。

13日 省革委会印发《关于改进商业管理体制的通知》恢复江西省医药公司，隶属江西省商业局。

14日 江西省上新（上高至新余至七宝山）铁路胜利建成通车。经过验收鉴定，线路技术状况良好，干线部分分别达到国家二级和三级线路标准。这条铁路的建成，对于我省大打矿山之仗，加快原料、材料、燃料和电力工业的建设步伐，促进钢铁工业和其他工业的发展有很大的作用。

15日 省革委会在南昌召开全省科学技术工作会议，出席会议的有各地（市）、县、直属各有关单位主管科技工作的负责人，大专院校、科研单位及部分省属厂矿、医院的负责人和科技干部，共420人。会议传达贯彻了全国科学技术工作会议精神，总结和交流了全省科技工作的经验，提出了今后的工作任务。会议决定抓好几项工作：（一）继续抓好批修整风这个头等大事；（二）切实抓好工业支援农业的研究项目，促进我省农业机械化；（三）全面落实党的团结、教育、改造知识分子的政策，同时大力从工农兵中培养科技人员、建设工人阶级的宏大科技队伍；（四）继续深入开展科学实验群众运动；（五）认真落实1973年全省科研重点项目计划。建立和加强省、地（市）、县各级科技管理机构。

15日 省委批转省文教办公室《关于全省教育工作会议情况的纪要》。

16日 省委召开地、市和驻赣部队师党委负责人会议，传达学习中央关于批林整风的7个文件，传达中共中央3月10日《关于恢复邓小平的党的组织生活和国务院副总理的职务的决定》。会议于22日结束。

17日 省委批准成立中共江西省地质局委员会，李如皋为书记。

19日 省建工局向省计委报送《江西省建筑工程预算定额》和《南昌市地区材料预算价格》，5月13日省计委正式批准执行。

23日 省委常委会最近召开全省水利工作会议。到会的有各地（市）、县革委会主管农业的负责同志和水电局的负责同志，共530余人。会议以批修整风为纲，总结经验，提出今后水利建设任务。会议认为，必须抓好以下几项工作：（一）广泛开展工程大检查。（二）全面规范，分批建设，综合利用。（三）加强工程管理，充分发挥工程效益。（四）放手发动群众，认真落实政策。（五）抓紧险工险段检查处理，保证工程安全度汛。

23日 全省专业剧团创作剧目汇报演出大会在南昌市举行。参加汇报演出的有31个单位，共演出19台戏，44个创作剧目。通过汇报演出，交流了创作思想、创作倾向、创作方法等问题。

24日 在毛主席题词“向雷锋同志学习”发表十周年的时候，江西省军区政治部发出向雷锋同志学习的号召。

24日 省人民银行遵照中国人民银行关于调整金银收购销售价格的通知，自4月1日起执行。

27日 省革委会文教办公室批准恢复“八一”起义纪念馆革命旧址并陈列开放。

27 日 江西省劳改教养工作委员会成立。委员会由陈昌奉、周克用、王泽民、谢象晃、张文信、柳滨、边鹏越组成，陈昌奉任主任，周克用任副主任。下设办公室（设在省劳改局内），边鹏越兼任办公室主任。

28 日 省革委会通知：恢复江西大学、江西中医学院。

28 日 宁都县发现汉代隶书“别驾司马”铜印一方。

31 日 省革委会政治部召开省直机关各单位负责人参加的“批修整风”批判大会。省委、省革委、省军区负责人出席大会，省直江西日报社、省展览馆、省农业局、省计委四个单位的代表在大会上发言。

抚州市印刷厂武装基干民兵连声讨林彪反党集团的反革命罪行

本月 省革委会文教办公室批准建立省文化工作室，隶属省革委会文化组领导。

本月 江西省煤矿建设公司成立。辖第一、第二工程处新余工程队（于 1978 年扩充为第三工程处，1979 年以后，又相继成立第四、第五工程处，第五工程处于 1982 年撤销）。

本月 江西省重工业局各基层单位撤销营连建制，恢复坑口（车间）、工区（工段）。

本月 省农业局组织水产科及有关人员 30 余人，对鄱阳湖水产资源进行全面调查。

本月 省农业局在南丰县召开柑橘、茶叶、蚕桑生产座谈会，讨论、研究加快发展果、茶、桑生产。

本月 福州军区决定筹建军区军政干部学校，为军级单位，校址设在南昌市望城岗（12 日，组成军政干校临时党委，王林德为书记，董超为副书记）。

本月 经省编制委员会批复将原省建筑总公司一团改为江西省第一建筑工程公司，原省建四团改为江西省第二建筑工程公司，原下放宜春后收回的宜建二团改为江西省第三建筑工程公司，原省建二团改为江西省工业设备安装公司，原省建三团的汽车运输营合并为江西省机械施工公司。

本月 省革委会决定全面恢复基层供销合作社，一律按行政区划诸如每个人民公社、农场、垦殖场都建立供销合作社。

公元1973年4月 农历癸丑年【牛】													
日	一	二	三	四	五	六	日	一	二	三	四	五	六
1 廿八	2 廿九	3 三月大	4 初二	5 清明	6 初四	7 初五	8 初六	9 初七	10 初八	11 初九	12 初十	13 十一	14 十二
15 十三	16 十四	17 十五	18 十六	19 十七	20 谷雨	21 十九	22 二十	23 廿一	24 廿二	25 廿三	26 廿四	27 廿五	28 廿六
29 廿七	30 廿八												

1日 江西省委召开电话会议，号召全省各级党委组织、革委会和全省人民，以批修整风为纲，进一步开展农业学大寨运动，不失时机地坚决打好春插、春播这一仗，千方百计实现今年农业全面丰收。省委书记佘积德、陈昌奉、省委常委刘俊秀出席会议并讲话。会议要求根据“以粮为纲、全面发展”的方针，落实好今年农、林、牧、副、渔和粮、棉、油、麻、丝、茶、糖、菜、烟、果、药、杂的生产计划，全面贯彻农业“八字宪法”实行科学种田。各级领导要正确处理农、轻、重的关系。

1日 在卫生部永修“五七”干校制药厂基础上筹建江西省药物研究所。

2日 省农业局决定，1973年在农业基本建设中，每县建立一个病虫测报站。各县应按计划要求，专人负责，专款专用，力争早日竣工，开展测报。

3日 省卫生局与省财政局联合下达关于重新颁发《江西省公费医疗管理办法》的通知，要求按就近就医的原则，实行划分定点和分片负责制，并对公费医疗经费开支范围、药品使用及报销等问题作了明确规定。

5日 1973年全国排球联赛（南昌赛区）在南昌市举行。参加比赛的有北京、福建、湖北、广西、湖南、上海、吉林、云南、安徽、河南、甘肃、青海、内蒙古、江西14个省市、自治区和中国人民解放军空军、广州部队、福州部队等23个男女代表队，共298名运动员。这次联赛除在省体育馆和灯光球场进行外，大部分场次都安排在工厂、人民公社、部队、学校等基层进行。15天内举行242场比赛，北京市男、女排球代表队分别获第一名。联赛于19日结束。

全国排球联赛（南昌赛区）在省体育馆隆重开幕

北京和湖南男排的一个比赛镜头

全国排球联赛（南昌赛区）闭幕式会场

10 日　省卫生局、省财政局发出《关于重新颁发江西省公费医疗管理办法的联合通知》。

13 日　德兴铜矿南山井下采场二号油槽油井大垮斗，3 人被淹埋。

14 日　江西省建工局系统从 1970 年开始援建的赞比亚广播电台、外交电台竣工。

14 日　江西省建工局（1973）赣字第 97 号文通知：省编制委员会批复省建工局所属二级机构——江西省建筑工程公司的新印章从 5 月 1 日起正式启用。省建公司同省建工局合署办公。同年 8 月撤销省建公司。

16 日　省革委会召开电话会议，要求全省工交战线广大干部和群众深入开展批修整风运动，认真贯彻执行党的鼓足干劲，力争上游，多快好省地建设社会主义总路线，进一步完成和超额完成第二季度工业生产计划。省委书记白栋材出席会议并讲话。会议指出，当前存在的问题是煤电需要量大，交通运输不能完全适应工农业生产发展的需要。会议强调继续加强党对经济工作的领导。各级领导还要关心群众生活，爱护群众的积极性，确保国家计划的完成和超额完成。

17 日　江西省地质局重新成立并设立党委。

21 日　九江市汽车运输公司一辆改装客车，在庐山仙人洞至圆佛殿转弯下坡处坠落于 64 米深谷，车中 87 名乘客死亡 39 人，重伤 46 人，轻伤 2 人。

21 日　省商业局、省粮食局、省财政局发出《关于国营商业和粮食企业利润交库（亏损拨补）办法的联合通知》。

23 日　省革委会决定，将外贸从省商业局划出，成立省对外贸易局，归省财贸办公室管理。

23 日　省手工业管理局革命委员会更名为省第二轻工业局（下称省二轻局）革委会。

23 日　省委召开共青团江西省第八次代表大会筹备工作会议。省委书记余积德、白栋材、黄知真出席会议并讲话。会议认为，要以批修整风运动带动各项筹备工作，使筹备省团代会的过程成为对青年进行思想和政治路线教育的过程。加强党对共青团工作的领导，是做好筹备工作的根本保证。会议号召：全省广大共青团、青年要认真执行毛主席“抓革命、促生产、促工作、促战备和深挖洞、广积粮、不称霸”的指示，积极参加“工业学大庆”、“农业学大寨”运动，以优异成绩，迎接省第八次团代会的召开。

25 日　省商业局下达《关于建立矿区贸易公司的试行办法》，分组织要求、设置范围、主要任务、隶属关系、进货渠道、作价办法、经营管理、群众监督、加强领导9条。

26日 江西省革委会发出《关于大力开展扫盲和业余教育的指示》。

26日 省冶金局、省机械局、省电力局、省财政局发出联合通知，自本年9月1日起，省属冶金、机械、电力企业利润，由税务机关监缴。

27日 经省革委会批准：江西省文教办公室设展览组负责全省革命文物和历史文物工作的行政管理，直接领导江西省革命历史文物工作的行政管理，直接领导省革命历史展览馆、江西省博物馆、江西省革命烈士纪念堂和江西省新闻图片社。江西省展览组组长王朝俊，副组长张汉城、陈平、方云平（1979年展览组撤销，成立江西省文化局文物处。1990年改为江西省文物局）。

28日 省革委会批准成立江西地质科学研究所，所址在南昌向塘。该所另一名称为综合调查队。

29日 1973年全省中学生运动会（田径比赛）在萍乡市开幕。参加比赛的有各地、市和南昌铁路局等10个单位的运动员共600余人。此次运动会上，破一批全省少年纪录。全省中学生运动会的篮球、排球、足球比赛分别在赣州、南昌市、吉安市举行。

30日 安源煤矿近日在安源工人俱乐部旧址胜利召开了工会第七次代表大会，选举产生安源煤矿工会第七届委员会。大会认真总结了整顿、健全工会组织的经验，决心在党的领导下，继承和发扬安源工人阶级团结战斗的光荣传统，进一步发挥工会组织的作用，为社会主义革命和社会主义建设事业作出更大贡献。

30日 共青团南昌市第九次代表大会在南昌市胜利召开。大会讨论通过了《生气勃勃，团结战斗，沿着毛主席革命路线奋勇前进》的报告，作出了《关于把共青团办成学习马克思主义、列宁主义、毛泽东思想的学校》的决定。出席这次大会的代表共712人，其中来自工农业战线的代表514人，妇女代表314人。大会选举产生了共青团南昌市委第九届委员会。委员会由59名委员组成。委员平均年龄为24岁，其中妇女委员占44%。经中共南昌市委批准，选出团市委常委13名。大会还选出了出席共青团江西省第八次代表大会的代表。会议于5月4日结束。

本月 全省石油、煤炭从省商业局划出，成立江西省燃料公司。南昌储油所改为江西省燃料公司南昌储油所。

本月 省委决定将江西省水利电力局分开，成立江西省电力工业局和江西省水利水电局。江西省电力工业局革命委员会主任（局长）：张宇晴、副主任（副局长）：郭怡风、叶林、王天虹、白洁、张有林。张有林兼柘林水电厂党委书记。

本月 湖口县“湖口病”急剧发生，发病5457人，病死17人。

本月 萍乡市煤炭工业管理局组建运煤车队，拥有井冈山牌汽车100辆（全市汽车运销的煤炭不断增加，到1985年达到100万吨以上）。

本月 燃料化学工业部将在江西英岗岭、乐平、八景施工的第二十七工程处调往大屯矿区，第二工程处调往徐州矿区，第三十一工程处调往邢台矿区。

本月 南昌市档案馆将疏散在战备仓库的2370箱档案，全部搬回市馆保存。

本月 赣州精选厂硬质合金车间投产。

本月 中国农业科学院养蜂研究所下放江西，同时收回原省向塘种蜂场，共同组建江西省养蜂研究所，由省农业局领导。

本月 吉安地区公安局和永丰县公安局破获一起反动会道门死灰复燃案。永丰县坑田公社“金丹教”教徒张年英煽动永丰及其接壤的8个县上万名群众前去求“神”治病保平安，几个月内就以“草药”“画符”骗取人民币2万余元，大米4.9万多斤，严重影响群众的生产、生活和身体健康。

本月 萍乡市公安局破获以许德贤、姜华杰为首的32人重大流窜盗窃集团案，抓获流窜犯罪分子17名，破获各种刑事案件136件，缴获价值万元的赃物，许犯等被逮捕法办。

本月 国家建委同意江西省建工局成立援外办公室。

本月 经省革委会批准，全省建筑安装企业取消经常费用，以建筑工程预算定额和取费标准为依据，进行工程结算。

本月 一机部同意江西手扶拖拉机厂按年产东风－12型手扶拖拉机1万台的生产纲领扩建；九江动力机厂按柴油机1万台的生产纲领扩建为192－12手扶拖拉机配套。

本月 省革委会下达关于落实城乡经济政策的文件，决定纠正1968年在“文化大革命”中解散手工业合作社、合作商店、合作小组的错误。规定由归口管理企业和国营商店（原基层供销社）收回下放农村的从业人员，退还代管的房屋和资金，逐步恢复合作商店（组），利用收回人员开展合作经营业务。

本月 省建工局召开全省城市规划座谈会。会议研究讨论如何逐步恢复城市规划工程和城市规划工作存在的一些问题。

公元1973年5月　农历癸丑年【牛】

日	一	二	三	四	五	六	日	一	二	三	四	五	六
		1 劳动节	2 三十	3 四月小	4 青年节	5 初三	6 立夏	7 初五	8 初六	9 初七	10 初八	11 初九	12 初十
13 十一	14 十二	15 十三	16 十四	17 十五	18 十六	19 十七	20 十八	21 小满	22 二十	23 廿一	24 廿二	25 廿三	26 廿四
27 廿五	28 廿六	29 廿七	30 廿八	31 廿九									

1日　经江西省军区同意，原南昌气象台改为省气象局气象台，对外发布预报简称江西省气象台（1974年5月正式改为江西省气象台）。

1日　江西省微波总站成立。

1日　省、市工人阶级和劳动人民欢庆“五一”国际劳动节。省委、省革委、省军区、驻省部队负责人与来自各条战线的劳动模范、先进生产者和先进工作者，参加了游园庆祝活动。赣州、井冈山、上饶、宜春、抚州、九江、景德镇、萍乡等地分别举行各种庆祝活动。

省市党、政、军负责人在南昌市人民公园同工人和劳动人民在一起欢庆“五一”国际劳动节

2日　省革委会发出《关于积极开展夏季爱国卫生运动》的通知。通知要求各级革命委员会和爱国卫生运动委员会，大张旗鼓地做好宣传动员工作，统一指挥，统一行动，打一场除害灭病的人民战争。医疗卫生部门、机关、部队、学校要起带头作用，要恢复和整顿各级爱国卫生运动委员会组织，要建立和健全切实可行的卫生制度。

4日　共青团江西省南昌市第九次代表大会闭幕，选举产生了新的团市委。

4日　江西省妇女工作筹备小组成立，何恒任组长，邵鸣任副组长。

8日　省农林垦殖局发出关于省属国营垦殖场机构设置和非生产人员编制问题的意见，要求各场的企业非生产人员一般应控制在全场职工总数的8%左右，最多不能超过12%。职工2000以上的场，总场内设办公室、政治处、劳动工资科、计划财务科、生产科、供销科、编制为25至30人，最多不能超过40人。职工2000人以下的场内设办公室、政治处、财贸科和生产科，编制20至30人（包括劳动工资）。

11日 奥地利友好人士史密斯夫人来江西南昌、井冈山参观访问。

16日 省农业局、省财政局转发农业部、财政部《关于支援农村人民公社投资使用管理试行规定的通知》。

17日 南昌市物资局木材供应组撤销，恢复成立市木材公司，隶属市农林局领导。

18日 省劳动局发出关于分配在农建师所属农业团和国营农场、垦殖场的知识青年调入非农业单位后的工资待遇问题的补充通知。

19日 恢复成立江西省森林工业局、省木材公司，实行两块牌子一套人马的管理体制，内设秘书、人事、采育、林产工业、调度、计划财务、基建物资、机械运输等8个科。

20日 省地质局在九江召开全省地质工作会议。会议中心内容是按“富、近、浅、易”原则，积极寻找国家急需的富铁、富铜、煤磷、钾盐等矿产资源。会议于6月9日结束。

20日 自当日开始，赣南、赣中、赣北连降暴雨，锦江、修河水位急剧上涨。武宁、修水、宜丰、高安、奉新等地公路遭受严重水毁，车站进水，无法作业。经奋力抢救，才疏通道路，恢复交通。

21日 省财政厅执行财政部、商业部发出的《关于供销社利润上缴办法的通知》，江西省基层供销社上缴利润改为缴纳所得税。

21日 省农业局、省商业局召开全省麻、糖、烟集中产区座谈会，传达贯彻全国麻、糖、烟座谈会精神，总结交流全省1972年麻、糖、烟丰收经验，落实1973年生产计划和完成任务的措施。

22日 冶金部将八〇五厂年产镍200吨的建设项目列入国家计划（同年10月15日，该厂火法车间平炉、电炉工段建成。1974年6月，湿法车间工段建成投产）。

22日 井冈山铁矿破碎筛分厂采用一段破碎临时措施试车投产（25日，准轨铁路机车首次进入该厂装运成品矿石。1974年6月破碎筛分厂开始技术改造，1975年1月7日竣工投产）。

23日 省委召开电话会议，部署防洪抗灾工作。

26日 共青团南昌铁路局第一次代表大会在南昌召开。大会通过了南昌铁路局关于共青团工作的报告和《给全局共青团员、青少年的一封信》，推选出出席共青团江西省第八次代表大会的代表。出席大会的代表有461名，选举产生了共青团南昌铁路局第一届委员会。会议于31日结束。

26日 共青团赣州、宜春、井冈山地区第一次代表大会和萍乡市第十次代表大会，在赣州、宜春、吉安和萍乡市分别召开，会议选举产生了共青团赣州、宜春、井冈山地区第一届委员会和萍乡市第十届委员会，并推选出出席共青团江西省第八次代表大会的代表。

27日 轻工业部在乐平县召开全国化纤工业基本建设经验交流会，听取江西维尼纶厂经验介绍并组织到会人员参观现场。

28日 经省编制委员会批准，同意成立江西省气象科学研究所，事业编制55人，同年11月正式成立。

28日 省革委会批转省劳动局、省煤炭局《关于社队小煤窑安全生产情况和意见的报告》。社队小煤井1972年以来发生重大事故9起，死亡64人，万吨死亡率比省属矿多6倍，其中尤以瓦斯爆炸事故最为严重。要求切实加强领导，建立和健全安全制度，抓紧技术改造，严禁独眼井生产、明火照明和井下吸烟。

30日 省委作出《关于召开江西省工会第五次代表大会的决定》，省委决定本年9月召开全省工会第五次代表大会，深入进行路线教育，认真总结经验，选举产生了江西省总工会第五届委员会。出席大会的代表暂定为1500名。代表的条件是：“努力学习马克思主义、列宁主义、毛泽东思想、路线斗争觉悟高、政治历史清楚、积极参加三大革命运动，密切联系群众的工会会员或工会工作干部。”

本月 全省召开有各地（市）教育局（组）负责人，省直有关部门和高等学校负责人参加的高等学校招生工作会议，对1973年的招生工作进行了研究部署。会后，各地（市）、县普遍成立了招生工作领导小组，设立了办事机构。遵照毛主席关于“要从有实践经验的工人农民中间选拔学生，到学校学几年以后，又回到生产实践中去”的教导，1973 年高等学校招生是选拔具有两年以上实践经验的优秀工农兵入学。目前应保证具有相当于初中毕业的实际文化程度，年龄在 25 岁左右，身体健康的未婚青年。选送到进修班的工人、贫下中农、革命干部，要有 8 年以上实践经验或有发明创造者，年龄可适当放宽，婚否不限。

本月 省编制委员会批准，在全省国营企业恢复财政驻厂员制度，定事业编制 135 人。

本月 江西省水电工程团和江西省送变电工程团分别更名为“江西省火电建设公司”和“江西省送变电建设公司”。

本月 江西省电力物资供应站成立。

本月 省卫生局组织了三批医疗队，共 64 人赴湖口县开展防治工作，治疗 1400 名“湖口病”重型患者（翌年该病被控制）。

本月 省革委会成立招生工作领导小组，召开高等学校招生工作会议。招生仍采取推荐选拔办法，增加了对推荐对象以县为单位进行文化考查的措施（8 月 10 日，《人民日报》发表张铁生的信和按语后，江西取消文化考查措施）。

本月 江西省煤田地质勘探公司在南昌成立。下辖二二三、二二四、一九五、二二七、二二六 5 个勘探队，以及物测队、机修厂、实验室等单位，全公司拥有钻机 34 台。

本月 省农业局接管武口茶叶职业中学，经改组、扩大，成立江西省婺源茶叶学校。

本月 南昌市科技情报研究所成立（1975 年，成立南昌市科技干部进修学校。1979 年 9 月 21 日，南昌市委批示，成立科技干部管理局。1984 年 7 月 23 日，市政府决定：市科技干部管理局改为副县级二级局，隶属市科委领导。1979 年成立南昌市科技情报学会）。

本月 铅山县商业部门积极做好野生动物的收购工作。1973 年 1 月至 5 月份，全县已收购猴子、狗熊、山鹿、野猪、穿山甲等野生动物 2896 只（头），相当于 1972 年全年收购的总数量。

本月 省委召开落实城镇集体经济工作会议，重申发展城镇集体经济的必要性和重要性，要求整顿和恢复一部分城镇集体企业，并招回部分下放职工。

本月 江西省煤炭管理局地质处撤销，成立江西省煤田地质勘探公司。

本月 根据国发［1973］61 号文件精神，省革委会决定将全省气象系统划归地方建制。省气象局归口省革委会农村办公室。

本月 江西手扶拖拉机厂试制成功东风－12 型手扶拖拉机（1980 年全国 32 家同行业评比为优等品）。

江西手扶拖拉机厂生产的“东风－12”型手扶拖拉机

1973 6月 June

公元1973年6月							农历癸丑年【牛】						
日	一	二	三	四	五	六	日	一	二	三	四	五	六
					1 儿童节	2 初二	3 初三	4 初四	5 端午节	6 芒种	7 初七	8 初八	9 初九
10 初十	11 十一	12 十二	13 十三	14 十四	15 十五	16 十六	17 十七	18 十八	19 十九	20 二十	21 夏至	22 廿二	23 廿三
24 廿四	25 廿五	26 廿六	27 廿七	28 廿八	29 廿九	30 六月大							

1日 全省卫生工作会议在南昌召开。会议主要传达贯彻中共中央关于“批林整风”的指示，并明确指出要在江西省卫生系统开展“批林整风”运动。会议总结交流几年来执行毛泽东“六二六指示”的经验，讨论研究加强农村卫生建设等问题。省革委会文教办公室主任莫循到会讲话。会议于6日结束。

2日 省委常委第十六次办公会议决定，从工交企业更新改造资金结余中，安排721万元用于地、市、县小煤井改造。

4日 省公安局召开第二十次全省公安会议和第十次全省劳改工作会议。会议传达了第十六次全国公安会议和第七次全国劳改工作会议精神以及中央领导同志讲话，认真总结了第十九次全省公安会议以来的工作，研究部署了各项公安工作任务。会议统一了公安机关体制，省、地、市县一律设公安局，省直辖市的区设公安分局。同时提出，对调出和下放的公安干警，报请党委适当调回一批。会议于7月10日结束。

5日 省财政局转发财政部《关于加强国营工业企业成本管理工作的若干规定》和《国营工业交通企业若干费用开支办法的通知》。

6日 省委举行七届六次全委（扩大）会议，传达贯彻5月20日至31日中共中央工作会议精神和毛泽东关于搞计划要依靠地方，以省、市、自治区为主等指示。会议的议题为讨论江西出席中共十大的代表人选、进一步进行“批林整风”和本年度全省国民经济计划安排。

7日 江西省招生工作组日前分赴各地（市）、县，在当地党委领导下进行招生工作。今年我省招生的高等学校有共产主义劳动大学、江西大学、江西师范大学、江西冶金学院、江西工学院、江西医学院和江西中医学院7所学校。北京大学、清华大学等全国80多所高等学校在江西省的招生也同时进行。

8日 新干县桃溪公社城头大队最近发现距今三百多年的明墓，墓中女尸死于明万历十七年（1589）。该墓出土金钱、铜镜、铁剪、香料和丝棉织品等文物60余件。墓中两具尸体及包裹尸体的丝织品完好未腐，对研究古代防腐技术具有一定科学价值。

9日 省冶金局批准岿美山钨矿复产，日综合采选能力为1000吨，年产钨精矿860吨（1975年3月，复产计划列入1975年国家重点技改项目。1977年10月选厂建成，1978年4月正式投产）。

10日 省农林垦殖局下达1973年农垦基建计划的项目，全省建设投资额为500万元，其中泰和垦殖场重点项目60万元。

15日 省外贸局在南昌召开四个基地县出口商品生产座谈会议。高安、进贤、余江、万年四个基地县的负责人及上饶、抚州、宜春地区外贸公司和省食品公司、省粮油食品进出口公司的负责人出席会议。会议于17日结束。

17日 省委召开电话会议，号召全省各级党组织和广大干部群众，紧急动员起来，抓紧有利时机，加强早稻后期管理，做好秋季作物生产准备，夺取全年农业丰收。

19日 江西省森林工业局、省木材公司恢复成立。实行两块牌子一套人马的管理体制，内设秘书、人事、采育、林产工业、调度、计划财务、基建物资、机械运输等8个科。

20日 《江西日报》报道，自批修整风以来，全省有66000多名优秀团员加入中国共产党、49万多名先进青年加入了共青团。1962年以来，全省先后有36万多名知识青年积极响应毛主席关于"知识青年到农村去"的号召，上山下乡。全省有21000多名下乡知识青年加入共青团，1100多名下乡知识青年加入中国共产党，7300多名下乡知识青年被选入各级领导班子。

20日 共青团江西省第八次代表大会在南昌市隆重开幕。省委、省革委会、省军区以及南昌市的有关领导出席了开幕式。出席这次大会的代表共有1424名，其中工人代表占27.7%，农民代表占42%，女代表占40%。还有解放军、财贸、文教、卫生、科研、体育、机关、下乡回乡知识青年等方面的团员代表，以及红小兵辅导员、归国华侨、少数民族和所谓"可教育好的子女"中的团员代表。大会通过了《坚持上山下乡的正确方向，坚定走同工农相结合的道路——给全省共青团员、红卫兵和青年的一封信》。选举产生了中国共产主义青年团江西省第八届委员会，委员会由85名委员和14名候补委员组成，平均年龄24.3岁。女委员占41.4%，委员中工、农、兵占绝大多数。选出团省委常委15名。会议于28日结束。

20日 赣中、赣北连降暴雨。20日暴雨中心在修河中下游，21日扩展到抚河、锦河和信江中下游，22日暴雨区未动且强度加大，23日暴雨区仍在原地维持，25日暴雨东移至江西上饶、抚州两地区。由于暴雨强度大，许多地区山洪暴发，出现仅次于1954年的大洪水。全省受灾农田面积48.3万公顷，成灾面积27.4万公顷，冲垮大、中、小型水库2.1万多座，决堤553座，倒塌房屋20多万间。

24日 共青团江西省第八次代表大会通过《关于授予顾常根"模范共青团员"的决定》。顾常根同志是上海知青，1972年10月21日因公殉职。该决定号召全省共青团、红卫兵和广大青少年广泛开展向顾常根同志学习的活动，省军区政治部也号召所属部队和民兵开展向顾常根同志学习的活动。《江西日报》6月26日刊登了《想的是革命为的是人民——记江西省军区农建六团

共青团江西省第八次代表大会会场

战士、下乡知识青年顾常根同志的事迹》的文章。

24 日 埃塞俄比亚驻华大使马康南及使馆一等秘书来江西南昌参观访问。26 日结束访问。

27 日 省外贸局下达《关于外贸出口物资运输计划统一归口管理的通知》，规定自即日起，凡外贸出口物资要车计划业务，一律由省对外贸易运输公司统一管理，凭“江西省对外贸易储运处计划专用章”办理要车计划。

28 日 南昌地区连降暴雨，在下旬的几天中，雨量超过了 500 毫米，造成严重的外洪内涝。南昌县有 75.77 万亩农田受灾，占总面积的 38%；新建县受淹早稻 29.3 万亩，占总面积的 58%；进贤县有 39 万亩农田受灾，安义县被淹农田达 21.57 万亩。

29 日 《江西日报》发表题为《为造就无产阶级革命事业接班人而斗争》的社论，祝贺共青团江西省第八次代表大会圆满成功。社论说，无产阶级革命事业的接班人，必须遵循毛主席关于“青年应该把坚定正确的政治方向放在第一位”和“要搞马克思主义，不要搞修正主义；要团结，不要分裂；要光明正大，不要搞阴谋诡计”的教导，把自己锻炼成为一个马克思主义者。做无产阶级革命事业的接班人，必须坚定地走同工农相结合的道路。

30 日 省卫生局派出江西第一批援外医疗队，共 27 人赴突尼斯工作。

30 日 建国后仅次于 1954 年的第二大洪峰安全通过九江市。

30 日 1973 年上半年，全省城镇储蓄款总额比 1972 年底增长 40%。工商税收计划完成良好，1 月至 6 月份，实收税款完成年度计划的 51.7%，比 1972 年同期增长 6.4%。

本月 到目前为止，全省已医治血吸虫病患者 31 万多人。消灭钉螺面积 13 亿多平方米，完成灭螺任务近 70%。继 1958 年余江县消灭血吸虫病以后，又有婺源、德兴、上犹等 12 个县、市先后消灭了血吸虫病。其他地区的钉螺面积也大大减少，对病人普遍进行了查治。余江县人民坚持不懈地巩固血防成果，基本做到水利灌溉自流化，丝虫病基本治愈，头癣病人已治好了 90%。

余江县全县基本实现了合作医疗，消灭血吸虫病的成果得到巩固

本月 江西省生产救灾委员会成立。

本月 全省 50 个县市连降大到暴雨，1048 万亩农业作物受灾，倒房 19 万多间，受灾人口 756 万。全省组织 230 万人参加抗洪抢险。江西省革命委员会下拨救济款 930 万元、口粮贷款 300 万元、修房专款 300 万元，赈济灾民。

公元1973年7月 农历癸丑年【牛】													
日	一	二	三	四	五	六	日	一	二	三	四	五	六
1 建党节	2 初三	3 初四	4 初五	5 初六	6 初七	7 小暑	8 初九	9 初十	10 十一	11 十二	12 十三	13 十四	14 十五
15 十六	16 十七	17 十八	18 十九	19 二十	20 廿一	21 廿二	22 廿三	23 大暑	24 廿五	25 廿六	26 廿七	27 廿八	28 廿九
29 三十	30 七月小	31 初二											

2日 省工商行政管理局、省农业局发出通知，要求广泛宣传保护青蛙，严禁捕食和上市贸易。

2日 日本友好人士安斋库治来江西南昌、井冈山、萍乡等地参观访问。

3日 省农业局、省商业局联合发出通知，1973年全省绿肥种子由商业部门负责经营。

4日 江西省计委通知1973年1月1日起停止建设的株岭坳铁矿今起恢复建设。

5日 省革委会在南昌市召开全省棉花工作会议。参加会议的有各地、市委和革委会以及农业局的负责同志，有重点产棉县、部分重点产棉区的公社、大队、生产队的干部和植棉模范，共130多人。会议总结交流了经验，搞好棉田布局，坚持科学种棉，争取1973年棉花生产的更大丰收。

6日 “解放巴勒斯坦人民阵线”参观团一行12人，来南昌、井冈山、萍乡等地参观访问。活动于14日结束。

9日 省计委、省财贸办、省工交办联合发布《江西省公社、大队小煤窑管理试行办法》，在省属以上重点矿区和经过重点勘探的煤田范围内开办小煤窑时，须报地（市）革委会审查，省革委会批准。在其他地区开办小煤窑，亦需地（市）革委会批准，报省革委会备案。

9日 省高级人民法院召开全省各中级人民法院院长会议，研究法院系统正确贯彻执行中共中央的方针政策，稳、准、狠地打击阶级敌人的破坏活动；坚决打击破坏上山下乡的犯罪活动，保卫知识青年上山下乡成果的巩固和发展问题。院长柳滨发表题为《深入进行批林批孔整风，进一步加强审判工作，为巩固无产阶级专政而斗争》的讲话。会议于19日结束。

10日 江西省博物馆举办的“江西省出土

观众在参观江西省出土文物

文物展览”开始预展。展览共分为石器、铜器、铁器、陶瓷、金银玉石五个部分，以及古代绘画工艺陈列。展出了全省各地出土的文物共达2000余件。

10日　省地质局决定以区调大队为主，物探大队、九一二大队配合，进行黎圩积幅1∶50000区调试点工作。

11日　省委作出关于1973年9月召开江西省第五次妇女代表大会的决定。并决定成立江西省第五次妇女代表大会筹备小组。省委认为，召开全省妇女代表大会，建立省妇联的条件已经成熟。全省第五次妇女代表大会要总结妇女工作经验，讨论今后工作的任务，选举产生省妇联第五届委员会。决定对参会代表的条件，名额分配，代表产生的办法作出了规定。

11日　省煤炭局在萍乡矿务局召开工作会议。省革委会副主任黄先到会讲话，指出：煤矿要机械化，搞“大的”不行搞“小的”。

13日　南昌市工会第八次代表大会闭幕，选举产生了市总工会第八届委员会。

13日　南昌县岭水蒋巷一线遭受龙卷风袭击，损坏房屋1100多栋，死2人。

15日　江西有色冶炼加工厂金电解工程开始建设。11月竣工投产。

16日　省革委会办公室函复省财政局，同意将《关于没收和追回的赃款赃物应上缴国家财政的请示报告》通知各地执行。

16日　江西省委召开全省第五次妇女代表大会筹备工作会议。参加筹备会议的有省委的有关部门负责人，各地、市革委会政治部负责人，省第五次妇代会筹备小组成员及妇女工作干部共50余人。

17日　省革委会农林办公室发出《关于停止使用县以下木竹放行证的通知》，规定木竹出省放行手续由省木竹检查站办理。

18日　省革委会工交办公室召开了全省节约煤炭，节约电力会议，总结交流了全省节煤节电经验。会议要求各地区、各单位进一步加强节煤节电工作的领导，充分发动群众，为国家节约更多的煤和电，加速社会主义建设。

18日　省革委会给全省下放干部和上山下乡知识青年写慰问信，希望他们继续抓好批修整风，认真攻读马列和毛主席的书，划清正确路线与错误路线的界限，不断提高与工农相结合的自觉性。同贫下中农一道鼓足干劲，力争上游，自力更生，艰苦奋斗，为实现1975年粮食上《全国农业发展纲要》加速社会主义建设作出更大的贡献。

18日　省革委会政治部召开全省新闻报道工作会议。参加会议的有各地、市、县和重点厂矿企业政治部和宣传组的负责人，有省军区、军分区（武装部）、驻省部队报道组和工农通讯员代表，有省直属各办负责通讯报道的同志以及新闻单位的同志。会议强调切实做好三项工作：（一）在党委统一领导下，进一步贯彻执行全党办报，群众办报和“努力办好广播”的方针；（二）批修整风为纲，加强新闻报道人员的思想建设，组织建设和业务建设，培养又红又专的新闻队伍；（三）认真改进文风，进一步发扬无产阶级的革命文风。

省军区通讯站修理所的女战士们在认真检修线路

20日　省革委会发布《关于春节前后深入开展爱国卫生运动》的通知。通知说，各级革命委员会要进一步落实毛主席关于“动员起来，讲究卫生，减少疾病，提高健康水平”的指示，掀起除害灭病为主要内容的爱国卫生运动。各级革委会要加强领导，认真布置、检查、抓好典型，总结经验，建立和健全各级卫生防疫机构，推动爱国卫生运动不断深入发展。医疗卫生部门要发扬全心全意为人民服务的精神，切实做好防病治病的工作。

21日　为进一步落实毛主席教育革命的指示：“大学还是要办的，我这里主要说的是理工科大学还要办，但学制要缩短，教育要革命，要无产阶级政治挂帅，走上海机床厂从工人中培养技术人员的道路。要从有实践经验的工人农民中间选拔学生，到学校学几年以后，又回到生产实践中去”。江西省和南昌市召开纪念毛主席“七二一”指示发表五周年座谈会。

24 日 省外贸局决定将对外贸易包装材料原实行的“统一计划、统一管理”的经济方法，改为“统一计划、分级管理”，并制定《包装材料管理暂行办法》，对经营范围、计划管理、作价原则、包装材料回收和包装装潢等问题作了明确的规定。

24 日 江西交通邮政局改为江西省交通局，邮政划出，另立机构。

27 日 省革委会发出《关于庆祝中国人民解放军四十六周年的通知》。通知要求遵照关于“全国学人民解放军”的指示，深入开展向解放军学习的活动。

28 日 南昌市妇联第七次代表大会闭幕，选举产生了市妇联第七届委员会。

30 日 省委召开电话会议，号召全省各级党组织和广大干部、群众、高举党的“九大”团结胜利的旗帜，抓紧时机，集中力量，团结战斗，坚决完成和超额完成 1973 年的农业生产任务。

31 日 江西省工会第五次代表大会在南昌隆重召开。出席会议的代表共有 1501 名，会议讨论通过大会选举产生了江西省总工会第五届委员会。由 107 名委员和 9 名候补委员组成。第一次全体会议和省委批准省总工会常委 23 名，李华封为主任。会议于 8 月 5 日结束。

江西省工会第五次代表大会会场

31 日 省委、省革委会最近在南昌召开全省农林垦殖工作会议。出席会议的为有关单位负责人共 579 人。会议要求：（一）各级党委要把批修整风头等大事抓紧好；（二）要遵照毛主席关于“农、林、牧三者互相依赖，缺一不可，要把三者放在同等地位”的指示正确认识和处理好农、林关系，发展和保护森林资源；（三）国营垦殖场、农场要以党的基本路线为纲，深入开展“农业学大寨”的群众运动，大办农业，大办粮食，做到以粮为纲，农、林、牧、副、渔、工全面发展；（四）必须贯彻执行“以营林为基础，采青结合，造管并举”的林业建设方针；（五）必须加强山林保护管理。省、地、市、县要迅速建立、健全防火机构和制度，要充分利用和节约森林资源。

本月 都昌、南昌、丰城、分宜、湖口等县先后发生 6 起翻沉船事故，共淹死 53 人。

本月 江西第一部气象纪录影片《风云前哨》，由江西新闻电影制片厂在江西瑞金县拍摄完毕。

本月 江西省水产科学研究所恢复，所址在南昌市叶楼。

本月 省计委、省外贸局联合发出《关于地方外汇分配部分给地、市使用的通知》，规定将中央拨给江西的对资外汇，提取 20% 分给地、市使用。并规定此项外汇主要用于农业生产（如进口化肥、农药），进口工业生产急需的扶助出口商品生产的国内尚短缺或供应不足的原料和关键性设备，以及国内尚不能生产的配件。

本月 向全省劳动劳教系统干警、工人、武装战士传达第十六次全国公安会议精神，宣读周恩来总理指示和毛泽东主席批示《关于一律废除法西斯式的审查方式》的重要文件。

本月 省政府规定省建工局主要职责范围：负责局直属建安企业的施工管理和对县以上建安企业的业务指导，负责全省建材工业生产基建管理，负责全省城市建设的工作管理。

公元1973年8月							农历癸丑年【牛】						
日	一	二	三	四	五	六	日	一	二	三	四	五	六
			1 建军节	2 初四	3 初五	4 初六	5 初七	6 初八	7 初九	8 立秋	9 十一	10 十二	11 十三
12 十四	13 十五	14 十六	15 十七	16 十八	17 十九	18 二十	19 廿一	20 廿二	21 廿三	22 廿四	23 处暑	24 廿六	25 廿七
26 廿八	27 廿九	28 八月小	29 初二	30 初三	31 初四								

4日　萍乡矿务局郭清泗、潘世告出席中共十大，潘世告再次当选为中央委员。

4日　省委在南昌市召开了全省共大教育工作会议，参加会议的有省文办、省计委、省农办，以及省农垦局、农业局的负责人，地区（市）农办负责人和教育组（局）长，共大总校负责人和各分校负责人共150余人。会议认为，共大必须加快教育革命的斗、批、改步伐，全面贯彻执行毛主席给共大的指示信，认真办好共大。会议期间，与会同志参观了共大总校校史展览馆，和共大总校师生一起纪念毛主席给共大指示信12周年和参加共大建校15周年的庆祝活动。

5日　省文教办公室文化组在庐山召开江西省文艺创作座谈会。

7日　省革委会财贸办公室转发江西省人民银行关于《江西省现金管理试行办法》的通知。

8日　南昌市首次开展人工降雨试验。

9日　景德镇瓷器展览在南昌工艺美术馆开展。展出品种3000余种。

10日　省革委会批转省革委会政治部、计划委员会、文教办公室《关于一九七三年高等学校毕业生分配问题的报告》，分配原则为面向农村，面向基层，加强基层单位的技术力量。行政机关原则上不分配；一般返回原选送地区、单位，适当照顾非选送部门的需要；学用一致，尽量做到专业对口。

13日　南昌市委工作组进驻江西化学纤维厂，试行恢复党委领导下的厂长负责制。

14日　《江西日报》发表评论员文章《满腔热情做好上山下乡知识青年工作》。文章说，本报发表的进贤县南台公社做好上山下乡知青工作的调查报告值得一读。这个公社先后接受了95名城市知青，来农村安家落户。南台公社党委和贫下中农切实帮助下乡知青解决生活上的各项具体问题。如安置地点、住房、生活自给、医疗和体弱多病问题，文艺体育活动问题以及同工同酬、口粮、食油问题，如何对待后进知青问题。使知识青年自食其力、安心农村干革命，巩固和发展了知识青年上山下乡的成果。

15日　上饶和井冈山地区先后召开妇女代表大会，成立上饶地区妇女联合会和井冈山地区妇女联合会。至此，全省9个地、市都召开了妇女代表大会。

18日 南昌市革委会办公室通知成立南昌市业余教育委员会。

21日 省体委决定在江西省体育工作大队组建羽毛球、跳水、武术、举重4个项目队。

24日 省委在南昌市召开全省知识青年上山下乡工作会议。出席会议的有各地、市、县委，省军分区、警备区、农建师，驻省部队，省直各部、委、办和有关局的负责人以及专做知识青年上山下乡工作的同志，上海市工作组的同志，贫下中农代表和知识青年代表，共388人。会议以批林整风为纲，以毛主席关于知识青年上山下乡的指示为指针。进一步做好知青工作，切实解决党对知青的领导，加强对知青的培养教育，落实对知青的各项政策，坚决打击迫害，摧残知青的犯罪分子等问题。全省36万多名知识青年，已经有1821人加入中国共产党，31431人加入共青团，11808人选进各级领导班子。还有许多知青担任了赤脚医生、赤脚教师、农业技术员、农机手等各项工作。

25日 南昌铁路局公布实施《南昌铁路局技术档案管理暂行办法》。

25日 省计委、省农办、省财办联合发出《关于收购农副产品实行统一奖售办法的通知》，规定奖售品种共有105种，其中外贸负责奖售的有26种。

25日 省计委、省农林办公室、省财贸办公室发出通知，规定从9月1日起，商业部门收购生猪实行分等奖售。一等奖稻谷40公斤，棉布2市尺；二、三等奖稻谷25公斤，棉布2市尺，菜牛每头奖化肥15公斤。国营农垦场、部队、机关、学校交售生猪不奖售棉布。

27日 江西省第五次妇女代表大会在南昌召开。出席大会的代表有1400多人，其中工农劳动妇女占大多数。大会期间，有31个先进集体和个人在大会介绍经验或作书面发言。大会号召全省各条战线的广大妇女，紧紧团结在以毛主席为首的党中央周围，遵照党的十大确定的政治路线，为完成十大提出的各项战斗任务而奋斗。大会选举产生了江西省妇联第五届委员会。樊孝菊当选为主任。大会于9月1日结束。

江西省第五次妇女代表大会会场

31日 由国家投资建设的江西第二化肥厂是一个生产合成氨和尿素的中型化肥厂。从今年4月中旬至8月的4个半月中，已挖土1万余方，安装各种设备83台，铺设工艺管道8300多米，制作、安装金属构件163吨。今年1月至8月份完成的投资额相当于1968年至1972年这五年内所完成的国家投资的一半。

兴建中的江西第二化肥厂

本月 南昌市水灾严重，271 条圩堤决口，127 万亩稻田被淹，33562 间民房被冲垮。

本月 南昌市各影院均装了宽银幕，放映《劳动家庭》、《卖花姑娘》等朝鲜影片。

本月 省煤炭地质勘探公司组织花鼓山湛溪会战，有二二三队及二二四队一工区（共 8 台钻机）以及一个电法队、一个地震队参加。会战面积 500 平方公里（会战历时 10 个月，于 1974 年 6 月结束。后由二二四队继续勘探，探明炼焦煤储量 1306 万吨）。

本月 省革委会通知，日后全省农机分配、使用管理、技术培训由省农业局负责。12 月，成立省农业局农业机械管理组。

本月 南昌市畜牧兽医站成立，科站合署办公。经江西省科技组鉴定定型，“跃进 - 59”型水稻插秧机更名为“赣 - 74”型机动水稻插秧机。

本月 江西省建筑标准设计办公室成立，挂靠省建筑设计院。其业务由省建设厅科教处领导。

本月 江西机床厂自行设计试制成功 C6127A 型车床，通过省级鉴定，为机械部定点出口产品。

公元1973年9月							农历癸丑年【牛】						
日	一	二	三	四	五	六	日	一	二	三	四	五	六
						1 初五	2 初六	3 初七	4 初八	5 初九	6 初十	7 十一	8 白露
9 十三	10 十四	11 中秋节	12 十六	13 十七	14 十八	15 十九	16 二十	17 廿一	18 廿二	19 廿三	20 廿四	21 廿五	22 廿六
23 秋分	24 廿八	25 廿九	26 九月大	27 初二	28 初三	29 初四	30 初五						

3日 省委批准成立省冶金局委员会。党委会由朱廼锦、王哲生、金瑞藻、白玉民、刘凯、李景贵、肖存诚7人组成。朱廼锦任书记，王哲生任副书记。

6日 省委召开三届七次全委扩大会。出席会议的有省委委员、候补委员，各地、市、县委主要负责人、省军区、人武部和驻省部队团以上单位的主要负责人，省直机关各部门负责人和本省出席党的十大的代表。到会同志愤怒声讨林彪反党集团的反革命罪行，坚决拥护中共中央决议：永远开除资产阶级野心家、阴谋家、反革命两面派、叛徒、卖国贼林彪的党籍；永远开除陈伯达的党籍，撤销其党内外一切职务。到会同志认真学习了十大总结的我党十次路线斗争的基本经验，认真学习十大文件，坚决贯彻十大路线，号召全省军民紧密团结在以毛主席为首的党中央周围，努力完成十大提出的各项战斗任务。

7日 轻工业部在西安召开1973年纺织器材座谈会。会上，江西代表提出，凡是各省市需要纺织用梭，江西负责供应。会议于19日结束。

10日 江西省委发出关于认真学习党的十大文件的通知，要求各级党委把传达、学习、贯彻党的十大文件作为党的中心工作来抓，迅速掀起一个认真学习十大文件的高潮。通知说，中共十大的召开，是全党、全军、全国人民政治生活中的大喜事。十大通过的各项文件，是极其重要的马克思列宁主义文献，是全党、全军、全国人民的战斗纲领。通知要求，各级党委要对学习作出全面部署，动员一切宣传力量，推动十大文件学习活动的深入发展。要继续把“批林整风”放在首位，要加强党的建设，以实际行动响应党的十大的号召，完成党的十大提出的各项任务。

11日 全国蜜蜂育种训练班在南昌蚕桑示范场内的养蜂所举行。

11日 省革委会政治部通知各地、市、县，关于1966年至1970年五届大专院校毕业生的转正定级工作，需经民主鉴定和群众评议，单位提出意见，报经县以上组织部门批准。定级原则是按目前从事工作的工资标准评定工资。

13日 邓小平登井冈山，参观游览革命旧址。于17日离开井冈山。

14日 1973年全国少年体操比赛在南昌市

省体育馆举行。省委、省革委会、省军区、驻省部队和南昌市委、市革委、南昌警备区的负责人出席开幕式。比赛项目有男子自由体操、鞍马、单杠、双杠、吊环、纵跳马和女子自由体操、高低杠、平衡木、跳马 10 个项目。经过 10 天 14 场竞赛，广东男队和吉林女队分别获男、女团体总分第一名，江西林震球在自由体操、单杠、跳马三项比赛中分别获得并列第二名、2 个第三名。运动会于 23 日结束。

全国少年体操比赛在省体育馆隆重开幕

16 日 全省农村广播网有很大发展，绝大部分公社建立了放大站。广播喇叭有 300 余万只，94% 的生产队通了广播，67% 的农户装上了喇叭。

17 日 由黄班率领的柬埔寨乒乓球代表团一行 11 人来江西南昌、庐山等地访问比赛。比赛于 20 日结束。

18 日 省文教办公室文化组在南昌市举办全省音乐舞蹈表演大会。表演大会于 15 日结束。

舞蹈《不尽栋梁出山来》演出剧照

22 日 截至当日，全省商品木材已完成全年计划 93%，比上年同期增长 13%；上调木材已完成全年计划的 77%，比上年同期增长 14%。赣州地区已完成全年木材上调任务，抚州地区已完成全年毛竹上调任务，崇义、大余、定南、全南、龙南、安远、信丰、赣县、宁都、于都、石城、广昌、会昌、永新、安福、遂川、永丰、吉水、峡江、新干、宁冈、万安、南城、婺源、横峰、万载、宜丰等县和井冈山已提前超额完成 1973 年木材上调计划。胶合板和纤维板已基本完成全年计划，松香生产比上年同期增长 15%。

23 日 省计委决定杨桥矿区、皇化一井、大桥南斜井缓建，集中力量确保英岗岭矿区桥头一井年内建成投产。

24 日 省革委会批准江西省地质局《关于收回下放干部安排工作报告》。并通知各地、市、县直接介绍到地质局分配的单位报到。

27 日 东乡铜矿于 1967 年 8 月动工兴建的日产 2000 吨选厂竣工试生产（10 月日产 250 吨小选厂终止生产）。

27 日 国家计委批准永铜日采矿石 1 万吨规模设计任务书（1978 年改为 1.5 万吨，1981 年再改为 1 万吨）。

27 日 省农林垦殖局、省财政局转发财政部颁发《国营农牧企业财务管理若干问题的试行规定》。其中规定固定资产折旧和报废的变价收入，作为更新改造基金，原则上留给农牧企业，主管部门也可以集中一部分在所属企业之间调剂使用，但最多不要超过 30%。

29 日 省文教办公室通知：上海铁道学院改名为华东交通大学，由上海迁入江西，在新建县蛟桥公社林场马鞍山生产队新建校舍（1974 年在江西省南昌市北郊动工建校。1975 年 10 月首次招收工业与民用建筑专业大学生，1979 年 9 月招收本科生。1990 年设 4 系（建筑工程、机械工程、电气工程、经济管理），2 部（基础课部、社会科学部），3 室（力学研究、热加工研究、高教研究），1 所（设计事务所），15 个专业。全校共有教职员 985 人，有教授、副教授 67 人，在校本、专科生 2337 人。建校以来，向社会输送毕业生 3171 名）。

30 日 据统计，省革委会批准恢复税务机构后，全省恢复的各级税务机构已有 724 个，实有人员 5170 人。

本月 南昌青云路水厂水质严重恶化，水中检出氰化物、有机物等有害物质，这是由于十几家工厂污水长期排放到水厂取水口附近 100 米范围内而引起的。

本月 新余钢铁厂第二烧结车间 2×24 平方米铁矿烧结机动工兴建（1977 年 8 月 1 日第 1 台烧结机建成投产，形成年烧结能力 24 万吨。第 2 台烧结机于 1984 年 4 月 17 日建成投产）。

本月 省革委会在清江县召开全省农业科学技术工作会议。传达、学习中共中央 16 号文件；总结交流贯彻“农业八字宪法”与发展农业科学技术工作经验；讨论明年农业丰收和 1975 年全省粮食上《全国农业发展纲要》的主要措施。

本月 南昌市水泥压力管厂利用省建筑公司原有三阶段预应力管的管模及离心机，自制 5 吨 8 米跨行车吊，在露天试制出当时国内最大内径（950 毫米）硅酸盐自应力水泥压力管。

本月 江西省洪门水电厂技术员汪天喜等总结的“Q 型转轮水边削薄消除转轮共振的经验”，在湖南省水府庙水电站举行的 Q 型转轮改型会议上得到肯定并向全国推广。

公元1973年10月							农历癸丑年【牛】						
日	一	二	三	四	五	六	日	一	二	三	四	五	六
	1 国庆节	**2** 初七	**3** 初八	**4** 重阳节	**5** 初十	**6** 十一	**7** 十二	**8** 寒露	**9** 十四	**10** 十五	**11** 十六	**12** 十七	**13** 十八
14 十九	**15** 二十	**16** 廿一	**17** 廿二	**18** 廿三	**19** 廿四	**20** 廿五	**21** 廿六	**22** 廿七	**23** 霜降	**24** 廿九	**25** 三十	**26** 十月大	**27** 初二
28 初三	**29** 初四	**30** 初五	**31** 初六										

1日　1971年12月基本完成的英岗岭支线（现改为张建线）6月竣工，由南昌铁路局接管，当日正式交付运营。该线全长34.90公里（现为34.819公里），线路等级Ⅰ级（该铁路由铁道部第四勘测设计院于1968年进行勘测设计，采取边设计、边施工的方法，由英岗岭铁路修建指挥部承担施工任务。1969年3月开工，1970年6月路基及桥涵完工）。

1日　《江西中国画、连环画、版画、摄影作品展览》在南昌江西革命历史展览馆开幕。展览会共展出了266件作品（360幅），其中中国画95件，连环画13套（107幅），版画95件，摄影作品63件，是从全省各地、市、省军区、省直有关部门推荐的1000多件作品中挑选出来的。其中工农兵业余作者以及青年作者的作品占70%以上。这些作品主要反映井冈山、安源、共大、血防、知识青年上山下乡、工业学大庆、农业学大寨等题材。此次展览共接待观众10万人。展览于11月15日结束。

5日　YS9－3型荧光数码管在江西南昌电子管厂投产。

8日　省革委会批转省二轻局革委会《关于当前我省手工业情况和今后意见的报告》，对管理体制、产供销问题、技术改造等作了具体规定。

9日　省革委会发出通知要求各地对农村粮食定销进行整顿，压缩农村定销粮食5000万到5750万公斤贸易粮，并重新限定定销范围。

11日　省革委会发出《关于重申反对铺张浪费的通知》。

16日　《景德镇瓷器展览》在北京展出。这次送展的作品共3000多件，600多个品件。其中有各式成套的餐具、茶具、酒具、文具和碗、盘、杯、碟等日用瓷，也有各种花瓶、台灯、瓷器、雕塑、大瓷瓶、大瓷缸、大瓷板画等陈设瓷。这些产品是景德镇陶瓷美术

景德镇雕塑瓷厂李恭坤的瓷雕作品——《赤脚医生——试针》

景德镇雕塑瓷厂创作的组雕——《陈胜吴广》

工作者、老艺人和设计人员深入工厂、农村通过参加三大革命运动实践创作出来的。其中有著名艺人王锡良绘制的以井冈山为题材的瓷板画，釉下五彩瓷瓶，薄胎瓷盘等佳作。以及青年工人的雕塑作品：《郑成功》、《赤脚医生——试针》、全镂雕龙船、花篮等特种瓷雕作品。

24日 省农林垦殖局安排云山、黄岗山、大茅山、八一等山区垦殖场用材林计划1万亩，抚育面积2万亩，育苗100亩。各垦殖场讲究科学种树，保证质量，建立档案和质量验收制度，切实做到造一片、管一片、成一片。

26日 省委举办的第一期工农兵干部学习班于昨日开学。今天上午举行开学典礼。参加第一期学习班的有省委委员、省革委委员、省工会、共青团、妇联的委员，省直各局和大专院校革委会中的工农干部、军队干部共53人，其中女学员15名。省委书记陈昌奉，省委常委、省军区政委张志勇等领导参加了开学典礼。这期学习班为期三个月。主要是学习“十大”文件，结合选学马列、毛主席有关著作。

28日 江西冶金学院教师编写出《重力选矿》新教材。这本新教材是教师、工人、技术人员组成“三结合”的编写小组编成的。体现了理论联系实际的原则，便于工农兵学生在实践的基础上着重向理论方面学习，培养分析问题和解决问题的能力，具有实践性、科学性、先进性。

29日 在江苏连云港举行的1973年全国举重比赛中，江西省轻重量级运动员刘一武抓举110公斤，挺举145公斤，获得第6名。打破了抓举100公斤和挺举130公斤全省最高纪录，并以255公斤总成绩，打破了这级230公斤全国最高纪录。我省重量级运动吴富林在抓举112.5公斤和挺举145公斤，获得第6名，打破了重量级抓举90公斤和挺举125公斤全省最高纪录。这一成绩把全省纪录提高了42.5公斤。

本月 新余县“罗坊会议纪念馆”动工兴建。该馆建筑面积1800平方米，于1976年9月竣工。纪念馆是2幢具有民族风格的四合院，设有6个陈列室和参观接待室、阅览室等。由渝水区罗坊公社建筑公司承建，新余县基建局设计室设计。

建成后的罗坊会议纪念馆

本月 水利电力部革委会副主任钱正英到柘林水电厂视察水库大坝。

本月 南昌市财政局、市税务局、市交通局、市人民银行发出《关于实行统一使用陆地运输专用发票和统一结算收费的联合通知》。

本月 省军区举办射击、投弹、超越障碍3项军事竞赛运动会。解放军某部、江西省军区独立团、上饶军分区代表队分别获得团体总分第一、二、三名。解放军某部代表队破福州军区第四届运动会纪录。

本月 江西光学仪器总厂研制成功1204中型反光摄影机通过部级鉴定，达到国内先进水平。

本月 根据国家统计局的统一规定，省统计局首次建立县、市农业生产卡片年报制度。

本月 南昌市自行设计的大型自来水厂——朝阳水厂第一期工程破土动工（1977年7月15日建成投产，规模日供水10万吨）。

南昌市自来水厂

1973 11月 November

公元1973年11月 农历癸丑年【牛】													
日	一	二	三	四	五	六	日	一	二	三	四	五	六
				1 初七	2 初八	3 初九	4 初十	5 十一	6 十二	7 立冬	8 十四	9 十五	10 十六
11 十七	12 十八	13 十九	14 二十	15 廿一	16 廿二	17 廿三	18 廿四	19 廿五	20 廿六	21 廿七	22 小雪	23 廿九	24 三十
25 十一月小	26 初二	27 初三	28 初四	29 初五	30 初六								

1日　省妇联发出做好知识青年上山下乡的动员和安置工作的意见。

3日　省对外贸易局制定印发《江西省对外贸易企业财务管理办法（试行方案）》。规定从1973年底全省外贸企业的财务逐步收归省外贸局统一管理，外贸企业（包括外贸加工厂）的盈亏列入中央财政预算，并实行定额管理。

4日　1973年全国篮球赛联赛第二阶段（南昌赛区）比赛举行，总共进行了132场比赛，观众约60万人次。运动会于17日结束。

6日　省革委会在南昌召开全省环境保护会议，传达全国环境保护会议精神。省、地、市、县各有关方面的负责人共2500人参加了会议，这是全省第一次环境保护大会。

6日　东乡铜矿与南昌有色设计院开始治理矿山井下废水及废石英钟堆的“流态化置换——碱渣回流中和工艺试验研究”。该研究于1979年通过鉴定。

7日　以金明旭为团长的朝鲜社会安全部“鸭绿江”女子篮球队一行17人，昨日抵达南昌，在昌访问并进行比赛。江西省革委会公安局举行欢迎宴会。

8日　省计划委员会批准抚州地区用自筹资金兴建抚州磷肥厂。规模为年产1万吨硫酸、3万吨普钙。厂址设在抚州市附近汤寒山。

9日　朝鲜“鸭绿江”女子篮球队在南昌与江西女子篮球队进行友谊比赛。比赛于10日结束。

10日　省、市共青团委，省、市知识青年上山下乡安置办公室和南昌市教育局联合组织了“省、市上山下乡知识青年报告团”，深入南昌市有关学校、机关、工厂企业和南昌、新建县及湾里管理区进行巡回报告，交流经验。参加省、市上山下乡知识青年报告团的有坚决下乡插队的应届中学毕业生，有在与工农相结合道路上作出成绩的知识青年，有带头送子女务农的领导干部和家长，有农村人民公社党委负责人，共13人。一个多月来，报告团先后进行了15场报告，参加听报告的人数达到1.6万多人。

12日　水电部在九江市召开全国中小型水库安全座谈会，有25个省、市、自治区和有关单位共168人参加。会议由钱正英部长主持，总结中小型水库建设和安全渡汛经验，研究制定防止水库垮坝的具体措施，并部署来年防汛工作。会议期间组织参观了暴雨区安全渡汛的奉新县罗塘公社100多座塘库和发生多处垮坝的高安县祥符公社两个典型。

12日 瑞典出口协会技术交流协会代表团一行15人来南昌、西华山钨矿参观访问。访问活动于16日结束。

13日 原设在农建师九团辖区的北大“五七”干校和清华实验农场归还农建师九团（今五星垦殖场）。

14日 英国驻华大使艾惕思抵赣游览南昌、景德镇等地。

16日 省委批转文教办公室党委《关于共大领导管理体制的意见》。

20日 省革委会在丰城县召开全省农林垦殖工作会议，着重讨论研究《江西省一九七四年～一九八〇年林业上〈纲要〉的规划（草案）》和部署1974年林业工作任务。会议于30日结束。

21日 江西省国营大茅山综合垦殖场恢复。

22日 《人民日报》发表江西莲花县回乡老红军甘祖昌给知识青年的信《让艰苦奋斗的革命精神代代相传》。甘祖昌希望青年们发扬艰苦奋斗的革命传统，为建设社会主义新农村作出更大贡献。

23日 省军区召开全省民兵工作会议。参加这次会议的有各军分区、南昌警备区、景德镇市、萍乡市人武部和各县（市）人武部的负责人以及部分民兵工作先进单位的代表，驻省各部队、农建师等单位也派出代表参加了会议。与会同志分析了当前民兵工作形势，总结交流了经验，并决心贯彻党的十大精神，在党的一元化领导下，切实搞好民兵建设。

25日 省、市10万军民集会，欢送1973年首批1600多名知识青年上山下乡，省委书记白栋材、文道宏、黄知真、陈昌奉和省市党政、军其他负责同志出席大会。

省、市军民热烈欢送1973年首批上山下乡知识青年大会

27日 省革委会在萍乡召开全省煤炭工作会议，安排1974年工作，省委书记余积德、白栋材到会讲话，要求各行各业大力支援煤炭工业。煤矿所缺劳动力由省劳动局解决；企业亏损由省财政局核实后给予补贴；猪肉按地面职工每人每月1斤、井下工人2斤、采掘工人3斤标准供应。

29日 江西省文教办公室文化组在横峰县召开群众文化工作会议。会议于12月3日结束。

30日 截至本月，全省当年城镇储蓄总额比1972年年底增长19.3%，完成全年计划的124.7%；农村存款比1972年同期增长8.2%。

本月 省商业局在遂川县召开了全省饮食服务工作经验交流会。参加会议的除各地、市、县商业部门有关负责人外，还有饮食、旅社、理发、照相等行业的职工代表。会议传达了全国饮食服务工作经验交流会议的精神，讨论了进一步改善服务态度，提高服务质量，以遂川饭店为榜样，把服务质量做得更好等问题。会议强调要全心全意为人民服务，要把我省的饮食服务提高到一个新水平。

本月　省煤炭局在给燃料化学工业部《关于江西省煤炭工业生产建设几个问题的请示报告》中，总结矿井生产能力利用情况，全省省属以上煤矿的30对矿井，设计能力649万吨，利用率已达94.4%，其中1969年以前投产的20对矿井，设计能力477万吨，利用率高达116.1%。

本月　省农业局在清江县召开全省农业局长、农科所长会议。针对当时农业生产上瞎指挥、一刀切等问题，研究正确执行“农业八字宪法”，实行科学种田。

本月　南昌市立邮政路小学被评为全国体育传统项目先进学校。

1973 12月 December

公元1973年12月 农历癸丑年【牛】													
日	一	二	三	四	五	六	日	一	二	三	四	五	六
						1 初七	2 初八	3 初九	4 初十	5 十一	6 十二	7 大雪	8 十四
9 十五	10 十六	11 十七	12 十八	13 十九	14 二十	15 廿一	16 廿二	17 廿三	18 廿四	19 廿五	20 廿六	21 廿七	22 冬至
23 廿九	24 十二月大	25 初二	26 初三	27 初四	28 初五	29 初六	30 初七	31 腊八节					

1日 江西省建设银行转发总行《关于进一步加强基建拨款监督工作的通知》。

3日 邓小平到江西盐矿的采区和生产车间视察。12日邓小平、卓琳到瑞金县塑料厂视察。

5日 江西造船厂试制成功全省第一艘吸扬式挖泥船。挖泥船主要用于内河航道的疏浚。

7日 共青团江西省委召开常委扩大会议，研究和部署在全省青少年中深入进行党的基本路线教育的问题。参加会议的有各地、市、团委书记，部分县（市）厂矿，学校的团委书记。会议提出，根据省委指示，要在全省青少年中进行反对和抵制"资产阶级思想"的腐蚀，批判"修正主义"，批判"资产阶级世界观"的教育。并提出了相应的措施和要求：（一）深入学习党的十大文件，"狠抓阶级斗争和路线斗争教育"。（二）坚持正面教育，严格区分两类不同性质的矛盾。（三）各级团委要积极配合有关部门做好知识青年上山下乡工作。（四）搞好学校、家庭、社会三结合的教育工作。

8日 省交通局、省农林垦殖局联合发出《关于加速公路绿化的通知》。

10日 省煤炭工业局、省农林垦殖局发出《关于积极发展矿区造林的联合通知》。

12日 经省编制委员会批准，恢复省劳改局农业科学研究所。

13日 省财政局发出贯彻国务院、中央军委《关于严格控制社会集团购买力，制止年终突击花钱的通知》，要求对29种禁购商品，一定要坚持审批手续，未经批准应拒绝拨款。

13日 中国籍美国专家艾泼斯坦和夫人来江西南昌、井冈山参观访问。

14日 省委常委扩大会议，决定抽调1/3

萍乡矿务局安源矿采煤二区党支部在总平巷向工人进行传统教育

的干部深入农村、厂矿基层蹲点调查，协助各地贯彻落实“十大”精神，抓好党的基本路线教育。省直机关抽调的1013名干部，其中省常委5人，省委，省革委各部、委、办、局的负责同志64人，已于日前分别出发到各地。

15日　省委在丰城县召开全省农林垦殖工作会议，会议传达了全国造林工作会议精神，着重讨论了实现全省林业上《纲要》的问题。会议要求：（一）各级必须在春节前完成造林任务；（二）努力提高造林质量；“四旁”植树，特别是公路铁路两旁；（三）提倡村村队队育苗，培育良种壮苗。

15日　截至中旬，已有江西氨厂、江西棉纺织印染厂、南昌卷烟厂、南昌水泥厂、长江机械厂、江西国药厂、南昌肉类加工厂、南昌衡器厂、南昌罐头啤酒厂、江西汽车附件一厂、江西电机厂等114个单位提前完成了1973年的国家计划。江西拖拉机厂产量比1972年增长22.81%，1973年全省发电量提前八天完成全年发电计划，节约用电1.3亿万度。全省医药提前10天完成国家计划，比1967年增长80倍。并且研制成功新诺明、血肪宁、制霉菌素、病素灵等原料药新品种，到目前为止，我省已能生产抗菌素、磺胺、解热、维生素及地方病药等五大类原料。

15日　截至本月中旬，全省公路完成国家规定标准优良等路面8816公里，为年计划的110%，比1972年增长23%；新建、改建永久性桥梁6163米，为年计划的216%；修建渣油路面完成年计划的107%；新建干线公路83公里；新植路树194万株。

17日　全省农业科技工作会议在清江县召开。会议总结交流了全省贯彻农业“八字宪法”，发展农业科学技术的经验。当前，全省有干部、群众、技术人员“三结合”的农业科研组10.6万多个，参加科研组织的40多万人，基本形成了县、社、大队、生产队的科学实验网。会议还讨论了争取1975年实现全省粮食亩产上《全国农业发展纲要》的主要技术措施。

22日　省革委会文教办公室在横峰县召开全省群众文化工作会议。会议要求全省各级文化工作组织和文化工作者，“要在党的一元化领导下”，“以党的基本路线为纲”，进一步开展群众文化活动，用革命文艺更牢固地占领城乡思想文化阵地。

25日　省革委会通知，原由省革委会办公室办理的控制社会集团购买力的工作，自通知下达之日起授权省财政局负责办理。

25日　省外贸局印发《江西省外贸商品业务经营分工试行办法》，规定除援外物资、进口原料加工的成品和粮、油等商品仍由省公司经营外，其余商品原则上一律下放给地（市）公司经营，并对对外贸易商品业务经营分工作了具体规定。

26日　九江长江大桥开工，铁路桥长7675米，公路桥长4460米（由铁道部第四勘测设计院于1959年3月组织勘察，大桥局进行勘测设计，大桥局第二、第五工程处承建）。

28日　江西油嘴油泵厂建成投产。第一机械工业部发来贺电，热烈祝贺该厂按期建成投产（该厂于1968年开始兴建，一度被迫停建。1972年11月开始续建，在续建过程中，先后造出外圆磨床，高速风动磨头，冷拉机等专机100余台，为国家节约了投资）。

31日　江西氨厂由国家燃化部投资810万元进行技术改造，整个工程项目由该厂自行设计、自行施工，于近日竣工。第一次破合成氨设计能力，列全国十二个同类型合成氨企业之榜首，各项经济指标居全国先进水平。

本月　浙赣线江西境内第一个双线区间—彬江至下浦和浙赣线第一座隧道—青山隧道工程破土动工（1978年2月1日正式通车），由福州勘测设计队设计，漳平第二工程段施工。

本月　由国家外贸部筹备组并经省革委会同意赴日本举办“中国景德镇瓷器展览”。这是解放后第一次以江西历史名城景德镇的名义在国外举办的专业性展览会。

本月　清江县樟树镇司前街发生火灾，烧毁了3条街道，共180间房屋，受灾119户，损失34万元。

本年 南昌铁路局先后派出140名职工援建坦（桑尼亚）赞（比亚）铁路。

本年 全省有6地3市72个县（市、镇）恢复了科技管理机构。

本年 萍乡市农业科学研究所在国内率先选育出第一个野败不育系“珍籼9A”，并侧配出当时优势最大的组合“汕优二号”。之后，全省各地选育成功不育系和恢复系配制的十多个组合。

本年 省革委会文教办公室科技组编制了《江西省一九七三年至一九八〇年科学技术发展规划（初稿）》。

本年 黄洋界汽车厂（今南昌客车厂）试制成NK649型公共汽车，成为全省第一个公交车辆专业装配厂。

本年 南昌、九江、庐山、景德镇、井冈山、鹰潭等地相继恢复或成立国际旅行支社或中国旅行社。

本年 省商业局决定，全省医药商业的财务统一由省医药公司核算。

本年 江西省印度支那难民安置工作交民政部门管理。

本年 江西省工业卫生研究所与中国医学科学院日坛医院合作，在国内首创放射自显影，用于肝癌早期诊断。

本年 江西省首台黑白电视投影机在江西无线电器材厂研制成功。

本年 万平无线电器材厂首次出口薄膜介质可变电容器19.4万只，超额29.3%完成四机部下达的出口任务。

本年 全省电子工业总产值6478万元（中央企业3487万元，地方企业2991万元）。

本年 江西省文艺学校恢复，设艺术表演、音乐、美术、编导四个科和电影放映、图书发行两个轮训部。校址设在石岗，校长李振和，副校长刘恕忱、流沙。

本年 南昌硬质合金厂对氧化钇生产工艺进行改造，氧化钇生产线投产生产。

本年 江西冶金系统各基层单位撤销营连建制，恢复坑口（车间），工区（工段）建制。

本年 省革委会决定，恢复省农业局植保植检站、邓家埠水稻原种场、红壤试验站、棉花试验站、双金园艺场、修水茶叶试验站以及婺源茶叶学校等，仍由省农业局领导、管理（1978年3月5日，省革委会决定，将修水茶叶试验站划归九江地区领导、管理）。

本年 江西省农业科学研究所植保人员在丰城县荣塘公社蹲点，采取以农业防治为基础协调化学、物理等措施，综合防治水稻螟虫，示范面积达2000亩（此项工作于1975年结束）。

本年 “南昌市公私合营奶牛场”改名为“南昌市乳品厂”。

本年 新建、湾里两县（区）被解体的北郊、璜溪、七里岗、太平、梅岭等垦殖场开始陆续恢复。

本年 省卫生厅向突尼斯和乍得等非洲国家派出援外医疗队9个队共316人次。

本年 江西省公布了《关于对集市贸易市场部分农副产品管理的暂行规定》。对农副产品分类作了规定并公布实施。

本年 在原江西省商业厅基本建设工程安装队基础上建成江西省商业机械厂，已成为商业部小型冷冻机设备定点生产厂。

本年 省商业局发出《关于加强工矿、“三线”厂商品供应的通知》，规定对计划定量商品，按照矿区人口，采取凭票供应办法；对高档商品和保健商品，优先考虑工矿，适当照顾“三线”厂职工需要；对矿区职工生活用煤、用柴，纳入计划供应。

本年 全省城乡居民凭证定量供应食糖，农村人口每人每年供应1公斤，非农业人口每人每月供应0.15公斤，保健用糖每人每月平均供应0.5公斤，产妇用糖凭医院证明，一次供应1.5

公斤。

本年 省革委会文教办公室党委在调查研究的基础上，首先在江西师范学院开展了撤销在文化大革命中把系改为连队的建制，恢复了一批老教授的系主任工作职务的试点工作。

本年 江西省博物馆考古队在清江吴城发现大型商代遗址，之后进行过6次考古发掘，出土青铜器、原始瓷器、陶器、石器、玉器及铸造青铜器的石范近1200件，发现刻画在陶瓷器及石范上的文字和符号170多个。据推断，下层为新石器时代前期，中层为新石器时代末期，上层为商周时期。

吴城遗址出土的商代虎耳扁兽足铜鼎

本年 全省超额完成国家工业生产计划，工业总产值比1972年增长8.1%，比文化大革命前的1965年增长一倍多。钢、钢材、生铁、原煤、焦炭、发电量、拖拉机、棉纱、卷烟等34种主要工业产品的产量，提前完成了国家计划。

本年 江西省合成氨工业蓬勃发展。1973年合成氨和氨肥产量分别完成了国家计划的116%和129%，创造了历史最高水平，比1972年分别增长16%和16.8%，对于支援农业作出重要贡献。

本年 与1965年相比，全省农村自办邮电局（所）增长33.1%，达到1290处；农村邮路总长增长16.1%，达到13.8万多公里。全省100%的公社，99.9%的生产队、67.6%的生产队通了邮路，实行了自投；98.6%的公社、77.7%生产大队和40.4%的生产队实现了逐日通邮。

本年 南昌柴油机厂自行设计制造的2105型柴油机缸盖自动流水生产线投产，包括18台主机，3台辅机，是省内机械行业第一条大型自动流水生产线。

本年 上高县大理石厂建成投产，是全省第一家石材加工企业。

本年 江西平板玻璃厂生产的水晶首次应用在弹道运载火箭的发射，受到中共中央、国务院、中央军委通令嘉奖。

本年 江西省轻化工业学校在新建县石岗复校。

本年 省革委会分别召开了教育和科技会议，恢复了一批大、中专学校和专业科研机构。

本年 全省钢产量提前13天完成。南昌钢铁厂、新余钢铁厂、江西钢厂、七宝山铁矿等企业，完成全年国家计划；棉纱、棉布提前18天完成国家计划。棉纱产量比1972年增长11.62%，九江国棉一厂、二厂、抚州棉纺织厂、井冈山纺织厂棉纱一等一级品保持99%以上的先进水平，江西化纤厂生产的混纱一等一级品率，由1972年的83.28%提高到1973年的94.25%。

本年 自1968年以来，全省已有43万多名城镇知识青年上山下乡，走与工农相结合的道路。全省已有1800多名知识青年加入中国共产党，3.1万多名知青加入共青团，1.8万多名知青被选入各级领导班子，还有一大批知青担任赤脚医生、民办教师和农技员等。

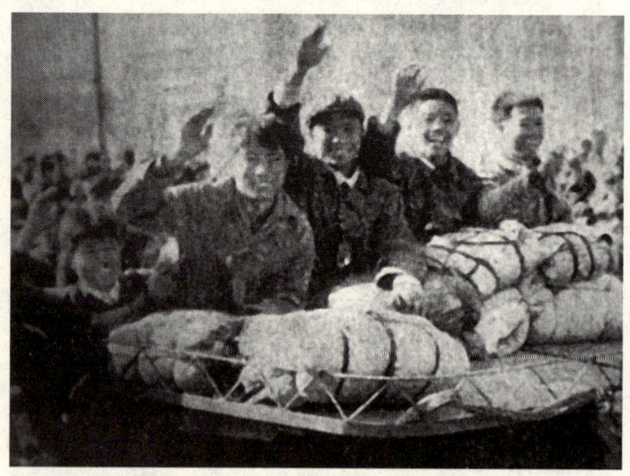

下放知青向欢送的群众挥手告别

1974年

年初，中共江西省委发出《关于万里浪问题给中央的报告》。中共中央以中发[1974]7号文件，转发涂烈给“四人帮”的信，要求省委把涂烈的信印发给省委、省革委、省军区、党委委员每人一份，并在2月中旬召开全委扩大会议，讨论批林批孔和涂烈的信。此后，江西社会秩序出现严重混乱。下半年中共中央召集中共江西省委负责人和部分群众代表赴京，着手解决江西问题。

帮派骨干的连续冲击 当年春，造反派头头成立所谓“省地市上访团”，闹派性，打派仗，上访团不仅操纵南昌地区的帮派活动，而且影响到全省各地市。2月，造反派按照王洪文的旨意炮制了“决不允许开历史倒车”的大字报，把矛头指向省委和各级党委，在全省又引起混乱。涂烈背着省委给江青、张春桥、王洪文写诬告信，诬告白栋材“否定和推翻无产阶级文化大革命的伟大胜利成果”。在得到“四人帮”支持之后，涂烈一伙更加为所欲为。他们利用召开省委全委扩大会议的机会，大整省委主要负责人和省内一大批党政军负责干部，还分别成立煤炭、棉花、春耕生产指挥部及治安领导小组，实际上夺了省委、省革委会的权。又策划成立了南昌民兵指挥部，作为篡党夺权的工具，准备在全省重新挑起武斗。当年6月以后，发生了“六一九”、“六三〇”、“七二五”等大小武斗19次。一些领导干部被重新打倒，或被迫离开岗位，许多政府部门和企业的领导班子又陷入瘫痪，生产处于停工状态。为了制止混乱局面的发展，中共中央于4月发出通知，规定“批林批孔”运动在党委统一领导下进行，不要成立战斗队一类的群众组织，也不要跨行业、跨地区串连。7月，中共中央发出《关于抓革命、促生产的通知》，紧接着省委发出通知，传达贯彻中央《关于抓革命促生产的通知》，但涂烈、万里浪等人仍未停止活动，江西继续处于混乱之中。

教育事业再度出现混乱 涂烈一伙借批判所谓“复辟倒退”，煽动“反潮流”，造学校领导和老师的反，搞乱了正常的教学秩序，许多学校开不了课，教育事业再度出现混乱。省文教办公室发出通知，要求各高等学校组织师生员工学习讨论1月18日《人民日报》发表的《南京大学学员钟志民的退学申请》及《编者按》。

中共中央解决江西问题 7月7日至12月21日，中共中央召集江西省委负责人和部分群众代表去北京，汇报江西省批林批孔和省委扩大会议情况，解决江西问题，形成《中央领导同志关于江西问题的指示要点》。中央决定调整江西省党政主要领导职务，任命江渭清为省委第一书记，白栋材、杨尚奎、黄知真、文道宏、陈昌奉为书记。新的领导班子贯彻执行全面整顿的指导方针，坚定地批判派性，以实际行动抓革命、促生产。

其他重要事件　当年，全省各地城乡举行“革命样板戏”、“工业学大庆”、“农业学大寨”电影汇映，全省农村文艺调演8个样板戏等节目。湘、粤、浙、闽、鄂、皖、赣边界护林联防会议在庐山举行，协商做好毗邻地区的护林联防工作，会议讨论并修订了赣鄂皖边界护林联防办法。皖赣铁路贵溪至乐平段正式通车，并开行了南昌至乐平的直通旅客列车。由江西自行设计、自行施工的柘林水电站至南昌斗门变电站的省内第一条220千伏输电线路投入运行。九江水泥船试验厂制造的我国长江流域第一艘500客位、载货60吨的水泥客货轮重负荷试航成功。

全省本年主要经济指标情况　国民生产总值（按当年价格计算）64.73亿元，比上年减少3.8%；工业总产值47.45亿元，比上年减少15.5%；农业总产值45.16亿元，比上年增长3.7%。粮食总产量197.28亿斤，比上年增长4.71%。财政收入6.57亿元，比上年减少36.6%。年末全省总人口2888.29万人，人口自然增长率为25.79‰，比上年下降2.7‰。

公元1974年1月							农历甲寅年【虎】						
日	一	二	三	四	五	六	日	一	二	三	四	五	六
		1 元旦	2 初十	3 十一	4 十二	5 十三	6 小寒	7 十五	8 十六	9 十七	10 十八	11 十九	12 二十
13 廿一	14 廿二	15 廿三	16 廿四	17 廿五	18 廿六	19 廿七	20 大寒	21 廿九	22 三十	23 春节	24 初二	25 初三	26 初四
27 初五	28 初六	29 初七	30 初八	31 初九									

1日　省委发出《关于万里浪问题给中央的报告》。该报告反映江西造反派头头万里浪等人在各地串联点火以及一些地、市上访团为万里浪翻案，造成社会秩序动乱的情况。

3日　全省军民认真学习《人民日报》、《红旗》杂志、《解放军报》元旦社论——《元旦献词》，决心在新的一年里，继续贯彻党的十大精神，深入进行思想和政治路线方面的教育，坚持“要搞马克思主义，不要搞修正主义，要团结、不要分裂，要光明正大，不要搞阴谋诡计”三项基本原则，抓革命、促生产、促工作、促战备，为完成和超额完成1974年的国民经济计划，为巩固无产阶级专政而奋斗。

3日　省革委会文化办公室文化组召开全省美术、摄影工作会议。会议传达了中央有关美术、摄影工作的指示精神，研究了1974年美术、摄影工作规划。

8日　省农业局通知各地做好普查种子工作：(一) 做到留种数量与品种合理搭配；(二) 种子质量与防杂提纯措施。

9日　省革委会文教办公室在星子县召开全省农村扫盲和业余教育经验交流会。会议讨论了全省扫盲、业余教育工作规划和当前任务，提出今冬明春要抓好基层干部、党团员、青少年中的文盲入学和知识青年的业余学习；抓好先进社、队，做到有点有面，点面结合。会议要求尚未成立统一领导机构的地、市、县尽快成立工农业余教育委员会和领导小组，下设办事机构，配备专职人员，认真开展工作。

10日　全省1973年秋冬以来掀起了大搞农田水利基本建设的热潮。截至当日，全省开工的大小水利工程3.92万处，上工人数达320万人，完成工程2.2万余处，完成土石方2.38亿立方，占年度土石方计划的84%，为全省粮食亩产上“纲要”打下扎实的基础。

10日　全省提前50多天完成了1973年木材、毛竹调动任务。截至当日，全省已完成的木材采伐量比1973年同期增长7%。

13日　省委常委、各地市委负责人深入学习党的十大文件和中央两报一刊及1974年元旦社论，要求“做到正确对待无产阶级文化大革命，正确对待群众，正确对待自己的问题”。学

驻安源某部二连干部战士同安源煤矿工人一起学习中央两报一刊元旦社论

习至19日结束。

14日 《人民日报》、《北京日报》发表了北京中关村第一小学学生黄帅的来信、日记摘抄后，靖安县仁首中学高二（1）班，王一东、莫命发贴出了第一张大字报——《一场奇怪的考试》，《江西日报》发表《编者按》，指出，“要依靠学校中广大革命的学生、革命的教员、革命的工人，把无产阶级教育革命进行到底”。这一事件在全省引起一次所谓的考试制度的“改革”。

18日 冶金部批复同意江西新余钢铁厂“四五”总体规划，建设规模为年产生铁30万吨、钢20万吨、锰铁10.5万吨至12万吨。

19日 水电部向江西省革委会提出柘林水库江汛加固意见：（一）降低汛期水库洪水位；（二）在大坝黏土墙中部再筑一道混凝土防渗墙；（三）提高大坝防洪标准，按千年一遇洪水设计，万年一遇洪水校核（3月，省委常委会讨论柘林水库渡汛问题，决定：（一）发电服从渡汛安全，迅速降低库水位；（二）抓紧做好大坝下游棱体恢复工作，加强大坝观测；（三）积极做好防汛抢险的准备和下游居民安全转移方案；（四）工程加固按水电部意见办理）。

19日 江西省妇联机关刊物《妇运通讯》创刊（1980年6月改称《妇女工作》。1984年1月改称《江西妇讯》。1994年停刊）。

20日 故事片《火红的年代》、《艳阳天》、《青松岭》、《战洪图》本月下旬在江西各地陆续上映，这是“文化大革命”八年来首次上映新的国产故事片。

30日 江西人民广播电台举办《全省农业学大寨经验交流会特别节目》，配合全省农业学大寨经验交流会的召开。该节目至2月15日结束。

31日 省文教办公室发出通知，要求各高等学校组织师生员工学习讨论1974年1月18日《人民日报》发表的南京大学学员钟志民的退学申请报告及《编者按》。钟志民原为江西省军区战士，在南京大学政治系哲学专业学习。《人民日报》编者按指出，钟志民申请退学，“自觉批判了自己‘走后门’上大学的错误，从而反映了工农兵学员向地主资产阶级意识形态展开了新的进攻。”这件事引发了全国检查、批判和纠正“走后门”上大学的不正之风的浪潮，致使一些“走后门”进大学的学生要求退学，一些“走后门”、“开后门”的领导干部作检查（2月14日，钟志民回到南昌。2月26日，到瑞金县沙洲坝大队百花园生产队落户）。

31日 江西省军区召开了“批林批孔”动员大会。大会号召省军区机关和直属部队指战员，积极行动起来，打一场“批林批孔”的人民战争。并要求部队广大指战员要旗帜鲜明、立场坚定、解放思想、知难而进、努力作战。

本月 原下放抚州的省建五团收回，成立省建工局直属工程处。

本月 南昌市公证处恢复设立，办理全省涉外公证业务。

公元1974年2月							农历甲寅年【虎】						
日	一	二	三	四	五	六	日	一	二	三	四	五	六
					1 初十	**2** 十一	**3** 十二	**4** 立春	**5** 十四	**6** 元宵节	**7** 十六	**8** 十七	**9** 十八
10 十九	**11** 二十	**12** 廿一	**13** 廿二	**14** 廿三	**15** 廿四	**16** 廿五	**17** 廿六	**18** 廿七	**19** 雨水	**20** 廿九	**21** 三十	**22** 二月大	**23** 初二
24 初三	**25** 初四	**26** 初五	**27** 初六	**28** 初七									

1日 省委召开“深入批林批孔”动员大会。大会号召各级党组织和全省军民，把“批林批孔”作为头等大事抓紧抓好；迅速在全省掀起“批林批孔”的高潮；要求各级党委解放思想，破除迷信，深入开展大批判，放手发动群众。

石城横江中学召开“批林批孔”座谈会

宜春工程机械厂彻底批判林彪反动谬论

4日 南昌市委召开4000人的“批林批孔”动员大会。

5日 省商业局发出《关于饮食服务工作由地区商业局直接管理的通知》。该通知要求从3月1日起，各地饮食服务管理工作从副食品分公司划出，地区商业局配备适当人员抓这项工作。

8日 省、市共青团员、青年6000余人在南昌市体育馆举行“批林批孔”大会。

江西大学工农兵学员在写批判林彪的大字报

9日 南昌市总工会在市文化宫电影院召开工交系统“批林批孔”大会。2000多名工人参加了大会。

江西棉纺织印染厂“批林批孔”专栏

11日 江西省最近举办了"批林批孔"骨干学习班。参加学习的有各地（市）、县宣传组负责人，省直各办、局、大专院校、政工组负责人，驻省部队师（分区）、团宣传科（股）长，共246人。

12日 经省委同意，成立中国银行南昌支行。

13日 中共中央以中发（1974）7号文件，转发涂烈于1973年12月15日给江青、张春桥、王洪文写的信。涂烈在信中提出江西存在9个问题，状告江西省委负责人白栋材、黄知真等"否定和推翻文化大革命的伟大胜利和成果"。中央文件点名批评省委书记白栋材"否定和推翻无产阶级文化大革命胜利及其伟大成果"，要求江西省委把涂烈的信印发给省委、省革委会、省军区党委委员每人一份，并在2月中旬召开全委扩大会议，讨论"批林批孔"和涂烈的信。此后，江西社会秩序出现严重混乱。

14日 省军区1300多名指战员举行大会，欢迎南京大学政治系学员钟志民退学回到部队。

省委、省军区负责人会见钟志民

14日 省委委员潘世告署名题为《决不允许开历史倒车》的大字报贴出，并在全省散发，矛头指向省委和各级党委，对全省煤矿企业造成了不良影响。煤炭日产由2.3万吨降为1万吨左右。南昌电网主要因为缺煤，每天开机量由30万千瓦降到22万千瓦左右。全省1/3工厂因缺电停产。

14日 瑞金县红都大桥动工兴建（1976年9月竣工）。

15日 江西省军区和驻省部队举行学习钟志民报告会。

20日 九江市房管局制定《关于无偿接收私人房屋处理意见（试行方案）》。

21日 省委召开全委扩大会议。省委委员，候补委员，省革委会委员，省军区党委委员，地、市、县、省直各单位，军师以上单位负责人参加。断断续续开至6月4日暂时休会。

25日 省商业局、省财政局、省人民银行联合发出《关于"社会集团购买力"控制商品的审批权限和审批手续的通知》。

25日 省革委会农林办公室发出《关于开展全省森林资源清查工作的通知》。

26日 省革委会规定：对已经完成粮食征购超购任务，落实社员生活安排后，还有储备粮的县（市）、公社、大队和农垦建设兵团，可以拿储备粮换购汽车，每30万公斤贸易粮换购1部汽车，各计各价（后因汽车货源不足，改用1台拖拉机或5台手扶拖拉机，或10台柴油机折抵1辆汽车换购）。

27日 南昌市近日遭遇寒潮，其最大风力达每秒40米（12级以上）。

28日 《江西日报》刊载《坏戏〈302号案件〉在我省的泛滥说明了什么?》的文章，批判了所谓"文艺黑线在新形势下的回潮"现象。

28日 上海市800多名上山下乡知识青年抵达江西，将奔赴省军区农建师安家落户。

上海市上山下乡知识青年到达南昌，受到省、市军民的热烈欢迎

本月 根据国务院1月4日在北京召开的全国棉花生产会议精神，江西省棉花生产领导小组成立。省委副书记刘俊秀任组长。省轻化工业局、省农业局、省商业局联合派员组成办公室，管理全省棉花生产工作。

公元1974年3月						农历甲寅年【虎】							
日	一	二	三	四	五	六	日	一	二	三	四	五	六
					1 初八	2 初九	3 初十	4 十一	5 十二	6 惊蛰	7 十四	8 妇女节	9 十六
10 十七	11 十八	12 十九	13 二十	14 廿一	15 廿二	16 廿三	17 廿四	18 廿五	19 廿六	20 廿七	21 春分	22 廿九	23 三十
24 三月小	25 初二	26 初三	27 初四	28 初五	29 初六	30 初七	31 初八						

1日　《南昌日报》复刊。《南昌通讯》同时停刊。

4日　经中国银行总管理处批准，从4月1日起江西省南昌支行列为侨汇清算行。

4日　津巴布韦非洲民族联盟最高委员会主席契特波率领的津巴布韦非洲民族联盟访华团一行5人，来南昌、井冈山、萍乡等地参观访问。参观访问于9日离赣。

8日　省革委会发出通知：要求各地深入“批林批孔”，搞好春耕生产。在春耕生产中，要落实计划，做到农、林、牧、副、渔五业和粮、棉、油、麻、丝、糖、茶、菜、烟、果、药、杂12个字全面发展，认真贯彻“八字”宪法，实行科学种田。

8日　江西省妇联、南昌市妇联举行集会，纪念“三八”国际劳动妇女节。中共中央候补委员、省革委副主任、省妇联主任樊孝菊讲话。

8日　上海市400余名干部组成的上山下乡学习慰问团到达江西。学习慰问团将长期坚持在江西省协助各级党委做好下乡知识青年的安置、教育、巩固工作，把学习慰问团办成流动的“五七”干校。

8日　省、市各界妇女2500余人在八一礼堂集会，纪念“三八”国际劳动妇女节。省妇联表彰全省妇女先进集体和个人共300名。

省、市妇女隆重纪念“三八”国际劳动妇女节大会

13日 全省文化系统文艺工作者举行集会，批判晋剧《三上桃峰》，并联系实际，批判“为修正主义文艺黑线翻案的右倾复辟势力，复辟资本主义的反动思潮”。指出：《三上桃峰》的要害是所谓“否定无产阶级文化大革命，为修正主义路线翻案”。

14日 1974年全国足球联赛第一阶段（南昌赛区）在南昌举行。有上海队、解放军队、山东队、内蒙古队、安徽队、河南队、沈阳部队队和南昌队等队参加。上海队、解放军队、福建队、沈阳部队队、陕西队分别获得第一名至第五名。比赛于4月7日结束。

20日 由万里浪等操纵的所谓“省市上访团”，组织500余人，10辆宣传车冲击江西日报社，提出要参加办报、刊登稿件等无理要求。

21日 江西省卫生学校正式开学。该校学制为二年，暂设公共卫生和检验两个专业。来自全省各地的178名工农兵新学员陆续进入了学校。

23日 《江西日报》报道，江西共产主义劳动大学莲花分校的老校长、红军老战士甘祖昌，同校党总支成员一起，放手发动群众，批判林彪反党集团的罪行。

28日 为了扭转因煤炭生产急剧下降而影响各行各业生产的被动局面，省工交办和省煤炭局召开全省煤炭生产紧急会议。

28日 省委通知，要求各地开展“农业学大寨”运动，掀起大搞农田基本建设新高潮，在近期内集中80%劳力建设旱涝保收、高产稳产农田，力争冬季达到300万亩。

28日 上海市七三届首批650多名知识青年，来到上饶地区农村插队落户。

29日 省革委会批转全省腐殖酸肥料工作会议纪要。纪要指出，腐肥生产方法简单，投资少，成本低，应因地制宜积极推广。

30日 1973年《全国摄影艺术展览》巡回到江西，在江西展览馆展出15天。这次展出的作品共350幅，积极表现工农兵的新收获。

本月 江西省商业局给各地分配一批50立方米小油罐，省财政局拨资金安装。

本月 纺织工业部首次分配我省进口涤纶纤维，江西开始生产涤棉纺纱布。

本月 江西化学纤维厂试产209×209、60×60纯人造棉纱、布（棉绸）。

本月 省机械局与省物价局、财政厅联合发出《关于调整省内一类农机产品三级收费率的通知》。将省内一类农机产品收费率4%分摊调整，降低省地两级调拨费率，提高县级经营费率。

本月 江西省地质局水文地质队主编的1:500000《江西省水文地质图》（1979年由地质出版社出版）。

公元1974年4月 农历甲寅年【虎】													
日	一	二	三	四	五	六	日	一	二	三	四	五	六
	1 初九	**2** 初十	**3** 十一	**4** 十二	**5** 清明	**6** 十四	**7** 十五	**8** 十六	**9** 十七	**10** 十八	**11** 十九	**12** 二十	**13** 廿一
14 廿二	**15** 廿三	**16** 廿四	**17** 廿五	**18** 廿六	**19** 廿七	**20** 谷雨	**21** 廿九	**22** 四月大	**23** 初二	**24** 初三	**25** 初四	**26** 初五	**27** 初六
28 初七	**29** 初八	**30** 初九											

1日　省农业局要求各地加强病虫测报，准、巧、狠地消灭病虫害，并做好植物检疫。

1日　国务院决定对农民交售公粮超过征购基数加价30%，并由粮食部门拨给专款（1979年加价幅度提高到统购价的50%）。

1日　南昌长途电信局和南昌市电信局合并为南昌电信局。

4日　省委、省革委会召开电话会议。会议动员全省军民，立即掀起春耕生产新高潮。省委书记、省军区司令员、省春耕生产指挥部总指挥陈昌奉讲话（根据中共中央指示，陈昌奉自当月起主持省委工作）。要求坚持“抓革命，促生产”的方针，坚持在农村实行“三级所有，队为基础”的原则，各行各业要大力支援春耕生产。

5日　全省2000多军民，清明节上午在“支左爱民模范排”和“支左爱民模范”李文忠英雄事迹陈列馆前集会，纪念李文忠、李从全、陈佃奎三烈士。

5日　省革委会农林办公室批转《全省木竹水运工作会议纪要》。

8日　省计委下达《兴建江西于都、进贤、波阳、湖口、新余、新建、吉水、萍乡等县（市）档案馆计划》的通知。

9日　省军区党委发出《关于当前团以上党委、机关和连队深入开展批林批孔的意见》。

13日　省委发出学习、贯彻中共中央4月10日《关于批林批孔运动中的几个问题的通知》的通知，提出要把县以上领导机关的“批林批孔”作为重点认真搞好，“批林批孔”要在党委统一领导下进行；要动员联络站、上访团、宣传站等群众组织的成员迅速回到本单位去，做好本职工作，各单位不要成立这类组织，也不要搞跨行业、跨地区一类的串联；各级党委要认真加强领导，团结95%以上的群众和干部，使“批林批孔”运动进一步开展起来。

22日　全省地、市及重点县种子工作座谈会在新余县召开。会议制定良种繁育“四五”和“五五”规划，建立、健全各级良种繁育体系，落实良种繁育基地等工作。会议于26日结束。

23日　全省节育手术经验交流会在清江县召开。会议交流了省内外的节育手术经验，要求发扬理论联系实际的优良学风，认真改造世界观，继续提高节育技术水平，认真做好计划生育工作。会议于5月12日结束。

27日 省革委会教育组、省卫生局、省财政局转发《全国教育卫生和行政财务座谈会纪要》，以及加强中小学卫生行政、财务、管理的三个办法。

28日 《江西日报》发表《剥掉林彪的伪装，还历史的真面目——彻底批判林彪及其在江西的代理人篡改井冈山革命斗争史的罪行》的文章。

本月 抚州市建成第一个花圃，占地9.43公顷。

本月 轻工业部、商业部联合下达少数民族特需品的通知，分配江西省瓷碗、瓷壶类507万件。

公元1974年5月 农历甲寅年【虎】													
日	一	二	三	四	五	六	日	一	二	三	四	五	六
			1 劳动节	2 十一	3 十二	4 青年节	5 十四	6 立夏	7 十六	8 十七	9 十八	10 十九	11 二十
12 廿一	13 廿二	14 廿三	15 廿四	16 廿五	17 廿六	18 廿七	19 廿八	20 廿九	21 小满	22 闰四月	23 初二	24 初三	25 初四
26 初五	27 初六	28 初七	29 初八	30 初九	31 初十								

1日 省外贸局就萍乡市外贸局擅自扩大基建规模，违反财经纪律发出通报。要求各地引以为诫，避免今后再发生类似事件。

1日 为纪念毛泽东《在延安文艺座谈会上的讲话》发表32周年，全省各地城乡举行样板戏汇映。放映的影片有《智取威虎山》、《红灯记》、《红色娘子军》、《白毛女》、《沙家浜》、《龙江颂》、《海港》、《奇袭白虎团》，统称为“八个革命样板戏”。汇映于30日结束。

3日 省、市革委会直属机关在江西宾馆礼堂召开省、市直属单位万人的干部大会。会议要求各单位“深入开展批林批孔运动”，抓革命、促生产、促工作、促战备，坚决完成和超额完成1974年国民经济计划。

4日 省委、省革委会召开电话会议，要求深入“批林批孔”，在全省范围内批判佘（积德）、白（栋材）、黄（知真）及一批老干部。

6日 瑞典斯德哥尔摩大学地质学会考察团一行16人，到西华山钨矿考察。考察活动历时3天。

8日 江西大吉山钨矿自4月29日开始，连续10天大暴雨，总降雨量407毫米。其中5月1日为192.7毫米，为有记载以来的历史最大降雨量，造成全矿采、运、选停产5天至7天。

10日 《江西日报》发表《坚持无产阶级专政下继续革命——批判省委某些主要负责人“不存在走资派”的反动谬论》的署名文章，公开批判省委领导。此后，全省尤其是南昌地区大量出现指名批判省委几位主要负责人的大字报。

15日 省文教办公室批转省体委、省文教办公室教育组《关于建立与健全业余训练网，进一步加强少年儿童业余训练工作的报告》。

15日 福建省二轻代表团来江西省参观考察街道工业发展情况。代表团于16日离赣。

20日 《江西日报》报道，1970年江西省选送到北京大学、上海师范大学、上海铁道学院等高等院校学习的490名工农兵大学生，经过3年多的学习，先后于1973年8月和1974年2月至4月先后毕业。回到江西省三大革命运动的实践中，受到各级党组织、革委会和群众的欢迎。

20日 《江西日报》报道，江西省“红代会”最近召开“批林批孔”座谈会，学习毛主席有关文化大革命和批林批孔的系列指示。

23日 省冶金局转发省计委批复，同意八〇五厂新建年产1.5万吨至2万吨磷肥车间（1975年3月26日设计能力为1万吨的磷肥车间动工兴建，1976年12月20日竣工并试生产）。

23日 省文化工作室、宜春地区文艺站联合举办的《宜春地区工农兵版画作品展览》在省革命历史展览馆展出。展出作品140余幅，生动地反映了社会主义新人、新事、新思想。

23日 省、市工人、贫下中农、解放军、革命干部和知识分子的代表，专业和业余文艺工作者代表1000多人，在南昌举行纪念毛主席的光辉著作《在延安文艺座谈会上的讲话》发表32周年纪念大会。

23日 省革委会农林办公室向德兴县革委会、大茅山垦殖场发出《关于妥善解决大茅山垦殖场恢复后的交接工作和粮食供应问题》的函。对于原先在县里吃商品粮的几个工作单位，如化工厂、瑞港电站、汽车队、基建队、印刷厂、电影队等划回垦殖场后，包括由县属单位调回的干部、工人及其家属仍恢复供应商品粮不变。

24日 省革委会召开防汛电话会议。会议要求全省人民从最坏处着想，向最好处努力，各地积极准备防洪抗洪，树立安全第一的思想，坚持防重于抗的原则，夺取1974年农业新丰收。

28日 省煤炭局向萍乡矿务局发出《关于加强煤质管理的意见》。该意见指出："5月13日和14日两天高坑洗煤厂"援越"精煤灰分超过标准。燃料化学工业部、外贸部极为重视，要求萍乡矿务局按照燃料化学工业部指示，认真采取措施进行整改。"

28日 省革委会发出通知，社队办的"五小"工业（小煤矿、小化肥、小钢铁、小机械、小水泥），必须坚持就地取材、就地加工、就地销售，为农业生产和社员生活服务的方针。

31日 省、市2000多名学生和少年儿童在南昌八一礼堂举行晚会，庆祝"六一"国际儿童节。九江港务局、吉安东方红小学、南昌市红小兵文艺宣传队演出了精彩节目。

南昌市少年儿童举行游园大会，热烈庆祝"六一"国际儿童节

本月 江西省粮油食品进出口公司粮油科从广东省惠阳县引进"双竹粘"种谷25公斤，委托省水稻原种场农科所科技人员谢国珍等人组织试种，当年获得成功，此后通过不断提纯复壮，良种良育，逐步推广到全省7个地区26个县种植。

本月 德兴铜矿从苏联购进45辆载重27吨的贝拉斯汽车。

本月 上饶矿山机械修造厂（后改名江西省永平耐泵厂）试制成功80FDG30型分级分段式耐酸离心泵，该泵采用高硅铜铸铁新材质，在酸性矿水中使用寿命达3年以上，属国内首创。

公元1974年6月							农历甲寅年【虎】						
日	一	二	三	四	五	六	日	一	二	三	四	五	六
						1 儿童节	2 十二	3 十三	4 十四	5 十五	6 芒种	7 十七	8 十八
9 十九	10 二十	11 廿一	12 廿二	13 廿三	14 廿四	15 廿五	16 廿六	17 廿七	18 廿八	19 廿九	20 五月小	21 初二	22 夏至
23 初四	24 端午节	25 初六	26 初七	27 初八	28 初九	29 初十	30 十一						

1日　江西省南昌水泥压力管厂成立。

3日　《江西日报》发表题为《加强马克思主义的理论队伍》的评论员文章，指出：加强马克思主义的理论队伍，这是我们党思想建设的一项重大任务，是坚持马克思主义、反对修正主义的百年大计。要求各级党委要坚决响应毛主席、党中央的伟大号召，认真把这项工作抓紧抓好。

3日　全省少年田径运动会在景德镇市举行。景德镇队刘少华、杜鹏，南昌队刘绍华、杨永发、万东标，九江队周志生、毛喜明，宜春队胡永征、罗金儿，上饶队严小平、于光，省体工队胡刚，赣州队林永生等13名运动员，分别打破了全省少年男子五个项目的最高纪录。运动会于7日结束。

4日　省卫生局、省公安局联合发出《关于清查地下输血组织的通知》。通知决定对违法犯罪的血霸头进行依法处理，对各地献血组织进行清理整顿。

7日　上饶地区举行为上山下乡知识青年试办业余函授教育开学典礼广播大会。1万多名上山下乡的知识青年业余教育学员收听广播，并就地举行开学仪式。

7日　省革委会发出《关于大力开展夏季爱国卫生运动的通知》。通知要求抓住当前有利时机，大力开展一次夏季爱国卫生突击运动。认真搞好环境卫生和饮食卫生，预防肠道传染病的发生和流行。

10日　全省棉花枯、黄萎病防治技术座谈会在彭泽县召开。现场识别了棉花枯、黄萎病症状，交流了防治经验。会议于12日结束。

11日　省委、省革委会召开电话会议。会议号召全省军民紧急行动起来，全力以赴，投入抗旱斗争，并准备抗击多种自然灾害，切实搞好早稻和棉花等经济作物的田间管理和“双抢”准备工作，努力夺取1974年农业全面丰收。

12日　省革委会农林办公室向九江地区革委抓促部，永修县革委抓促部发出《关于云山垦殖场挂钩部分的生产资料供应问题》的通知，对于省属垦殖场挂钩集体所有制所需的生产资料，仍按照原来渠道，由场所在县的有关单位供应，并应迅速加以落实。对于农机配件、维修农机县的钢材、木竹、穷队补助、社会救济、民政优抚等一律由当地负责解决。还指出其他省、地属场，如有类似问题，也请按此精神处理。

12 日 1974 年全省中学生排球基层队举行比赛。经过 232 场比赛，资溪赛区南昌队、赣州队分获男女甲组第一名，宜黄赛区九江队获得男、女乙组第一名。荣获两个赛区的男、女第一名，将参加 1974 年 8 月 20 日至 9 月 5 日在湖南省常德市举行的全国中学生排球分区比赛。中学生排球基层队比赛于 24 日结束。

14 日 中央气象局通知，参加全国和全球气象情况交换的有江西省气象台和井冈山、赣州、景德镇气象台的绘图、辅助绘图、高空测风和探空报；参加全国和亚洲区域气象情况交换的有修水、宜春、庐山、南城、广昌、寻乌等气象站（台）的绘图、辅助绘图报。

17 日 省革委会转发省财政局《关于抓紧组织财政收入意见的报告》。报告根据本年 1 月至 5 月份支大于收、资金高度紧张的问题，提出抓紧组织收入的措施。

18 日 省革委会颁发《江西省农作物种子、苗木调运检疫暂行办法》，除国内 24 种检疫对象外，江西又增加 12 种。即：水稻细菌性条斑病、小麦矮腥黑穗病、小麦全蚀病、玉米细菌性枯萎病、甘薯瘟、甘薯径线虫病、马铃薯坏腐病、烟草霜霉病、柑橘小实蝇、谷班皮蠹、四纹豆象等。

20 日 省委发出《关于成立南昌民兵指挥部的通知》。

21 日 江西省棉花领导小组日前在新余召开棉花田间管理会议。要求进一步搞好棉田中后期管理，“狠抓六月，大战七月，决战八月，不放松九月”，彻底改变以前“前紧、中松、后不管”的状况，做到丰收不到手，管理继续抓，全面完成和超额完成国家计划。

24 日 南昌市革委会办公室发出《关于查阅档案资料问题的通知》，转发南昌市档案馆《关于查阅档案资料的几项规定（试行）》和《关于查阅档案资料的审批规定》。

25 日 省委召开城市民兵工作会议，进一步落实毛主席关于“民兵工作要做到组织落实、政治落实、军事落实”的指示。会议要求各级党委要发扬党管武装的光荣传统，坚持“党指挥枪”的原则。切实加强对城市民兵工作的领导。

25 日 省农业局在九江新洲垦殖场召开使用烟雾剂防治棉虫现场会，研究制定示范点和学习施药方案。

26 日 《江西日报》报道，江西省省直医疗队在农村积极发挥作用。省卫生局从 1973 年 8 月以来，至今已先后组织了省级医院 139 人组成 9 个农村巡回医疗队，到农村第一线为贫下中农送医送药上门，为社员群众防病治病，深受贫下中农和社员群众欢迎。

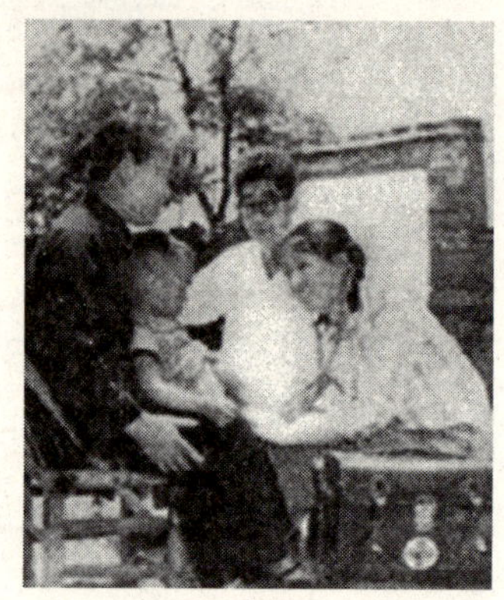
医疗队送医送药上门

29 日 从万安县开往赣州市的“赣忠号”客轮，行至赣县湖江公社街坪大队水面时，突遇 6 级大风，由于违章超载，客轮翻沉，船上 140 多名乘客全部落水，造成淹死 93 人的重大恶性事故。

30 日 南昌民兵指挥部在省体育场召开成立大会。潘世告任总指挥，涂烈任政委。

本月 全省畜牧兽医工作会议在赣县召开。会议要求全省推广赣县“四包一扶助”（包了解、包医、包药、包阉割，死亡扶助）牲畜保健制经验。

本月 江西化纤厂兴建 100 米钢筋混凝土排气烟囱。该工程采用内钢井架，提升平台，钢板三节脱模施工。上海建筑设计院设计，武汉市第十三冶金建筑公司锅炉工程公司施工，当年 7 月底建成。

公元1974年7月 农历甲寅年【虎】													
日	一	二	三	四	五	六	日	一	二	三	四	五	六
	1 建党节	2 十三	3 十四	4 十五	5 十六	6 十七	7 小暑	8 十九	9 二十	10 廿一	11 廿二	12 廿三	13 廿四
14 廿五	15 廿六	16 廿七	17 廿八	18 廿九	19 六月大	20 初二	21 初三	22 初四	23 大暑	24 初六	25 初七	26 初八	27 初九
28 初十	29 十一	30 十二	31 十三										

1日 省革委会财贸办公室转发省财政局、省人民银行《关于坚决刹住违犯财经纪律，大搞经济主义的报告》。

1日 省革委会工交办公室、农林办公室和文教办公室从即日开始，联合举办江西省“工业学大庆”“农业学大寨”电影汇映，城镇为期一个月，农村、工矿地区为期两个月，汇映的影片以《大庆红旗》、《大寨红旗》、《大寨田》、《昔阳盛开大寨花》四部为主，同时还选有学大庆、学大寨的其他长短纪录片、科教片、美术片等。

1日 皖赣铁路的贵溪至乐平段胜利通车，并开行了南昌至乐平的直通旅客列车。

1日 赣南高桥煤矿一号井投入生产。该井是一对年产21万吨的斜井，它的胜利建成投产，将对发展赣南地区的工农业生产起一定的作用。

1日 省农业局在萍乡市召开全省防治薯瘟病座谈会。会议总结了该病的发生病害规律，交流了防治经验，并提出了控制途径和措施。会议于3日结束。

2日 省计委、省财政局和省煤炭局下达1974年地县小煤矿改造计划。全年改造小井33对，技改投产1600万元。强调要土洋结合，勤俭办矿，与小水泥、小钢铁、小化肥、小水电，特别是小化肥等行业实现良好对口。

3日 省农业局在赣县召开全省连家渔船社会主义改造现场会。

7日 中央卫生部委托江西省卫生局在南昌举办的全国整形外科进修班结业（1975在北京成立整形外科医院，1970年底，医院为贯彻毛主席“关于把医疗卫生工作的重点放到农村去”的指示，搬迁江西，并以此为基础，成立了以整形外科为重点的综合性医院——江西省第二人民医院。为了培训整形外科技术人员，中央卫生部于1973年10月，委托省卫生局直接领导省第二人民医院举办全国整形外科进修班）。

7日 阿尔巴尼亚岩盐地质考察组一行3人，到九一五地质队、江西盐矿、九〇九地质队考察。

7日 中共中央召集中共江西省委部分常委和两派群众代表到北京京西宾馆举办学习班，讨论、研究、解决江西问题。中途，中央又调杨尚奎参加，并担任党支部书记。刘俊秀、张志勇、熊振武组成三人小组在省内主持工作。经研究讨论后，中央形成《中央领导同志关于江西问题的指示要点》，共有九条，故要点简称“九条”；决定调整江西党政主要领导，调江渭清到江西工作。学习班于12月30日结束。

10日 省委发出通知，传达贯彻7月1日中共中央《关于抓革命促生产的通知》。中央《通知》是针对“批林批孔”运动使许多地方和企业的领导干部挨批挨斗，被打倒打跑，不能领导和组织生产，致使工农业生产下降的情况发出的。《通知》规定：各地不准揪斗干部，不准打人抓人，擅离职守的领导和其他人员，必须返回工作岗位；对于那些把打内战、停工停产的行为说成是“反潮流”、“不为错误路线生产”的言论必须加以批驳；各级党委要认真检查一次国民经济计划的执行情况，订出增产节约的有效措施。省委要求各级党委联系本地区、本部门的实际，按照中央精神制定贯彻落实措施，耐心做好那些没有回原单位职工的政治思想工作，教育他们严格遵守劳动纪律。

10日 省委最近发出通知，号召全省干部群众，坚决贯彻毛主席、党中央指示，以“批林批孔”为纲，坚持党的基本路线，深入开展“农业学大寨”群众运动，集中全力把收（早稻）、种（二晚和秋杂粮）、管（一晚和经济作物）一齐抓好，为完成和超额完成全年农业生产计划而努力奋斗。

11日 江西省广播局召开有线广播专线建设经验交流会，贯彻以专线传输为主的有线广播建设方针，会议在丰城开播，在金溪结束。参加会议的有各地（市）、县（市、区）广播部门代表38人。

12日 南昌市总工会为了建立一支工人理论队伍，决定举办南昌市工人理论辅导员读书班，即日开学。读书班学员由基层工会挑选觉悟高、政治思想好、有一定文化水平、能联系群众、并有一定组织工作能力的理论学习辅导小组组长参加。

14日 省革委会工交办公室最近召开全省工交战线抓革命促生产座谈会。会议要求各级党委加强党对工业生产的领导，对上半年计划执行情况进行一次检查，制定下半年的增产节约措施。地、市、县都要有负责同志主管工业，党委要研究讨论工业生产问题。

16日 南昌市各区、县分别举行渡江游泳庆祝活动。纪念毛主席畅游长江八周年。赣江两岸6000多名工人、贫下中农、在校学生、解放军指战员、民兵、商业职工和机关干部参加渡江游泳纪念活动。

南昌市胜利区各单位游泳健儿在赣江游泳

16日 “74－1”型短波独立边带接收机在七一三厂通过设计定型鉴定。

18日 南昌市自10日至今连降暴雨，滨湖地区雨量尤大，受灾农田达40万亩。

18日 省委日前决定从省直各机关抽调一批包括各部、办、委、局以上领导干部在内的机关干部，分别到农村、工矿企业单位，帮助各地区、单位宣传、贯彻、落实毛主席和党中央关于“批林批孔”的一系列指示，推动全省“批林批孔运动深入、普及、持久地开展下去”，搞好“双抢”，搞好工业生产。

19日 国家建委引进一套年产5万吨粗铜的闪速炉技术和主要设备，决定在贵溪县建设全国最大的铜冶炼企业（1979年9月12日经冶金部会同国家建委、中国技术进口总公司对日本住友公司、芬兰奥托昆普公司提交的贵溪冶炼厂界区内的初步设计进行了审查。1980年7月30日，贵溪冶炼厂动工兴建，安装从日本引进的5万吨闪速炉炼铜成套设备和从芬兰引进的回转式精炼炉、圆盘式阳极铜自动定量铸造设备。1983年11月29日进行无负荷试车。1985年12月30日闪速炉投料生产，1986年元旦产出第一炉粗铜）。

25 日 省委发出《关于加强马克思主义理论队伍的通知》。通知要求各级党委要提高认识，把加强理论队伍当作坚持马克思主义、反对修正主义的百年大计来抓，要在斗争中培养理论队伍。各工厂、公社、部队、学校、机关、企业事业单位要逐步建立不脱产理论小组，省、地（市）、县要建立专业理论写作班子，搞读书辅导，调查研究，撰写理论文章。

25 日 江西宾馆发生武斗事件，打伤 100 余人，死 2 人，直接经济损失 20 余万元。

30 日 九江地区邮电局线务站职工最近胜利完成施放长江水底电缆工程任务。这次长江江底电缆的施放成功，比过去拥有成套设备器材的工程专业队施工所用的时间缩短了一半，节约资金 4 万余元。

本月 冶金部在江西赣州铝厂召开全国中小型铝厂经验交流会。

本月 乐华锰矿东南坡小井探矿工程结束。省竣工局批准注销该矿区保有储量（1984 年 7 月，乐华锰矿改为留守处）。

本月 解放军某部在“八一”建军节前夕组织部队机关、直属队和一营指战员携带武器设备，进行了一次近似实战的泅渡赣江进攻演习。广大指战员为保卫祖国苦练水上杀敌本领。

本月 省机械局在泰和县召开全省农业机械经验交流会，重点交流省内插秧与收获机械的科研成果。

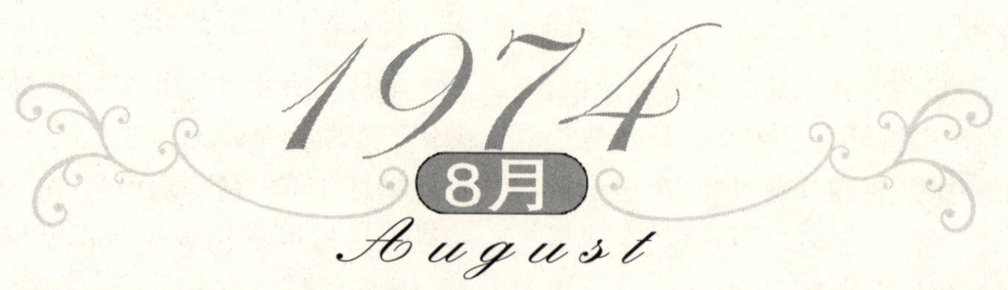

公元1974年8月 农历甲寅年【虎】													
日	一	二	三	四	五	六	日	一	二	三	四	五	六
				1 建军节	2 十五	3 十六	4 十七	5 十八	6 十九	7 二十	8 立秋	9 廿二	10 廿三
11 廿四	12 廿五	13 廿六	14 廿七	15 廿八	16 廿九	17 三十	18 七月小	19 初二	20 初三	21 初四	22 初五	23 处暑	24 初七
25 初八	26 初九	27 初十	28 十一	29 十二	30 十三	31 十四							

1日 即日至6日，1974年福州、杭州、南昌三城市少年篮球友谊赛在南昌举行，福州队夺得男女第一名。

3日 南昌市革委会发出《关于加强环境保护工作几个问题的通知》。

3日 景德镇市路灯总控制安装分立式元件组合光点控制开关，在全省率先实现路灯开关光电化。

5日 省军区向机关、部队传达《林彪在辽沈战役中的问题》等3个材料，对林彪军事上的错误开展批判，批判会于12月9日结束。

8日 江西省在万安县首次利用“三七”高炮发射碘化银炮弹进行人工消雹试验获得成功，化雹为雨，变害为利，促进农业生产的丰收，保障了人民生命财产的安全。

9日 省革委会召开粮食工作会议。会议要求，必须遵照毛主席关于“深挖洞、广积粮、不称霸，一定要有储备粮，每年储一点，逐年增多”的教导，继续大力发展粮食生产，坚持计划用粮，节约用粮，努力增加粮食储备。农村粮食分配，必须从全局出发，兼顾国家利益、集体利益和个人利益三者关系，做到“及时收购，同时安排”。

11日 1974年江西省少年儿童体操比赛在南昌举行。少年男子乙组赣州队、女子乙组南昌队获得第一名；儿童男子组南昌队，女子组南昌队获得第一名。通过比赛，选拔出了一批优秀少年儿童体操运动员，参加昆明举行的1974年全国少年体操分区赛。

11日 江西省军区迎接全国、全军第三届运动会举行军事体育选拔赛。全军区有三个项目创造了新的纪录。选拔赛于23日结束。

13日 万安县首次人工消雹试验获得成功后，在黎川县进行人工降雨试验又获得成功。

19日 省革委会政治部召开理论队伍建设座谈会。会议于24日结束。

20日 江西省早稻丰收，总产量比1973年增长一成以上。目前，全省已经胜利完成夏收夏种任务。广大社员在早稻丰收的日子里，挑选最好的稻谷晒干扬净，踊跃向国家交公粮，卖余粮。

22日 省委发出《关于认真学习贯彻〈江

西赴京全体同志关于立即停止武斗的几点意见〉的通知》。通知要求全省各地立即停止武斗，不准抓人、打人，停止一切形式的串联活动。

22 日 江西棉纺织印染厂在省水文地质大队的支持下，首次进行了地下水人工回灌试验，近日获得成功。该试验的成功，在南昌地区有一定的典型性，也为日后全市地下水工人回灌试验提供了必要的科学数据。

22 日 苏丹医学代表团一行 5 人由中央血防办公室负责人王清源陪同，到余江县进行血防工作考察。

25 日 省革委会根据《国家计划委员会对收购农副产品实行统一奖售粮食的规定》和江西省具体情况制定《江西省一九七三年度农副产品奖售标准表》，从 1973 年 9 月 1 日起执行。

26 日 省妇联向各地（市）妇联发出在妇女中加强马克思主义理论队伍建设的意见。

27 日 省、地、市公安局长、南昌铁路公安处长会议在南昌召开。会议强调，公安保卫工作要置于党的绝对领导之下。要狠抓侦察破案，坚决打击破坏活动；加强县以上城镇、铁路沿线车站、码头以及重要厂矿企业周围治安秩序的整顿，确保党政领导机关、要害部门的安全。会议于 9 月 5 日结束。

29 日 省妇联编印《〈女儿经〉选批》，发至各地（市）县妇联。

30 日 国家燃化部征集 1975 年出国展品，江西农药厂产品“灭瘟素”被征集参加出国展览。

30 日 省农业局在星子县召开全省冬种会议。会议学习中共中央有关文件和传达农林部召开的全国小麦生产现场会议精神，总结交流发展全省冬作物生产的经验教训，讨论 1975 年春粮、春油大上快上等问题。会议于 9 月 4 日结束。

31 日 共青团江西省委最近召开了工作会议。会议要求全省各级团的组织在加强党的马克思主义理论队伍建设中，广泛地建立和健全青年业余理论学习小组，办好青年图书室和“五七”政治夜校，积极发现和培养青年理论骨干，参加老、中、青三结合的理论队伍。

本月 浙赣线新余至河下间双线工程正式开工，计长 9.36 公里（1978 年 4 月 7 日左线建成开通使用，1980 年 4 月双线工程全部竣工）。

本月 江西省博物馆举办“批林批孔展览”。

本月 应广东省外贸局的要求，江西省陶瓷进出口公司参加《英国伦敦国际手工艺品博览会》。

本月 南昌市委作出《在西山大岭建立四十万亩以杉木为主的用材林基地》的决定。

本月 省建工局在南昌召开全省预应力混凝土技术交流会（12 月省建工局在景德镇召开全省无井架液压滑模与机械粉刷技术座谈会）。

本月 新余市鹄山农机厂木业家具在四川省成都市举行的全国商品展销会上获优质产品奖。

公元1974年9月							农历甲寅年【虎】						
日	一	二	三	四	五	六	日	一	二	三	四	五	六
1 十五	2 十六	3 十七	4 十八	5 十九	6 二十	7 廿一	8 白露	9 廿三	10 廿四	11 廿五	12 廿六	13 廿七	14 廿八
15 廿九	16 八月小	17 初二	18 初三	19 初四	20 初五	21 初六	22 初七	23 秋分	24 初九	25 初十	26 十一	27 十二	28 十三
29 十四	30 中秋节												

4日　浙闽赣、湘粤赣、赣鄂皖边界护林联防会议最近在庐山召开。参加会议的有湖南、广东、浙江、福建、湖北、安徽、江西七省革委会、省军区和省公安、林业局负责人250余人。会议要求落实党的林业政策，健全护林联防组织，以民兵为骨干，把群众性的护林联防工作，扎扎实实地开展起来。

13日　我国自行设计、自行制造设备、自行安装的年产万吨维纶的现代化联合企业——江西维尼纶厂抽丝一条生产线日前进行了投料试产，一次开车成功，生产出了合格的维纶。

江西维尼纶厂工人生产的维纶产品

14日　省委最近召开县团以上机关负责干部会议，贯彻党中央有关指示和文件。342名与会者认真学习毛主席的军事著作，从分析辽、沈平津两大战役入手，深入批判林彪的资产阶级军事路线。会议强调要加强革命团结，严格区分和正确处理两类不同性质的矛盾，牢牢掌握斗争大方向。

15日　《江西日报》报道，全省有线、无线、电视广播事业有了很大发展，质量进一步提高。目前全省大部分公社已建立了广播放大站，广播喇叭达300多万只，94%的生产队通了广播，65%的农户挂上喇叭，发展县至公社、公社至大队、生产队的广播专线10万余公里。绝大多数县到公社通了广播载波。全省农村和城镇初步建立了以县站为中心，公社广播放大站为基础的农村有线广播网。全省已有七座电视台和转播台。

15日　省妇联召开全省妇女工作会议。会议邀请部分工农妇女理论辅导员参加，研究加强妇女理论队伍建设。会议于24日结束。

16 日 国家计委（1974）计劳字第 435 号文规定江西省测绘局职工编制为 420 名。

16 日 朝鲜驻华使馆武官姜松哲夫妇、副武官车动环夫妇、李相禹夫妇，来南昌、井冈山参观访问。访问历时 6 天。

17 日 省电力工业局最近召开南昌、赣南、井冈山三个电网发、供电单位和局直属单位主要负责人参加的全省电力工业抓革命、促生产座谈会。会议要求全省电力工业战线必须认真贯彻“抓革命、促生产”的方针，把电力生产促上去，按照“三要三不要”的基本原则，加强革命团结，做到统一认识，统一政策，统一计划，统一指挥，统一行动。要坚持合理的规章制度，搞好设备维修，提高机组电力，努力省煤省油省电。

17 日 省建筑工程局日前试制成功一种施工现场水平运输机械——“江西 745 型”中铰接式翻斗车，工效提高五六倍。这种翻斗车的试制成功，对提高我省建筑施工现场水平运输的机械化程度，减轻工人的劳动强度，加快施工速度，具有积极意义。

18 日 江西省柘林水电站至南昌斗门变电站的省内第一项自行设计、自行施工的 22 万伏输变电工程胜利建成。经检验，工程质量符合国家标准，运行良好，于当日正式送电。这项 22 万伏输变电工程，包括架设一条长达 93 公里的 220 千伏的高压输电线路，组建两座 96 米高的铁塔和新建一座可容量 6.3 万千伏安的大型变电站。

19 日 省革委会农林办公室在新干县召开全省大片杉木基地工作会议。会议落实 1000 万亩以杉木为主的用材林基地建设规划任务，由 59 个市、县组织实施，要求到 1985 年完成。会议于 26 日结束。

20 日 截至当日，江西省已胜利地超额完成夏粮征购任务。入库数量比 1973 年同期增加 16.1%，比丰收的 1972 年同期增加 8.7%。征购速度之快、质量之好、数量之多，都超过了往年水平。

20 日 江西省博物馆等单位对清江县筑卫遗址进行发掘，揭露面积 419 平方米，根据地层及出土文物推断，下层为新石器时代晚期，中层为新石器时代末期。发掘工作至 11 月初结束。

21 日 巴勒斯坦“法塔赫”参观团一行 11 人，来萍乡、井冈山、南昌参观访问。参观访问于 27 日结束。

23 日 省总工会最近召开工人理论队伍建设座谈会议。会议要求全省各级工会组织在党的一元化领导下，提高认识，加强工作，充分发挥工会的共产主义学校的作用，把加强工人理论队伍建设的工作，抓紧、抓细、抓好。

25 日 全省农村业余文艺调演举行。参加调演的有 21 个业余文艺宣传队，演出了 9 台晚会 102 个节目，除了 8 个样板戏选场和选段外，其余都为自编、自导、自演的节目。调演活动于 10 月 4 日结束。

26 日 《江西日报》报道，省革委会文办文化组最近举办了普及“革命样板戏”学习班。参加学习班的有各地、县、市 21 个京剧团、地方戏剧的文艺工作者 700 多人。

26 日 江西省第一个由煤矿经营的坑木林——萍乡矿务局林场，在萍乡新泉乡创建，每年从吨煤成本中提取 1 角至 2 角营林费，并与当地乡镇实行联营（1974 年林地面积为 1627 亩，到 1990 年发展到 4.65 万亩）。

28 日 省军区举行集会，纪念毛主席“大办民兵师指示”发表 16 周年。省军区号召部队指战员和全省广大民兵，要遵照毛主席关于“国家的统一，人民的团结，国内各民族的团结，这是我们的事业必定要胜利的基本保证”的教导，珍惜和维护革命队伍的团结。讲路线、讲党性、讲大局，做促进革命团结的模范。

28 日 省建筑工程局在景德镇市第一建筑工程公司召开“机械粉刷”现场经验交流会，观摩了“机械粉刷组装车”的实际操作。

本月～12 月 江西省赴突尼斯医疗队帮助让都巴施行女性绝育术，其医德医术受到该国卫生部的赞扬。

本月 省交通局、公安局执行《关于加强水上运输市场管理的联合通告》。

本月 江西省用现代科学研究红管药取得新的成果，日前已从红管药中分离出有效单体山奈酚和槲皮素，并进行了山奈酚人工合成，对防治慢性气管炎作出了贡献。红管药是由景德镇市三龙公社贫农老大娘周荷花献出的秘方草药。1971年8月以来，已经治疗几千例慢性气管炎患者，取得了一定疗效。该药经全国防治慢性气管炎工作会议讨论，列为全国18个重点有效方剂之一。

本月 南昌水泥压力管厂成立。江西省南昌水泥压力管厂用农用磨粉机及省建公司的原“三阶段”钢筋混凝土管的离心机与管模，自制5吨8米跨行单车吊，在露天试产出当时国内最大口径（ϕ950毫米～4000毫米）硅酸盐自应力水泥压力管。

本月 省新华书店编辑出版业务部门迁至百花洲路办公，分设政治编辑组、文教编辑组、科技编辑组、文艺编辑组、少儿编辑组、美术编辑组。

本月 上饶市颁布《关于制止违章建筑的通知》。

公元1974年10月							农历甲寅年【虎】						
日	一	二	三	四	五	六	日	一	二	三	四	五	六
		1 国庆节	2 十七	3 十八	4 十九	5 二十	6 廿一	7 廿二	8 廿三	9 寒露	10 廿五	11 廿六	12 廿七
13 廿八	14 廿九	15 九月大	16 初二	17 初三	18 初四	19 初五	20 初六	21 初七	22 初八	23 重阳节	24 霜降	25 十一	26 十二
27 十三	28 十四	29 十五	30 十六	31 十七									

1日　为庆祝建国25周年，由省文教办公室主办的江西美术摄影作品展览在省革命历史展览馆展出。

1日　省、市15万军民集会，庆祝中华人民共和国成立25周年。省、市负责人和驻省部队负责人和广大群众一起参加了游园庆祝活动。

省、市军民载歌载舞，热烈庆祝中华人民共和国成立25周年

7日　江西省在北京参加全国抓革命、促生产会议的人员给省委打来电话，传达毛泽东主席的指示："无产阶级文化大革命已经八年。现在，以安定团结为好。全党全军要团结。"

7日　1974年全国射击分区赛（南昌赛区）在南昌市举行。解放军队打破一项团体世界纪录和一项团体全国纪录，10名运动员分别打破两项个人全国纪录。江西王金玉获女子组气手枪第一名。比赛于15日结束。

8日　《江西日报》报道，江西中医学院党委遵照毛主席关于"教育要革命"、"把医疗卫生工作的重点放到农村去"的指示，积极开办农村"赤脚医生"中医函授班。中医函授教育，贯彻理论联系实际的原则，以自学为主，面授为辅，运用启发式的讨论方法，完成教与学的任务。

12日　省农林垦殖局在国营云山垦殖场召开全省国营垦殖场办工业座谈会。会议强调场办工业必须在"以粮为纲，全面发展，一业为主，多种经营"的方针指导下，坚持为农业服务的方向，坚持就地取材，就地加工，综合利用的原则。

14日　省委党校最近举办理论辅导员学习班，学习毛主席的军事著作，揭露和批判林彪在辽沈战役和平津战役中的右倾机会主义路线。

16日　省计委在南昌市召开全省节约工作会议，介绍轻工系统针织总厂、罐头厂锅炉改造节煤经验。会议于18日结束。

17日 省高级人民法院召开全省各中级人民法院院长扩大会议。会议交流全省司法系统“批林批孔”运动情况，贯彻落实毛泽东主席“以安定为好”的指示。省高级人民法院院长柳滨作会议总结。会议于24日结束。

19日 省委日前召开全省农副产品收购电话会议。会议要求全省各地以“批林批孔”为纲，不失时机地抓好农副产品的收购和上调工作，巩固和发展当前的大好形势。省委、省革委的负责人参加了会议。

19日 《江西日报》报道，江西省电影发行放映事业得到发展。到目前为止，全省共有放映单位2684个，“8.75毫米”电影机从无到有，从少到多，已发展到102部。

19日 日本长崎县陶瓷考察团一行7人，到江西景德镇参观考察。参观考察于22日结束。

20日 省革委会农林办公室最近在新干县召开全省大片杉木林基地工作会议。会议传达贯彻农林部召开的10省（区）林业局长座谈会精神，总结交流了办杉木材林基地的经验，讨论了全省社、队林场经营管理办法，并安排了今冬明春林业工作。

21日 江西赣州铝厂铝材加工配套项目建成，试铸铝管坯成功（1975年4月试产铝管成功，8月铝管正式投产）。

22日 《江西日报》报道，江西省革委会文教办公室党委日前在南昌召开全省工人宣传队、贫下中农管理学校委员会座谈会。

28日 南昌市革委会最近召开知识青年上山下乡工作会议。据会议公布，自1966年以来，全市共有4.3万名知青下放全省广大农村。

本月 江西宜春钽铌矿300吨/日锂云母浮选工程开工（1975年12月竣工。后经1985年、1988年两次扩建，于1989年6月后，锂云母年生产能力提高到4.6万吨）。

本月 省建工局向国家建委报送江西省勘察设计先进技术成果展览项目：（一）预应力网格式屋架；（二）砖砌薄壁园库；（三）晶体管继电保护及无触点弱电控制；（四）JGS－地下电视设备；（五）湖口高塔。

本月 景德镇市吕蒙大桥竣工通车，该桥为等截面悬链线空腹式双曲拱桥，长243.83米，宽9米，荷载能力及通航等级为6级。

本月 景德镇市第一条跨昌江供水管道（直径300毫米）铺设竣工，开始向西市区统一供水。

公元1974年11月							农历甲寅年【虎】						
日	一	二	三	四	五	六	日	一	二	三	四	五	六
					1 十八	2 十九	3 二十	4 廿一	5 廿二	6 廿三	7 廿四	8 立冬	9 廿六
10 廿七	11 廿八	12 廿九	13 三十	14 十月大	15 初二	16 初三	17 初四	18 初五	19 初六	20 初七	21 初八	22 小雪	23 初十
24 十一	25 十二	26 十三	27 十四	28 十五	29 十六	30 十七							

1日　南昌铁路卫生学校正式成立，校址在南昌县向塘镇，当年招收护士专业新生40名。

1日　省农业局、商业局、卫生局、农林垦殖局联合发出1975年中药材生产计划。

1日　江西砖瓦厂粉煤灰砖生产车间扩建为南昌硅酸盐制品厂（该厂利用七里街电厂排除的粉煤灰生产粉煤灰砖）。

5日　《江西日报》报道，江西省知识青年上山下乡办公室、省文办教育组近日在南昌市召开全省上山下乡和回乡知识青年业余教育座谈会。会议总结交流了经验，讨论研究了有关上山下乡和回乡知识青年业余教育的有关方针、政策和办学方向等问题。

5日　省委、省革委会、省军区、南昌市革委会、南昌警备区的领导，响应毛主席的号召，到生产第一线参加劳动，并和工人一起学习毛主席、党中央的一系列重要指示。

8日　津巴布韦非洲民族联盟参观团一行10人，来江西萍乡、井冈山、南昌参观访问。参观访问团于16日离赣。

8日　省革委会在南昌市召开全省计划生育工作会议。会议传达了中央负责同志对计划生育工作的讲话，传达了全国计划生育工作会议精神。会议于12日结束。

9日　省委、省革委会召开全省铁路沿线各地、市、县委和铁路系统电话广播大会。大会宣布展开铁路运输大会战，掀起抓革命、促生产新高潮。

南昌铁路局各级党委领导成员和工人们一道投入运输大会战

12 日　常驻江西的东南亚等国外宾 36 人，分批作赣南之游。

21 日　阿尔巴尼亚稀有金属地质考察组一行 3 人，到石城、瑞金等地参观考察。参观考察于 30 日结束。

22 日　目前，著名的崇明岛螃蟹已在九江市水产公社八里湖大队安家落户。该大队已收获螃蟹 7000 多斤（1972 年，该大队从长江口的崇明岛引进 5 斤 6 两蟹苗，一年后养殖获得成功。1973 年又引进蟹苗 178 斤，成活率 70% 以上。如今，养蟹已在当地的一些大队和水产场推广）。

23 日　“解放巴勒斯坦人民阵线”参观团一行 11 人，来萍乡、井冈山、南昌等地参观访问。参观访问于 28 日离赣。

24 日　江西省冶金局批准株岭坳铁矿第一期工程设计，年产原矿 10 万吨（1978 年 1 月，一期工程基本建成，1980 年全部停产）。

30 日　省委发出《关于深入开展农业学大寨运动，迅速掀起大搞农田基本建设新高潮》的通知。通知要求全省贯彻落实毛泽东“以安定为好”的指示精神，各行各业大力支援农田基本建设。

本月　景德镇市最大的地下室人防工程（为民瓷厂人防工程）开工。该工程由景德镇市一建公司承建，建筑面积 1728 平方米（1975 年 2 月 28 日，采用保护法爆破旧建筑物效果良好。据该市人防办公室统计，1973 年至 1982 年 8 月，人防总面积 72425 平方米，已利用 13543 平方米）。

本月　全国 PT 系列井式炉鉴定会在德胜关垦殖场的江西电炉厂召开。江西电炉厂设计制造的第一代新系列 RT 井式炉通过第一机械工业部部级鉴定。

公元 1974 年 12 月　　农历甲寅年【虎】

日	一	二	三	四	五	六	日	一	二	三	四	五	六
1 十八	**2** 十九	**3** 二十	**4** 廿一	**5** 廿二	**6** 廿三	**7** 大雪	**8** 廿五	**9** 廿六	**10** 廿七	**11** 廿八	**12** 廿九	**13** 三十	**14** 十一月小
15 初二	**16** 初三	**17** 初四	**18** 初五	**19** 初六	**20** 初七	**21** 初八	**22** 冬至	**23** 初十	**24** 十一	**25** 十二	**26** 十三	**27** 十四	**28** 十五
29 十六	**30** 十七	**31** 十八											

1 日　江西省第四届运动会闭幕。省委、省革委、省军区、南昌市委、市革委、南昌警备区负责人向荣获各项风格奖和优胜代表队、运动员发奖。这届运动会从 11 月 24 日开幕，经过运动员的激烈的竞技，有 2 人 6 次破 4 项全国青少年全国青年举重纪录；20 人 59 次破游泳 11 项省纪录，平 1 项省纪录；39 人 158 次破游泳 33 项省少年纪录；19 人 19 次破 7 项田径省纪录；2 人 5 次破 4 项举重纪录；2 人创 2 项田径省纪录；39 人 45 次破 16 项田径纪录。这是建国以来江西规模最大的一次综合性运动，各项比赛从 8 月 1 日起开始陆续进行。

运动员、裁判员步入会场

3 日　省农业局、粮食局、商业局、外贸局转发农林部、商业部、外贸部通知，要求各地认真加强种、苗调运中检疫，避免给农业生产造成损失。

6 日　“东风－12”小型水稻联合收割机在江西泰和县农机厂研制成功。该机研制由国家一机部、江西省农机所组织，江西省农机所、昆明军区后勤部农机所、安徽省芜湖地区机械所、广西柳江县农机所等 5 省 7 个单位，组成小型卧式割台水稻联合收割机联合设计组，在泰和县农机厂集中设计，并由该厂承担制造任务。

6 日　中国科学院和农林部委托江西主办的南方 11 省（区）红壤改良利用经验交流和科研协作会在南昌召开。参加会议的有浙江、福建、安徽、湖南、广东、广西、云南、贵州、四川、江西等省（区）的科技、农林部门，红壤改良利用搞得好的县、社、队、国营农场（垦殖场），以及高等农业院（校）代表共230多人。中国科学院科技办公室负责人以及农林部的代表参加了会议。会议于17日结束。

7日 省公安局、南昌铁路局、省军区司令部联合在南昌召开全省铁路沿线治安工作会议。会议传达贯彻国务院批转公安部、运输部《关于整顿铁路治安秩序的请示报告》精神，决定在省委直接领导下，由有关部门共同组成铁路治安领导小组，统一计划、统一部署、统一指挥、统一行动，加强铁路沿线城乡的治安管理工作。会议于11日结束（1975年1月9日，省委批转了这次会议情况的报告）。

10日 省革委会腐殖酸肥料领导小组和办公室成立。领导小组由黄先、李德友、王敬群、肖善荣、徐晓天、周太、周杰组成。黄先任组长，王敬群、李德友、徐晓天任副组长。

14日 省委通知：从即日起，全省各级党组织和广大农村干部、社员及各条战线上的同志，要认真学习《江西日报》转载的陈永贵在山西省1974年农业学大寨会议上的讲话（摘要），和大寨大队党支部书记郭凤莲、昔阳县委副书记王金籽在山西省1974年农业学大寨会议上的发言（摘要）。

14日 省商业局转发商业部《关于对军队物资供应工作中几个问题的批复》的通知。通知提出军人服务社设立离商业网点多远距离为宜，由商业部门根据当地的具体情况自行确定。对于一些有部队代号，但非现役军人团以上编制的工厂、企业等单位，不得设立军人服务社。如个别单位因特殊情况需要，应按厂办商店办法办理。

15日 省委、省革委会、省军区和南昌市委、市革委会、南昌警备区的负责人和10万军民欢送南昌市2500多名知识青年和带队干部奔赴农村。《江西日报》发表《深入批林批孔做好知识青年上山下乡工作》评论员文章。

南昌市民夹道欢送上山下乡知识青年

省、市军民隆重集会，欢送上山下乡知识青年

15日 省建筑工程局在景德镇市召开全省无井架液压滑升模板与机械粉刷座谈会。

16日 南昌市委发出《向舍身抢险的南昌县泾口公社杨芳大队14生产队队长，模范共产党员黄金水学习的决定》。

17日 中共中央决定调整江西党政主要领导：江渭清任省委第一书记，省革委会主任，省军区第一政委，福州军区政委；杨尚奎任省委书记；免去佘积德省委书记、省革委会副主任职务，回福州军区工作。调整后的省委常委为江渭清（第一书记）、白栋材、杨尚奎、黄知真、文道宏、陈昌奉（以上为书记）、刘俊秀、熊振武、张志勇、郑国、黄先、刘云、涂烈、于德馨。省革委会领导成员为：主任江渭清，副主任白栋材、杨尚奎、黄先、文道宏、刘云、潘世告、樊孝菊（女）、涂烈。

18日 省农业局转发《中华人民共和国农林部对外植物检疫操作规程》文件。

22日 萍乡机务段FD型1859号机车邓贵春机班值乘1310次，发现后部车辆第6节装有黄磷的车辆起火，待列车越过坡顶后及时采取停车隔离措施，防止火灾蔓延扩大，南昌铁路局给予记功嘉奖。

22日 江西省妇联在分宜县杨桥公社召开"批林批孔"和移风易俗婚事新办经验交流会。会议于26日结束。

23日 全省城郊养鱼现场会在南

昌市召开。

26日 南昌市电信局话务分局开通，全市实现自动电话化。

27日 省总工会最近召开工人代表座谈会。会议总结交流抓革命、促生产的经验。并要求深入开展“工业学大庆”的群众运动，努力完成1974年的国家计划。

28日 抚州市开工兴建抚北大桥，该桥为全抗暴悬臂双铰箱形曲拱桥，长431米，宽13米，投资282.5万元（1978年5月1日建成通车）。

30日 省、市军民2000余人在八一礼堂举行庆祝1975年元旦军民联欢晚会。省、市、党、政、军负责人出席了晚会，并观看了影片《渡江侦察记》。

本月 南昌市革委会决定成立“南昌市环境保护办公室”，同时还成立了环境保护的监测和科研机构。

本月 省农业局、外贸局、医药公司联合在贵溪县召开全省第一次珍珠收购会。

本月 由省人民政府投资25万元的余江县政府宾馆开工兴建（该宾馆建筑面积2566平方米，石混结构，由锦江镇建筑工程公司设计施工，并于1976年12月竣工）。

本月 全省推广使用腐殖酸、“五四〇六”土化肥12.9万吨，防治农作物病虫害1441余万亩。

本年

年初 江西采矿机械厂与河南洛阳矿山机械研究所共同研制成功KY－2500牙轮钻（1976年通过一机部鉴定并批量生产，1978年获全国科学大会奖。改进研制的KY－2500牙轮钻，1986年7月通过部级鉴定，成为国家第一批替代进口产品，1987年获国家机械委科技进步一等奖，1989年获国家科技进步特等奖，1990年9月27日获国家优质产品金奖。这是江西机械行业第一个获得国家金奖的产品。主要研究人员为丘植萱、周罗荫、茅建忠等）。

本年 抚州退伍军人慢性病医院并入在临江创办的省革命伤残军人疗养院，设立省复员军人慢性病医院，与省革命伤残军人疗养院两块牌子，一套班子。

本年 萍乡工厂在萍乡丹江地域外泄60吨原料酚钠，污染萍乡河100余里及附近地下水。

本年 省计划委员会批准将江西砖瓦厂的粉煤灰砖车间改建成江西硅酸盐厂。该厂利用南昌发电厂排出的煤灰制砖。

本年 江西赣州钴冶炼厂铬工段建成投产。

本年 全省从南到北发生严重“三化螟”虫害，损失稻谷15亿多斤，占全省总产量的8.1%。

本年 省革委会颁发《江西省农作物种子、苗木调运检疫暂行办法》。

本年 江西丝绸厂丝绸产品开始少量出口。

江西丝绸厂工人提前完成百万米丝绸计划

本年 “长青牌”罐头在国外注册，结束了长期以来江西罐头调拨外省口岸出口，使用外省商标的历史。

本年 省交通局规定航道养护费全额解交省航运局，各分局所需航道养护费用由省交通局核

定计划，按月下拨。

本年 省粮油进出口公司引进良种“双竹粘”，委托省水稻原种场农科所试种成功，从而增加了大米出口新品种。

本年 南昌县塘南水产场、瑶湖水产场及朱港农场3个单位，向南昌市外贸部门交售珍珠2.28公斤。从此，南昌市开始了珍珠外贸出口业务。

本年 南昌供电局建成江西第一条220千伏从柘林水电厂到斗门变电站的“柘斗线”，首次将220千伏电压引入市内。

本年 江西造船厂首次建造交通部下达的8艘120马力起锚艇。

本年 省土产畜产进出口公司直接向八一麻纺厂收购麻袋259万条，占设计产量的19.54‰。

本年 南昌市成立市环保所、市医学科研所、市建筑科研所。

本年 省工业设备安装公司自制的一台氧－乙炔火焰加热弯管机，适用于管径直径219毫米及以下的钢管煨弯，填补省内空白。

本年 省建一公司在景德镇电厂高100米烟囱施工中首次采用自制的YQ－3T液压千斤顶，进行无井架液压滑模法施工获得成功。

本年 江西光学仪器厂研制成功131型中程地炮激光测距仪，并通过部级鉴定（1978年获全国科学大会奖）。

本年 宜春地区妇女组成“学大寨”三八妇女队、娘子军连、铁姑娘战斗队等共8185个，有68177人参加。全区有2200多名女知识青年奔赴农村插队落户。

本年～1977年 八一垦殖场分别引进欧美杂交种葡萄康拜尔、黑虎香、北醇，经过栽培实验列为主栽品种，逐步形成自己种葡萄，自己加工葡萄酒，自己销售的经济格局。

本年 江西自行制造的第一艘绞吸式挖泥船在江西造船厂建成。

本年 云山垦殖场引进“摩拉水牛”精液，进行人工授精，生产杂交水牛27头（1979年又购进“摩拉水牛”2头）。

本年 江西地质科研所和省地质局赣西北大队共同建立了与斑岩有关的“三位一体”铜矿成矿模式。进而提出了“多位一体”铜矿成矿模式。

本年 省矿产储量委员会批准，由省有色冶金勘探公司七队完成的414特大型铌钽矿区地质勘探报告。

本年 南昌柴油机厂大件车间建成X4105、X6105型柴油机机体加工自动生产线。

南昌柴油机厂生产线车间

本年 省地质局九一六队成立。当年，省地质局九一六队查明了德安大型萤石矿床。

本年 省妇女保健院院长杨学志带领小分队到宫颈癌高发区靖安县建立全国第一个农村宫颈癌防治现场。

本年 省建工局援建赞比亚的施工项目有棉纺织厂、服装厂、枪弹厂及两座营房工程，总面积为3万平方米，104个单元，预计两年后完成。

本年 省交通局客车厂在1973年成批生产660型客车的基础上，又生产出736型的13座旅行小客车和661型长途客车。这两种车，都是经过交通部全国会议定型的新客车。

1975年

本年的主要工作是进行各项工作整顿，全省形势有了明显好转。年初，全省、地（市）、县党员干部会议讨论本年度国民经济计划，要求认真学习贯彻中央十届二中全会和人大四届一次会议精神，加强团结，深入“批林批孔”，坚持党的基本路线，开展社会主义教育，搞好国民经济建设，为完成四个现代化而努力。年底，“反击右倾翻案风”刮到江西，使刚刚出现的比较稳定的局势又遭到破坏。

整顿铁路 全省工业的调整从铁路部门开始。3月，省委召开地、市委工业书记会议，传达中共中央解决铁路问题的会议精神和中央领导对解决南昌铁路局问题的指示，贯彻中央《关于加强铁路工作的决定》，确定以南昌铁路局作为全面整顿的试点，结束南昌铁路局自1973年12月至本年4月连续17个月未完成国家计划的被动局面。铁道部部长万里率工作组到南昌铁路局进行重点整顿，白栋材率工作组重点整顿向塘机务段。整顿工作以反派性为突破口，重点整顿南昌铁路局各级领导班子，同时选派了1100多名干部下基层发动群众揭露批判资产阶级派性，恢复和健全了规章制度。到当年5月，铁路运输混乱状况得到扭转，日均装车量上升，上半年的货运量提前完成，并开始做到安全正点，保证了浙赣铁路干线的畅通。

整顿钢铁工业 对钢铁工业的整顿始于6月，省委召开传达全国钢铁工业座谈会的工作会议，按照中央《关于努力完成今年钢铁生产计划的批示》，继续搞好安定团结，落实党的政策，调动一切积极因素，并对工业整顿和完成全年工业生产计划作了进一步的部署。钢从1965年的1.4万吨增加到1975年的14.74万吨。

全面整顿 10月，省委召开会议，传达中共中央农村工作座谈会精神，研究进一步贯彻毛泽东的“三项指示”（学习无产阶级专政理论，反修防修；希望社会安定；把国民经济搞上去），搞好农村工作，加速工业发展，整顿各行各业，落实党的政策等问题。会议根据邓小平关于各方面都要整顿，整顿的核心是党的整顿，整党主要放在整顿各级领导班子上的讲话精神，强调要整顿领导班子和调整机构。会后，对“文化大革命”以来造成的混乱局面进行全面整顿。首先，狠抓开展批判资产阶级派性的斗争，清除派性，增强团结，对屡教不改的帮派头头，采取了断然措施；第二，对重点企业和各级各单位的领导班子进行思想整顿和组织整顿，切实解决领导班子中的软、懒、散的问题；第三，进一步抓好各项政策的落实，为“靠边站”的干部重新安排工作，恢复被错误处理的党员的组织生活，从政治上为在“三查”、“清理阶级队伍”和“一打三反”中受迫害的干部群众平反，调动他们的积极性，对1968年以来被错定为敌我矛盾、错划阶级成份以及因逼、供、信造成非正常死亡的人员，予以平反纠正，妥善处理；第四，加强生产指挥系统的组织领导，健全各项规章制度，着重抓了铁路、煤炭、电力、钢铁几个重点行业和企业。

成效显著 通过全面整顿，取得了显著的成效。当年全省工农业总产值增长10.2%，国民收入增长5.3%，财政收入增长19.6%。主要工农业产品的产量都有明显增长。全省集中力量进行了37个重点基本建设项目的建设，其中有25个于年底建成投产。由于基本建设和“三线”建设所取得的成绩，“三五”和“四五”期间，江西部分工业品的产量有一定的增长。以1975年和1965年比较，增长幅度较大的有：化学纤维从1040吨增加到2627吨；机制糖从1.82万吨增加到3.89万吨；原煤从424.91万吨增加到1037.72万吨；硫酸（折合100%）从1950吨增加到18993吨；大中型拖拉机从618台增加到2210台；金属切削机床从142台增加到2239台；水泥从23.27万吨增加到88.41万吨。在科技方面，通过培育和推广良种、改良土壤、提高耕作技术等，使农作物产量有了提高。在工业生产方面大力开展技术革新，特种钢的研制、革新机械加工工艺、抗菌素试制等都取得了一批成果。

其他重要事件 省委决定宽大处理释放和安置原国民党县团级以上党、政、军、特人员，并举行特赦释放大会。

全省本年主要经济指标情况 国民生产总值（按当年价格计算）68.12亿元，比上年增长9.9%；工业总产值54.66亿元，比上年增长15.2%；农业总产值45.32亿元，比上年增长4.2%。粮食总产量211.36亿斤，比上年增长0.07%。其他主要工农业产品的产量均有明显增长。财政收入7.86亿元，比上年增长19.6%。年末全省总人口2968.54万人，人口自然增长率为25.97‰。

公元1975年1月							农历乙卯年【兔】						
日	一	二	三	四	五	六	日	一	二	三	四	五	六
			1 元旦	2 二十	3 廿一	4 廿二	5 廿三	6 小寒	7 廿五	8 廿六	9 廿七	10 廿八	11 廿九
12 十二月大	13 初二	14 初三	15 初四	16 初五	17 初六	18 初七	19 腊八节	20 大寒	21 初十	22 十一	23 十二	24 十三	25 十四
26 十五	27 十六	28 十七	29 十八	30 十九	31 二十								

1日 省委常委认真学习中央“两报一刊”1975年元旦社论《新年献词》。省委第一书记江渭清参加学习，并在会上讲了话。

1日 “上海、阳泉、旅大工人画展览”在江西省革命历史展览馆举行。三市工人画展览，共展出中国画、油画、版画、连环画、宣传画、年画、水粉画等172件。这些出自三市工人业余美术作者之手的艺术珍品，具有鲜明的时代精神和广泛的群众性，洋溢着浓厚的生活气息。共有15万多人参观了展览。其中，福建、浙江、上海、江苏、安徽等兄弟省市和福州军区，江西省6个地区3个市和省军区，分批派来了参观代表5000余人。这次展览活动于20日结束。

2日 《江西日报》报道，中央“两报一刊”1975年元旦社论发表后，省军区党委立即进行了学习讨论。

8日 省有色冶金勘探公司以七队五分队为基础，成立德兴富家坞铜矿地质勘探会战指挥部。

11日 省委最近在南城县召开了全省畜牧工作会议。会议学习毛主席、党中央有关发展畜牧业的指示，总结交流经验，讨论发展畜牧业的路线、方针、政策和规划。

11日 国家计委正式批复同意建设九江炼油厂，加工山东胜利油田原油。规模为250万吨常成压，120万吨催化裂化，15万吨重整加氢精制，5万吨氧化沥青，100万吨重油减黏装置。

12日 省妇联最近在分宜县杨桥公社召开“批林批孔”经验交流现场会。到会的各地(市)、县妇联负责干部110余人，学习了毛主席、党中央有关搞好“批林批孔”的指示和文件，参加了杨桥公社观光大队批判《女儿经》的现场，听取了杨桥公社党委关于“加强妇女工作领导”的经验介绍，参加了杨桥公社移风易俗为10对男女青年举办的婚礼。

13日 省委、省革委会召开全省农田基本建设电话会议，传达国务院领导关于农田基本建设的指示。萍乡、万载和德安3个县的负责人介绍了他们以改土治水为中心的农田基本建设的经验。会议指出，各级领导既要看到前一阶段农田基本建设的形势，也要看到存在的问题，认真总结正反两个方面的经验教训，坚持大学大批促大干，坚持领导带头参加生产，以及时解决各种问题。会议强调，各行各业要把支援当前的农田基本建设，当作一项重要任务，积极主动地去完成。会议还对粮、油征购和农副产品收购工作作了部署。会议要求各地发扬连续作战的战斗作风，鼓足干劲，放手发动群众，采取一切可以采取的措施，巩固和发展大好形势，夺取农田基本建设全胜。

18日 省煤炭局向省委作出《关于进一步学大庆、赶开滦，促进煤炭工业大干快上的请示报告》。该报告提出从老井挖潜改造、发展小煤窑以及加快新井建设三个方面努力，为到1980年实现生产原煤1800万吨的目标奋斗。

19日 江西省遵照执行国务院发出的《关于进一步加强财政工作和严格审查1974年财政收支的通知》，要求对1974年12月出现的若干不正常的增支减收问题，必须逐笔核实，不准虚列支出。

20日 省委和省革委会向全省发出通知，要求全省各级党委和革委会，要把学习党的十届二中全会公报，学习四届人大新闻公报和《中华人民共和国宪法》、《关于修改宪法的报告》、《政府工作报告》等文件作为当前重要的政治任务，组织全体党员和广大人民群众认真学习，坚决贯彻执行。把学习公报和各项文件同学习中央"两报一刊"元旦社论及落实中央指示统一起来，更好地实现四届人大提出的各项战斗任务。

群众在南昌人民广场集会庆祝四届人大召开

23日 南方11省、区最近在南昌市举行了红壤改良利用经验交流和科研协作会议，交流了开发利用和改良红壤的经验，讨论和制定了新的规划，决心加快红壤开发利用和改良的步伐。

24日～30日 省委召开省、地（市）、县党员负责干部会议，传达贯彻中共十届二中全会和全国人大四届一次会议精神，讨论本年度国民经济计划。会议要求全省人民认真学习贯彻这两次会议的精神，加强团结，为完成四届人大提出的实现四个现代化而努力工作。

27日 为使中学教育能适应知识青年上山下乡和工农业生产的需要，解决教师的"缺门"问题。南昌市教育局自1974年8月份起举办的中学教师农用机电和土地测量短训班，已办了八期，共有100多所直属中学和厂办学校的180多名教师参加了培训。他们在培训班中学习了柴油机、拖拉机、电机、收扩音机和平面与地形测量的实践和理论知识。

27日 省委、省革委会向驻赣部队指战员和烈军属、荣誉、复员、转业、退伍军人、退休老干部发出慰问信，向他们表示春节的祝贺，同时号召大家在新的一年里，要进一步贯彻执行毛主席、党中央的一系列重要指示，认真学习，坚决贯彻执行党的十届二中全会和四届人大提出的各项战斗任务。巩固社会主义的经济基础，多快好省地发展经济建设和国防建设。

27日 省委、省革委会向全省上山下乡知识青年、带队干部发出慰问信，向他们表示春节的慰问，同时号召在新的一年里，大家在各级党委的领导下，更加刻苦攻读马列著作和毛主席著作，认真学习、宣传、落实毛主席、党中央的重要指示和四届人大的各项文件，坚持党的基本路线，坚持社会主义道路，努力实现四届人大提出的各项战斗任务。

30日 省革委会文化组在宜春地区上高县召开全省农村群众文化工作会议，总结、交流全省农村文化工作的经验。出席会议的有各地

(市)、县文化组（局）和文化馆（站）的负责人、农村文化先进单位的代表、故事员以及省直文化单位的代表共230余人。省革委会文教办负责人出席会议并讲话。会议提出，在新的一年里，要以党的基本路线为纲，以“批林批孔”为动力，以政治夜校为基地，充分发挥各种文艺武器的战斗作用，深入调查研究，当好党委的参谋，抓好典型，带动全面，更广泛深入地开展多种形式的文化活动。用社会主义占领农村思想文化阵地。会议于2月4日结束。

公元 1975 年 2 月							农历乙卯年【兔】						
日	一	二	三	四	五	六	日	一	二	三	四	五	六
						1 廿一	2 廿二	3 廿三	4 立春	5 廿五	6 廿六	7 廿七	8 廿八
9 廿九	10 三十	11 春节	12 初二	13 初三	14 初四	15 初五	16 初六	17 初七	18 初八	19 雨水	20 初十	21 十一	22 十二
23 十三	24 十四	25 元宵节	26 十六	27 十七	28 十八								

4日　为庆祝四届人大的召开，促进群众性体育活动更加蓬勃开展，培养广大学生在德智体诸方面全面发展，南昌市举行春节环城赛跑，共有2000多名学生参加。

5日　省委召开工作会议，传达和学习党的十届二中全会精神和第四届全国人民代表大会第一次会议的精神。会议号召全省人民加强革命团结，深入“批林批孔”，坚持党的基本路线，抓革命、促生产，掀起社会主义建设的新高潮，为落实毛主席、党中央的号召，完成四届人大提出的各项战斗任务而努力工作。

7日　为贯彻四届人大会议精神，省委书记、常委和省委、省革委会负责人带领部分机关干部，分别到南昌发电厂、南昌铁路局向塘机务段、省航运局和江西造船厂等单位，深入生产第一线，同工人群众一起参加劳动。

7日　分宜县杨桥公社煤矿发生瓦斯爆炸，死亡20人。

8日　为进一步落实毛主席关于“备战、备荒、为人民”的战略方针和“绿化祖国”、“实行大地园林化”的指示，认真贯彻落实四届人大提出的各项任务，省革委会最近发出通知，号召全省人民立即行动起来，抓住当前植树造林的大好时节，迅速掀起植树造林群众运动的高潮，多快好省地完成1975年全省植树造林任务。通知要求各地掀起“农业学大寨”群众运动新高潮，依靠集体和国营两条腿走路，主要依靠社队集体造林，推动林业生产的发展。通知并强调，植树造林是百年大计，长远建设，对促进农业高产稳产有着密切联系，各地要在党的一元化领导下，把植树造林作为农田基本建设的重点项目来抓，实行山、水、田综合治理，农、林、牧全面发展，认真做好植树造林的组织工作。

8日　省委决定成立省环境保护领导小组，王实先任组长，王敬群任副组长。

8日　江西钢厂线材车间开工建设（7月1日建成投产）。

13日　南昌市举行首次农民篮球赛。湾里区湾里公社、郊区湖坊公社和南昌县麻丘公社、渡头公社4个代表队参加了比赛。

18日　省委常委会议听取省人防办工作情况汇报，同意省人防办属直属常设办事机构，编制30人至35人。

19日 自1973年秋在清江县山前公社吴城村发现商代人类居住遗址以来，在省委、国家文物局、省文办和宜春地委、清江县委、山前公社党委的领导和重视下，在中国科学院考古研究所、中国历史博物馆以及有关单位的协助下，由省、县、博物馆考古工作者，以及北京大学历史系考古专业部分师生和河南洛阳钻探老工人进行了三次考古发掘，共揭露面积1100多平方米，获得不少重要文物。经过一年多时间的考察研究，根据遗址地层堆积和出土遗物的特征，已经证明遗址的年代大体相当于商代中期至西周初年（距今约3000多年），它包含了三个发展时期，延续了数百年之久。从吴城遗址出土的有关遗物来看，说明当时生产力水平已经发展到一定的程度，它和中原地区一样，早在3000多年前已进入了奴隶社会阶段。因此，吴城遗址的发现和发掘，不仅对于研究我省以及江南地区的古代历史，而且对南方"几何印纹陶"文化的分期，找到了重要线索，丰富了我国奴隶时代青铜文化的研究资料。

19日 宜春县寨下公社煤矿发生瓦斯爆炸，死亡10人。

19日 煤炭工业部发出《关于保证完成1975年煤炭基本建设任务的通知》，将八景煤矿峨眉山四井列为全国39项重点矿建工程之一（该井于当年9月20日移交生产）。

20日 省卫生局印发《关于加强传染病防治工作的通知》。通知要求本年传染病防治工作，采取组织有关地区和军民联防的协作办法，以严防"2号"病的传入为重点，带动其他传染病的防治。

21日 省委召开省、市直属机关干部大会。参加大会的有省委、省革委、省军区的负责人，南昌市委、市革委、南昌警备区的负责人，各地、市在省参加几个会议的负责人，以及省、市直属机关干部，共计8000余人。省委第一书记在大会上传达了毛主席关于理论问题的指示，并根据省委常委多次会议学习和讨论的意见，动员各级党组织和广大党员、干部、群众，特别是各级领导干部和领导机关认真学习毛主席关于理论问题的指示，夺取社会主义革命和社会主义建设的新胜利。

21日 省财政局向省革委会报告，就当前企业亏损面扩大，亏损额猛增，重点企业盈利大幅度下降甚至由盈变亏的问题，提出6条解决意见。

26日 省机械局、省轻化局、省财政局发出《关于农机产品价外补贴审批及有关事项的通知》。

28日 省委在南昌市召开全省血防工作会议。参加会议的有省委血防领导小组成员，疫区各地、市、县委负责人和血防办公室负责人，省直有关部门负责人，重点疫区的农、水、卫生部门负责人共183人。省委血防领导小组向会议作了《坚决按照中央规划完成限期消灭血吸虫病的战斗任务》的报告。南方十三省、市（区）防治血吸虫病领导小组办公室负责人出席会议并讲话。会议根据全国第三次血防工作会议的精神，总结了工作，交流了经验，研究制定了我省今后两年消灭血吸虫病的战斗规划。会议于3月5日结束。

本月 江西电视台购进日本电影洗片机并投入使用，采用干洗胶片的办法洗片，填补江西洗印电视新闻片的空白。

1975 3月 March

公元1975年3月 农历乙卯年【兔】													
日	一	二	三	四	五	六	日	一	二	三	四	五	六
						1 十九	2 二十	3 廿一	4 廿二	5 廿三	6 惊蛰	7 廿五	8 妇女节
9 廿七	10 廿八	11 廿九	12 三十	13 二月大	14 初二	15 初三	16 初四	17 初五	18 初六	19 初七	20 初八	21 春分	22 初十
23 十一	24 十二	25 十三	26 十四	27 十五	28 十六	29 十七	30 十八	31 十九					

1日 省委第十六次常委会决定成立省测绘局，为省直属局。

3日 省煤炭局在宜春县召开全省煤炭系统安全生产会议。会议分析了2月份两起瓦斯爆炸事故，要求加强对小煤窑技术力量的培训。所有小煤窑都要制定灾害预防计划，并由地区救护队帮助进行一次演习。

4日 省委最近在南昌市召开全省知识青年工作会议。出席会议的有各地、市委和地、市知识青年上山下乡办公室的负责人，省军区、省农建师以及省级有关部门的同志。会议分析了当前知识青年上山下乡的形势，总结交流了经验，研究讨论了今后的工作，要求各级党委进一步做好知识青年上山下乡动员安置工作。

4日 共青团江西省委召开座谈会，纪念毛主席"向雷锋同志学习"题词发表12周年。参加座谈会的有工厂、企业、机关、学校的团员、青年代表，还有青年学习小组的代表。大家畅谈了开展"向雷锋同志学习"的重大现实意义和深远历史意义，一致表示，要以雷锋同志为榜样，刻苦学习马列著作和毛主席著作。

5日 中央发出《关于加强铁路工作的决定》后，南昌铁路局由于仍受派性干扰，处于半瘫痪状态，至4月份，是全国20个铁路局中唯一没有完成装车计划的铁路局。

7日 省、市各界妇女代表两千余人在南昌市隆重集会，纪念"三八"国际劳动妇女节。会议指出，1975年是第四个五年计划的最后一年，为了加快社会主义建设的步伐，全省广大妇女必须认真学习马克思主义、列宁主义、毛泽东思想，抓革命，促生产，促工作，促战备，坚持

省、市妇女庆祝"三八"国际劳动妇女节大会

“鼓足干劲，力争上游，多快好省地建设社会主义”的总路线，充分发挥“半边天”作用，为贯彻执行以农业为基础、工业为主导的发展国民经济总方针作出新的成绩。

8日 江西省农业学大寨大会（第一阶级）开始举行。中央政治局委员、国务院副总理陈永贵，大寨大队党支部书记郭凤莲，昔阳县委副书记王金籽，大寨公社党委书记赵怀瑞出席了大会，省委、省革委、省军区的负责人出席了大会。大会共设15个会场，中心会场在江西宾馆礼堂。参加大会的有各地（市）、县、社出席全省农业学大寨大会（第一阶级）的负责人和代表，省直属机关的干部和驻军指战员，共3万余人。省委第一书记江渭清主持了大会，陈永贵在大会上作了讲话。郭凤莲、王金籽、赵怀瑞在大会上介绍了经验。与会人员表示，要加快农业学大寨步伐，夺取社会主义革命和建设的新胜利。出席大会的代表认真学习和讨论了陈永贵讲话和郭凤莲等的报告。

江西省农业学大寨大会（第一阶段）会议现场

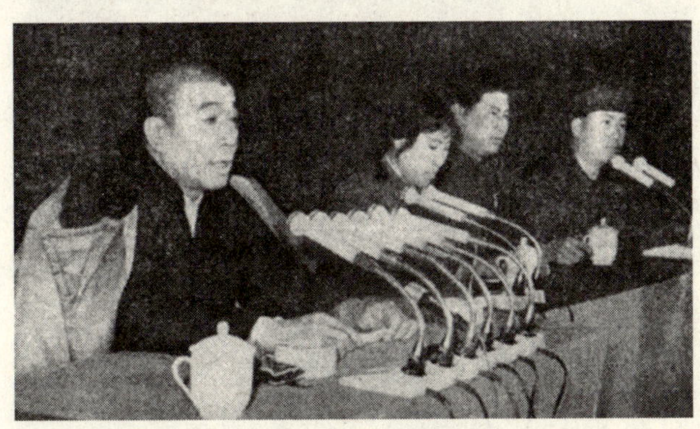

陈永贵（左一）在江西省农业学大寨大会上讲话

9日 省农业局在省农业科学研究所召开座谈会，研究无籽西瓜栽培和制种技术并落实科研任务。

10日 江西省建工局成立江西省建筑科技情报中心站。

13日~15日 省委召开地、市委工业书记会议，传达中央召开的解决铁路问题的全国工业书记会议精神和中央领导对解决南昌铁路局问题的指示，研究贯彻中共中央《关于加强铁路工作的决定》（即中央9号文件，3月5日发出）。“批林批孔”运动以来，南昌铁路局的运输堵塞，阻碍了浙赣铁路大干线的畅通，严重影响了工业生产和城市生活，被中央列入全国几个重点整顿的铁路局之一。会议要求按照邓小平的讲话精神和中央文件指示，建立健全必要的规章制度，加强组织纪律性，确保运输安全正点，对闹派性的人进行教育，经批评教育仍不改正者应该及时调离；同各种破坏行为作斗争。会后，工作组协助南昌铁路局重点整顿向塘机务段问题。不久，铁道部部长万里率领工作组到南昌铁路局，进行重点整顿。

14日 《江西日报》全文转载上海《解放日报》的通讯《敢于向资产阶级法权挑战的小将——记回到贫下中农那里去的大学毕业生程立标》，号召大家学习。程立标原是江西省乐平县接渡公社双桥（原向阳）大队的回乡知识青年，先后担任大队党总支委员、革委会副主任、民兵营长等职。1970年12月，进入上海师范学院生物系学习，1974年5月毕业后，主动要求回农村继续参加农业劳动。

14日 省劳改系统工业学大庆、农业学大寨会议召开。会议于21日结束。

15日 省水利局、交通局联合发出通知，要求各地对过去所建水利闸坝，按轻重缓急原则，分期解决有碍过船、过木排的问题。

15日 省军区政治部最近发出《关于组织部队民兵积极投入春耕生产的通知》，号召全区部队民兵立即行动起来，不失时机地掌握生产环节，积极投入春耕战斗，打好春耕生产这一仗，为全省农业获得大丰收作出新的贡献。

15日 江西农业学大寨大会（第二阶级）在南昌开始举行。在江西的中央委员、候补中央委员、省委、省革委、省军区的负责人、省委、省革委委员出席了大会。参加省农业学大寨大会的各地、市、县、公社的负责人和学大寨先进单位的代表共3700多人出席了大会。大会要求各级党组织加强领导，全党动手，大办农业，打好农业学大寨的总体战。各级党组织和革委会，都要加强对农业学大寨群众运动的领导。特别是地、县两级要把主要精力放在领导农村工作上。

江西省农业学大寨大会（第二阶段）开幕式

20日 省商业厅在宁都县召开全省代购代销店（双代店）代表会。地、市、县商业局组织检查科（股）长，重点基层供销合作社主任，“双代”员和贫下中农管理农村商业委员会主任参加了会议，会议总结与交流“双代店”的经验。

21日 “山东、江西摄影艺术展览”在南昌市展出。此次展览共展出了160幅摄影作品，展览期间，观众达6.5万人次。展出活动于4月22日结束。

26日 南昌市革委会春耕生产指挥部印发《关于做好护笋养竹的通知》。

28日 省革委会文教办公室党委最近举办了全省高等学校负责人学习班，学习期间，大家听取了国务院副总理陈永贵的讲话和省委书记白栋材传达中央有关会议的精神。学习班还邀请了大学毕业后回乡当农民的程立标向大家介绍他参加农村三大革命运动实践的经验和体会。

28日 南非“非洲人国民大会”主席坦博和执委马卡提尼，来南昌、井冈山参观访问。参观访问于31日结束。

29日 省委撤销“批林整风办公室”，成立“省委落实政策办公室”。

29日 省委召开省总工会、共青团省委、省妇联常委扩大会议。会议学习毛主席关于理论问题的指示，传达贯彻中国工会九次全国代表大会、共青团十次全国代表大会、中国妇女四次全国代表大会筹备组一次会议精神，研究如何做好工作，迎接工、青、妇全国代表大会的召开。会议经过讨论，确定了我省参加全国工、青、妇代表大会代表的产生办法和名额分配意见。会议要求，各级党组织要进一步加强对工、青、妇组织的领导，在产生工、青、妇全国代表大会代表的工作中，加强党的一元化领导，统筹安排，充分协商，认真执行党的民主集中制。会议于4月4日闭幕。

29日 《江西日报》全文转载《解放军报》通讯《让思想冲破牢笼——记红军战士甘祖昌与旧的传统观念作斗争的事迹》，并号召大家学习。甘祖昌，江西莲花县坊楼公社沿背大队人，原任新疆部队后勤部部长。由于头部三次负重伤，严重的脑震荡后遗症使他不能坚持原来的工作。经他一再申请，在得到党组织批准后，1957年9月，甘祖昌谢绝了组织上的种种照顾，带领全家回乡务农。

29日 省革委会最近在南昌召开全省气象工作会议。会议总结交流了气象工作经验，讨论了我省气象事业十年发展规划。会议要求各级领导要加强对气象工作的领导；各级气象台（站）既要为国防建设服务，也要为经济建设服务，在为经济建设服务中，把为农业服务放在首位；会议要求各级气象台（站）要大力提高预报服务质量，提高预报准确率和预报时效。

31日 省军区最近举办团以上干部读书班学习无产阶级专政理论，钻研革命导师关于如何看待资产阶级法权的论述。

本月 江西省军区组建独立师，张映康任师长，曹进恒任政治委员。

本月 省文教办公室党委先后举办全省高等学校、教育行政部门、共大分校负责人学习班。

本月 江西省建工局直属工程处合并于省建二公司。

公元1975年4月							农历乙卯年【兔】						
日	一	二	三	四	五	六	日	一	二	三	四	五	六
		1 二十	2 廿一	3 廿二	4 廿三	5 清明	6 廿五	7 廿六	8 廿七	9 廿八	10 廿九	11 三十	12 三月小
13 初二	14 初三	15 初四	16 初五	17 初六	18 初七	19 初八	20 初九	21 谷雨	22 十一	23 十二	24 十三	25 十四	26 十五
27 十六	28 十七	29 十八	30 十九										

1日　省委发出关于学习问题的通知。通知强调，全省各级党组织加强领导，各级领导干部带头，组织广大党员、干部和群众学习无产阶级专政的理论。

5日　北京京剧团在南昌为全省工农兵首场演出《杜鹃山》，省、市党政军负责人和1300多名工农兵群众观看了演出。

11日　王杰生前所在部队的上海籍战士、共产党员魏尧升到达南昌。魏尧升1975年退伍要求不回上海，立志到农村干一辈子革命，经所在部队党委和上海市有关单位协商同意，安置到井冈山地区插队落户。

12日　共青团省委、省红代会和省革委会有关部门在江西宾馆礼堂、八一礼堂和南昌剧场同时联合举行“欢迎退伍军人魏尧升务农报告大会”。来自省、市各条战线的共青团员、复员退伍军人、上山下乡知识青年以及驻省、市部队指战员的代表共1万多人出席了大会。省委、省革委、省军区、南昌市委、市革委、南昌警备区领导，团省委、省红代会、省革委会有关部门的负责人出席了大会。上海赴江西上山下乡学习慰问团的负责人、上海市革委会有关部门负责人和魏尧升原所在部队负责人也出席了大会。会上，魏尧升介绍了自己在解放军这个革命大熔炉里锻炼成长的过程，并提出“不领工资，挣工分，不留城市去农村”自愿申请到江西革命老根据地——永新县三湾村落户当农民，立志到农村干一辈子革命的先进事迹。

14日　省委、省革委会、省军区政治部为贯彻国务院、中央军委1974年12月31日同意撤销农建师的批示，联合发出《关于做好农建师的撤销交接工作的宣传教育提纲》。要求6月15日前移交完毕。农建师机关拟于6月20日对外停止办公。

14日　巴勒斯坦“法塔赫”参观团一行13人，来南昌、井冈山参观访问。19日结束。

15日　解放军某部驻劳改单位的军管干部调回部队。

16日　省革委会批转省财政局《关于贯彻财政部华东、中南片上海碰头会议意见的报告》，指出要坚决执行农轻重方针，促进农业大干快上。

16日 北京京剧团离开江西。该团来江西先后在南昌、井冈山为广大工农兵群众演出了现代京剧《杜鹃山》和“样板戏”选段及其他文艺节目。

17日 省委召开“省直机关学习无产阶级专政理论经验交流大会”。出席经验交流大会的有省委领导和省直机关各单位的负责人，以及省直机关干部，共3000多人。

18日 省委、省革委会在省人民剧院召开动员大会，欢送省直机关和大专院校1400多名干部和师生到农村、厂矿蹲点。省委、省革委负责人参加大会并讲了话。大会指出，下基层蹲点的首要任务，就是要学理论，抓路线，促团结，促大干。大会要求下基层的同志，要继承和发扬“革命战争时期的那么一股劲，那么一股革命热情，那么一种拼命精神”，深入、细致、踏实地工作，搞好调查研究，抓好典型，及时总结经验，全面推广。并积极参加生产劳动，关心群众生活，同群众打成一片，艰苦朴素，不搞特殊化。

23日 柘林水电站二号机组和一号电力变压器最近正式并网发电，有力地促进了工农业生产，支援了社会主义建设。

24日 省委、省革委会召开“全省工业学大庆经验交流大会”。来自全省工交战线的2500多名代表参加了会议。在南昌的中央委员、候补中央委员出席了大会。出席大会的还有省委、省革委、省军区的负责人、省委委员、省革委会委员，全省工业学大庆的先进企业、先进集体和先进生产（工作）者代表，重点企业和省、地、县工交部门、工会的负责人，以及特邀代表。

25日 德兴铜矿地质勘探会战指挥部江西省地质局成立，副局长刘荣兼任党委书记和指挥。参加会战的有赣东北队和九一六队等8个单位，任务是开展对铜矿、朱砂、红砂为重点的普查勘探工作。

27日 省军区举行报告会，广大指战员听取了福州部队典型单位、个人先进事迹巡回报告组介绍的先进典型经验和英雄事迹。

28日 省委、省革委会召开电话会议，号召全省各级干部和党员、团员、广大贫下中农、社员群众、国营农场职工、上山下乡知识青年和城镇乡村各条战线的同志们，学理论，抓路线，抢季节，全力以赴夺取春播春种春收和防汛斗争的胜利。

29日 省委作出《关于在全省开展学习甘祖昌革命精神的决定》。决定号召全体党员、革命干部和革命群众，要积极开展学习甘祖昌的先进思想和先进事迹活动。通过学习，进一步落实毛主席关于理论问题的指示，促进安定团结，把国民经济搞上去，努力完成和超额完成第四个五年计划，为中国革命和世界革命作出贡献。

本月 江西省电力工业局党的核心小组成立。由张宇晴、叶林、王天虹、白洁、张有林、李东升、宿正怀组成，张宇晴任组长。

本月 在九江钢铁厂基建施工中，出土珍贵陶罐一件，罐腹上部刻有“东林寺乞米”五字。经考证，系晋代东林寺僧化缘所用的物品。

“江西省工业学大庆经验交流大会”开幕式

本月 萍乡市利用风化煤生产腐殖酸肥料的第一家腐肥厂——宣风腐肥厂成立（1978年到1980年间，煤炭工业部共投资150余万元用于萍乡市发展腐殖酸工业，1980年开发以腐殖酸钠为主体成分的水处理剂，其中HAC锅炉防垢剂获得1981年江西省科技成果四等奖。1985年，又制成腐殖酸钻井泥浆处理剂系列产品，获得当年全省科学技术进步三等奖，1987年列为省科委“星火计划”项目）。

本月　江西省农业干部学校恢复，校长胡亚贤，校址在南昌县莲塘镇伍农岗。

本月　南昌通用机械厂与长沙矿山研究院、太原矿山机器厂合作，研制成功 HK－4 型靠壁式抓岩机，该机是国家竖井建设会战主要设备之一，在甘肃金川井巷工程公司通过由机械、冶金、煤炭等三个部组织的技术鉴定（1978 年获全国科学大会奖）。

本月　黄岗山垦殖场嫁接板栗实验获得高产，得到省板栗科研协会代表专家的肯定。东乡县虎形山、红亮、红旗三个垦殖场试种烤烟成功，最高亩产 150 多公斤。

本月　抚州地区粮食局防化员万拯群在国内首先提出并主持试验成功“三低”（低氧、低温、低药量）保粮技术，后该项技术逐步在全国推广应用，成为全国广泛使用的先进保粮方法。

公元1975年5月　农历乙卯年【兔】													
日	一	二	三	四	五	六	日	一	二	三	四	五	六
				1 劳动节	2 廿一	3 廿二	4 青年节	5 廿四	6 立夏	7 廿六	8 廿七	9 廿八	10 廿九
11 四月大	12 初二	13 初三	14 初四	15 初五	16 初六	17 初七	18 初八	19 初九	20 初十	21 十一	22 小满	23 十三	24 十四
25 十五	26 十六	27 十七	28 十八	29 十九	30 二十	31 廿一							

3日　共青团江西省委、省“红代会”和共青团南昌市委在南昌八一礼堂举行省、市青年纪念“五四”青年节大会，隆重纪念“五四”运动56周年。参加大会的省市共青团员、学生、青年2000余人。省委、省革委会、省军区，南昌市委、市革委、南昌警备区，省市工、青、妇和省“红代会”的负责人出席了大会。

10日　省复员退伍军人安置办公室规定，1976年回农村的（持有革命伤残军人证的）伤残军人，有条件的可以在县、市集体单位安置。

11日　《江西日报》全文转载省委第一书记江渭清发表于《红旗》杂志1975年第5期的文章——《进一步加强农村的无产阶级专政》。

12日　江西省地质局第二物探队研制成功SDS－ZW－74型数字地震计时仪，为地震微测井的数字化作出了贡献。

13日　省委再次召开“省直机关学习无产阶级专政理论经验交流大会”，省委负责人和省直机关各单位的负责人、省直机关干部共3000多人出席了大会。

13日　1975年全国青年篮球赛分区赛（上饶赛区）在上饶市举行。参加这次比赛的有上海、江苏、浙江、福建、江西5个省、市和南京部队的11个男女篮球队，共140多名运动员。这次分区赛全部60多场比赛中，有42场比赛安排在县城、工厂、矿山、农村公社和部队举行。这次分区比赛活动于27日结束。

14日　省革委会复员退伍军人安置办公室、知识青年上山下乡办公室、团省委、省“红代会”在江西宾馆礼堂联合举行退伍军人王宏宏立志边疆干革命报告会。省委、省革委、省军区、南昌市委、市革委、南昌警备区负责人以及有关方面的负责人出席了大会。王宏宏原所在部队福州军区后勤部的负责人也参加了大会。王宏宏的父亲、上饶军分区副司令员王世清也应邀出席了大会。出席大会的还有共青团员、复员退伍军人、上山下乡知识青年、应届毕业生以及驻省、市部队指战员和机关干部5000多人。

15日　江西省结核病防治工作会议近期在上饶召开。会议制定了《江西省结核病防治十年规划》。

16日　省委批准成立省矿产储量委员会。

17日　省委、省革委会召开电话会议。出席会议的有省委、省革委有关部门的负责人，各地、市、县委和革委会的负责人。会议号召各级党组织、革委会和广大农村干部群众，进一步动员起来，抓紧抓好早稻和棉花等经济作物的田间管理，充分做好二晚等秋季作物生产的准备工作，千方百计夺取农业全面丰收。

18日　省军区党委召开四届五次全委（扩大）会议，团以上单位的主要领导共317人参加会议。会议贯彻毛主席关于安定团结的指示。会议于7月1日结束。

19日　省气象局在宜春市召开全省首次人工降雨试验技术会议，研究讨论人工降雨试验研究工作。

庐山去雾所在采用高炮进行人工降雨

会昌县利用气象火箭进行人工增雨

20日　上饶地市军民举行集会，热烈欢送王宏宏赴边疆内蒙古干革命。上饶地委、地革委、上饶军分区、上饶市委、市革委、市人武部负责人以及有关方面的负责人，江西省委、省革委的代表、省革委会有关部门的负责人，王宏宏原所在部队的负责人出席了大会。王宏宏的父亲、上饶军分区副司令员王世清也应邀出席了大会。参加大会的还有工人、贫下中农，驻上饶部队指战员、全国青年篮球赛上饶赛区运动员、复员退伍军人、上山下乡知识青年、中学应届毕业生和机关干部3000多人。

21日　省煤炭局传达、贯彻煤炭工业部江南九省煤炭工业会议提出的今后10年江南九省煤炭工业的指导思想。主要内容为，燃料立足于煤炭，煤炭立足于本地资源，资源开发立足于江南煤田的条件，加快勘探，加快开采，赢得时间，准备打仗。要求到1980年，江西省要有更多的煤炭外调。

23日　江西省农林垦殖局决定，由省森林病虫害防治实验站负责，组织各地、市林科所和邀请共大总校参加中国科学院在江西进行为期3个月的昆虫区系调查。

23日　为纪念毛主席《在延安文艺座谈会上的讲话》发表33周年，由省革委会文化组主办的《全省革命歌曲演唱会》在南昌市举行。参加这次演唱会的有赣州、井冈山、抚州、上饶、九江、宜春六个地区和萍乡、景德镇、南昌三市以及江西师范学院艺术系10个演唱队，共300余人。演唱会共演出了七场，其中有学唱和移植“革命样板戏”选段，有190多首创作歌曲，观众近一万人。同时各地代表还参加了南昌市东湖区为纪念毛主席《讲话》发表33周年举办的群众歌咏大会。演唱活动于30日结束。

23日　“全国摄影艺术展览”和“南海诸岛之一——西沙群岛摄影展览”在南昌展出。参展作品共有415幅摄影作品。其中不少作品在艺术技巧上有所创新，对我省的摄影工作起了很大的促进作用。展览活动于6月6日结束。

24日　省委召开全省“学习无产阶级专政理论经验交流大会”。在南昌的中央委员、候补中央委员，省委、省革委、省军区的负责人以及省委委员、省革委委员和全省县以上各级党委的主要领导，宣传部门和部分厂矿的领导，部队代表以及一部分基层单位和个人，省、市机关干部共1.1万多人出席了大会。大会由省委第一书记、省革委会主任江渭清主持。省委书记、省革委会副主任杨尚奎代表省委在大会上作了题为

“全省学习无产阶级专政理论经验交流大会”会场

《深入开展学习无产阶级专政理论的群众运动，为巩固无产阶级专政而斗争》的报告。大会研究和部署了今后的学习任务。这次理论经验交流大会于31日结束。

25日 省建工局党委为贯彻执行全国基本建设会议精神，向省委请示：建立基本建设委员会；改变千家备料一家施工局面，推行大包干的供应体制；把建筑队伍统管起来；改进基本建设计划，控制自筹资金、严禁搞计划外工程。

27日 美籍华人、著名学者、美国哥伦比亚大学教授蒋彝，游历考察景德镇，考察于29日结束。回美国后撰文《访华归来语今昔》。

29日 铁道部发出贺电，祝贺向塘机务段一年来第一次完成月度机车架修任务，取得确保机车供应的可喜成绩。

30日 省计委、工交办公室和劳动局日前联合召开全省安全生产会议。会议学习了党中央关于安全生产的文件，传达了全国安全生产会议精神，分析了全省近年来安全生产情况，总结交流了经验，研究了进一步搞好安全生产的措施。会议强调要发动和依靠群众搞好安全生产，并指出要建立健全安全生产的规章制度，使这些制度得以深入持久地坚持执行。

本月 50多个国家驻华武官代表团来到江西，游览了南昌、九江等地。

本月 南昌玻璃一厂更名为南昌保温瓶厂，成为江西唯一生产保温容器的专业厂。

本月 江西省人防领导小组进行调整，省军区司令员陈昌奉任组长，黄先、熊振武任副组长。

本月 省革委财贸办公室发出通知，对收购生猪奖售粮食作出新规定，国家每收购1头60公斤的肥猪，奖售稻谷30公斤，每增加毛重0.5公斤，奖售稻谷0.25公斤。

本月 江西省建筑职工中专创办，设有工业民用建筑专业，主要培养初级的工民建专业的技术人员。

本月 省机械局为推广离子氮化热处理新工艺，组织“离子氮化协作攻关组”，试制成功50千瓦和150千瓦的离子氮化炉，参加攻关的有省机械工业设计室等29个单位。

公元1975年6月							农历乙卯年【兔】						
日	一	二	三	四	五	六	日	一	二	三	四	五	六
1 儿童节	2 廿三	3 廿四	4 廿五	5 廿六	6 芒种	7 廿八	8 廿九	9 三十	10 五月小	11 初二	12 初三	13 初四	14 端午节
15 初六	16 初七	17 初八	18 初九	19 初十	20 十一	21 十二	22 夏至	23 十四	24 十五	25 十六	26 十七	27 十八	28 十九
29 二十	30 廿一												

1日　全省外事工作会议在南昌召开。会上总结交流一年来外事工作经验，部署今后工作任务。会议于12日结束。

1日　《南昌市少年儿童美术作品展览》在省革命历史展览馆正式展出。展览由南昌市团委、妇联、教育局、文化局联合举办。共展出中国画、油画、版画、年画、宣传画、水粉画、蜡笔画、彩色铅笔画、剪贴、布贴、雕塑、黑板报设计和书法等作品近500件。展览于25日结束。

4日　江西省棉花生产领导小组最近在新余县召开全省棉田管理紧急会议。会议要求全省棉区广大干部和群众，战胜阴雨洪涝，加强棉田管理，夺取棉花丰收。会议强调，产棉地区的党委负责人要亲自抓棉花生产，建立专业队伍，推广夺取棉花高产的先进经验和先进技术。

4日　江西省第四机械工业局成立。

5日　南方暴雨冰雹预报经验交流会在南昌市召开，长江以南14个省、市、自治区及部队、民航、水利、院校、科研等单位参加会议。中央气象局局长饶兴到会并讲话。会议共收到论文116篇，中央气象局选编其中40篇，江西省6篇暴雨方面的论文被收入选编。

8日　景德镇市第一建筑工程公司成功地自行设计、制造了8吨的多功能塔式动臂起重机——“向阳四号”。

9日　全国第一所“赤脚医生”大学在宜春开办。

9日　南昌探矿机械厂、江西地质局科研所研制成功井冈山－600型油压转盘钻机。

10日　洪都机械厂工人大学首届学员毕业，即将返回生产第一线。这次毕业的学员共48名，其中女学员7名，平均工龄11年，平均年龄28岁，党、团员占65%。洪都机械厂工人大学是遵照毛主席关于“走上海机床厂从工人中培养技术人员的道路”的指示，于1972年3月创办的。

10日　根据省委决定，成立“学习无产阶级专政理论经验交流”巡回报告组，在南昌市举行了报告会。各工厂、机关、学校和农村人民公社有13万多人次听了报告。

10日　全国第三届运动会（南昌赛区）篮球预赛在南昌开幕。参加南昌赛区比赛的有解放军、北京、天津、黑龙江、山西、陕西、湖南、湖北、山东、河南、广东、广西、宁夏、贵州、西藏、江西共20个男女代表队。最后获得该赛区前四名的是，女队：解放军、黑龙江、河南和江西；男队：解放军、北京、湖北和山东。预赛活动历时11天，于21日结束。

10日 省委召开工作会议，传达贯彻党中央的指示，联系本省实际，对照检查、总结了半年来的工作，研究了迅速贯彻落实党中央的指示的具体措施。会期11天，于21日结束。

10日～12日 省委召开会议，传达全国钢铁工业座谈会议的精神，按照《关于努力完成今年钢铁生产计划的批示》，对工业整顿和完成全年工业生产计划作了部署。

南昌钢铁厂通过整顿，开展热装炼钢试验，生产呈现出勃勃生机

11日 “学习无产阶级专政理论经验交流”巡回报告组分成两个小组，分赴九江、景德镇、上饶、抚州和赣州、吉安、宜春、萍乡等地介绍经验。

13日 省总工会、共青团省委、省妇联最近分别召开全体委员扩大会议。会议讨论研究了当前工会工作、共青团工作和妇女工作的任务；根据中央有关文件精神，分别选举出省出席中国工会九次全国代表大会，共青年团十次全国代表大会、中国妇女四次全国代表大会的代表；并着重研究了如何深入发动群众，以实际行动迎接工、青、妇全国代表大会的胜利召开。

18日 省军区领导机关举行集会，纪念毛主席关于民兵工作“三落实”指示发表13周年。会议要求各级人民武装部门和人民武装干部要不断增强党的观念，尊重地方党委的领导，积极主动地当好党委的“参谋”。要求以革命精神从事民兵工作，使民兵工作“三落实”真正落到实处。大会号召广大民兵进一步提高革命警惕，不断增强战备观念。坚持“抓革命、促生产、促工作、促战备”的方针，充分发挥民兵在生产中的突击作用，努力把国民经济搞上去，以便从思想上、组织上、物质上做好反侵略战争的准备。

19日 为纪念毛主席《在延安文艺座谈会上的讲话》发表33周年，南昌市总工会和市文化局联合举办了“南昌市工人画展”，共展出作品1505件，这是南昌市第一次举行的工人画展。

20日 柘林水电站第四号机组最近并网发电。至此，这个电站的四台水轮发电机组全部投产。该工程1958年动工兴建，1962年停建，1970年复工续建，1972年蓄水，同年8月第一台机组发电。总装机容量为18万千瓦，总投资3.42亿元，总库容为79亿立方米。

柘林水电站指挥部工人在检修电网

21日 萍乡、丰城两矿务局成立“七二一”工人大学。

22日 国家计委在北京市召开全国铁锅会议，安排计划，落实原料供应。江西省计委、省轻化、商业局，南昌、高安锅厂派代表出席。

25日 省农林垦殖局发出《关于全省建立林木良种基地的通知》，并附发到1985年的全省林木良种基地建设规划。

26日 省革委会批转《江西省企业财务管理经验交流会议纪要》，要求各级领导亲自抓企业财务工作，打好扭亏增盈攻坚战。

28日 省煤炭工业局在萍乡矿务局青山煤矿召开祝捷大会，总结和推广该矿“红五”掘进

提前完成任务的“红五”掘进突破队向矿党委报喜

突破队于6月23日创造全月进尺1105.1米的历史最高纪录，并提前6个多月完成了一年的工作量的经验。省委、省革委致电表示祝贺。

28日 省革委会政治部、省文教办公室、团省委在江西宾馆礼堂联合举行欢送江西共大总校6位回乡当农民的应届毕业生大会。省委、省革委会、省军区和南昌市委、市革委的负责人以及其他有关方面的负责人出席了欢送大会。

30日 全省水稻杂种优势利用现场会在省农业科学研究所召开，会上总结、交流了水稻栽培的经验，研究、推广杂交水稻的措施。决定本年试种1179亩，1976年在全省推广9.5万亩。

本月 九江有色金属冶炼厂金属铌冶炼车间动工兴建（同年8月，该厂钽冶炼车间动工兴建。1980年均建成并联动试产）。

本月 全国有色矿山机械化掘进汇报会在江西西华山钨矿召开。

本月 省交通局颁发《船舶建造、过户审批权限问题的通知》。通知规定：凡属新建改建的各种船舶，均须先由使用单位书面报告，说明用途、行驶航线和主要技术数据。

本月 省革委会财贸办公室发文推广旅大市粮食管理经验，对城镇工矿企业单位实行“三交”、“三到”、“三结合”的粮食管理办法，并在三线工厂进行试点（三交：交粮食统销政策，交粮食形势，交定量标准；三到：基本口粮到户，工种补差粮到班组，工种补差粮指标到单位；三结合：粮食部门、用粮单位和职工群众结合）。1976年初全面推广。

本月 全省第一条涤棉染色线在江西棉纺织印染厂投入生产。

本月 省革委会文化组、省商业厅在九江召开全省农村图书发行工作会。

本月 江西省地质局九〇九大队率先创办“七二一”工人大学，培养工人地质技术人员。此后许多地质队相继开办了“七二一”工人大学。

公元1975年7月							农历乙卯年【兔】						
日	一	二	三	四	五	六	日	一	二	三	四	五	六
		1 建党节	2 廿三	3 廿四	4 廿五	5 廿六	6 廿七	7 廿八	8 小暑	9 六月小	10 初二	11 初三	12 初四
13 初五	14 初六	15 初七	16 初八	17 初九	18 初十	19 十一	20 十二	21 十三	22 十四	23 大暑	24 十六	25 十七	26 十八
27 十九	28 二十	29 廿一	30 廿二	31 廿三									

1日　赣州、九江、抚州地区气象台首次开放无线电传。

1日　江西省环境保护办公室成立，由省计委领导。

3日　参加省委党校1975年第一期轮训学习的全省各地县以上领导干部221人，用十多天时间，分别深入到弋阳、横峰、东乡县和鹰潭镇的工厂、农村、机关、学校、商店等27个单位，进行调查研究。他们以社会为课堂，拜工农群众和基层干部为老师，甘当小学生，一面调查，一面学习，一面劳动，进一步提高了学习的自觉性，促进了领导作风的转变。参加这次社会调查的人员普遍反映，把学习理论和调查研究结合起来，方向对，收效大，教育深。

7日　为进一步搞好部队和民兵建设，省军区召开经验交流会。参加会议的有省军区机关和直属队、军分区、警备区、井冈山“五七”干校、南昌铁路局、县市人武部等单位的代表和退休老干部代表共400多人。省委有关负责人出席了大会，并代表省委在会上讲了话。会议广泛交流了加强部队和民兵建设的经验，要求与会人员将先进经验带回去，传播开，让它开花结果。会议于12日结束。

省军区加强民兵建设经验交流大会会场

8日　省轻化局、农业局、商业局在萍乡市联合召开全省合理用肥经验交流会。会议认为必须做到：（一）搞好平整土地，深耕改土，排灌沟渠化等农田基本建设，变“三跑田”为“三保田”；（二）以农家肥为主，与化肥配合使用，提高化肥利用率；（三）推广氮肥深施，改单施为氮、磷、钾混施；（四）推广叶面施肥；（五）做到“五看”（看田、看品种、看禾苗、看天气、看肥种类）施肥；（六）抓好保肥工作。

9日　江西省第一个22万伏变电站第二期工程建成，并正式投产送电。这项工程的建成，增加了输变电容量9万千伏安，解决了柘林水电厂有电输不出来造成的电力供需矛盾。

10日　省委党校工农兵理论辅导员学习班结业。在学员结业大会上，省委负责人到会并讲了话，要求大家回到工作岗位后，发扬党的理论联系实际的革命学风，深入实际，调查研究，从理论和实践的结合上学懂弄通。要积极开展理论宣传和辅导活动，不断改造世界观，加强工农兵理论队伍的建设。

12日　经省委同意，省财政厅从省财政拨出专款200万元，作为落实政策对象的生产、生活困难补助。

14日　省委召开电话会议，要求全省各级党组织和广大农村干部、社员群众和国营农场职工，学理论，抓路线，立即动员起来，高度集中力量，搞好“双抢”，夺取全年农业丰收。为此，必须认真做好以下几项工作：（一）要认真学好无产阶级专政理论，深入进行党的基本路线教育；（二）要不违农时地完成抢收抢种任务，做到早稻丰产丰收，扩大晚稻和晚秋作物的种植面积，提高栽种质量；（三）要把劳动力集中到农业生产第一线来；（四）要加强党的领导。

14日　省革委会在南昌召开全省城市工矿蔬菜和其他副食品工作会议，讨论发展城市工矿蔬菜和其他副食品生产和供应工作的问题，作了部署与安排。参加会议的有省革委会农业、工交、国防工业、财贸等办公室和有关各局及各地、市革委会的负责人，还有一些县、工矿企业、人民公社等单位的代表共70多人。省委负责人出席会议并讲了话。会议要求，要把蔬菜及其他副食品生产搞上去。指出，要搞好蔬菜及其他副食品生产，必须正确执行党的各项有关政策、物价政策；工农商等部门要密切配合，共同做好这一工作。会议历时4天，于18日结束。

14日　“解放巴勒斯坦人民阵线”参观团一行13人，来南昌、井冈山参观。参观历时5天，于19日结束。

14日　省委召开全省知识青年上山下乡工作会议。出席这次会议的有省委知识青年上山下乡领导小组成员，各地、市、县委分管知识青年上山下乡的负责人和知青办的负责人，省革委会各部、委、办和所属各局（组）负责人，省军区政治部、省总工会、团省委、省妇联的负责人，部分先进单位以及上海市赴江西省学习慰问团的负责人，共计370余人。省委、省革委会、省军区的负责人出席了会议，并讲了话。会议重温了毛主席、党中央有关知识青年上山下乡的一系列指示，学习了《红旗》杂志第七期《巩固和发展上山下乡成果》的文章，联系实际分析了形势，交流了经验，部署了工作。会议要求全省各级党组织努力做好工作，进一步巩固和发展上山下乡成果。会期7天，于21日闭幕。

15日　南昌市选调一批努力学习马列主义和毛泽东思想，作风正派、身体健康、有相当高中文化程度并且有5年以上工龄的优秀工人到学校工作。

16日　为纪念毛主席畅游长江九周年，响应毛主席关于“到大江大海去锻炼”的号召，南昌、赣州、景德镇市数千工农兵群众举行丰富多彩的游泳活动，分别畅游赣江、贡江、昌江。

19日　经省革委会批准，省文教办公室最近召开招生工作会议，研究、布置了今年的招生工作。出席会议的有地（市）教育部门和省直有关单位负责人，各高等学校、中等专业学校、技工学校负责人，各地（市）中师、卫校负责人以及各招生办公室和招生学校的招生负责人。会议传达了国务院文件和教育部1975年招生工作座谈会精神，回顾总结了前几年的招生工作，深入领会了全面贯彻落实毛主席“七二一指示”，认真研究了学习朝农经验，实行“社来社去”的有关政策问题，落实了今年招生名额分配方案。

19日　省革委会政治部、计委、文教办下发《关于一九七五年高等院校毕业生分配问题的通知》，要求毕业生一般应返回原单位、原地区；凡毕业生自愿到农村当农民的，要予以积极鼓励和支持。

21日 截至当前，除原有洪都机械厂、江西拖拉机制造厂举办的两所工人大学外，机械、冶金、煤炭、地质、国防工业等系统所属部分工厂又都办起了工人大学。全省已有“七二一”工人大学15所，参加学习人数达2000余人。

21日 当日22时45分，江西省汽车直属分局客车保修厂发生火灾，烧毁客车15辆，机床15台及面积2400平方米的车间。

21日 为了落实毛泽东“走上海机床厂从工人培养技术人员的道路”的指示，江西化工石油机械厂、江西气体压缩机厂、南昌柴油机厂、江西电机厂、江西手扶拖拉机厂、江西拖拉机制造厂、江西汽车制造厂、南昌齿轮厂、宜昌地区机械厂、九江电瓷厂、九江柴油机厂等相继开办“七二一”工人大学（到1977年10月，全省机械系统有工人大学44所。1979年省机械局对现有“七二一”工人大学进行整顿，南昌柴油机厂、江西拖拉机制造厂、江西手扶拖拉机厂、江西电机厂、江西汽车制造厂、江西气体压缩机厂6所厂办“七二一”工人大学整顿合格，在此基础上成立江西省机械职工大学，采取厅厂办方式，1983年转为集中办学）。

22日 为进一步贯彻“预防为主”的卫生工作方针，检查1974年冬1975年春以来各地开展爱国卫生运动的情况，总结交流经验，推动爱国卫生运动的深入开展，经省革委会批准，省爱国卫生运动委员会组织了一次全省卫生大检查。参加检查的有各地（市）委、革委会负责人，以及有关部门的人员132人。检查团采取听、看、议等方式，检查了32个县、市，41个公社，共900多个基层单位的环境卫生、饮食卫生、除害灭病、工业卫生、农村“两管五改”（管水、管粪，改良水井、厕所、炉灶、畜圈、环境）和计划生育等工作。检查结束后，省革委会召开了汇报会，并作了新的部署。卫生检查汇报会议指出：当前，正是“四害”大量孳生繁殖的季节，也是除害灭病的有利时刻，各地要在总结过去经验的基础上，充分发动群众，抓住薄弱环节，继续开展卫生突击运动，同时要切实搞好饮食、食品卫生，尤其要搞好冷饮卫生，防止病从口入，严防肠道传染病的发生和流行。

23日 省委召开电话会议，号召全省工交战线广大干部和工人认真贯彻执行毛主席、党中央一系列指示，战高温，夺高产，大干八、九月，实现三季超二季，为完成和超额完成今年国民经济计划而努力奋斗。

23日 江西省水田机械化会议在泰和县召开。会议传达、贯彻第六次全国水田机械化现场会议精神，回顾、总结和交流全省发展农业机械化过程中的经验，讨论和研究了如何加快江西农业机械化进程的问题。会议根据江西水田小块分散的特点，强调研究生产轻、小、简、廉、牢、一机多能的农机具。会议历时5天，于28日结束。

24日 江西省文办展览组在宁都召开全省革命文物工作座谈会。参加这次会议的有6个地区，3个省辖市，36个县（市）和省属纪念馆的有关人员。会议主要传达、学习了国家文物事业管理局在湖北红安县召开的部分省、市、自治区革命文物工作座谈会的精神，交流了我省革命文物工作的经验体会。

28日 省委召开地、市委工业书记会议。会议强调毛泽东关于学习无产阶级专政理论、促进安定团结、把国民经济搞上去的三项指示是一个整体，缺一不可，必须全面贯彻执行。会议指出，对屡教不改的帮派头头采取断然措施；派出工作组，对重点行业和企业的领导班子进行思想和组织整顿，切实解决软、懒、散的问题；进一

纺织女工在切磋技术

江西丝绸厂开展百万米丝绸大会战

步抓好各项政策的落实；加强生产组织指挥，健全各项规章制度；努力完成全年国家计划，尽快把我省工业生产搞上去。

29 日 江西共产主义劳动大学总校师生员工，在江西宾馆礼堂举行大会，纪念毛主席“七三〇指示”14 周年。省委、省革委会负责人以及省、市有关方面的负责人出席了大会。出席大会的还有在南昌市的各高等院校以及部分中、小学师生代表共 4000 余人。会议要求各级党委要进一步加强对共大的领导，定期研究共大的办学路线、方针、政策，坚决贯彻执行半工半读，勤工俭学的办学方针，坚持“社来社去”，抓好典型，总结经验，把共大办好。

30 日 江西省冶金系统科技情报中心站成立。

31 日 省、市军民 2000 余人在南昌市“八一”礼堂隆重集会，热烈庆祝解放军建军 48 周年。省委、省革委会、省军区和南昌市委、市革委会、南昌警备区，以及驻赣部队负责人出席了大会。会上，省委书记白栋材代表省委、省革委会发表了讲话。

本月 在中共中央转发的国务院《关于今年上半年工业生产情况的报告》的文件中，把江西西华山钨矿列为生产有起色、恢复较快的单位。

本月~8 月 江西省汽车运输局成立丰城煤炭运输公司（驻丰城）和莲花煤炭运输公司（驻莲花），专门承担运煤保电任务。

本月 江西钢厂 800 立方米制氧机工程开工建设（1976 年 6 月 2 日正式出氧）。

公元1975年8月 农历乙卯年【兔】													
日	一	二	三	四	五	六	日	一	二	三	四	五	六
					1 建军节	2 廿五	3 廿六	4 廿七	5 廿八	6 廿九	7 七月大	8 立秋	9 初三
10 初四	11 初五	12 初六	13 初七	14 初八	15 初九	16 初十	17 十一	18 十二	19 十三	20 十四	21 十五	22 十六	23 十七
24 处暑	25 十九	26 二十	27 廿一	28 廿二	29 廿三	30 廿四	31 廿五						

1日　省委印发《叶剑英在军委扩大会议上的总结讲话（摘要）》和《邓小平在军委扩大会议上的讲话（摘要）》，要求各级党委、革委会认真学习，贯彻执行讲话精神。两个讲话的主要内容是，解决军队的整顿问题，即改正不正之风和压缩军队定额、调整编制体制和安排超编干部转业到地方工作等。

4日　江西建筑工程总公司成立，领导省属建筑安装企业，总公司与省建工局分开办公。

4日　中共中央宣布：对原中共江西省委书记、省长方志纯在“文化大革命”期间的所谓走资派等罪名予以平反。

6日　江西省有色冶金勘探公司在向塘成立包括科研所、中心实验室、机修厂、材料总库在内的综合队。

7日　省委最近召开了工业会议。参加会议的有各地、市委负责工业方面的书记和部分重点厂矿企业的党委书记及省级机关主管部门的负责人。会议结束前，省委负责人作了总结。会议认真学习了毛主席、党中央的指示，对照检查和总结了前一段的工作，分析了省委工作会议以来全省工交战线革命和生产形势。会议强调了今后全省工业必须认真解决的几个问题：（一）要以严肃认真的态度，进一步贯彻落实毛主席、党中央的指示；（二）深入学习无产阶级专政理论，反修防修，搞好安定团结，把国民经济搞上去；（三）必须深入批判资产阶级派性，坚决同资产阶级派性作斗争；（四）要进一步落实党的政策；（五）要加强生产组织工作，搞好生产指挥；（六）要进一步加强党的一元化领导。会议号召全省工交战线广大职工进一步学习和贯彻毛主席、党中央一系列指示，继续发扬艰苦奋斗作风，以革命加拼命的精神，努力完成今年国家计划。

8日　省委发出紧急通知，要求全省各地抓好秋季作物田间管理，夺取全年丰收。并切实做好如下几项工作：（一）要继续把学习无产阶级专政的理论摆在首位，坚持抓革命促生产的方针，夺取秋季作物大丰收；（二）集中精力，加强对秋季生产的领导；（三）高标准高质量搞好秋季作物田间管理。

11日　省革委会援外办公室在南昌召开第

三次全省援外工作会议。会议再次强调要切实加强援外归口管理工作，建立健全各级援外工作机构。会期5天，于16日结束。

12日 江西省高级人民法院召开全省中级人民法院院长会议，学习毛泽东关于“学习无产阶级专政理论”、“还是安定团结为好”和“把国民经济搞上去”三项指示，研究贯彻执行分清敌我、严格区分和正确处理两类不同性质的矛盾；坚持少捕、少杀、坦白从宽、抗拒从严和给出路；对青少年违法犯罪分子打击面不要大，主要加强教育；重证据，重调查研究，严禁逼、供、信等政策问题。会期6天，于18日结束。

13日 省委发出《关于进一步学习和贯彻执行毛主席“七三〇指示”的决定》。决定指出，毛主席的“七三〇指示”是对江西共大和全省人民的极大关怀和鼓舞，对于实现劳动人民知识化，知识分子劳动化，造就工人阶级知识分子建设社会主义，以及缩小三大差别，过渡到共产主义，具有重大的现实意义和深远的历史意义。《决定》要求各级党、政、民（工、青、妇）机关要认真学习“七三〇指示”，实行半工半读，学习马列主义理论，学习时事，学习文化科学，参加集体生产劳动，深入开展上层建筑领域的社会主义革命，搞好领导班子建设和机关革命化，同劳动人民保持最广泛的、经常的、密切的联系，把各项工作搞得更好。

13日 省委在南昌市隆重召开动员大会，进一步学习和贯彻执行毛主席“七三〇指示”，号召全省各级党组织，江西共产主义劳动大学和其他各级各类学校，党、政、民（工、青、妇）机关，都要认真学习“七三〇指示”，坚持贯彻执行“七三〇指示”，努力办好共大和各级各类学校，会议中心会场设在江西宾馆礼堂，另在八一礼堂、省革委会礼堂和人民剧院共设三个分会场。出席会议的有工人、贫下中农、解放军指战员、江西共大总校、分校的师生和毕业生的代表以及其他大、中、小学的师生，省、市党、政、民（工、青、妇）机关的干部共1万余人。省委、省革委会、省军区和南昌市委、市革委会、南昌警备区的负责人也出席了大会。会上，省委第一书记江渭清、省委书记黄知真分别发表了讲话。

贯彻执行“七三〇指示”中心会场

14日 由朝鲜护卫司令部副部长崔蓉雪率领的朝鲜护卫司令部实习团一行11人，来江西萍乡、井冈山、南昌等地参观访问，历时6天，于20日结束。

15日 福州军区军政干校举行第二期结业典礼。福州军区政治委员李志民、省委第一书记江渭清出席大会并讲话。

15日 省军区党委召开常委扩大会议，传达学习贯彻军委扩大会议精神，部署精简整编和安排超编干部工作。这次省军区党委常委扩大会议会期13天，于28日结束。

16日 省委召开常委扩大会议，研究进一步贯彻落实毛泽东关于学习理论、安定团结和把国民经济搞上去的“三项指示”，讨论工农业生产问题。会议提出争取1977年粮食亩产跨“纲要”，继续搞好工业企业的整顿。

20日 新华社南昌分社报道，江西省1975年早稻在1974年丰收的基础上，又获得丰收，总产和亩产都刷新了历史最高纪录。

20日 江西省第二化肥厂合成车间二号低压机，因操作失误发生爆炸，当场炸死3人。

22日 共青团江西省委最近向各级团组织发出《关于在全省青年中开展向钟志民、魏尧升、程立标、刘婉兰学习的决定》。决定号召全省共青团员、下乡回乡知识青年和广大青年，要迅速掀起一个向钟志民、魏尧升、程立标、刘婉兰学习的热潮，进一步落实毛主席关于理论问题的指示，促进安定团结，把国民经济搞上去，发展大好形势，夺取新的更大胜利，以优异的成绩迎接中国共产主义青年团第十次全国代表大会的胜利召开。

22日 省军区最近召开知识青年上山下乡工作会议。会议学习了毛主席、党中央关于理论问题的指示和关于知识青年上山下乡的一系列指示，传达学习了全省知识青年上山下乡工作会议的精神和福州军区政治部的有关指示，分析了过去一年全区知识青年上山下乡工作的形势，总结交流了经验，研究了进一步做好这项工作的措施。会议要求全区各级党组织积极支持社会主义的新生事物，为进一步巩固和发展上山下乡的成果作出新的贡献。

23日 埃塞俄比亚足球队一行24人来南昌参观访问，并同江西省足球队进行友谊比赛。历时3天，于26日结束。

23日 省计委、省革委会财贸办公室就办理小型技术措施贷款问题发出通知，并附发《江西省小型技术措施暂行办法》。

24日 景德镇市三六无线电厂器件大楼，于晚上10时50分发生重大火灾事故，直接经济损失24.4万元。

27日 南昌钢铁厂筹办“七二一”工人大学（于1976年3月4日开始招生）。

本月 七〇一厂30T车间完成了28个铜材试制项目，从而改变了江西航空金属材料远道取料的状况。

本月 国家测绘局审定江西省测绘局基本建设计划，总建筑面积1万平方米左右（航内及制图2000平方米，局机关办公楼400平方米，外业队办公室200平方米，宿舍6400平方米，图库500平方米，仪修、车库等1500平方米）。

本月 江西省测绘局决定将省1:50000地形图发给各地、县（市）革委会，作为农田基本建设规划使用。

本月 省地、市委工业书记会议召开，传达了中央《关于努力完成今年钢铁生产计划的批示》。

公元 1975 年 9 月　　农历乙卯年【兔】													
日	一	二	三	四	五	六	日	一	二	三	四	五	六
	1 廿六	2 廿七	3 廿八	4 廿九	5 三十	6 八月小	7 初二	8 白露	9 初四	10 初五	11 初六	12 初七	13 初八
14 初九	15 初十	16 十一	17 十二	18 十三	19 十四	20 中秋节	21 十六	22 十七	23 十八	24 秋分	25 二十	26 廿一	27 廿二
28 廿三	29 廿四	30 廿五											

4日　国家卫生部委托江西省中医学院主办的全国药用植物师资进修班，最近已胜利结业。参加这次进修班的有北京、上海、天津、辽宁、湖南、福建等17个省、市高等学校的教师，进修时间四个月（于4月开学）。这次进修班采取“开门办学”的方法，在毛主席关于“把医疗卫生工作的重点放到农村去”的方针指引下，着重研究了药用植物学科的教改和方向问题，以及如何适应国民经济发展需要，大力发掘和提高祖国药学遗产等问题。师生们深入山区，采集药用植物标本，整理各种资料。同时，全国各省、市进修学员带来了新标本400余种，进行了学术交流和经验交流。丰富了药用植物的知识，起到了互相交流、互相促进、发掘和提高祖国药学的作用。

5日　省委发出《关于认真学习毛主席的重要指示，开展对〈水浒〉评论的通知》。通知要求各级党委认真组织广大工农兵理论骨干、专业理论工作者、广大干部和群众开展对《水浒》的评论和讨论。通过评论和讨论，进一步批判林彪及其死党推行的反革命修正主义路线，学会在复杂的斗争中识别什么是马克思主义，什么是修正主义，什么是正确路线，什么是错误路线，把上层建筑领域里无产阶级战胜资产阶级，马克思主义战胜修正主义的斗争进行到底。

5日　南昌铁路局、省外贸局在弋阳圭峰联合召开全省供港物资铁路运输座谈会，参加会议的有6专（区）1市、15个县的外贸部门以及有关单位负责人96人，并印发《供应港澳物资铁路运输座谈会议纪要》。

6日　国营井冈山综合垦殖场恢复隶属省领导管理。

8日　共青团江西省委发出《关于开展向杨小珍学习的决定》。杨小珍，共产党员，天河煤矿工人，1975年1月19日，为扑灭井下电气火灾，抢救国家财产而光荣牺牲。决定要求各级团委要在党的一元化领导下，组织团员和青年迅速掀起向杨小珍学习的热潮，要充分利用报告会、宣传队、广播、展览、墙报等各种宣传工具和宣传形式，大张旗鼓地宣传杨小珍的事迹。要及时掌握情况，注意总结经验，表彰学习中涌现出来的先进典型，并不断改进思想和工作作风，加强团的组织建设，使这一活动既轰轰烈烈又扎扎实实地开展起来，不断深入下去。

11 日 省妇联通知各地、县妇联，要求组织广大妇女参加对《水浒》的评论。

12 日 在北京举行的第三届全国运动会上，江西省体育代表团在田径、游泳、射击、举重等项比赛中，共有 3 人 6 次打破 4 项全国纪录，39 人 51 次打破 38 项全省纪录，3 人创 3 项全省纪录。江西省体育代表团 28 日离开北京。

江西省体育代表团在第三届全国运动会开幕式

14 日 上海市第二批赴江西上山下乡学习慰问团近日到达江西省。这批学习慰问团是由上海市各条战线的 450 多名工人和干部组成的。自 1968 年以来，上海市共有 11.8 万多名知识青年到江西老革命老根据地插队落户。

15 日 新余纺织厂 52 名职工近日参加纺织工业部在湖北安陆举办的棉纺设备学习班，取得了全国保全操作表演第一名。

16 日 根据省委指示，省革委农林办公室最近召开全省电话会议，要求全省各级领导和广大干部、群众，抓住当前关键时刻，集中劳力，集中物力，打好秋季作物防病灭虫这一仗，做到丰收不到手，管理不放松，千方百计夺取晚稻和棉花等秋季作物大丰收，实现农业全年丰收、全面丰收。

18 日 由阿扎尼亚（南非）泛非主义大会代主席勒巴洛率领的该党代表团一行 5 人，来南昌、井冈山参观访问。访问历时 5 天，于 23 日结束。

18 日 全省卫生工作会议在南昌召开。出席会议的有各地、市、县分管卫生工作的主要负责人，各级卫生局和地、市商业局、计划生育办公室的负责人，卫生战线先进集体的代表和先进人物，以及其他有关方面负责人共 350 人。会议决定：继续贯彻毛主席《六二六指示》，大搞以“除害灭病”为中心的爱国卫生运动，把“两管五改”列入农业发展和建设新农村的规划，把防尘、防毒、防职业病、治理“三废”和环境保护作为工业发展及城市规划的重要内容。会议传达讨论了全国卫生工作会议精神，总结交流了全省各地贯彻落实毛主席《六二六指示》的经验，研究部署了今后卫生工作任务。省委书记、省革委会副主任杨尚奎到会作了重要讲话。

20 日 省委近日发出通知，要求全省各地以实际行动纪念毛主席诗词《送瘟神》发表 17 周年。通知指出，10 月 3 日是毛主席诗词《送瘟神》发表 17 周年。毛主席的诗篇是对余江县和江西人民的亲切关怀和鼓舞。通知要求各地做到：（一）深入宣传毛主席诗词《送瘟神》的思想，宣传毛主席的革命卫生路线；（二）全党动员，全民动员，大打“送瘟神”的人民战争；（三）发扬“送瘟神”的革命精神，深入开展卫生革命，把医疗卫生的重点放到农村去，切实解决广大农民的防病治病问题；（四）搞好这次宣传、纪念活动，关键在于加强党的领导。

余江县在巩固血防成果基础上，积极开展爱国卫生运动，改善农村卫生面貌

20 日 出席全国农业学大寨会议的江西代表在大寨、昔阳参观学习。为期5天，于25日结束。

21 日 省革委会日前在南昌召开全省农田基本建设会议，研究部署了1975年冬1976年春全省农田基本建设计划。参加会议的有各地（市）革委会、水电局的负责人，以及省直有关单位的代表。会议号召全省农村广大干部群众下最大决心，鼓足革命干劲，以更大规模，更快的速度，更高的质量，更好的效益，迅速掀起农田基本建设的高潮，尽快改变生产条件，把农业生产搞上去。

22 日 南昌市委召开南昌地区深入批判林彪及其死党反革命罪行大会，4000余人出席。

26 日 南昌铁路局党委召开全局广播大会，分别在43个会场听取了全国铁路运输战线上的一面红旗“毛泽东号”机车组和北京铁路局古冶机务段的经验介绍。

27 日 省革委会最近召开了“全省国营垦殖场、农场农业学大寨经验交流会”。会议传达了“全国农业学大寨会议”的精神，到会的全体人员学习了毛主席、党中央的一系列指示，总结交流了全省国营垦殖场、农场农业学大寨的经验。会议指出，国营垦殖场、农场是社会主义全民所有制的农业企业，代表社会主义的发展方向，应该起到应有的示范作用和带头作用。会议号召全省国营垦殖场、农场要坚决贯彻全国农业学大寨的会议精神，坚持党的基本路线，苦干三五年，把全省所有国营垦殖场、农场都建成为大寨式的先进场。

29 日 江西省航道管理处成立，同时撤销省航运管理局航道总段。

30 日 省、市军民2500多人在八一礼堂举行晚会，热烈庆祝建国26周年。省委、省革委、省军区、驻省部队、南昌市委、市革委、市警备区的领导和在南昌的中央候补委员参加了晚会。

本月 省委决定周克用任省公安局局长、党委书记。

本月 省机械局颁布《江西省机械产品出厂价格受理暂行办法》。

本月 八一垦殖场根据省革委会指示，供应松杂原木4000立方米，支援河南省特大洪水灾区。

1975 10月 October

公元1975年10月　　农历乙卯年【兔】													
日	一	二	三	四	五	六	日	一	二	三	四	五	六
			1 国庆节	2 廿七	3 廿八	4 廿九	5 九月小	6 初二	7 初三	8 初四	9 寒露	10 初六	11 初七
12 初八	13 重阳节	14 初十	15 十一	16 十二	17 十三	18 十四	19 十五	20 十六	21 十七	22 十八	23 十九	24 霜降	25 廿一
26 廿二	27 廿三	28 廿四	29 廿五	30 廿六	31 廿七								

1日　江西七〇一电视转播台试播彩色电视成功，成为当时全国6个彩色电视转播台之一。

3日　省委、南昌市委最近在南昌联合召开省、市军民“纪念毛主席诗词《送瘟神》发表十七周年大会”。省委、省革委、省军区，南昌市委、市革委、南昌警备区的负责人出席了大会。出席大会的还有省、市有关部门的负责人。大会由南昌市委书记李广仁主持。省委书记白栋材在大会上讲了话。会议号召广大军民下定决心，排除万难，夺取消灭血吸虫和卫生革命的新胜利。

3日　目前，全省已有1.2万多个生产大队办起了合作医疗，有赤脚医生3.97万余名，还有5.88万余名卫生员和2.56万余名接生员。这支贫下中农医疗卫生队伍，坚持参加农业集体生产劳动和集体分配，亦农亦医，深受贫下中农欢迎。

3日　截至当前，全省已有35万血吸虫病人完全治愈，恢复了健康。经过历年反复查灭，全省基本消灭钉螺201万亩，占原有钉螺总面积的70%，大多数县市的山丘、农田、内湖地区及鄱阳湖圩内的疫区，基本解决了血吸虫病的威

省、市军民纪念毛主席诗词《送瘟神》发表17周年大会

胁。同时，还治疗了大批患有血吸虫病的耕牛，有力地支援了农业生产。

3日 知识青年上山下乡安置和测绘工作从江西省民政局划出，交有关部门管理。

4日 在毛主席诗词《送瘟神》发表17周年的日子里，上饶、赣州、抚州、宜春等地区和萍乡市、景德镇市及余江县，举行了纪念庆祝活动，决心发扬“送瘟神”的革命精神，进一步贯彻执行毛主席把医疗卫生工作的重点放到农村去的指示，不断发展和巩固合作医疗的卫生路线。

余江县隆重集会，热烈庆祝毛主席诗词《送瘟神》发表17周年

5日 全省妇女工作会议在南昌召开，总结交流全省妇女学习经验，传达贯彻“全国农业学大寨会议”精神。会期6天，于11日结束。

6日 省革委会政治部函复南昌铁路局，指出，铁路局系统各级各类干部的管理、调动（含系统外干部调入）、任免由南昌铁路局党委根据铁道部的规定研究决定和办理手续，不需要再报省委。

7日 江西洪都钢厂中空钢车间试产成功。

7日 受铁道部委派，全国铁路运输战线上的一面红旗“毛泽东号”机车组、全国铁路系统工业学大庆先进集体——北京铁路局古冶机务段和在抓革命、促生产中取得优异成绩的沈阳铁路局灵山机务段等三个先进集体代表，专程到南昌铁路局向塘机务段介绍经验。南昌铁路局党委组织了8个机务段的领导成员，运输、检验部门负责人和给油、保养等方面人员及部分先进机车组的代表，共80多人前来学习。他们请三个先进集体代表到向塘机务段各车间、班组检查、指导工作，6天内举办了8场报告会、座谈会。

8日 井冈山地委、地革委、军分区，吉安市委、市革委、市人武部和吉安县委、县革委、县人武部在吉安市联合举行了“退伍军人崔月明扎根农村干革命报告大会”。大会宣传崔月明退伍不留城回原插队地点落户的事迹，号召全区人民群众向崔月明学习。崔月明原是上海知识青年，1969年2月来到吉安县浬田公社塘下大队第七生产队插队落户，1973年初应征入伍。今年3月，崔月明退伍回到吉安县，他多次拒绝留在县城工作的机会，决心回到原插队的地方工作，并得到了党组织批准。

16日 江西省电子例行试验站成立。

17日 江西省环境保护办公室划属省基本建设委员会领导。

17日 省军区政治部最近发出通知，要求各部队和民兵组织广泛开展长征胜利40周年的纪念活动，访问老红军，请老红军作报告。同时，省军区组织红军老战士报告团，对部队和民兵进行革命传统教育。

18日 农林部在南昌市召开第三次全国城郊养鱼现场会，农林部副部长肖鹏主持会议。

18日 江西省、市军民4000多人隆重集会，纪念人民解放军的前身——中国工农红军长征胜利40周年。大会回顾了长征历史，并号召全省人民学习长征革命精神，继承和发扬红军团结战斗、勇往直前、排除万难争取胜利的光荣传统。

省、市军民纪念红军长征胜利40周年大会

21 日 为纪念红军长征胜利 40 周年，《中国工农红军长征胜利图片》在江西省革命历史展览馆展出。

22 日 省委、省革委会召开电话会议，号召全省各级党、政机关和全省干部、全省人民紧急动员起来，学理论，抓路线，夺取秋季丰收，实现全年丰收，为明年的更大丰收打下坚实可靠的物质基础。省委、省革委、省军区的负责人出席了电话会议，省委书记白栋材主持会议并讲了话。出席电话会议的有各地（市）、县（市）党委和革委会的负责人，以及省直各部、委、办、局和工、青、妇的负责人。

26 日 省军区政治部最近发出通知，号召部队和民兵积极参加秋收冬种，为夺取秋季丰收，实现全年丰收作出贡献。

27 日 省军区最近在彭泽县召开了民兵地雷爆破、打坦克教学现场会。会议以毛主席关于“大办民兵师”和“准备打仗”的重要指示为指针，学习、总结和推广了彭泽县武装基层民兵团小分队就地取材开展地雷爆破、打坦克训练的经验。

29 日 以曾我佑次为顾问、莲尾信次郎为团长的日本社会党活动家访华团一行 9 人，来南昌、井冈山参观访问。历时 5 天，于 11 月 3 日结束。

本月 国家税务总局一行 4 人来江西视察税收工作。

本月 江西省煤田地质勘探公司物测队工程师稽明远、技术员潘安克等，研制轻便频率测深仪成功。

本月 省计委、省人民银行、农业局、财政局联合通知，确定兴国、余江、高安、泰和、永修、南城六县为农机化重点县，各拨给人民币 50 万元发展农机事业。

本月 省委、省革委会组织 8 万干部下基层，协助农村干部组织群众修浚防洪排涝等水利工程。

本月 中共江西省委恢复建制后，未恢复省委的工作机构，仍由省革委会办公室、政治部承担省委各部门的工作。省委与革委会的工作机构开始分设，陆续恢复成立了省委办公厅、组织部、宣传部、统战办公室、直属党委。

本月 江西省基本建设委员会成立，管理全省基本建设工作。省建工局为省政府的一级局，管理全省建筑业工作。

本月 省计委召开全省统计工作会议，布置当年统计年报工作；根据国家计委统计局的要求，改变“年报丰年”的状况，提前至年后的 2 月份报送。

本月 据省革委赣革发第 46 号文件，将省建筑工程局建材处组建为省建材工业局（二级局），隶属省基本建设委员会，统一管理全省建材及非金属矿工业。

本月 国家计委下达江西省测绘局 1974 年至 1975 年组建测绘队伍劳动指标 420 人，省劳动局 10 月 4 日下达宜春地区和南昌市招收新工人 340 人。省测绘局组成 5 个招工组，分别到宜春地区的 5 个县镇招收 200 人，到南昌市招收 140 人。新招收人员 12 月初进测绘队基地。其中：上山下乡知识青年 225 人，留城青年 103 人，平均年龄 20 岁（16 岁～22 岁 285 人）。初中生 147 人，高中生 181 人。12 月底进入测绘专业学习。

公元1975年11月							农历乙卯年【兔】						
日	一	二	三	四	五	六	日	一	二	三	四	五	六
						1 廿八	2 廿九	3 十月大	4 初二	5 初三	6 初四	7 初五	8 立冬
9 初七	10 初八	11 初九	12 初十	13 十一	14 十二	15 十三	16 十四	17 十五	18 十六	19 十七	20 十八	21 十九	22 二十
23 小雪	24 廿二	25 廿三	26 廿四	27 廿五	28 廿六	29 廿七	30 廿八						

1日　民航北京—南昌—福州航线开航。

1日　省委在南昌召开省、市机关干部职工群众大会。会议传达“全国农业学大寨会议”精神，号召全省各级党组织和广大干部群众，迅速掀起大学习、大宣传、大动员、大落实“全国农业学大寨会议”精神的热潮，立即动员起来为普及大寨县而努力奋斗。省委第一书记江渭清，省委书记杨尚奎、黄知真、白栋材，省军区司令员信俊杰，省军区政治委员张力雄、张志勇，以及省委常委、省革委常委、省军区党委常委等负责人，南昌市委、南昌市革委和南昌警备区的主要负责人，在南昌的中央候补委员出席了大会。大会共设107个会场，中心会场设在江西宾馆礼堂。参加大会的有省、市机关干部、职工群众，省军区、南昌警备区的广大指战员，工厂、企事业单位、文化团体、学校的基层干部、部分工人和教职员工共15万余人。同时，南昌市组织了实况广播，各地（市）、县共组织580余万名干部群众收听。白栋材主持了大会。会上，黄知真传达了“全国农业学大寨会议”的情况，传达了中央领导同志的重要讲话，传达了会议精神和今后的任务，传达了省委对普及大寨县和基本实现农业机械化的具体要求和部署。最后，江渭清在会上讲了话，并提出需解决的几个问题：（一）要牢固树立以农业为基础的思想；（二）各行各业都来支援农业；（三）进一步广

省、市传达“全国农业学大寨会议”精神大会

泛深入地开展“一学、四批、五大讲”运动。

3日 南昌开始掀起所谓“反击右倾翻案风”，社会上一度出现了各种“上访团”。

3日 省人民银行、省公安局联合发出《人民银行业务专用枪支管理暂行办法》的通知。

5日 全省妇女工作会议最近在南昌召开。出席这次会议的有全省各地（市）、县妇联主任，部分公社妇联主任、大队妇代会主任，以及部分先进大队、先进生产队的女党支部书记、女生产队长、铁姑娘战斗队队长和优秀的妇女理论辅导员等173人。省委书记、省革委会副主任杨尚奎到会讲了话。会议总结了工作，交流了经验，研究讨论了今后妇女工作任务。会议讨论了“农业学大寨”运动中的妇女工作，还研究了城镇街道妇女工作。会议强调指出，必须切实加强各级妇女组织的思想建设和组织建设。

5日 江西钢厂3350立方米制氧机工程开工建设（1977年9月4日建成投产）。

8日 省委任命张磊浩为省气象局党委第一副书记、副局长。

8日 江西省军转干部安置工作小组成立，省委组织部长王铁任组长，省军区政委陈伊任副组长，省委组织部副部长刘东涛任领导小组成员兼办公室主任。

9日 省、市10万军民在南昌市隆重举行大会，欢送1975年上山下乡知识青年奔赴农村。出席大会的有省委、省革委、省军区的负责人，南昌市委、市革委、南昌警备区的负责人，省、市总工会、共青团、妇联和知青办等部门的负责人。大会勉励广大知识青年投身到农村三大革命斗争中去，认真学习革命理论，坚持党的基本路线，同贫下中农一道为普及大寨县、实现农业机械化、建设社会主义新农村贡献力量。大会结束后，近万名上山下乡知识青年向欢送群众告别。然后分乘400多辆汽车，在市区举行了盛大的游行。

10日 为做好战时兵员动员的准备工作，省军区发出《组建独立第三师的命令》。由南昌警备区组建师部、2个步兵团和1个炮兵团，抚州军分区组建1个步兵团。组建工作于11月5日开始，到当日基本结束。

11日 为贯彻总政治部、福州部队政治部《关于传达贯彻全国农业学大寨会议精神的通知》，落实会议精神，省军区政治部向所属部队和全省民兵发出通知，对部队和民兵提出以下要求：（一）要认真学习和宣传全国农业学大寨会议的精神。（二）认真学习和运用大寨的根本经验，进一步加强部队和民兵建设。（三）积极参加普及大寨县的工作，更加自觉地执行我军既是战斗队，又是工作队、生产队的光荣任务。（四）充分发挥民兵在普及大寨县群众运动中的骨干带头作用，在运动中锻炼、提高、建设民兵。（五）加强对学大寨、普及大寨县运动的领导。

12日 省委召开电话会议。会议号召全省各级党组织和全省人民，搞好今冬明春的农田基本建设。会议要求各地在开展农田基本建设的同时，搞好如下工作：（一）继续开展党的基本路线教育；（二）大搞1975年冬1976年春的农田基本建设；（三）要切实做好后勤工作，确保施工需要；（四）要加强党的领导。会议最后要求各地做好粮食、棉花、油脂以及其他农副产品的收购工作和搞好市场供应，安排好人民生活。

省、市10万军民欢送知识青年奔赴农村

12 日 省革委会批复同意自 1976 年 1 月 1 日起，将全省森工企业财务（包括劳动工资管理）收归省农林垦殖局管理。

14 日 广昌县农机修造厂研制的广昌－12 型机耕船通过省级鉴定，投入生产。

15 日 省革委会在《关于狠抓财政收入节约支出的通知》中要求，对基层财税干部不要抽调去做其他工作，让他们集中力量促生产抓收入，防止发生有税无人收的现象。

15 日 江西省电影发行放映公司最近在高安县八景公社召开了全省农村社办、大队办电影队经验交流会。会议学习了毛主席的三项重要指示，学习了邓小平副主席在全国农业学大寨会议上的报告、华国锋副总理的总结报告和陈永贵副总理的开幕词、闭幕词，认真讨论了电影工作如何为大办农业、普及大寨县服务的问题。会议要求全省各级电影发行放映部门，迅速制定出影片调度方案，会同科技、农业部门，重点抓好农村电影发行放映工作。

翻山越岭的乡村电影员

17 日 南昌市妇联召开各界妇女学大寨动员大会，到会代表 2000 余人。

20 日 江西省冶金局转发省计委批复同意八〇五厂兴建锂盐车间，年生产能力为 60 吨～100 吨（1976 年 1 月，该车间动工兴建，于 1977 年 2 月 7 日建成。同年 6 月 20 日产出首批单水氢氧化锂合格产品）。

20 日 省委、省革委会批转省农林垦殖局党的核心小组、省农林垦殖局《关于当前我省油茶生产存在的问题和今后意见的报告》，要求在抓好大面积油茶生产的同时，每年重点建设油茶林基地 25 万亩，到 1985 年建成 200 万亩，平均亩产茶油达到 25 斤以上。

22 日 省革委会在省农业局《关于认真抓好冬季农业生产的报告》中批示："农家肥，当家肥，不仅目前化肥少时要重视，就是将来化肥多了也要重视。"指示各地必须抓好绿肥生产，大搞圈猪积肥，开展群众性积肥运动。

25 日 省委根据中共中央主席毛泽东 1975 年 9 月 9 日《关于清理在押国民党省将级党政军特人员》的批示召开清理工作会议，确定将一批原国民党县团以上党政军特人员宽大释放。

26 日 省农业局、省商业局联合召开全省烟叶生产会议，传达全国烤烟现场会议精神，落实烟叶生产任务和发展措施。

26 日 省文教办公室教育组和省财政局召开全省中、小学勤工俭学经验交流会。会期 7 天，于 12 月 3 日结束。

27 日 省人民银行、省公安局发出关于发生伪造人民币重大案件的通报，要求加强防范工作，认真进行识别伪币和反伪币斗争教育。

28 日 经省革委会编制委员会同意，设立江西省机械工业局维修配件总库，定企业编制 4 人。

28 日 江西国营垦殖场管理局（二级局）成立，属省农林垦殖局管理，定企业编制 60 人。

30 日 《江西日报》转发新华社的报道，江西省 1975 年有 5 万多名城镇知识青年奔赴农村、投入"农业学大寨"的群众运动。

本月 江西省建总公司撤销，由省建工局直接领导省属建安企业。

本月 江西省建材局成立，省建工局原来管理的建材工业生产和管理职能划归省建材局。

本月 江西矿山机械厂与东北工学院、太原矿山机械厂、本溪南芬铁矿等单位联合研制的73－200型潜孔钻机，通过一机部、冶金部组织的技术鉴定，填补了国内大型采矿用潜孔钻机空白（1977年定型为KQ－200型潜孔钻机，1978年获全国科学大会奖）。

本月 江西省计委报轻工业部批准，决定将原定在九二盐矿投建的10万吨真空制盐设备迁至资源丰富、电热及交通条件比较优越的江西盐矿投建。

本月 江西省煤田地质勘探公司组织二二四队、二二七队在安福煤矿区进行会战。

公元1975年12月							农历乙卯年【兔】						
日	一	二	三	四	五	六	日	一	二	三	四	五	六
	1 廿九	2 三十	3 十一月小	4 初二	5 初三	6 初四	7 初五	8 大雪	9 初七	10 初八	11 初九	12 初十	13 十一
14 十二	15 十三	16 十四	17 十五	18 十六	19 十七	20 十八	21 十九	22 冬至	23 廿一	24 廿二	25 廿三	26 廿四	27 廿五
28 廿六	29 廿七	30 廿八	31 廿九										

1日 省煤炭局召开全省煤炭工业座谈会议，传达贯彻全国煤矿采掘队长会议精神。省革委会副主任黄知真到会讲了话。会议提出："五五"期间实现江西煤炭工业第三次大飞跃，五年总产量达到7525万吨，比"四五"增加43%。第一次大飞跃是"二五"期间，第二次大飞跃是"四五"期间。

1日 省委从省级机关和企事业单位抽调1200多名干部和2300多名文艺工作者、医务人员、大专院校师生，分别由部、委、局的领导带队，奔赴兴国、永新、余江、永修等县农村，参加党的基本路线教育和农田基本建设，投入农业学大寨、普及大寨县的群众运动。在工作队出发前，省委召开了动员大会。省委领导在动员大会上指出，这次下去的任务主要是：（一）继续广泛、深入地宣传毛主席三项重要指示，传达全国农业学大寨会议精神；（二）在县委的统一领导下，参加一个单位的党的基本路线教育；（三）把广大干部和群众的积极性，引导到大干社会主义、大搞农田基本建设上来。

1日 省委宣传部发出《关于在农村广泛开展读报活动的通知》。《通知》要求，为充分发挥党报"极大的组织、鼓舞、激励、批判、推动的作用"。农村各级党组织要在政治夜校和农田基本建设工地，认真组织社员广泛开展读报活动。《通知》指出：（一）党报是无产阶级专政的重要工具，是在群众中进行马克思列宁主义、毛泽东思想的宣传教育的重要手段；（二）为开展好读报活动，要建立和健全读报制度；（三）开展读报活动，主要是组织社员学习毛主席的三项重要指示；学习党的路线、政策、方针和工作方法；学习时事；学习各地先进经验；（四）各级党委宣传部门要加强对开展读报活动的领导，在党委统一领导下，把这一工作作为一项重要任务来抓。

1日 江西水泥厂2号窑建成投产，至此，全厂共完成投资5653.48万元，成为全省最大的水泥生产企业。

3日 省农林垦殖局下达《江西省国营综合垦殖场经营管理试行办法（草案）》的通知，要求各地（市）农林垦殖局，各国营综合垦殖场研究试行。

9日　全省城镇妇女工作会议在九江市召开，讨论和研究城市妇女工作对象、组织机构和工作任务。会期5天，于14日结束。

10日　南昌市委、市革委在八一礼堂举行大会，欢送知识青年楚建山、葛晓原、卢林金、翟兆清赴新疆农村插队。

12日　省革委会办公室函告，经省委同意，给安义、永修、奉新、靖安4个重灾县免农业税稻谷1000万元。

12日　省革委通知：恢复景德镇陶瓷学院。

13日　省委召开电话会议，要求各级党组织进一步动员起来，集中力量，集中目标，抓紧有利时机，力争春节前基本上完成“歼灭战”的任务。春节后，全面完成或超额完成农田基本建设各项任务。省委、省革委及各地（市）、县委负责人和省直有关部门负责人出席了电话会议。会议指出：各地要着重抓好以下几项工作：（一）认真学习无产阶级专政理论，抓好党的基本路线教育；（二）进一步明确主攻方向；（三）扎扎实实地搞好第一线的组织领导工作；（四）严格搞好工程质量；（五）认真办好农田基本建设专业队。

13日　省委办公厅批转省档案馆《关于加强省直机关档案工作的报告》。

15日　凌晨，南昌铁路分局南昌站江边货场二库因仓库电灯线老化引起火灾，烧毁黄麻31吨，棉布、黄豆、百货等470余件，仓库1座，损失金额7.4万余元。

20日　省委、省革委发出《关于新年春节期间开展拥军优属活动的通知》。通知要求全省各地：（一）广泛开展拥军优属活动；（二）遵照毛主席关于“全国学人民解放军”的教导，要深入宣传解放军在战争年代，在社会主义革命和建设中的伟大功绩；宣传解放军在加强战备、搞好民兵建设和支援地方普及大寨县等工作中的贡献；（三）充分发挥烈军属、荣誉、复员、转业、退伍军人和退休老干部在“工业学大庆”、“农业学大寨”群众运动中的骨干带头作用；（四）各级党委、各级革委会要结合开展拥军优属活动，认真检查一次党的优抚、复员退伍安置工作政策的执行情况，总结经验，表扬先进，发现问题，及时纠正。

24日　省农业局在婺源县召开茶叶丰产及开辟新茶园技术经验交流会。传达、交流全国会议精神和经验，组织科研协作。

25日　新华社南昌分社报道，1975年，江西省全年粮食单产和总产都超过历史最高水平，全省6个地区和3个直辖市普遍增产。农业学大寨先进县星子县、宜春县、余江县、乐平县、信丰县、南城县和萍乡市，1975年农业生产继续上升。革命老根据地井冈山和兴国等县，粮食产量也有较大的增长。

26日　省农科所与省农干校合并成省农业科学院。院内设研究所、站、室和农技干部短训班（1980年10月短训班分出，恢复为省农业干部学校，同属农业厅直辖）。

27日　省军区政治部发出通知，号召所属部队发扬我军光荣传统，在新年春节期间深入开展拥政爱民活动。省公安局发出通知，要求全省公安机关在各级党委的统一领导下，积极开展爱民月活动。

27日　省委、省革委会批转省农林垦殖局党的核心小组、省农林垦殖局《关于进一步加强森林经营管理和搞好木竹生产、供应的报告》，规定木竹及其制品、半成品在省内运输，按照经营分工，凭主管部门放行证放行；木材、毛竹和等外材出省放行统一由省农林垦殖局审查办理；木竹制品、半成品出省，按照省计委核定计划，由省农林垦殖部门统一印制放行证，交省商业局掌握放行。

29日　《江西日报》编辑部邀请了江西共产主义劳动大学、江西大学、江西工学院、江西师范学院、江西医学院、江西中医学院等高等院校工农兵学员、工宣队员、教师和干部代表召开座谈会。会议认为当前教育工作必须做到：（一）破除“三脱离”的旧教育制度，实行开门办学，把教育同三大革命运动结合起来；（二）贯彻党的阶级路线，从工农兵中间选拔大学生，参加“上、管、改”，在教育革命中发挥生力军的作用；（三）提高教学质量，造就千百万在“德、智、体”几方面全面发展，具有社会主义觉悟的有文化的劳动者；（四）在党的统一领导下，工人阶级牢固地占领教育阵地，把学校改造成为无产阶级专政的工具。

31日 江西省煤田地质勘探公司自1974年1月始组织的第二次1： 50000全省煤田预测工作至本月基本结束。此次预测煤矿总储量37.55亿吨，其中可靠储量18.23亿吨。

本月 南昌铁路分局根据省革委会关于补充职工自然减员和子女顶替的规定，有1000余名老职工退休退职，由其子女顶替工作。

本月 省委办公厅发文宣布恢复省档案馆，由省委办公厅副主任孙亚衡兼任负责人。

本月 南昌市化学工业局、纺织工业局、轻工业局、电子工业局成立。归属于南昌市计委领导。

本月 江西省建筑材料工业公司党委成立（1983年4月改称建筑材料工业公司党委，1987年5月又改为建材局党组）。

本月 江西省人民政府宽大释放在押的原国民党县团以上党政军特人员441名。

本月 南昌齿轮厂与北京钢铁学院、洛阳拖拉机研究所合作，完成对大冶钢厂的25MnTiBR稀土钢取代18CrMnTi钢制造拖拉机齿轮的研究（1978年获全国科学大会奖。项目主持人王昭巽）。

本月 一机部机械科技发展规划确定南昌齿轮厂为螺旋伞齿轮精密锻造研究基地。

本月 江西省医药公司组织药农和负责药材生产的职工，编写《江西中草药栽培》一书，分一、二册，收载20个品种的栽培方法，由江西人民出版社出版，新华书店发行。

本月 赣州市革委会发布《关于清理公产住房与禁止私人在城区建房的通告》。

本月 江西省革委会机关事务管理局成立，属省一级局，由省委办公厅党委领导。

本月 江西无线电器材厂研制成功了数控铣床数字控制柜，该设备获机械工业部科技成果奖，填补省内空白。

本年

本年 全省连遭七次水灾。井冈山、抚州两地区部分县发生百年未遇的洪灾，受灾人口490万，受灾农作物692万亩。省革委会下拨救济款200万元以及水泥、木材、棉花、棉布等救灾物资。

本年 清江县中洲公社发现古吴平县城址，面积约53.34公顷。

本年 北京外语学院外籍教师参观团，玻利维亚、巴拉圭共产党访华团，哥斯达黎加、海地劳动党代表团以及英国、法国、联邦德国、奥地利、秘鲁、乌拉圭、哥伦比亚、巴基斯坦、坦桑尼亚等国在北京的专家代表团先后游赣，并赴萍乡参观访问。

本年 江西共大总校副教授蒋梅芳等人，在丰城县袁渡公社首次发现牛伪狂犬病。

本年 江西省养蜂研究所支援越南社会主义共和国中蜂50群（箱），意蜂50群（箱）。

本年 为了解决商业网点不足，江西决定在城市、工矿区依靠群众兴办“三代”店，即代购、代销、代营店。

本年 下半年，各冶金企业根据中央精神，开始整顿生产秩序。

本年 国家重点工程景德镇电厂一号机组正式建成投产发电。该工程为省内首例全装配式结构的大型工业厂房，获水电部表扬。承建该工程的省一建公司三工区被评为全国“工业学大庆”先进单位。

本年 江西省建筑科研所和省建筑科技情报中心站主办的《江西建筑》杂志创刊。该刊是省内土木建筑系统唯一的技术刊物，国内发行（1978年报经省委宣传部备案正式出版。1988年《江西建筑》杂志改由省土木建筑学会和省建筑科技情报中心站主办）。

本年 省计委以赣计028号文，批准省建工局运输处改建为江西建材机械厂，总投资580万元，规模为年产建材机械及配件2500吨，成为全省唯一的建材机械生产专业厂家。

本年 经省计委批准，南昌硅酸盐制品厂进行改扩建，总投资为723.3万元（后调整为1607万元）。规模为年产粉煤灰砖6000万块，粉煤灰砖块5万立方米，成为全省最大的利用粉煤灰生产新型墙体材料的企业。

本年 景德镇陶瓷厂首次采用隧道窑烧制釉面砖。

本年 云山垦殖场松山纺织器材厂与南京林业大学协作，对木材干燥窑型及工艺进行科学实验，先后在木材常规干燥、过热蒸气干燥、太阳能干燥等方面取得成功。

本年 中国地质科学院矿床地址研究所在寻乌县河岭稀土矿区的花岗斑岩和流纹质凝灰岩中，发现了直氟碳钙锶矿和钛硅铈矿，属国内首次发现的新矿物。

本年 景德镇乐河机械厂总工程师杜镜清、副总工程师陈士瑛开始研制直八水陆两用大型直升机的发动机——涡轴六（1980年首批试制成功。同年第二批发动机装上直八机首飞成功）。

本年 江西省先后建立九连山、宫山、武夷山、井冈山、庐山、彭泽桃红岭梅花鹿产地、鄱阳湖候鸟保护区等7个省级自然保护区，成为全省生物地学重要科研基地。

1976年

本年，党和国家老一辈无产阶级革命家周恩来、朱德、毛泽东于1月、7月、9月相继逝世。“四人帮”加快了篡夺党和国家最高权力的活动。10月，以华国锋、叶剑英等同志为代表的中央政治局采取断然措施，一举粉碎了“四人帮”反革命集团，结束了“文化大革命”历时十年的浩劫。省委召开省直机关和各地（市）党政军主要负责干部会议，学习关于建立毛泽东纪念堂和出版《毛泽东选集》第五卷和筹备出版《毛泽东全集》的决定，传达中央政治局对江青、张春桥、姚文元、王洪文实行隔离审查的决定和中央召集的省、市、区及大军区主要负责人会议的精神。根据中共中央的统一部署，全省党、政、军、民、学各单位干部职工，举行揭批“四人帮”大会。从思想理论上拨乱反正，从组织上清除其帮派体系。并对“四人帮”在江西的帮派人物进行揭发批判。

粉碎帮派骨干夺权阴谋　1月，万里浪等人炮制了《批江渭清的奇谈怪论》的大字报，涂烈等人则利用2月中旬中央召集打招呼会的机会，给“四人帮”写效忠信，背着省委专程到北京向“四人帮”诬告江西省委主要负责人，王洪文和江青到江西小组，点名攻击江西省委几位领导。涂烈回江西后，按照“四人帮”的部署，有计划、有组织、有纲领地阴谋夺取江西党政大权。3月，他们成立了所谓全省“反击右倾翻案风办公室”，又策划在省、地、市各级成立“大批判小组”。6月，他们又炮制了《就当前运动向省委提出的几点意见》，并按照制定的“围垮省委领导、搞乱全省形势、夺取地市起义、造成既成事实、迫使中央表态”的反革命夺权方案，再次煽动停工、停产，中断交通。南昌铁路局运输再次受到严重破坏。周总理逝世后，南昌地区出现了许多标语、诗词、大字报等，悼念周总理，反对“批邓”，痛斥“四人帮”的倒行逆施，支持天安门广场的革命行动，涂烈、万里浪等人要查所谓“幕后策划者”。9月，万里浪等人纠集4000人，调动汽车377辆，在南昌市举行“游行”，向省、市军民示威。他们追随“四人帮”，加紧夺权活动，也拟定了对省委主要部门和部分地、市、县的夺权名单。10月6日，中共中央一举粉碎江青反革命集团，涂烈等人先后被逮捕归案。25日，省委即成立直辖的“材料组”，专责清查“四人帮”插手江西的反革命罪行。清查工作由此全面展开。

经济效益大幅度下降　“反击右倾翻案风”运动以来各方面工作秩序又受到严重干扰和破坏，经济再度出现大倒退。江西省第五个五年计划尚未形成文本。1976年的全省国民经济状况未得到改善，全省农业总产值与工业总产值降到5年来第二个低点，基本建设投资与财政收入分别降到7年和9年以来的最低点。全省财政收入仅5.19亿元，比10年前的1965年减少22%。工业生产方面，职工人数猛增和技术停滞不前，国营企业的全员劳动生产率下降，按可比价格计算，比“文革”前的1965年下降20.9%，亏损企业大大增加，其中机械和冶金工业企业亏损最多。钢材和生铁的产量只有生产能力的32%，电解铜的产量只有生产能力的9%，电解铝的产量只有生产能力的62%，水泥的产量只有生产能力的34%。商业方面，商品的购、销、调、存计划常常因交通堵塞而无法完成。特别是农产品收购任务完成得很差，造成轻纺工业原料奇缺，开工不足。省产工业品在市场的占有率，由1965年的50%下降到本年38%。商业利润大幅度减少。

其他重要事件 国家重点工程——九江炼油厂和九江电厂由国家建委交由江西省施工。省委决定加强对工程的领导，成立领导小组，并成立九江油、电工程指挥部。河北唐山发生大地震，省卫生局立即组织100名卫生防疫人员赶赴唐山抗震救灾，体现了具有光荣传统的老革命根据地人民对灾区人民的深厚情谊。

全省本年主要经济指标情况 国民生产总值（按当年价格计算）64.34亿元，比上年减少7.2%；工业总产值48.12亿元，比上年减少11.4%；农业总产值44.14亿元，比上年减少2.8%。粮食总产量205亿斤，比上年减少3.01%。财政收入5.19亿元，比上年减少34%。年末全省总人口3048.21万人，人口自然增长率为24.07‰。

公元1976年1月							农历丙辰年【龙】						
日	一	二	三	四	五	六	日	一	二	三	四	五	六
				1 元旦	2 初二	3 初三	4 初四	5 初五	6 小寒	7 初七	8 腊八节	9 初九	10 初十
11 十一	12 十二	13 十三	14 十四	15 十五	16 十六	17 十七	18 十八	19 十九	20 二十	21 大寒	22 廿二	23 廿三	24 廿四
25 廿五	26 廿六	27 廿七	28 廿八	29 廿九	30 三十	31 春节							

1日 省委颁发《关于认真学习毛主席的光辉诗词和1976年元旦社论的通知》。该通知要求各地各机关、学校、厂矿、公社、商店、街道等都要举行座谈会，座谈学习毛主席《水调歌头·重上井冈山》、《念奴娇·鸟儿问答》两首诗词和《世上无难事，只要肯登攀》元旦社论。全省广大军民响应省委号召集会收听中央广播电台播送的毛主席诗词和元旦社论，在全省新华书店各门市部，均有刊载毛泽东诗词二首的《诗刊》出售。

省、市军民集会庆祝毛主席诗词发表

1日 鹰潭铁路分局成立。其管界与南昌铁路分局的分界为浙赣线鹰潭站上行预告信号机以外，与福州分局的分界为鹰厦线来舟站下行预告信号机以外。

1日 南昌钢铁厂6吨空气侧吹转炉改造为氧气侧吹转炉工程开工建设（至1978年10月27日，1000立方米制氧机试车，转炉一期改造工程竣工，因无热装铁水而未能投产）。

1日 根据国务院、中央军委的指示，江西省各县、市的解放军县、市中队即日起改称人民武装警察中队，由公安机关建制领导。

2日 省委宣传部举行座谈会，邀请省、市各条战线的150多名代表学习座谈毛主席诗词《水调歌头·重上井冈山》、《念奴娇·鸟儿问答》和中央“两报一刊”元旦社论。

3日 省革委会4号文件决定，余干县国营康山垦殖场划归省农垦局领导，更名为国营康山综合垦殖场。垦区内的康山、联合、新生、建设、大塘、古竹等公社大队采取挂钩形式，由康山垦殖场统一领导。

3日　省委组织部发出《关于当前干部管理工作中的几个问题的通知》，对干部管理工作的几个问题作出四条规定：要求坚持老中青三结合的原则；严格按照革命事业接班人的五个条件配备好各级领导班子；坚持党管干部的原则；提拔任免干部必须按干部管理权限经过党委集体讨论决定。

6日　省委常委举行会议，传达学习毛泽东主席提议、中央政治局一致通过的中共中央关于华国锋任国务院代总理和叶剑英生病期间由陈锡联主持中央军委工作的决定（中共中央1976年1号文件）。

8日　省煤炭局召开全省煤炭系统农副业生产会议。会议宣布全系统已有耕地1163亩，林地1770亩。并要求，煤矿职工家属参加生产劳动，应以农副业为主。

8日　江西人民春节拥军优属慰问团最近成立。春节期间，慰问驻省部队指战员和烈军属、荣誉、复员、转业、退伍军人。各地、市分别成立了慰问团，慰问当地驻军。

8日　省委、省革委会给驻省部队指战员和烈军属、荣誉、复员、转业、退伍军人、退休老干部发出慰问信。代表全省人民向他们致以新年祝贺和慰问。希望他们在新的一年里，为促进安定团结，促进社会主义农业、工业和整个国民经济的发展作出新贡献。

8日　当日9时57分，中共中央副主席、国务院总理、全国政协主席周恩来在北京逝世。全省各地干部群众自发地开展多种形式的悼念活动。

13日　全省水产科技工作会议在赣州市召开，会议总结经验，讨论建立全省水产科技情报网，省水产科技情报站于1月中旬成立。会议于18日结束。

14日　省机械局在南昌召开首次机械系统科技情报工作会议。

15日　为悼念周恩来总理逝世，南昌市下半旗致哀，上午10时起停止娱乐活动。

16日　省、市人民举行拥军优属慰问大会和座谈会。慰问驻省部队指战员和烈军属、荣誉、复员、转业、退伍军人、退休老红军、老干部。省委第一书记江渭清，省委书记、省春节拥军优属慰问团团长杨尚奎和省、市、党、政、军及福州部队军政干校、驻省部队负责人出席了大会。

16日　省建材局在星子县召开全省小水泥经验交流会，提出今后大办小水泥厂的具体意见。

16日　全省召开部分县、市历史文物工作座谈会。

17日　江西省公安厅成立武装民警管理处。之后，地、市公安局成立民警科，负责管理武装警察事宜。

18日　省革委会文教办公室最近召开了全省文艺创作座谈会。全省各地、市文化部门的负责人、文艺创作人员和评论作者200余人参加。会议总结交流了文艺创作和文艺评论方面的体会，制定了1976年至1980年的创作规划。

19日　南昌市“五七”干校开学。

20日　省革委会发出《积极开展冬季春季爱国主义卫生运动》的通知，要求全省各地春节前后，都要大搞几次卫生突击运动，消灭越冬蚊、蝇，做好灭鼠保粮工作。农村要抓好两管（管水、管粪）、五改（改水、改厕所、改炉灶、改畜圈、改造环境卫生）工作；城镇工矿要搞好公共场所卫生和“三废”（废水、废气、废渣）的处理。

22日　江西省农业局设社队企业管理局，未定编制，与省农业局人民公社经营处合署办公。

24日　《江西日报》报道：江西省共产主义劳动大学贯彻执行毛主席的《七三〇指示》，坚持半工半读、勤工俭学的正确方向，大搞农田基本建设，积极办好学农基地。

26日　四机部发出《关于八三四厂技术改造方案的通知》，要求加速对八三四厂的技术改造，扩大生产能力。经过有计划的改造和扩大再生产，到1980年，八三四厂累计为军队研制和生产各种野战电话机70万部。军用交换机51万台，舰艇指挥电话系统620套。

29 日　《江西日报》报道，南昌市两个月内动员和组织了 170 多个单位 12.5 万多人次，投入到治理青山湖的义务劳动中。

29 日　省委最近召开电话会议，部署了当前农村工作。会议强调要实行科学用肥，推行球肥深施和叶面施肥。

本月　全省开始执行新的《江西省地方财政总预算会计制度》和《江西省行政事业单位会计制度》。

本月　省革委会批转省计委、省建委、省煤炭局《关于重点产煤地区负责同志会议情况的报告》，确定本年南昌电网发电煤缺口 94 万吨由萍乡、宜春两地小煤矿负责解决，省财政拿出 2200 万元用于小煤矿改造和煤炭运输。并对小煤矿的发展实行优惠政策。

本月　由南昌市农林局农机管理科和南昌市机械局农机科合并组建南昌市农业机械管理局。

本月　江西省纺织器材科研会在横峰纺织器材厂召开。会上，成立了省纺织器材科研小组。

本月　丰城县民工“建勤办”加宽南（昌）小（梅关）线丰城段公路。省公路局召开现场会，推广其做法。干线公路的加宽和改造从此在全省广泛开展。

公元1976年2月							农历丙辰年【龙】						
日	一	二	三	四	五	六	日	一	二	三	四	五	六
1 初二	2 初三	3 初四	4 立春	5 初六	6 初七	7 初八	8 初九	9 初十	10 十一	11 十二	12 十三	13 十四	14 元宵节
15 十六	16 十七	17 十八	18 十九	19 雨水	20 廿一	21 廿二	22 廿三	23 廿四	24 廿五	25 廿六	26 廿七	27 廿八	28 廿九
29 三十													

11日 省委发出通知，按照中共中央将1975年11月《打招呼的讲话要点》扩大传达到党内外群众的通知，要求各地组织学习讨论。

12日 省编制委员会赣编发（1976）22号文件同意省测绘局内部机构设置为：办公室、政治处、劳动工资处、生产组织计划处、物资财务处、科教处、资料处、第一测量队（133人）、第二测量队（133人）、综合队（58人），各队均设在湾里。

13日 省革委会批转省委组织部、省财政局《关于国家行政机关工作人员福利费提取标准和掌管使用问题的报告》，从1月份起，改按每人每月1.24元的标准提取。

13日 江西省农业局在余江县召开以红萍为主的夏季绿肥现场座谈会。

15日 10时50分，南昌市子固路、文孝庙发生大火，烧毁公房26栋，烧死1人，102户422人受灾。

16日 省建设委员会发出《关于贯彻国家建委〈关于加强城市管理工作的通知〉的意见》。

16日 省农业局在赣州江西第二糖厂召开全省甘蔗会议，总结、交流高产经验，参观了赣县潘龙公社杨坑、潘龙大队的甘蔗生产，落实当年生产任务和完成措施。

23日 经省编制委员会批准，建设银行机构下设到县，增加事业编制525人。

23日 省农林垦殖局、省粮食局、省人民银行发出《关于发放油茶山垦复专项贷款的联合通知》，1976年从各地农贷指标中安排专项贷款200万元，重点支持油茶集中产区发展油茶生产。

25日 省委负责人在北京出席中央召集的各省、市、区和各大军区负责人会议，会议传达了毛泽东关于"反击右倾翻案风"的讲话。

25日 省革委会批转省商业局《关于贯彻全省蔬菜会议情况的报告》，重申要认真贯彻城市近郊以菜为主，同时发展其他副食品的方针。

27日 全省职工业余文艺调演在南昌举行。参加调演的有6个地区、3个市和南昌铁路局等12个厂矿基层演出队，以及部分观摩代表、工农兵评论员共600人。先后演出了45场，共130多个节目，观众达7.6万人次。调演活动于3月11日结束。

本月 江西红星机械厂参加饲料粉碎机全国统型设计，试制出9FQ－50型粉碎机并通过部级鉴定，达到国内先进水平（1978年获全国科学大会奖）。

<table>
<tr><th colspan="14">公元 1976 年 3 月　　农历丙辰年【龙】</th></tr>
<tr><th>日</th><th>一</th><th>二</th><th>三</th><th>四</th><th>五</th><th>六</th><th>日</th><th>一</th><th>二</th><th>三</th><th>四</th><th>五</th><th>六</th></tr>
<tr><td></td><td>1
二月大</td><td>2
初二</td><td>3
初三</td><td>4
初四</td><td>5
惊蛰</td><td>6
初六</td><td>7
初七</td><td>8
妇女节</td><td>9
初九</td><td>10
初十</td><td>11
十一</td><td>12
十二</td><td>13
十三</td></tr>
<tr><td>14
十四</td><td>15
十五</td><td>16
十六</td><td>17
十七</td><td>18
十八</td><td>19
十九</td><td>20
春分</td><td>21
廿一</td><td>22
廿二</td><td>23
廿三</td><td>24
廿四</td><td>25
廿五</td><td>26
廿六</td><td>27
廿七</td></tr>
<tr><td>28
廿八</td><td>29
廿九</td><td>30
三十</td><td>31
三月小</td><td></td><td></td><td></td><td></td><td></td><td></td><td></td><td></td><td></td><td></td></tr>
</table>

3 日　省建工局颁发《江西省安装工程施工技术操作规程》。

4 日　省、地、市种子站负责人会议在南昌市召开，落实当年良种经营“三预约”，落实良种繁育和基地等问题。

4 日　省农林垦殖局贯彻全国林业调查工作会议精神，定于 4 月至 6 月在永新县曲江林场进行林业调查规划试点（森林资源二类调查试点）（3 月 16 日，农林部林业局通知福建、浙江、江苏、安徽、广东、广西、湖南、湖北、云南、贵州、四川等省、区林业、农林局，大兴安岭地区森林调查规划队，云南、福建林学院，贵州农学院派人参加这次试点工作）。

5 日　省革委会转发国务院、中央军委《关于加强地图国界线画法审查工作的通知》。

6 日　省地质局九〇九队等单位 1700 人参加安徽省庐江地区富铁矿地质勘探会战。

8 日　省、市各界妇女集会，庆祝“三八”国际妇女节。

10 日　南昌市发生抢购食盐，抢购呢绒、毛料等高档商品的现象，有的地方抢购煤油、火柴。

11 日　全省曲艺调演在南昌举行。9 个地、市代表队、工农兵评论员及有关人员共 260 余人。排练了 41 个节目，组成了 4 台晚会，演出了 311 场。这是江西建国以来首次曲艺调演。调演活动于 27 日结束。

13 日　省卫生局、省劳动局发出《关于加强放射性同位素卫生防护管理工作的通知》。

13 日　省农林垦殖局下达 1976 年农垦开荒两项基本投资计划，共投资 810 万元，其中康山、泰和两个新建单位重点投资 570 万元。

15 日　经省编委同意，决定成立省委办公厅档案管理处，与省档案馆合署办公，实行两块牌子，一套人员，进一步加强全省的档案业务指导工作。

22 日　南昌肉类联合加工厂 5000 吨新冷库建成投产。这是江西省第一座大型冷库。

23 日　澳大利亚驻华大使费思芬偕一等秘书来南昌、井冈山参观访问。访问于 29 日结束。

28 日　全省广大人民群众近日自发悼念周恩来总理逝世。全省广大干部、群众还在南昌市内贴出“周恩来永远活在我们心中”、“悼念周总理，誓与党内野心家、阴谋家和新生的资产阶级分子血战到底”等标语。

29 日 欧阳武在南昌病逝，终年 95 岁。欧阳武是江西吉水县人，1881 年出生。早年毕业于日本士官学校，参加过辛亥革命和讨伐袁世凯起义，曾任江西都督、省临时参议会参议员等，是著名的“江西八老”（指江西八位著名民主人士、辛亥老人）之一。全省解放后，曾任第一、二、三届全国人大代表、省政协副主席、副省长等职。

本月 进贤县发生牲畜五号病（截至本年底，全省共有 10 个县（市）的 30 个公社发生流行病。1983 年 3 月已蔓延到 58 个县（市）区，疫点多达 4951 处，病畜 22.3 万多头）。

本月 省机械工业局与省国防工业办公室联合召开全省机械行业先进刀具推广与经验交流会议，中国著名刀具革新能手、全国劳动模范马恒昌应邀出席会议。会议期间举办了先进刀具展览；在南昌柴油机厂、江西拖拉机制造厂、江东机床厂、南昌通用机械厂组织了现场表演；召开了新刀具的专题经验交流座谈会。

本月 国家测绘总局批准，江西省赣北、赣中地区面积 5.5 万平方公里（约占全省面积1/3）的航空摄影，为开展 1∶10000 航测成图提供资料。

公元1976年4月							农历丙辰年【龙】						
日	一	二	三	四	五	六	日	一	二	三	四	五	六
				1 初二	2 初三	3 初四	4 清明	5 初六	6 初七	7 初八	8 初九	9 初十	10 十一
11 十二	12 十三	13 十四	14 十五	15 十六	16 十七	17 十八	18 十九	19 二十	20 谷雨	21 廿二	22 廿三	23 廿四	24 廿五
25 廿六	26 廿七	27 廿八	28 廿九	29 四月大	30 初二								

1日 萍乡矿务局老井挖潜重点项目，高坑矿皮带井工程开工（1980年竣工，高坑矿设计年生产能力由60万吨扩大为90万吨）。

2日 省财政局发出通知，林农所得税附加税按林农所得税税额的10%征收，自文到之日起执行。

5日 省委召开电话会议，号召全省工业、交通、基本建设战线广大干部、职工，学习毛主席指示和3月28日《人民日报》发表的题为《反击右倾翻案，促进工业生产》社论。

5日 北京发生“天安门事件”，南昌市在八一大道、人民广场亦出现悼念周恩来总理的大字报和标语。

7日 省委召开常委会，传达根据毛泽东提议，中共中央政治局当晚通过的《中共中央关于华国锋任中共中央第一副主席、国务院总理的决议》和《关于撤销邓小平党内外一切职务的决议》。根据中央关于各省、市、区要向中央打电报和组织集会游行的要求，省委常委代表省委向毛泽东、中共中央发出拥护电报。

13日 根据外贸部通知精神，省外贸局印发《江西省出口商品包装物料管理工作的暂行规定》，内容包括包装物料的管理原则、包装物料的计划管理、包装容器的加工生产、改善经营管理、加强党对包装工作的领导。规定于1976年6月1日起开始执行。

14日 省革委会在南昌市召开全省二轻系统支农工作会议，总结交流支农经验，研究支农任务。会议于20日结束。

19日 省革委会文教办公室科技组、省农业局在省农科院召开水稻杂种优势利用座谈会，总结、交流高产经验，通报各地发展情况。座谈会于21日结束。

21日 27国驻华使馆正副武官及夫人共62人登井冈山游览，22日离开井冈山。

21日 全国乒乓球分区赛（南昌赛区）在南昌举行，比赛于5月1日结束。

27日 省革委会决定成立省环境保护科学研究所、省环境保护监测总站。

28日 江西省测绘局第一、第二测量队和综合队，进行以培训为主的生产实践。测绘综合队赴新建县、湾里区编制行政、交通区划图。第

一、第二测量队赴南昌县滁搓至向塘测区进行1:10000综合测图46幅，崇仁测区1:1000平板仪测图3.5平方公里。

本月 南昌兽药厂正式投产，是南昌市兽用化学药品的最大生产厂家。

本月 省计委、省劳动局分配全省集体商业招工指标2.43万人，规定这些指标只用于国营商业和供销合作社归口管理的集体企业。

本月 省计划委员会在南昌召开全省统计工作座谈会，要求抓好统计的基础工作，培训统计人员，练好基本功，抓好“工业八项经济指标”考核工作。

本月 南昌市灰砂砖厂投资47万元建成投产，规模为年产灰砂砖1200万块，标号达150号至200号，是全省第一家生产灰砂砖企业。

本月 公安部将“中国汉族男性长骨推算身高的研究”课题下达给江西、山东、安徽、云南、河北、吉林、青海、贵州、广西等省、区公安局，并指定江西为该项研究的负责单位（至1981年共收集尸骨652具，从中选出汉族男性骨骼标本472具测量，得出“中国汉族男性长骨推算身高”的一元和多元回归方程370项，并撰写出论文。该项研究获1983年公安部科研成果一等奖）。

公元1976年5月							农历丙辰年【龙】						
日	一	二	三	四	五	六	日	一	二	三	四	五	六
						1 劳动节	2 初四	3 初五	4 青年节	5 立夏	6 初八	7 初九	8 初十
9 十一	10 十二	11 十三	12 十四	13 十五	14 十六	15 十七	16 十八	17 十九	18 二十	19 廿一	20 廿二	21 小满	22 廿四
23 廿五	24 廿六	25 廿七	26 廿八	27 廿九	28 三十	29 五月小	30 初二	31 初三					

1日　省、市群众10万余人庆祝“五一”国际劳动节，在南昌人民公园、八一公园、人民剧院、胜利剧场、南昌剧场等游园地点举行盛大游园联欢活动。省、市专业文艺剧团及工厂、农村、学校业余文艺宣传队演出节目120多个，晚上举行了焰火晚会。

南昌市人民公园举行盛大的游园联欢活动，庆祝“五一”国际劳动节

3日　省委召开党员大会，省、市及驻省部队7万多名党员参加。会议号召全省各级党组织和广大共产党员，迅速掀起“反击右倾翻案风”和“追查反革命”的新高潮。

3日　省、市2500余名青年代表集会，纪念“五四运动”57周年。决心继承和发扬“五四”光荣传统。

5日　1976年全国射击分区赛（赣州赛区）在赣州举行。广东、广西、湖南、湖北、福建、江西等省，广州部队和赣州地区的射击队的170名运动员参加了比赛。比赛于15日结束。

6日　江西省地质局党委任命朱训为德兴铜矿会战指挥部党委书记兼总指挥。

7日　省编制委员会（1976）38号文件同意省测绘局1976年至1980年期间所属测绘队事业编制为920人。

8日　波阳县庙前和古南两公社炭疽病暴发流行，致使人畜大批发病和死亡。人病死率为7.4%，牛病死率为61.6%。上饶地区卫生防疫站采取措施，及时控制了疫情。

10日　省农业局在蚕桑茶叶研究所召开全省蚕桑茶叶科研协作座谈会，交流科研经验，组织课题协作。

10日　江西省复员退伍军人安置办公室规定，1976年回农村的（持有革命伤残军人证的）

伤残军人，有条件的可以在县、市集体单位安置。

11日 江西省农业学大寨专题和话剧调演在南昌举行。省直和各地、市、县文艺团体演出了28台节目。演出活动于6月26日结束。

12日 万里浪等人炮制了一个“批邓、追查反革命，要官、要权、要党票”为主要内容的《五项要求》，带领五六百人大闹省委、长时间围攻省委负责人，造成极为恶劣的影响。

14日 景德镇发电厂建立，发电厂工程筹建处撤销。

14日 南昌铁路局召开广播大会，表彰在5月5日泉江站防止2414次与2601次两列货物列车正面冲撞重大事故的有功人员。

14日 朝鲜驻华大使玄峻极偕夫人及一等秘书来南昌、井冈山参观访问。18日结束访问离赣。

17日 江西省计划委员会将国家计委拨给鄱阳湖堤防加固经费500万元，分配给滨湖各县，用于加高加固万亩以上圩堤。

20日 省委在井冈山召开全省下乡当农民的大学毕业生座谈会。出席座谈会的有37名下乡和即将奔赴农村当农民的大学毕业生代表和3名将奔赴边疆支援建设的应届毕业生。

25日 在纪念毛泽东《在延安文艺座谈会上的讲话》发表了34周年之际，全省各地群众纷纷举行歌咏活动。

27日 兴国县园岭林场“园林2号”拖轮在该县长冈水库内翻沉，船上86人全部落水，造成淹死51人的重大沉船事故。

30日 全省下乡当农民的大学毕业生代表写信给毛泽东主席，表示要虚心接受贫下中农再教育，不怕苦、累、脏，在感情、生活、劳动等方面做到与贫下中农一个样。

本月 全省各级人民防空办公室编配军队干部列入省军区、军分区和人武部的编制定额。省军区和南昌警备区各增配1名副参谋长，负责人防工作。

本月 九江、赣州、上饶、宜春、井冈山、景德镇、萍乡等地及驻军分别举行歌咏会、赛诗会、报告会、座谈会、文艺会演巡回报告团，参观毛主席革命活动旧居、旧址、纪念馆和举办“文化大革命10周年图片展览”等各种形式的活动。

临川县采茶剧团积极移植演唱样板戏，他们深入农村演出《杜鹃山》

歌咏大会会场

本月 省建工局援外办公室、建筑科研所、城建处划归省建委直接领导。

本月 省革委会文教办公室召开全省课本出版工作会。

公元1976年6月							农历丙辰年【龙】						
日	一	二	三	四	五	六	日	一	二	三	四	五	六
		1 儿童节	2 端午节	3 初六	4 初七	5 芒种	6 初九	7 初十	8 十一	9 十二	10 十三	11 十四	12 十五
13 十六	14 十七	15 十八	16 十九	17 二十	18 廿一	19 廿二	20 廿三	21 夏至	22 廿五	23 廿六	24 廿七	25 廿八	26 廿九
27 六月大	28 初二	29 初三	30 初四										

1日　南昌铁路局完成在南昌的泵船式构物和脉冲澄清池给水工程，赣江江边水厂正式投产，日供水1万吨。由铁路工程总队施工（1981年后给水工程又经过3次加强和扩建改造，至1984年4月28日全部竣工投产，使江边水厂日供水量达5万吨）。

2日　江西省地质局根据省革委会及国家地质总局的要求，决定对庐山地区第四纪冰川遗迹进行调查，编绘有关图件资料，筹办庐山冰川地质陈列馆。并对典型冰川遗迹的保护提出了措施意见。

6日　江西钢厂6吨空气转炉用氧气侧吹试炼成功。

8日　日本佐贺县陶瓷艺术家访华团一行15人，来南昌、景德镇参观考察。

10日　省农业局在九江芙蓉农场召开棉花枯萎病现场会。该病是对棉花生产危害较大的病害，省农业局要求各地开展普查，加强检疫，进行综合防治。

13日　省革委会根据中央有关部门关于开展纪念毛主席“六二六”指示11周年活动的通知精神发出通知。要求各地总结贯彻执行“六二六”指示，把工作重点放到农村去的经验。坚持开门办院、办所、办学、办科研，狠抓农村“两管、五改”，用中西两法做好各项工作。

18日　省军区机关集会，纪念毛泽东关于“民兵工作要做到组织落实、政治落实、军事落实”指示发表14周年。

19日　涂烈等人先后两次向中央告状，攻击省委领导，说江西“反击右倾翻案风的斗争已半年多了，全省的运动至今没有很好地开展起来”，“江渭清、白栋材、黄知真至今没有和邓小平反革命修正主义路线划清界限，他们不揭邓、不批邓、不转弯，不为下面承担责任，不纠正错误，反而想方设法转移批邓斗争的大方向”。涂烈等人的行为，受到中央连续三次发出的严肃批评和警告。

25日　省、市卫生界和驻省部队2500多名医药卫生人员集会，纪念毛泽东“六二六”指示发出11周年。决心深入开展卫生革命，搞好城乡卫生工作。

29日　省公安局召开全省刑事侦察工作会

议，传达贯彻公安部召开的全国刑事技术规划座谈会精神，制定了全省刑事技术科研计划。会议于7月7日结束。

30日 中国粮油食品进出口公司江西省分公司南昌冷冻加工厂竣工并举行竣工典礼，省委书记杨尚奎出席典礼仪式并剪彩。

本月 景德镇发电厂1号机组（5万千瓦）投产发电，这是全省第一台高温高压发电机组。

本月 江西浒坑钨矿武功山分场复产工程竣工投产。

本月 江西省地质局九〇九队成立全省第一台女子钻机、命名为“三八”号。

公元1976年7月							农历丙辰年【龙】						
日	一	二	三	四	五	六	日	一	二	三	四	五	六
				1 建党节	2 初六	3 初七	4 初八	5 初九	6 初十	7 小暑	8 十二	9 十三	10 十四
11 十五	12 十六	13 十七	14 十八	15 十九	16 二十	17 廿一	18 廿二	19 廿三	20 廿四	21 廿五	22 廿六	23 大暑	24 廿八
25 廿九	26 三十	27 七月小	28 初二	29 初三	30 初四	31 初五							

1日~6日　江西省农机管理工作会议在星子县召开，总结、交流公社农机站建设经验。会后，与会人员赴湖北省新洲县刘集公社农机化试点现场参观。

2日　在林业物资仓库的基础上，林业物资供应站改组成立，为江西省农林垦殖局直属企业单位，自7月5日起开始正式办公。

3日　省委发出《认真学习和贯彻毛主席关于社教的批示，组织机关干部到三大革命运动第一线，和群众实行三同》的通知，随后，全省组织8万名工作队员下到基层，与工人、农民群众实行“三同”（同学习、同批判、同劳动）。

5日~11日　南非泛非主义大会代表团一行12人来南昌、井冈山参观访问。

6日　全国人大常委会委员长朱德逝世，全省党政军各界及文艺工作者举行沉痛悼念活动。

9日　江西省印染工业科技情报站成立。

10日　省、市各条战线的共青团、复员、退伍军人、上山下乡知识青年，应届毕业生以及驻省市部队指战员和机关干部代表2500多人举行大会，热烈欢迎人民解放军南京部队八六医院护士谭萍，与旧传统观念决裂，不当干部当农民，不拿工资拿工分，主动申请复员来我省插队落户。省委、省革委、省军区有关领导出席了欢迎报告大会。

11日　为深切悼念中共中央政治局常委、全国人大常委会委员长朱德，南昌市各单位下半旗致哀，停止娱乐活动一天。

13日　凌晨4时，赣州名胜古迹——八境台毁于火灾，700余件文物被焚。

15日　全省赤脚医生、中西医结合工作会议在南昌召开。会议着重研究中西医结合发展规划、赤脚医生及合作医疗等问题。

德兴县李宅公社的赤脚医生送医送药上门

15日　省革委会文教办公室教育组织和省总工会在宜春召开全省“七二一”工人大学教育革命经验交流会。全省“七二一”工人大学的负责人，部分师生和办学单位的代表，各地（市）、南昌铁路局以及部分县（市）教育部门和工会的负责人，省直有关部门和理工科院校的代表共260人出席会议。交流会于21日结束。

16日 省、市军民举行大会和游泳活动，庆祝毛主席畅游长江10周年。南昌、九江、赣州、宜春、萍乡、景德镇、上饶、井冈山、抚州等地35万余人参加畅游江河或武装泅渡活动。

省、市军民举行横渡赣江游泳活动

20日 省革委会颁布"关于庆祝人民解放军建军49周年的通知"。要求各地在节日期间召开军民联欢会、座谈会、报告会，深入驻省部队，慰问伤病员，征求部队对地方工作意见，进一步加强军政、军民团结。

27日 昌明无线电器材厂化学库发生火灾事故，损失5.6万元。

28日 省、市军民集会纪念毛主席"七三〇指示"发表15周年。省委、省革委会、省军区、南昌市委、市革委会、驻省部队负责人，省市各有关单位负责人，工人、贫下中农、党政机关干部代表，大、中学校师生和驻大、中学校工宣队、贫管会代表4500余人出席。会议回顾了江西共大办学的经验和取得的成果，要求全省各级党组织和各有关部门都要关心共大，支持共大的教育革命，推动全省教育事业不断向前发展。

省、市军民纪念毛主席"七三〇指示"发表15周年大会

28日 省委召开全省共大社来社去毕业生代表会议。共347名代表出席。会议目的是总结共大贯彻执行"七三〇指示"、开展教育革命的经验，巩固社来社去成果，推动教育革命和农业学大寨运动的深入发展。会议指出，实行社来社去，大学毕业当农民，是共大办学的一个光荣传统。18年来，共大为国家培养了19万多名有社会主义觉悟，有文化的劳动者。其中16万多人实行社来社去，他们发扬自力更生、艰苦奋斗的革命精神，大战穷山恶水，实行科学种田，为建设新农村作出了积极的贡献。会议要求各级党委要进一步加强对共大的领导，做好社来社去毕业生的工作。会议于8月3日结束。

共大南城分校学生在办墙报

共大高安分校半工半读，勤工俭学，实现了粮、油、肉、菜、经费五自给

30日 江西省卫生局组织100名卫生防疫人员赴唐山抗震救灾。

公元1976年8月 农历丙辰年【龙】													
日	一	二	三	四	五	六	日	一	二	三	四	五	六
1 建军节	**2** 初七	**3** 初八	**4** 初九	**5** 初十	**6** 十一	**7** 立秋	**8** 十三	**9** 十四	**10** 十五	**11** 十六	**12** 十七	**13** 十八	**14** 十九
15 二十	**16** 廿一	**17** 廿二	**18** 廿三	**19** 廿四	**20** 廿五	**21** 廿六	**22** 廿七	**23** 处暑	**24** 廿九	**25** 八月大	**26** 初二	**27** 初三	**28** 初四
29 初五	**30** 初六	**31** 初七											

2日　省委决定成立省抗震救灾总指挥部，负责支援河北省唐山、丰南地震灾区人民的工作。

4日　江西省支援河北省唐山—丰南一带地震救灾医疗队第一批40名医务人员乘车奔赴唐山，8月5日第二批120名医务人员出发。全省500名医务工作者组成的10个医疗队正整装待命，还调集了大批救灾物资准备运往灾区。

省医疗队首批人员乘专车赴唐山支援抗震救灾工作

6日　福州军区军政干校第三期学员和部分机关人员到安源、井冈山野营训练，历时50天。

9日　省革委会日前在奉新县召开全省中小型水电经验交流会，传达贯彻全国中小水电经验交流会精神，总结交流依靠群众自力更生办电的经验，讨论全省1980年以前中小水电建设的规划和措施。目前，江西省已有16个县形成了小水电为主的小电网，有8个县装机容量达5000千瓦以上。

奉新县目前建成90多座中、小型水电站，装机容量达到11000千瓦，平均每人约50瓦电，成为全国办水电的先进县

11日　为期8天的全国钨矿选矿技术工作

经验交流会在江西大吉山钨矿结束。

13 日 万里浪一伙在南昌纠集人员召开大会，公然将患病住院的省委第一书记江渭清拉至南昌街头“游斗”、“示众”，并扬言“再过一两个月后，你们还会看到我们更大的胜利”。万里浪等人的不法行为受到中央领导的严厉批评。

19 日 全省甘蔗田间管理和秋植甘蔗会议在兴国县召开。要求进一步搞好甘蔗后期田间管理，力争高产丰收。会议于 25 日结束。

25 日 全省广大农村干部、社员战胜自然灾害，全省 2500 万亩早稻获得丰收，各地区正踊跃向国家交售新粮，支援社会主义建设，支援地震灾区人民。

26 日 省防汛抗旱总指挥部、省防病灭虫指挥部最近发出紧急通知，号召全省各地紧急行动起来，投入抗旱灭虫斗争，夺取秋季丰收，完成和超额完成 1976 年农业生产计划。

27 日 南昌铁路局派出第一批抢修人员 300 名携带必需器材，开出专列奔赴唐山抗震救灾。

28 日 省革委会在高安县召开全省林业工作会议。会议于 9 月 3 日结束。

29 日 省高级人民法院、省公安局联合发出《关于罪犯依法投入劳改时原判法院应填写罪犯结案登记表的通知》。

30 日 省革委会农林办公室日前召开全省农村工作座谈会。各地、市领导和省、地、市有关部门负责人出席会议。会议研究部署了 1976 年秋冬农村工作，并要求各地要坚持抓革命、促生产、促战备的方针。

本月 江西一九五勘探队结束对洛市矿区的详查，获得地质储量 7400 万吨动力煤。

本月 江西机械工业局“五七”汽车配件厂更名为“南昌自行车飞轮厂”，生产自行车飞轮。

本月 江西铸锻厂与洛阳矿山机械研究所合作研制成功的 HYZ－250C（后改型为 KY－250C）型牙轮钻机，通过一机部鉴定验收，是国家大型露天矿井急需的穿孔设备，填补了国内空白（1978 年获全国科学大会奖）。

公元1976年9月							农历丙辰年【龙】						
日	一	二	三	四	五	六	日	一	二	三	四	五	六
			1 初八	2 初九	3 初十	4 十一	5 十二	6 十三	7 白露	8 中秋节	9 十六	10 十七	11 十八
12 十九	13 二十	14 廿一	15 廿二	16 廿三	17 廿四	18 廿五	19 廿六	20 廿七	21 廿八	22 廿九	23 秋分	24 闰八月	25 初二
26 初三	27 初四	28 初五	29 初六	30 初七									

4日 省储委批准由省地质局九一五队完成的清江盐矿地质勘探总结报告，储量103.7亿吨。

5日 万里浪等人纠集近4000人，调动汽车377辆，在南昌市举行“游行”示威。

6日 省军区先后在宜春、南昌两地举行连队演唱组和部队业余宣传队文艺调演。共调演演出文艺节目110多个，其中80多个是自创的节目。反映了部队的新人、新事、新气象。

9日 下午4时，中共中央、人大常委会、国务院、中央军委《告全党全军全国各族人民书》广播后，全省各工矿企业、人民公社、部队、机关、商店、学校、街道的广大群众，听到毛泽东主席逝世，悲痛万分。全省各地均下半旗致哀，许多人戴上了黑纱，痛哭失声。省委常委，省军区党委常委召开紧急会议，代表全省军民向党中央表达对毛泽东主席深切哀悼。省直各部门和各地、市党组织分别召开会议，决心带领广大群众，化悲痛为力量做好各项工作。

9日 中共中央主席毛泽东逝世，中共中央、中央军委发布《关于加强战备的命令》，江西省军区进一步抓紧各项战备工作落实。

12日～18日 坦桑尼亚海运代表团一行4人，来南昌、井冈山参观访问。

13日 省、市军民和各界群众在南昌革命烈士纪念堂举行吊唁仪式，悼念毛泽东主席。省党、政、军及驻省部队负责人参加吊唁。

18日 省、市15万军民在南昌人民广场举行毛泽东追悼大会。大会由省委书记黄知真主持，省委第一书记江渭清致悼词。全省各地干部群众也分别举行追悼大会。

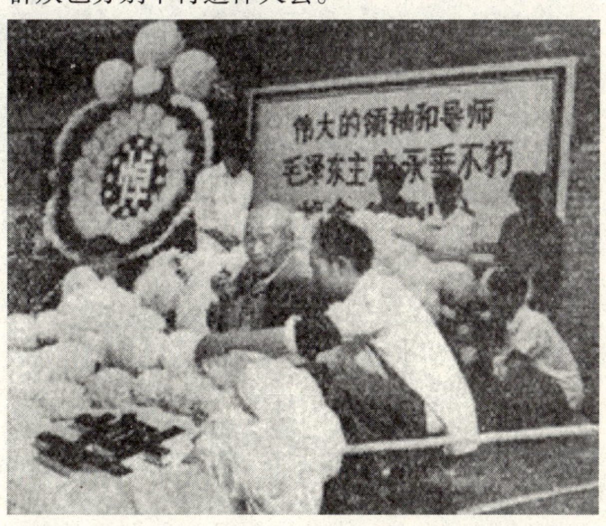

工人干部一起扎花圈

省、市军民在南昌革命烈士纪念堂前举行吊唁仪式，悼念毛泽东主席

省、市军民怀着沉痛的心情，隆重举行毛泽东追悼大会

井冈山茨坪的工人、贫下中农、人民解放军指战员、机关干部和学生来到毛泽东旧居前，悼念毛泽东主席

20日～27日　井冈山军民庆祝井冈山革命根据地创立50周年。

21日　省革委会计划委员会批准拨款21万元用于会昌等7县兴建档案馆库房，每馆3万元。

22日　省文教办公室举行高等学校工农兵毕业学员支边和下乡当农民的欢送大会。

22日～28日　阿尔巴尼亚体操队一行26人，来南昌参观访问，并同江西省体操队进行友谊比赛。

25日　省农业局、省革委会科技组召开全省杂交水稻现场经验交流会，总结一年来科研和生产的经验，研究今后发展计划，以及今秋全国杂交水稻现场经验交流会的各项准备工作。交流会于29日结束。

26日　省委最近作出决定，要求各地深入学习中共中央、人大常委会、国务院、中央军委《告全党全军全国各族人民书》、华国锋在毛泽东追悼大会上致的悼词和《人民日报》、《红旗》杂志、《解放军报》重要社论《毛主席永远活在我们心中》等文献，继承毛主席遗志，夺取社会主义革命和社会主义建设新胜利。

27日　上饶市在赣东北大道南端原信江大桥上游200米处兴建1座长233米，宽15米，钢筋混凝土6孔双曲拱大桥，投资223.33万元，荷载标准汽－20、拖－100（1978年10月1日建成通车，信江大桥改为步行桥）。

本月　江西省赣剧团、南昌市采茶剧团、高安县采茶剧团赴北京参加国庆演出。

本月　省建委在萍乡市召开公交企业座谈会，推广萍乡市人民汽车公司企业管理经验。

本月　江西电视台对1千瓦黑白电视发射机进行黑白和彩色兼容的技术改造成功，并首次播放彩色电视节目。

公元1976年10月							农历丙辰年【龙】						
日	一	二	三	四	五	六	日	一	二	三	四	五	六
					1 国庆节	2 初九	3 初十	4 十一	5 十二	6 十三	7 十四	8 寒露	9 十六
10 十七	11 十八	12 十九	13 二十	14 廿一	15 廿二	16 廿三	17 廿四	18 廿五	19 廿六	20 廿七	21 廿八	22 廿九	23 霜降
24 初二	25 初三	26 初四	27 初五	28 初六	29 初七	30 初八	31 重阳节						

1日　全省各地军民举行座谈会、学习会、游园等各种形式活动，庆祝中华人民共和国成立27周年。省委、省革委会及各地市的领导分别到基层单位同广大群众一起参加庆祝活动。

5日　九江市博物馆征集到青花牡丹纹塔式盖瓷瓶一件。该瓶是从一座元延祐六年（1319）墓中出土，它是目前国内外有纪年可考的、较早的一件青花瓷器。

9日　省委颁布《关于热烈拥护和坚决贯彻执行中央两项重要决定的通知》。要求各级党委切实加强对学习和执行中央两项重要决定的领导，紧密团结在党中央的周围，把各项社会主义事业做得更好，夺取社会主义革命和建设的更大胜利。

9日～11日　加拿大物化探考察组一行8人，到九江县丁家山铜矿参观考察。

10日　省委、省军区党委给中共中央发出电报，拥护中共中央政治局关于华国锋任中国共产党中央委员会主席、中央军事委员会主席的决定。

13日　省委召开省直机关和各地（市）党政军主要负责干部会议，学习关于建立毛泽东纪念堂和出版《毛泽东选集》（第五卷）和筹备出版《毛泽东全集》的决定，传达中共中央政治局10月6日对江青、张春桥、姚文元、王洪文实行隔离审查的决定和中央召集的省、市、区及大军区主要负责人会议的精神。江渭清和省军区司令员信俊杰分别传达中央决定和指示精神。会议于16日结束。

14日　中共中央公布粉碎“四人帮”的消息传来，全省人民热烈欢呼，集会游行，鞭炮齐

江西化纤厂工人欢呼打倒“四人帮”

鸣，人们以各种方式尽情欢庆这一历史性的伟大胜利。

17日 省委委托省军区司令员信俊杰、政委张志勇找涂烈谈话，要其交代罪行。涂烈拒不认罪，21日逃跑到农村，25日被逮捕归案（涂烈、万里浪后来均被判处有期徒刑）。

19日 省妇联发出在全省广大妇女中迅速掀起学习马列著作和毛主席著作的新高潮的通知。

23日 省、市30万军民在南昌市人民广场隆重集会，庆祝粉碎"四人帮"的伟大胜利。省党、政、军负责人出席。会后举行声势浩大的游行。赣州、井冈山、宜春、九江、上饶、抚州、萍乡、景德镇等地、市及所属89个县、市、镇也都举行规模盛大的集会和游行，欢呼粉碎"四人帮"反革命集团的胜利，全省参加人数累计达1500万人。

省委、省革委会、省军区负责人和群众一道参加粉碎"四人帮"反革命集团的集会游行

井冈山军民欢呼粉碎"四人帮"

25日 省委决定成立省委材料组，清查"四人帮"插手江西的反革命罪行。

26日 新华煤矿徐二井发生瓦斯爆炸，死亡6人。

28日 中共中央发出《关于冻结各单位存款的紧急通知》。江西省按通知精神立即对省各机关、团体、企业、事业单位的存款实行冻结。

28日 省、市各界爱国人士在南昌市中山堂举行庆祝大会，欢呼粉碎"四人帮"反革命集团的伟大胜利。与会者一致表示，要在党中央领导下，彻底揭发批判"四人帮"反党集团。在南昌的全国四届人大代表，全国政协委员、省政协部分委员和各界爱国人士、台湾籍同胞、少数民族代表150余人出席。

28日 省机械工业局要求各地市机械局、直属工厂及科研院、所、学校从1977年1月1日起执行《表面形位公差》和《机械制图》两项新国标。

29日 于德馨日前被审查，不再担任省委常委（1980年被撤销党内外一切职务）；潘世告被隔离审查，免去省革委会副主任职务；樊孝菊不再任省革委会副主任职务。

30日～11月3日 法国铀矿考察组一行4人，到贵溪县二六五地质队参观考察。

31日～11月1日 全国人大常委会副委员长谭震林登井冈山，赋诗《重访井冈山》、《登黄洋界》。

本月 江西锅炉厂自行设计试制成功SHF－13型流化床（沸腾）锅炉，可燃烧煤矸石等多种煤质。

本月 南昌至景德镇正式开行旅客列车。

本月 赣南炼锡厂动工兴建，并于1978年投产。

本月 江西省杂交水稻“南繁”领导小组成立，并从省财政拨款100余万元作“南繁”经费，组织各地、市、县农业部门干部、技术人员和公社社员1.5万余人，分赴海南和广西制种。翌年初，省委、省革委又决定增拨制种经费20万元。江西省农垦系统组织130余人，由省垦管局农艺师李炳生带队到海南岛培育杂交水稻成功，被评为全省先进制种单位。

本月 江西省湖洲管理委员会撤销，改设省湖港、草洲管理站，隶属省农业局。

本月 江西省煤炭工业局党委设立，1980年4月改称党组。1983年4月改称省煤炭工业厅党组。

本月 萍乡市钢铁厂煤油钢改造工程竣工。该工程为钢筋混凝土及砖混结构，投资400万元。建筑面积为4000平方米，由萍钢建安公司承建，萍钢基建大修组设计。

本月 江西省革委会的领导成员工作调整。江渭清为主任，白栋材、杨尚奎、黄先、文道宏、刘云为副主任。

本月 江西省新华书店通知清理、停售、封存涉及“四人帮”反党集团的书画。

公元1976年11月							农历丙辰年【龙】						
日	一	二	三	四	五	六	日	一	二	三	四	五	六
	1 初十	2 十一	3 十二	4 十三	5 十四	6 十五	7 立冬	8 十七	9 十八	10 十九	11 二十	12 廿一	13 廿二
14 廿三	15 廿四	16 廿五	17 廿六	18 廿七	19 廿八	20 廿九	21 十月大	22 小雪	23 初三	24 初四	25 初五	26 初六	27 初七
28 初八	29 初九	30 初十											

3日 省党、政、军直属机关1.1万余人举行大会，声讨“四人帮”反党集团篡党夺权的滔天罪行。江渭清等党政领导出席大会，黄知真讲话。决心彻底肃清“四人帮”余毒，不获全胜，决不收兵。

省党、政、军直属机关在南昌市八一礼堂举行声讨王洪文、张春桥、江青、姚文元反党集团篡党夺权大会

4 日 江西省军区领导机关和驻南昌部队1300多名指战员及南昌民兵5万人集会，声讨“四人帮”反革命罪行。

5 日 闽浙赣第十一次、赣鄂皖第十二次护林防火联防会议在井冈山召开。会议于9日结束。

7 日 省委书记黄知真率领代表176人赴京出席第二次全国农业学大寨会议。

7 日 南昌5万民兵举行集会和游行，庆祝华国锋任中共中央主席、中央军委主席，愤怒声讨“四人帮”的滔天罪行。

8 日 江西省直文化系统1200多名文艺战士隆重集会，热烈欢呼毛泽东主席对电影《创业》批示的发表，愤怒声讨“四人帮”扼杀《创业》的罪行。

8 日～12 日 为庆祝粉碎“四人帮”篡党夺权阴谋的伟大胜利，江西省歌舞团、省京剧团、省话剧团、省赣剧团在人民剧院联合演出文艺专场。

9 日 德兴铜矿研制的系列浆状炸药在南山露天采场首次试爆成功。

10 日 省农业局通知指出，杂交水稻的广泛应用，将是江西水稻生产上又一项重大改革，要求各地加速发展。

10 日 省委血防领导小组召开鄱阳湖区血防会议，推广南昌县基本消灭钉螺的先进经验，要求各地抓紧灭螺，把“四人帮”干扰破坏所造成的损失夺回来。会议于12日结束。

11 日 省委批转省建委党的核心小组《关于对九江油、电工程的请示报告》。九江炼油厂和九江电厂是国家兴建的重点工程，国家建委交由江西省施工。省委决心，为加强对九江油、电工程的领导，成立九江油电工程领导小组，并成立九江油电工程指挥部（1977年6月1日九江油、电工程的全面开工）。

13 日 省直机关5000余名党员、干部和解放军指战员举行揭批“四人帮”反革命罪行大会，深入揭发批判“四人帮”在江西的黑干将大搞修正主义、大搞分裂、大搞阴谋诡计，给我省革命和生产造成严重损失的罪行。大家一致表示，要乘胜前进，发扬“痛打落水狗”的彻底革命精神，迅速掀起深揭狠批“四人帮”斗争的新高潮。省委第一书记江渭清，省委书记黄知真到会。

14 日 省委召开电话会议，号召全省广大干部和群众，深揭狠批“四人帮”反党集团的滔天罪行，迅速掀起冬季生产高潮，创造优异成绩，迎接第二次全国农业学大寨会议的召开。

15 日 国家计划委员会、国务院国防工业办公室给江西下达《关于十三个电子工业项目调整方案的批复》，确定调整后计划总投资为6036万元。

15 日 省高级人民法院召开全省各中级人民法院院长会议，学习中发（1976）16号文件，声讨王洪文、张春桥、江青、姚文元“四人帮”的罪行，总结、布置工作。会议于19日结束。

16 日 省人民银行转发人民银行《关于认真贯彻中共中央关于冻结各单位存款的紧急通知》。对各机关、团体、企业、事业单位10月底各项经费和资金的结余款，一律按银行存款账面数字实行冻结。

20 日 省委批转省委清理工作领导小组请示报告，同意按中央、公安部关于对“四类分子”摘帽的有关规定，对近几年来随劳改单位成批移交给国营企业的原国民党县团以上人员（150多名）的摘帽处理问题，由所属单位按照规定整理材料报所在地、县革委会审批。

22 日 省委召开地（市）、县党员负责干部会议，传达11月5日至19日中共中央在北京召开的全国宣传工作会议精神。会议对“四人帮”反革命集团篡党夺权的罪行进行声讨和揭发批判，并联系江西实际，对“四人帮”帮派体系人物涂烈等人进行揭发批判。会议要求放手发动群众，大打围歼“四人帮”的人民战争。会议于12月1日结束。

28 日 省文教办公室文化组、南昌市文化局、东湖区革委会，在省体育馆联合主办文艺演唱大会，热烈庆祝粉碎江青反革命集团篡党夺权阴谋的伟大胜利。文艺演唱大会于12月2日结束。

29 日 省革委会日前召开全省粮食工作会议，深揭狠批“四人帮”插手江西，破坏江西粮食工作的罪行。决心深入基层、同群众实行“三同”，制定支农规划，落实支农措施，抽出人力物力，帮助社队贯彻落实“以粮为纲，全面发展”的方针。会议于 12 月 2 日结束。

30 日 省、市图书馆积极开展清理有关江青反革命集团书刊的工作。至本月，江西省图书馆清出 280 余种，南昌市图书馆清出图书 100 多种、杂志 50 种，均编成目录供有关单位开展批判。

本月 江西省第一书记江渭清在财政工作汇报会上指出：“批判‘四人帮’，要把被‘四人帮’破坏了的党的优良传统恢复起来。有些主任、副主任、局长、副局长下去大吃大喝，这种作风坏透了。从现在起不准再用公家的钱请客了”。

本月 萍乡供电局和景德镇供电局建立。

本月 德兴铜矿南山采场 1 号井建成投产，至此，该矿年出矿能力超过 300 万吨。

本月 江西电视台利用小微波设备，从南昌市电信大楼将中央电视台的电视节目信号接送到江西电视发射台，使江西电视台能够转播中央电视台节目。

公元1976年12月							农历丙辰年【龙】						
日	一	二	三	四	五	六	日	一	二	三	四	五	六
			1 十一	2 十二	3 十三	4 十四	5 十五	6 十六	7 大雪	8 十八	9 十九	10 二十	11 廿一
12 廿二	13 廿三	14 廿四	15 廿五	16 廿六	17 廿七	18 廿八	19 廿九	20 三十	21 十一月小	22 冬至	23 初三	24 初四	25 初五
26 初六	27 初七	28 初八	29 初九	30 初十	31 十一								

1日 萍乡矿务局研制成功ZPG－Ⅱ型混凝土喷射机，由省煤矿机械厂组织批量生产（1977年3月在全国光爆锚喷机具设备展览会上展出，到1990年底共计生产4994台，销往全国）。

2日 《江西日报》刊登《揪出“四人帮”，江拖大变样》的通讯并发表题为《再接再厉，乘胜前进》的评论员文章。

6日 福州军区在南昌市召开全区人防工作经验交流会。12个单位在会上介绍人防工作经验，还参观了南昌市18个单位的人防工程。交流会于12日结束。

7日 省委颁布“关于开展隆重纪念伟大领袖和导师毛主席创建井冈山革命根据地50周年和中国人民解放军建军50周年活动的决定”。号召全省军民认真学习毛主席著作，开展追思、缅怀、瞻仰毛主席的革命实践活动；努力创作一批反映两个节日题材的优秀文艺作品；积极做好革命旧居、旧址和革命文物展出的筹备工作。决定成立以江渭清为组长，黄知真、信俊杰为副组长的领导小组，负责隆重纪念两个节日的各项工作。

8日 国家计委、财政部、商业部、供销总社发布《社会集团购买力管理办法》。江西省试行“计划管理、限额控制、凭证购买、定点供应、专用发票”和某些商品实行专项审批的办法。

9日 省委召开电话会议，会议号召全省广大干部和群众，迅速掀起粮食入库和其他农产品收购高潮，力争超额完成国家收购计划。省直各有关单位及各地、市、县、公社的负责人出席。

10日 国家环境保护办公室在南昌召开全国环境保护工作座谈会，全省各地、市环保负责人列席了会议。会议研究加强环保部门自身建设等问题。

14日 省委举行全省广播动员大会，号召全省军民掀起深揭狠批王、张、江、姚“四人帮”反革命罪行高潮。大会宣读了中共中央文件和省委关于贯彻中共中央文件的通知。省、地、市、县党政军负责干部，各级机关和单位工作人员，驻省部队指战员，部分工矿企事业单位职工和街道居民，共100多万人在中心会场和几百个分会场参加大会。《江西日报》配发社论《把

"四人帮"埋葬在人民战争的汪洋大海中》。

16日 历时10天的南昌市党员负责干部会议结束，会议传达了中共中央文件，决定发动群众，揭批"四人帮"反革命罪行。

22日 省委、省革委会颁布"关于1977年新年春节期间开展拥军优属活动的通知"。要求各级党委加强对拥军优属活动的领导。各地要成立春节拥军优属慰问团，贯彻执行艰苦奋斗、勤俭建国的方针，满腔热情，灵活多样，讲究实效地搞好拥军优属活动。

23日 省、市党政军领导和机关干部、工农兵代表1000人，在省人民剧院举行《伟大的领袖和导师毛泽东主席永垂不朽》影片上映大会。省委书记杨尚奎主持大会，省委第一书记江渭清作重要讲话。

24日 省委召开工交战线抓革命促生产电话会议，号召全省工交战线广大干部和群众高举工业学大庆的旗帜，把本年计划完成得更好一些，为夺取1977年一季度工业生产开门红做准备。

25日 省直属机关党、政、军、民、学等各单位2.3万多名干部职工，在中心会场和多处分会场，举行揭批"四人帮"大会。会议要求抓住"四人帮"篡党夺权的要害，联系江西实际，从政治上、思想上、经济上、组织上深入彻底地揭发批判"四人帮"的反革命罪行。

省直机关干部职工揭批"四人帮"反党罪行大会

26日 省委发出《关于加强煤、电、运输生产的会议纪要》，要求各地切实加强领导，及时检查，尽快抓出成效，把"四人帮"造成的损失夺回来。

29日 省财政局发出通知，确定省辖市和各地区1977年财政收入上缴和留成比例。

30日 《江西日报》发表记者文章《篡党夺权的铁证——从一九七五年的"八一三"到一九七六年的"八一三"》，用两个"八一三"的实况，揭露"四人帮"在江西的篡权阴谋和破坏活动。

31日 省财政局发出《关于在年内和明年清理中抓紧催收拖欠利润，严格亏损退库的几项规定》。

31日 据年末统计，全省纺织工业本年度实际生产棉纱8.31万件、棉布7707万米，均相当于1957年水平，为建国以来江西纺织工业的第二次生产大滑坡。

本月 江西省儿童医院完成全省首次3年儿童死亡原因回顾调查。调查发现，婴儿死亡率为60.3‰，新生儿死亡占婴儿死亡总数的56.1‰。

本月 江西新余钢铁厂自行设计的1号、2号两座70立方米气烧石灰竖炉投产（1977年11月11日，2×80立方米气烧石灰竖炉1号炉建成投产，同时竖炉利用高炉煤气焙烧冶金石灰获得成功。2号炉于1978的4月9日建成投产）。

本月 江西洪都钢厂轧钢车间技术改造工程竣工，开始轧制ϕ6.5毫米线材，年生产能力为2.2万吨~2.66万吨。

本月 江西省建工局直属工程处成立，承建"111"战备工程。

本月 国营长林机械厂与第五机械工业部第六设计院合作，设计研制成功三甘醇液体除湿机（1978年获全国科学大会奖。被选入《地下建筑暖通设计手册》、《空气调节设计手册》以及《制冷与空调设备手册》）。

本月 井冈山投资73.31万元动工兴建三角塘自来水厂（1978年竣工投产）。

本月 江西省公安厅劳动改造工作管理局更名为劳动改造管理局，隶属省公安局。

本年　根据铁道部决定，由铁道部科学院、南昌铁路局、铁道兵、西南交大、铁二院、三院、大桥局及扣件制造单位共同组成无缝线路钢轨扣件协作小组，负责扣件的类型研究、设计、试制、试验等工作。九江长江大桥引桥总长5870米（双线），采用288孔跨度39.6米的无渣无枕钢筋混凝土箱梁，在国内尚属首次，获铁道部优秀设计奖。钢轨扣件是该项工程的重要配件。

本年　江西东风制药厂采用新野生型菌种4541发酵，灰黄霉素突破3万单位/毫升水平，全国领先。

本年　受"文化大革命"影响，江西省医药商业经营徘徊不前，利润降为706万元（1965年利润为717万元）。

本年　全省首台19英寸"杜鹃牌"电子管彩色电视机在南昌无线电厂研制成功。

本年　全省电子工业产值8039万元（中央企业4475万元，地方企业3564万元）。

本年　江西万平无线电器材厂研制的陶瓷真空继电器属国内首创。

本年　由湘、赣、粤、桂4省和所属6地区（零陵、郴州、衡阳、赣州、韶关、桂林）气象部门成立华南静止锋科研协作组，开展对华南静止锋的研究，至1979年结束。

本年　南昌市综合治理青山湖领导小组成立，下设南昌市综合治理青山湖工程指挥部。

本年　南昌市成立安全委员会，设专职安全员2名，制定《安全生产制度》7项29条；订《红绿灯下》杂志，司机人手1份。

本年　贵溪县畜牧兽医站王文滢报道国内首例水牛吃黄麻中毒症。

本年　外贸部拨给省委宣传部外汇额度2万美元（实际用汇19615.07美元），主要用于通过香港《大公报》、《经济导报》、《贸易与旅游》、《晶报》、《文汇报》、《商报》以及澳门的《澳门日报》和新加坡的《南洋商报》等宣传媒介，对江西出口"长青牌"罐头、酒类、南安板鸭等商品进行广告宣传。

本年　南昌电缆厂生产聚氯乙烯绝缘双包线和F级聚酯亚胺漆包线。

本年　南昌无线电工厂为与一些电子设备配套，与浙江大学半导体系共同研制5F2达林顿（复合）管及TTL高速与非门集成电路7MY系列数字电路，该产品的试制成功，填补了江西空白。

本年　南昌人造革生产厂建立，由南昌竹器厂（南昌塑料八厂前身）自行设计，自行制作1台挤塑机，生产出第一批人造革。

本年　江西省军区独立团撤销，组建独立第一团、独立第二团、警卫营和警卫连。

本年　南昌市实行由工人、解放军、居民代表参加商店管理。当时称"工管"。

本年　第一机械工业部投资80万元，用于都昌铸造型砂厂水洗砂设备改造（1978年该厂年产30万吨水洗砂生产线竣工并通过验收，成为中国南方大型铸造型砂生产基地）。

本年　80多个国家驻华使馆外交官375人分三批登井冈山游览。伊拉克共产党中央代表团、委内瑞拉革命党参观团、智利革命共产党代表团、瓜德罗普劳动党代表团、秘鲁共产党访华团、泰国共产党参观团、联邦德国共产党代表团、哥伦比亚马利党第一书记卡拉瓦略、东帝汶国防部长等先后抵赣，并专程赴萍乡瞻谒革命旧地。井冈山接待外宾1177人。

本年　南昌港昌北作业区水铁联运码头建成投产。

本年　武宁洋溪大桥、永修九合大桥建成通车。

本年　省一监、省二监、省三监分别成立劳改局第一、第二、第三人监队。

本年　全省城镇储蓄比1975年增长10.6%，按全省城镇人口计算，平均每户储蓄存款达330

多元。南昌市人民储蓄存款比 1975 年增长 12.8%，参加储蓄的达 40 多万户，占定期存款增加额的 70%。

本年 地质力学研究所古地磁实验室副研究员李普等，在赣南用古地磁力法检验旋扭构造，这是江西省首次进行古地磁研究工作。

本年 省地质科研所等单位完成了《江西铜矿地质特征分布规律与找矿方向》的研究报告，是全省第一份全面系统的铜矿地质研究成果。

本年 景德镇昌河机械厂和六〇二所合作，开始直八运输直升机的研制（1985 年 12 月 11 日，直八－02 机在景德镇首飞成功。1989 年直八运输型直升机项目获航空航天部科技进步一等奖。主要完成人为工程师李万新、王建秋、郭泽弘、刘高倬等）。

本年 六〇二所开始“KJ－8A 直升机自动驾驶仪”的研制（1989 年，该项成果获航天部科技进步协作一等奖。主要完成人为工程师邱世洁、技术员陈旭东）。

本年 全省种植杂交晚稻 7.5 万余亩，据验产 1.8 万余亩平均亩产 795.4 斤，较常规水稻增产 49.3%，其中亩产 1000 斤以上的有 1183.9 亩，大面积可比常规种每亩多收稻谷 150 斤以上。其中“汕优二号”、“汕优三号”是以“珍汕九七”不育系为母本，分别与“国际二四”、“国际六六一”所配制的杂交种。“矮优二号”是以“二九矮四号”不育系为母本，与“国际二四”所配制的杂交种。“南优二号”是以“二九南一号”不育系为母本，与“国际二四”所配制的杂交种。全省推广面积最大的组合为“汕优二号”。

本年 为贯彻“以粮为纲，全面发展”的方针，1974 年全国茶叶会议作出一系列重要指示，江西省茶叶生产连续几年持续跃进。1976 年，婺源县茶叶产量比 1975 年增长 80%，跨入了年产茶叶 5 万担的茶叶生产基地行列。

1977年

粉碎“四人帮”之后，揭批“四人帮”和拨乱反正的工作在全省各条战线陆续展开。同时江西立即着手恢复和发展国民经济。1976年至1980年的“第五个五年计划”于1977年下半年编制出后三年计划。“五五”时期，各个年度计划的编制突出强调必须按农、轻、重次序安排的方针，计划要求：（一）把农业放在第一位，整个“五五”时期特别注意农业的发展，正确处理粮食和经济作物的关系，认真研究和落实解决发展多种经营的政策问题，统筹安排，尽最大努力，把农业搞好；（二）一定要把轻工业搞好，把市场安排好，把人民生活安排好；（三）“以钢为纲”，增加原料、材料生产；尤其要抓住当前国民经济的突出薄弱环节，集中力量解决煤、电、运问题。《关于贯彻一九七七年全国计划会议精神的几点意见》和《一九七七年全省国民经济计划的安排》两个文件形成。恢复国民经济的主要措施有：大力发展农业生产；对工业企业和南昌铁路局进行整顿；开展比、学、赶、帮、超的社会主义劳动竞赛活动，提出“学湖南、赶湖南”的口号。全省经济迅速恢复和全面增长。但与此同时，在经济的恢复和发展上又存在思想上的不切实际，受到“全面跃进”冒进思想的影响，提出了一些不切实际的口号和指标，如要求到1985年把江西基本建成社会主义工业省等脱离实际的高指标等。

深入展开揭批“四人帮”运动　“文革”期间，林彪、江青两个反革命集团直接插手江西的活动，这使得江西拨乱反正的工作更为复杂、繁重。中共中央当年3月、9月相继发出《王洪文、张春桥、江青、姚文元反党集团罪证》材料之一、二、三以后，江西迅速组织开展了揭批“四人帮”的三个战役。3月，举行揭批“四人帮”及其在江西的反革命罪行大会；6月，举行深入揭批大会；11月，《江西日报》发表社论《坚决打好揭批“四人帮”斗争的第三战役》；12月，省委举行揭批大会。

继续开展农业学大寨、工业学大庆运动　1月，江渭清在传达第二次全国农业学大寨会议精神广播大会上指出：要坚持全党动员，大办农业的方针，掀起农业学大寨的新高潮。2月召开全省工业学大庆会议，动员广大干部、工人掀起工业学大庆群众运动的新高潮。2月至3月召开了全省第三次农业学大寨会议，黄知真作《学好文件抓住纲，深揭猛批“四人帮”，为尽快普及大寨县而奋斗》的报告。5月，省委召开全省农业学大寨、普及大寨县经验交流会，并举行了传达贯彻落实全国工业学大庆会议精神广播大会。6月，省委作出《关于在工业学大庆、农业学大寨群众运动中，向湖南学习，同湖南竞赛的决定》。12月，省委部署开展大庆式企业检查评比和验收工作。

农林工作 5月召开杂交水稻工作会议。8月全省农村工作会议指出大办农业，加强农业生产第一线，大搞农田基本建设。10月，省革委会在全省林业工作会议上发出了“动员起来，苦战五年，基本绿化江西，实现林业上《农业发展纲要》”的战斗口号。

科技工作 7月，省委召开全省向科学技术进军动员大会，要求迅速把科技工作搞上去，要大学习、大宣传、大落实党中央对科技工作的重要指示。9月，省委、省革委会召开全省向科学技术现代化进军和工交、基建战线大干100天广播动员大会。10月，全国科学大会江西省筹备领导小组召开“传达全国科学大会预备会议精神”大会。12月，召开全省科学、教育工作会议。

平反冤假错案与调整落实政策 据统计，在已复查的全省1966年至1976年判处的6245件案件中，冤假错案高达75%；在已平反纠正的4500件冤假错案中，政治性案件占93.2%，其中以知识分子比例为大。自本年5月开始，江西省根据中共中央的指示，一方面平反冤假错案，落实党的干部政策；另一方面相继落实、调整党的其他方面的政策，有步骤地处理和解决了建国以来的许多历史遗留问题。同时，省委召开知识分子座谈会，提出要落实党的知识分子政策，努力改善知识分子的工作条件和生活条件，调动一切积极因素，夺取“抓纲治国”的新胜利。

恢复高考 “文革”期间中断了10年的高考恢复。9月召开的全省招生工作会议传达了全国高校招生工作会议精神，决定高校招生改变“文化大革命”期间不考试的做法，采取自愿报名、统一考试，坚持德、智、体全面衡量，择优录取原则，并成立了江西省招生委员会。考试于12月初举行。当年，工人宣传队、贫管会、贫宣队陆续从大、中、小学校撤出。

外事工作 3月，全省外事工作会议总结了1976年的外事工作，部署了1977年的外事工作。省委批准省委外事办公室《关于接待驻华使节、武官来赣参观访问的请示报告》之后，先后有30多个国家的驻华武官、80多个国家的驻华使节（包括外交官员）来江西参观旅游。

其他重要事件 全省第一艘800个客位的客货轮下水。九江油电工程建设全面开工。8月，省委决定开展油、电、矿山、农机、化肥大会战，并规定对九江油、电重点建设工程由省委直接领导，有关工程的各项计划由省计委直接下达给指挥部，减少中间环节。12月，省委作出《关于发展棉、蔗、麻、烟等经济作物生产的决定》。全省开始对部分职工调整工资，调资面为60%。

全省本年主要经济指标情况 国民生产总值74.78亿元，比上年增长12.6%；工业总产值63.97亿元，比上年增长33%；农业总产值46.71亿元，比上年增长5.3%；财政收入7.62亿元，比上年增长46.9%；粮食总产量217.8亿斤，比上年增长5.9%；社会零售物价指数比上年增长0.2个百分点；年末全省总人口3118万人，人口自然增长率21.59‰。

公元1977年1月 农历丁巳年【蛇】													
日	一	二	三	四	五	六	日	一	二	三	四	五	六
						1 元旦	2 十三	3 十四	4 十五	5 小寒	6 十七	7 十八	8 十九
9 二十	10 廿一	11 廿二	12 廿三	13 廿四	14 廿五	15 廿六	16 廿七	17 廿八	18 廿九	19 十二月大	20 大寒	21 初三	22 初四
23 初五	24 初六	25 初七	26 腊八节	27 初九	28 初十	29 十一	30 十二	31 十三					

3日 全省上山下乡知识青年代表会议召开，参加会议的各方面代表共1100余人。省委书记黄知真作《彻底揭发批判“四人帮”，巩固和发展知识青年上山下乡运动的胜利成果》的报告。会议表扬了303个先进单位和148个先进个人。

5日 省委在南昌召开广播大会，传达贯彻第二次全国农业学大寨会议精神。广播大会的中心会场设在江西宾馆礼堂。省直有19个分会场，南昌市有160个分会场，全省700多万人参加了广播大会。会议传达全国农业学大寨的情况，传达了华国锋主席的讲话和陈永贵副总理报告的精神，省委第一书记江渭清在讲话中指出：贯彻执行农业学大寨会议精神，首先要深入揭批“四人帮”，在揭批“四人帮”中，要坚决执行毛主席《论十大关系》中提出的基本方针和处理“革命和反革命的关系”、“是非关系”的政策。要团结一切可以团结的人。要坚持全党动员、大办农业的方针，掀起农业学大寨的新高潮。

在大办农业方针指引下，清江县黄岗公社抓紧治理濛河

5日 省公安局和南昌铁路局联合召开全省铁路治安会议，研究部署进一步加强铁路治安管理、整顿城乡治安秩序的具体措施。会议确定，春节前开展一次打击流窜犯的统一行动。会议于14日结束。

6日 在纪念周恩来总理逝世一周年之际，彩色纪录片《敬爱的周恩来总理永垂不朽》上映大会在南昌隆重举行，省市党政军领导及机关干部、工农兵代表庄严集会，表达对周总理的深切怀念。

8日 省委、省革委会主办《周恩来为共产主义事业光辉战斗的一生》摄影图片展览，在江西省文化工作室展厅展出。

1961年周恩来总理和农家女孩周桂花在一起

8日 南昌市委在《江西日报》发表题为《周总理的光辉形象永远鼓舞我们前进——纪念敬爱的周总理逝世一周年》的文章。文章回顾了1927年8月1日周恩来等领导八一南昌起义的伟大功绩和解放以来对南昌人民的亲切关怀。颂扬周总理无产阶级革命精神和高尚的革命品质。表达了南昌广大军民继承周总理的遗志，将无产阶级革命事业进行到底的决心。

周恩来总理1961年在庐山

周恩来总理1961年视察南昌时听取邵式平省长汇报

1961年周恩来总理视察八一起义纪念馆

8日 在周总理逝世一周年之际，江西省军民举行各种活动隆重纪念周总理。省直机关干部到八一起义纪念馆参观，到江西革命烈士纪念堂敬献花圈，在周总理遗像前肃立致哀，观看《周恩来为共产主义事业光辉战斗的一生》摄影展览。省委机关举行了怀念周总理的座谈会。省市文艺工作者举行了怀念周总理的文艺专场演出。近些天来，赣州、井冈山、宜春、上饶、抚州、九江和南昌、景德镇、萍乡等地分别举行了隆重的纪念周总理逝世一周年大会。

省市军民深情悼念周恩来

省市军民在八一起义纪念馆前缅怀周总理的丰功伟绩

12日 南昌市军民在人民广场举行大会，热烈欢送4500名1976年上山下乡知识青年奔赴农村。省、市党政军负责人和正在参加全省上山下乡知识青年代表会议的1100名代表出席了大会。

省、市军民敲锣打鼓，欢送上山下乡知识青年奔赴农村

13日 省委、省革委召开电话会议，传达贯彻全国清仓查库工作经验交流现场会议的精神。会议要求结合全省实际，认真做好清仓查库工作。

19日 南昌市抽调1300余名机关干部，组成城乡路线教育工作团，深入农村、工厂进行党的基本路线教育。

21日 省革委会同意出版《井冈山革命根据地地图》、《井冈山革命根据地游览图》和《中国人民解放军诞生地——南昌市街区图》。

24日 省话剧团在江西艺术剧院演出被林彪、江青反革命集团禁锢十年之久的革命历史话剧《八一风暴》。《八一风暴》的创作和演出，曾得到周总理的关怀和老一辈无产阶级革命家的具体指导。由于“四人帮”的禁锢，《八一风暴》被打入冷宫。

《八一风暴》第八场剧照

25日 全省理论工作会议在南昌举行。参加会议的有：地（市）、县（区）委主管宣传工作的副书记或常委，宣传部（组）负责人，党校负责人；省委和省革委各部、委、办，工、青、妇、省直各宣传单位，大专院校，南昌铁路局的代表；省军区和驻省部队主管理论宣传工作的负责人共372人。省委第一书记江渭清、省委书记黄知真在会上讲话。省委宣传部长莫循作题为《加强党的领导，为胜利完成理论宣传工作的各项战斗任务而努力奋斗》的报告，会议号召全省理论宣传战线的同志，学好文件抓住纲，深入揭批“四人帮”，把理论宣传工作不断推向前进。

26日 江西第二化肥厂以新余钢铁厂焦炉

气为主要原料，采用中压部分氧化、中低变串甲烷化中压净化流程、高压合成氨、水溶液全循环法，使年产6万吨合成氨、11万吨尿素工程全面竣工投产，江西开始生产高效氮肥。

30日 省、地（市）县各级党组织，抽调大批干部，组成普及大寨县工作队，煤电运工作队，分赴农村、工厂，进行党的基本路线教育，揭批"四人帮"及其在江西的亲信的反革命罪行，开展农业学大寨、普及大寨县群众运动。省直机关按1/3的比例抽调43名干部分赴16个县蹲点，实行"蹲好一个点，包好一个片，抓好一条线"的工作方法。宜春地区抽调350名干部赴高安县，南昌市抽调300多名机关干部，九江县抽调265名干部，赣州地区抽调255干部。省委召开大会，勉励蹲点干部胜利完成任务。

本月 江西共产主义劳动大学总校在全省进行招生工作。1977年共大学校将招收新生556名。当年招生的专业除农学、林学、畜牧兽医、农业机械等专业外，还根据县、社和有关业务部门的需要，增设果树班，以研究杂交水稻育种为主的育种研究班和中兽医进修班。这是"文化大革命"以来江西共大总校招生最多的一次。

本月 江西省图书馆恢复对外开放。

本月 省军区党委作出深入开展"三学"（学雷锋、学硬骨头六连、学航空兵一师党委）活动的决定。

本月 江西人民出版社选编出版《人民的好总理》上下两册大型文集，纪念周恩来逝世一周年。

本月 省革委会拨款18万元，重修始建于乾隆三年（1738）的兴国县古建筑群潋江书院文昌宫（重修工程于1979年竣工开放）。

潋江书院

兴国文昌宫

本月 省委、省革委会决定恢复井冈山管理局，并设立井冈山管理局委员会，由省委直接领导，其管辖范围维持现状不变。

公元 1977 年 2 月 农历丁巳年【蛇】													
日	一	二	三	四	五	六	日	一	二	三	四	五	六
		1 十四	2 十五	3 十六	4 立春	5 十八	6 十九	7 二十	8 廿一	9 廿二	10 廿三	11 廿四	12 廿五
13 廿六	14 廿七	15 廿八	16 廿九	17 三十	18 春节	19 雨水	20 初三	21 初四	22 初五	23 初六	24 初七	25 初八	26 初九
27 初十	28 十一												

1 日 江西省工业学大庆会议在南昌召开。这是解放以来工业战线规模最大的一次盛会。来自全省工业、交通、基本建设战线和非工业系统的工业企业的代表 4000 人参加了大会。省委第一书记、省革委会主任江渭清，省委书记、省革委会副主任杨尚奎，省委书记黄知真，在南昌的中央候补委员李祖根等领导出席会议。这次工业学大庆会议的任务是响应党中央的号召，宣传、发动、组织群众深揭狠批“四人帮”，掀起工业学大庆运动的新高潮，掀起抓革命促生产的新高潮。出席会议的代表学习了毛主席《论十大关系》和华主席在第二次全国农业学大寨会议上的讲话。省委、省革委领导向大庆式企业、劳动模范、先进企业、先进集体和先进生产（工作）者授了奖旗。

全省工业学大庆大会会场

4 日 《江西日报》刊登了江西省文化教育办公室大批判组的文章——《张铁生诬蔑共大的黑信说明了什么?》以及省卫生局的文章——《扼杀社会主义新生事物的一个铁证——揭批“四人帮”及在江西亲信破坏全省赤脚医生、中西医结合工作的罪行》。

5 日 在江西省范围内开展打击流窜犯统一行动，共收容流窜犯及嫌疑分子 1689 名，破获各种案件 755 起，缴获大批罪证和赃款赃物。打击行动进行了 5 天，于 10 日结束。

7 日 江西省“愤怒声讨‘四人帮’歌曲演唱会”在南昌举行。参加演唱的有来自全省各地的专业和业余音乐工作者近百人，演出歌曲 90 首。省委、省革委会有关部门负责人观看了演出。演出的歌曲有《毛主席，井冈山儿女永远怀念您》、《周总理，您在哪里?》、《粉碎“四人帮”，生产打胜仗》等。

13日 江西省“五七”农场改名为“江西省委五七干校”。

14日 省计委、省财政局发出《关于地（市）属以上国营工交企业更新改造资金使用的通知》，从1977年起更新改造资金企业留用70%，省集中15%，地（市）、省主管局集中15%。

14日 江西省人民银行通知所属，执行总行关于代扣税款的规定，对逾期不缴和偷税漏税的单位，税务部门催收无效的，当地人民银行可以从他们的存款中扣缴。

15日 9时40分，浙赣线314次旅客快车运行至寺前—东乡间K534+833道口处，由于看守工李大汉盲目打开栏木，与抚州开往东乡的客运汽车相撞，当场死亡旅客8人，重伤4人，轻伤9人，汽车报废，行车中断55分钟，酿成重大路外伤亡事故，失职当事人受到法律制裁。

16日 《江西日报》刊登江西省委书记杨尚奎在全省工业学大庆会议上的报告——《以深入揭批“四人帮”为纲，掀起工业学大庆运动新高潮》以及江西省大庆式企业、劳动模范、先进集体和先进生产（工作）者名单。

17日 江西省第三次农业学大寨会议召开。省委书记黄知真作《学好文件抓住纲，深揭猛批“四人帮”，为尽快普及大寨县而奋斗》的报告。报告共分4部分：（一）艰苦的战斗历程，伟大的战斗任务；（二）深入揭发批判“四人帮”，进一步开展党的基本路线教育；（三）鼓足革命干劲，大干社会主义农业；（四）加强党的领导，全党大办农业。会议提出1977年要建成16个大寨县，到1980年全省基本上普及大寨县，基本上实现农业机械化。

21日 《江西日报》报道，全省各地市、县委主要领导和省直机关单位负责人率领的7万多名干部组成的普及大寨县工作队，深入到1977年计划建成大寨县的16个县蹲点。他们同基层干部、群众一起学习毛主席《论十大关系》和华国锋主席的讲话，宣讲陈永贵副总理的报告和第二次全国农业学大寨会议精神，宣讲抓纲治国的战略决策。掀起大干社会主义的新高潮。

23日 省委发出通知，要求各级公安、法院对未作处理便随意释放的“文化大革命”中的杀人犯和打砸抢分子重新捕回，依法惩办。各级公安局根据通知要求，先后重新收监这类犯罪分子210名。

24日 丰城矿务局坪湖煤矿发生特大瓦斯爆炸事故，死亡114人（包括抢救过程中死2人），重伤6人，巷道被破坏208米，停产3个月，经济损失162万多元。省委书记白栋材和中共中央候补委员李祖根到达事故现场，指挥事故抢救和善后工作，并慰问伤员。煤炭工业部从平顶山矿区空运一个救护中队与全省各个救护队一道参加救护。省卫生局和省劳动局派出的医疗队和福州军区、省军区参加救护的部队也赶到现场。3月10日，省革委会发出《关于丰城矿务局坪湖煤矿发生瓦斯爆炸重大事故的通报》。

25日 省委最近表彰了一批坚持与“四人帮”作斗争的劳动模范。这批劳动模范来自全省各地工矿企业和基本建设战线。他们坚持原则，坚守岗位，同“四人帮”进行坚决斗争。在各项生产中发挥骨干带头作用。省委邀请他们参加全省工业学大庆会议。

江西省第三次农业学大寨会议闭幕

26日 萍乡市农科所用三年时间实现杂交水稻“三系”配套，培育出外国人试验几十年没有成功的杂交水稻优良品种。自1970年接受任务以来，试验小组反复送配1.1万多个组合，人工杂交120多万粒次，1974年，29个组合获得高产，亩产达1400多斤，1975年扩大到158亩大田种植，亩产高达1507斤。1975年冬，萍乡市农科所组织200多人到海南岛繁种1200亩。1976年，全市育种面积8000亩，栽培杂交水稻2.4万亩。

28日 省、市各界人士和在南昌的台湾同胞100多人，在南昌市中山堂举行纪念会，隆重纪念台湾省人民“二二八”起义30周年。各界代表和台湾同胞代表也在会上发言。大家在发言中说，一定要团结一致，为实现解放台湾，统一祖国的神圣事业而奋斗。

28日 江西省建委转发南昌市房管局《关于当前公房管理工作中的几个问题的请示报告》。

本月 江西省建委确定将省建筑公司第二公司在丰城的基地以及全部建筑物和水电设备等资产转账调拨给省交通局汽车运输局丰城煤运公司，同时确定将原批给丰城煤运公司1977年度基建投资中的68万元转批给省建二公司作为扩建基地设施之用。

本月 江西东风制药厂青霉素发酵采用绿孢子77-5-327新菌种工艺，青霉素发酵单位全国领先，税利增长70%，该项目获江西省技术改造二等奖。

本月 在纪念周总理逝世一周年之际，省京剧团重新排练、演出大型京剧《大渡河》。该剧是原创于1958年的小型京剧。1964年赴北京汇报演出，受到周恩来总理的支持和赞扬，遵照周总理的指示，省京剧团改编成大戏。1969年受到林彪与“四人帮”的亲信的干扰和破坏，使之停演。

1964年江西省京剧团（原南昌市京剧团）带着自己创作的小型京剧《大渡河》，去北京接受党中央的检阅，周总理观看演出后与全体演职员合影

公元1977年3月							农历丁巳年【蛇】						
日	一	二	三	四	五	六	日	一	二	三	四	五	六
		1 十二	2 十三	3 十四	4 元宵节	5 惊蛰	6 十七	7 十八	8 妇女节	9 二十	10 廿一	11 廿二	12 廿三
13 廿四	14 廿五	15 廿六	16 廿七	17 廿八	18 廿九	19 三十	20 二月小	21 春分	22 初三	23 初四	24 初五	25 初六	26 初七
27 初八	28 初九	29 初十	30 十一	31 十二									

1日 省、市军民15万人聚集在南昌人民广场，举行揭批王张江姚“四人帮”及其在江西亲信的反革命罪行大会。省、市党政军负责人出席大会。同时，全省各地、市、县、公社800多万人分别在6000多个会场，收听大会的实况有线广播。上午9时，大会开始，省、市领导带头揭批。省委书记白栋材说：“我省揭批‘四人帮’的斗争已经取得伟大胜利。但斗争还要深入发展。要彻底批判‘四人帮’及其在江西省的亲信。路线搞乱了，思想就乱了，一切都乱了。‘四人帮’及其亲信就是要达到搞乱一切的目的”。省军区政委张志勇批判说，“四人帮”同林彪反党集团一样，妄图篡党夺权，颠覆无产阶级专政、复辟资本主义。江渭清说，这次大会之后，一个揭批王张江姚“四人帮”及其江西亲信篡党夺权的反革命罪行的群众运动，必将在全省范围内更加迅猛、深入地发展。

揭批王、张、江、姚“四人帮”及其亲信反革命罪行大会

1 日　景德镇陶瓷学院复校开学，来自全国18个省、区的工农兵新学员和全校教职员工参加开学典礼。该学院创立于1958年，是全国唯一的高等陶瓷学院，1968年被迫撤销。

2 日　上午，献给毛主席纪念堂的工程用材举行剪彩仪式，装车运往北京。永新县委经过一个多月的工作，从分布在全县各山区的4300多立方米木材中，精选出符合施工要求的工程用材50.0473立方米红心杉木；安福县人民为毛主席纪念堂工程敬献了100立方米驰名中外的安福陈山红心杉木；八一垦殖厂精选出最大、最好、最直的香樟。江西人民用最好的建筑材料，献上对毛主席的一份缅怀之情。

安福县精选出来的陈山山区的红心杉木用彩车运往北京

4 日　江西省五七干校第一期开学典礼在省五七干校礼堂举行，省有关领导出席了开学典礼并讲了话。《江西日报》发表题为《一定要办好五七干校》的社论。

江西省五七干校第一期开学典礼

4 日　共青团江西省委、南昌市委在八一礼堂举行省、市青少年纪念毛主席“向雷锋同志学习”光辉题词14周年大会。省、市党政军负责人出席大会。当晚，省军区集会，号召广大干部、战士、职工、家属和全省民兵深入开展学习雷锋群众运动。

8 日　省委在南昌召开全省铁路工作会议。参加会议的铁路沿线地、市、县委的负责人、公安局长和计划、工交部门及省直有关办、委、局的负责人，铁路系统二等站段以上党委和公安、武装部门的负责人，共计450人。白栋材传达了全国铁路工作会议精神。会议认为，铁路要大治，首先必须揭批“四人帮”。会议还要求全面贯彻“鞍钢宪法”，深入开展工业学大庆群众运动。苦战三五年，把南昌铁路局建成大庆式企业。

8 日　省革委会为纪念井冈山根据地创建50周年，兴建井冈山茨坪毛泽东诗词纪念碑和改建黄洋界保卫战胜利纪念碑、南山火炬亭。黄洋界碑正面是毛主席手书的《西江月·重上井冈山》词一首，背面是朱德题写的“黄洋界保卫战胜利纪念碑”几个大字。

10 日　煤炭工业部在丰城矿务局召开全国煤矿安全生产紧急会议，分析坪湖矿事故，制定《关于加强煤矿安全生产的几项规定》，煤炭工业部安监司司长佟浪到会讲话，严肃批评坪湖矿安全管理上存在的混乱状况。

10 日　省委召开的第三次农业学大寨会议闭幕。出席大会的4600多名代表有来自各地、市、县党委负责人和有关部门的负责人，人民公社和国营农场（垦殖场）党委的负责人，农业学大寨先进单位的代表，上山下乡知识青年的代表，驻赣部队的代表，省委、省革委直属机关代表，农业机械企业、事业和科学、教育单位的代表。各地、市、县、公社、农（垦）场，分设了1900多个分会场，800多万人收听大会实况。代表们声讨“四人帮”及其亲信的反革命罪行。省委、省革委、省军区负责人向12个农业学大寨先进市、县，303个先进公社和145个先进单位、150个农业劳动模范授奖。

11 日　南昌矿山机械厂研究所成立，隶属省机械局。为井下矿内燃无轨采装运成套设备研究基地（1985 年 5 月，机械部批准该所成立“中国矿山采掘机械质量监督检测中心”）。

13 日 省文化办公室文化组在上饶市举办全省农村业余文艺汇演。参加汇演的有 6 地 3 市 9 个农村业余文艺代表队和各县、市农村业余文艺宣传队代表，共 600 余人。先后演出 29 场，观众达 4.3 万多人次。这次汇演，是粉碎“四人帮”反党集团后我省举办的第一次文艺汇演，有 123 个自己创作的节目，节目以“业余、小型、多样、节约”的原则，各地、市代表队分别到工厂、农村、部队进行慰问演出，深受广大工农兵的欢迎。

15 日 南城县委向全省各兄弟县、市和兄弟单位发出开展社会主义劳动竞赛的挑战书。《江西日报》全文刊登了南城县委的挑战书，并号召全省各条战线应当组织干部和群众讨论南城县委的挑战条件，积极应战，在全省范围内广泛开展社会主义劳动竞赛，鼓足干劲，力争上游，去夺取深入揭批“四人帮”，大治天下的伟大胜利。

15 日 建阳工具厂试制的电子球型控制打印机通过设计定型鉴定。

16 日 省委在江西省人民剧院召开省、市印刷《毛泽东选集》（第五卷）动员大会。

17 日 共青团江西省委八届三次全委（扩大）会议通过《关于在全省青少年中开展“向雷锋同志学习，做雷锋式青少年”活动的决议》。决议说，必须认真组织青少年学习和宣传毛泽东主席、华国锋主席、周恩来总理、叶剑英副主席、朱德委员长的题词，认真学习“两报一刊”《向雷锋同志学习》的社论，明确学习目的和意义，使雷锋的光辉形象永远激励广大青少年奋勇前进。

18 日 全省人防业务工作会议在南昌市召开。会议认真传达贯彻了全国人防业务工作会议的精神，研究、布置了 1977 年的人防工作。会议指出，搞好人防战备工作，是全党全军全国人民一项长期的战斗任务。各级党委要把这项工作列入议事日程，抓细抓好。一定要认真落实毛主席关于“深挖洞、广积粮、不称霸”的战略方针，为巩固国防，做好反侵略准备作出贡献。

21 日 省农林垦殖局发出通知，由赣州、井冈山、宜春、上饶、抚州、九江地区农林垦殖局调运小径杉木、杂条木 14 万根支援唐山地震灾区。

22 日 全省外事工作会议在南昌召开，传达学习中央领导同外宾的重要讲话，总结 1976 年外事工作，部署 1977 年外事工作任务。会议于 4 月 1 日结束。

23 日 省轻化工业局和省二轻工业局联合召开电话会议，动员全省轻工业战线广大干部、工人立即掀起社会主义劳动竞赛，大干社会主义，多快好省完成和超额完成 1977 年国家计划，把国民经济搞上去。会上，江西造纸厂、江西棉纺织印染厂、江西新华印刷厂、南昌内衣二厂等 16 个单位都提出具体条件，向同行业兄弟单位提出竞赛。

25 日 江西省拖拉机制造厂向全省工业、交通、基建战线发出开展社会主义劳动竞赛的倡议。倡议说，江西省拖拉机制造厂每个工人和家属，都要立即行动起来，开展四赛四比活动（赛思想，比觉悟；赛干劲，比贡献；赛团结，比风格；赛管理，比纪律）。大干快上，1977 年各项指标超历史，两年建成大庆式企业。

25 日 全省铁路治安工作会议召开。参加会议的有各地（市）、县、庐山、井冈山和重点厂矿企业党委及公安处、局（保卫处、科）、人民法院的负责人，省军区、各军分区、南昌警备区、独立师、驻省部队和各市、县（区）人武部的负责人，南昌铁路局、南昌鹰潭分局所属站、段、厂、场、院、校的党委、人武部及公安系统的有关负责人。会议要求各级党委加强对铁路治安工作的领导，会议确定成立全省整顿治安领导小组，设立专门办事机构，在省委领导下进行工作。贯彻群众路线，整顿铁路治安秩序，切实搞好以铁路为重点的城乡社会治安工作，保障铁路运输安全正点，畅通无阻。按照会议部署，4 月 20 日至 4 月 22 日在全省范围内开展第二次打击流窜犯统一行动。会议于 4 月 2 日结束。

26 日 江西省革委会财贸办公室主任方谦

在部分县委、县革委和基地县（场）、专厂（矿）、车间代表座谈会上传达省委书记白栋材对外贸工作的指示：一是要办好出口商品生产基地，二是要把扩大自营出口搞起来。

26日 根据国家出版局安排江西省负责编写《主要森林病虫害防治》、《油茶》、《林业基地规划设计》、《速生树种丛书》等林业科技图书的决定，省农林垦殖局通知省农林垦殖科研所等单位派人参加编写工作。

29日 省革委会紧急通知，要求各地积极发展花生、芝麻、大豆等油作物生产，尽快改变部分地方食油脱销局面。

31日 全省计划会议确定，在全省基本建设投资较1976年减少的情况下，煤炭工业投资增加47%，重点保证峨眉山七井和皇化一井建成投产，并安排1000万元用于煤、电、运的挖潜改造。要求采取积极措施加快煤炭生产增长速度，主要着眼于发挥现有矿井的生产能力，搞好老矿井的挖潜、革新、改造，提高机械化水平，重点抓好省属以上煤矿。

本月 新余市章家山石油库动工兴建。

本月 省革委会批转同意将原省水利电力学校气象班和省气象干训班原有编制转为南昌气象学校，同意该校规模为在校生500人（1978年8月南昌气象学校正式建成）。

本月 全国工业学大庆会议授予萍乡矿务局高坑矿“工业学大庆先进单位”称号。

本月 崇仁县开工兴建崇仁大桥，投资95万元（1982年8月竣工通车）。

本月 万载县修复毛泽东在黄茅的旧居。

本月 江西省地质局水文地质队301号钻机在南昌市郊第三纪红层中找到含水层，每昼夜涌水量3000吨。

本月 煤炭工业部科技局、地质局在遂川召开全国腐殖酸资源勘探会议。25个省及国家经委、化工部、部分大专院校、科研单位代表出席了会议。

本月 九江化工厂劳模陈桃弟出席化工部第二次工业学大庆劳模大会。陈桃弟被化工部命名为“学铁人标兵”。

公元1977年4月 农历丁巳年【蛇】													
日	一	二	三	四	五	六	日	一	二	三	四	五	六
					1 十三	**2** 十四	**3** 十五	**4** 十六	**5** 清明	**6** 十八	**7** 十九	**8** 二十	**9** 廿一
10 廿二	**11** 廿三	**12** 廿四	**13** 廿五	**14** 廿六	**15** 廿七	**16** 廿八	**17** 廿九	**18** 三月大	**19** 初二	**20** 谷雨	**21** 初四	**22** 初五	**23** 初六
24 初七	**25** 初八	**26** 初九	**27** 初十	**28** 十一	**29** 十二	**30** 十三							

1日　省革委会通知各地，抓紧茶叶生产和收购工作，收购时应严格执行“对样评茶”、“按质论价”的原则。

5日　南昌市委、市革委会、南昌警备区联合举行慰问教师大会。南昌市委、市革委、警备区的负责人，省文教办教育组的负责人，以及教师代表4500人出席大会。市委负责人在会上反复强调知识分子的作用，鼓励知识分子与工农相结合，要认真执行党的知识分子政策，充分调动教师的社会主义积极性。

6日　于3月26召开的全省计划会议结束。会议传达贯彻3月全国计划会议精神，分析、总结粉碎“四人帮”5个月来全省的工作和形势，研究部署1977年的工作。

14日　凌晨3时，浙赣线罗坊至天井区间有一列货车溜动，由于91次列车司机认真瞭望，采取紧急措施，防止了91次列车与货车车辆正面冲撞的重大事故，受到南昌铁路局记功和铁道部电报表扬。

15日　省委作出关于贯彻执行《中共中央关于学习〈毛泽东选集〉（第五卷）的决定》的通知。

15日　《毛泽东选集》（第五卷）在江西省正式出版发行。精装本3.60元，平装本1.25元，普及版0.78元。新华书店和部分农村、厂矿发行点设立售书专柜。

《毛泽东选集》（第五卷）在省新华书店发行

15日　江西省气象局机关从青云谱迁回到省政府大院内办公。

17日 江西造船厂制造的全省第一艘800个客位的客货轮胜利下水。这是江西省最大的客货轮，上层建筑有3层，总排水量为400吨。船用装配较先进，技术要求高。

江西造船厂广大工人造出江西第一艘800个客位的客轮

19日 根据省委指示精神，省委宣传部最近在高安县举办《毛泽东选集》（第五卷）读书会。参加读书会的有省直机关、省军区、各地（市）、部分县和大专院校的负责理论工作的干部、专业理论工作者和工农兵理论骨干，共104人。

20日 第一次全国工业学大庆会议在北京召开，南昌铁路分局向塘站被评为“大庆式企业”。向塘站、上饶电务段、第二工程段等单位参加了会议。

21日 省商业局下达《省产药材管理办法》，对蔓荆子、枸杞等30种药材列为省管品种。

21日 27个国家驻华武官、副武官及夫人一行62人，在国防部外事局副局长张秉玉等陪同下，来井冈山、南昌、庐山等地参观访问。访问于25日结束。

22日 南昌铁路分局在浙赣线杨溪中桥钢筋混凝土梁采用铺橡胶支座以代替原浇钢支座，具有结构简单、造价低、养护方便等优点。

22日 亚、欧、美、非等96个国家驻华武官及夫人一行分4批抵赣，到南昌、庐山、井冈山游览。

23日 省军区先进集体、先进个人经验交流会在南昌举行。出席大会的有老同志、老典型，各部队的干部、战士，各地方的专职武装干部和民兵，共658人。福州军区政治委员李志民，省委、省革委会、省军区负责人江渭清等到会讲话。省军区领导机关向90个先进单位和55名先进个人发了锦旗和奖状。

24日 广丰县19个公社遭受龙卷风和冰雹袭击，倒塌房屋198间，死亡7人，受伤47人，折断竹材40余万根。

24日 1977年全国青年篮球联赛第一阶段（景德镇赛区）结束。参加比赛的共有16个男女代表队。男队有：福建、浙江、山东、山西、辽宁、吉林、黑龙江一队、河南二队、江西；女队有：福建、山东、辽宁、吉林、黑龙江一队、河南二队、江西。比赛优胜名次分别为：男队黑龙江一队、吉林、山东、江西、福建、辽宁、浙江、河南二队、山西；女队辽宁、黑龙江一队、吉林、山东、福建、河南二队、江西。

25日 江西省文化教育办公室教育组发出《关于中小学课程设置和活动安排的意见》。

25日 省妇联、省体委、省总工会、团省委联合发文，为纪念毛主席创建井冈山革命根据地50周年和建军50周年，在全省广泛开展群众性登山活动。

27日 省农业局在南昌蚕桑示范场召开果、茶、桑苗木生产座谈会。研究提高苗木质量的措施和检查执行苗木出圃分级标准情况，落实苗木上调任务。

30日 省革委会发出《关于坚决压缩和严格控制社会集团购买力的通知》，要求1977年社会集团购买力指标比1976年压缩20%。

30日 全省工业总产值4月份比3月份增长18.29%，超过历史同期最好水平；煤炭4月份超额完成国家计划，4月份比3月份增长14%；铁路运输日装卸车数和客货车正点率已接近历史最好水平；支农产品和轻工市场产品增长尤为明显，主要支农产品和轻工产品如化肥、农药、拖拉机、手扶拖拉机、轮胎、棉纱、棉布、搪瓷制品等产品的产量4月份有了很大增长；过去停产严重的重点企业江西拖拉机厂1977年第一季度拖拉机的生产越过了历史最高水平；冶金工业的钢、生铁、钢材和有色金属等产品都有很大增长。新余钢铁厂生铁、矿铁、焦炭、钢丝等主要产品超额完成生产计划，万年县化肥、原煤、水泥、农机生产创历史好成绩。

本月 南昌铁路中心卫生防疫站与铁道部劳动卫生所、柳州铁路中心卫生防疫站共同对铁路鹰潭木材防腐厂进行五氯酚毒性研究，历时3年，获得成果。

本月 对农业人口转为非农业人口由国家供应商品粮实行指标控制，属于干部、工人、城市居民在农村的家属由农业人口转为城镇人口时，规定不得超过非农业人口数的1.5%。

本月 增补黄知真为江西省革委会副主任。

本月 南（昌）井（冈山）公路改建工程指挥部成立，着手对该线进行全面改造。

本月 朱港农场侦破一起盗窃集团案。8名罪犯从1975年9月至1976年11月，勾结社会上不法分子作案30余次，盗卖粮食近万斤。

公元1977年5月							农历丁巳年【蛇】						
日	一	二	三	四	五	六	日	一	二	三	四	五	六
1 劳动节	**2** 十五	**3** 十六	**4** 青年节	**5** 立夏	**6** 十九	**7** 二十	**8** 廿一	**9** 廿二	**10** 廿三	**11** 廿四	**12** 廿五	**13** 廿六	**14** 廿七
15 廿八	**16** 廿九	**17** 三十	**18** 四月大	**19** 初二	**20** 初三	**21** 小满	**22** 初五	**23** 初六	**24** 初七	**25** 初八	**26** 初九	**27** 初十	**28** 十一
29 十二	**30** 十三	**31** 十四											

1日　省、市工人阶级和其他劳动人民共10万多人，在南昌市人民公园、八一公园、洪都机械厂和南昌钢铁厂等处欢庆粉碎“四人帮”后的第一个“五一”劳动节。党政军负责人同省市群众一道参加联欢活动。

省、市党政军负责人与工人、群众一道游园联欢，庆祝“五一”国际劳动节

3日　国家计划委员会就丰城矿务局坪湖矿等3起重大事故发出通报，要求认真调查，严肃处理。6月29日，煤炭工业部转发通报时，要求从通风、瓦斯、煤尘、电器、放炮、防火、采区验收等7个方面采取严格措施，坚决防止瓦斯、煤尘爆炸等重大事故。

3日　江西省地质局九一五队在南昌县莲塘地区完成石油深钻赣7井施工，孔深3132.9米，为江西省最深的钻井。

4日　省、市各界青年4500余人在江西宾馆礼堂集会纪念“五四”运动58周年，热烈庆祝粉碎“四人帮”后的第一个“五四”青年节。省市党政军领导及工青妇负责人出席大会。省委书记黄知真在会上讲话。他说，继承和发扬“五四”运动的光荣传统，就要走同工农相结合的道路。共青团江西省委给被评为省学雷锋的先进集体、先进个人发奖。

5日　省委在江西省宾馆召开知识分子座谈会。省委和南昌市委负责人江渭清、杨尚奎、黄知真、狄生等出席座谈会。来自教育界、卫生界、科技界、文艺界、新闻界、体育界的80余名知识分子代表欢聚一堂。代表们揭批“四人帮”及其在江西的亲信破坏科学文化事业，破坏党的知识分子政策的滔天罪行，畅谈了当前的大好形势，提出了建设性的意见和建议。省委号召全省革命知识分子要在党的领导下，同全省工人阶级、贫下中农和革命干部一道，为实现1977年初见成效，三年大见成效的战略任务，为实现四个现代化而努力奋斗。

5日 八一垦殖场奉命精选优质樟木2立方米运往北京，供建毛泽东纪念堂选用。

7日 全国足球联赛第一阶段（九江赛区）比赛胜利结束。参加比赛的代表队有：广东队、八一队、湖北队、新疆队、四川队、甘肃队、宁夏队、青海队、江西队。广东队、八一队、湖北队分别荣获这个赛区的第一、二、三名。

7日 江西省五七干校开学。省直机关和地市机关干部，按照毛主席关于“广大干部下放劳动，这对干部是一种重新学习的极好机会”的指示，陆续到干校学习。

7日 南斯拉夫电视摄影组一行4人来南昌采访拍片。

8日 应外交部的邀请，86个国家驻华大使、参赞和他们的夫人首批参观旅行团，在外交部副部长刘振华和林均晓的陪同下到达南昌，将到井冈山等地进行参观访问。当晚，省革委会主任江渭清设宴招待客人。

9日 86个国家的450余名外国驻华使馆外交官即日起参观了八一起义纪念馆、共大总校、江西拖拉机厂，分3批前往井冈山参观。

9日 省财政局、省人民银行召开全省财政、金融和企业财务管理学大寨、学大庆会议。会议于20结束。

10日 南昌港恢复南昌至赣州客运航班。

10日 省农业局在省农业科学院召开杂交水稻工作会议，传达贯彻全国杂交水稻会议精神，落实1977年生产计划，研究制种、繁殖和示范推广工作。

11日 省农业局通知，1977年海南岛繁殖的杂交稻种子普遍发生白叶枯病，且病菌致病力强，各地应切实抓好种子消毒处理。

16日 省委召开全省农业学大寨、普及大寨县经验交流会。参加会议的有各地、市委主管农业的负责人。已进入学大寨先进县行列的12个县市和计划1977年速成先进县行列的16个县的负责人，共100多人。

18日 省轻化工业局发出召开全省第一届细纱织布操作运动会的通知，时间为1个月，操运会从赣州开始，经安福、新余、抚州、南昌到九江结束。

20日 各国驻华使节和外交官员第二批旅行参观团，在外交部副部长马文波和金瑞英的陪同下，在井冈山、南昌进行了两天参观访问。当晚，省革委会主任江渭清宴请了参观团全体成员。外宾在井冈山参观了茨坪、大井、茅坪的旧居和井冈山革命博物馆，还参观南昌了八一起义纪念馆，访问了江西拖拉机厂、江西共产主义劳动大学总校、井冈山工艺美术工厂等单位。

21日 江西省出席全国工业学大庆会议的186名代表，在代表团团长、省委书记、省革委会副主任白栋材的率领下回到南昌，省、市党政军负责人及各界群众前往机场迎接，5万多军民夹道欢迎。代表团们表示：要迅速掀起学习、宣传、落实全国工业学大庆会议精神的热潮，迅速普及大庆式企业，为实现国民经济的全面跃进而努力奋斗。

省委领导和群众代表前往机场欢迎出席全国工业学大庆会议的全体代表

22日 为纪念毛主席《在延安文艺座谈会

省、市党政军领导与文艺工作者进行座谈

上的讲话》发表35周年，江西省音乐舞蹈汇演在南昌举行。参加汇演的有各地、市、井冈山和庐山管理局代表以及省歌舞团、省杂技团。演出了音乐、舞蹈、灯彩、杂技等节目140多个，共47场，观众近6万人次。汇演期间，各代表队还先后到工厂、农村、部队、学校、机关单位演出。演出活动于6月8日结束。

22日 省军区机关和驻南昌市部队指战员、业余文艺战士代表1000多人举行集会，纪念毛主席著作《在延安文艺座谈会上的讲话》发表35周年。省军区副政委周良贵在会上讲话。他说，部队的文化工作一定要遵循毛主席《在延安文艺座谈会上的讲话》的方向，坚持面向连队，面向基层，开展经常性的群众业余文化活动。

25日 南斯拉夫阿布拉舍维奇民间歌舞团一行43人抵达南昌，进行为期5天的访问演出。

南斯拉夫民间歌舞团演出后，省委领导接见演员们

25日 为期15天的全国排球联赛第一阶段（南昌赛区）的比赛在南昌结束。参加这一赛区的男子代表队是：上海、陕西、安徽、湖南、广西、新疆部队、沈阳部队、南京部队、青海、江西；女子代表队是：北京、广西、安徽、湖北、湖南、沈阳部队、南京部队、济南部队、宁夏、江西。

25日 省委举行为期两天的传达贯彻落实全国工业学大庆会议精神广播大会。出席大会的有省、市党政军负责人，省、地、市、县党政军机关干部，县以上厂矿企业的党员和基层干部，各大专院校师生员工共100万人，分1300多个会场参加了大会，收听了广播。大会还进行了电视实况转播。

省委召开贯彻落实全国工业学大庆会议精神广播大会

28日 省二轻工业学大庆座谈会在武宁大洞竹木制品厂召开，传达全国学大庆会议精神，总结交流经验，制定学大庆规划和措施。座谈会于6月2日结束。

30日 国家计委、财政部同意赣州钴冶炼厂兴建年产1000吨工业三氧化钨工程和为其配套的氯大碱车间（6月，冶金部批复同意赣州钴冶炼厂转产方案。1978年1月3日，三氧化钨工程动工兴建，于1979年12月建成，1981年6月正式投产）。

30日 江西省九〇九地质队测绘大队先后在本月1日和30日两次完成航空摄影测量地形图任务，从而结束了江西省航空摄影测量业不能成图的历史。

本月 以省委书记白栋材为负责人，组织工交系统各部门党委和有关地（市）党委负责人参加的全省火电设备大修改造大会战指挥部成立（从6月开始，在南昌供电地区开展锅炉大修改造会战。按计划完成15台锅炉的整修任务，南昌电网锅炉设备完好率由年初的22.9％上升到年底的65％）。

本月 江西省机械局设立学大庆办公室，制定《机械工业大庆式企业的经济技术评定条件》。

本月 江西省农业生产资料公司组织部分县和基层供销社农业生产资料经营人员，赴河北省东光县参观学习胶粘胶补（简称“两胶”）农具的经验，随后举办“两胶”训练班，培训“两胶”技术人员（当年全省建立“两胶”点3572个，“两胶”农具1063万余件）。

本月 九江县动员万名民工兴建兴修新城人造河。

本月 交通部副部长潘琪在宁冈、永新、井冈山、遂川等地考察老区公路。

公元1977年6月							农历丁巳年【蛇】						
日	一	二	三	四	五	六	日	一	二	三	四	五	六
			1 儿童节	2 十六	3 十七	4 十八	5 十九	6 芒种	7 廿一	8 廿二	9 廿三	10 廿四	11 廿五
12 廿六	13 廿七	14 廿八	15 廿九	16 三十	17 五月小	18 初二	19 初三	20 初四	21 夏至	22 初六	23 初七	24 初八	25 初九
26 初十	27 十一	28 十二	29 十三	30 十四									

1日 九江油电工程建设正式全面开工。省委书记、省革委会副主任白栋材在开工典礼上讲话并为工程剪彩破土，石油化工部代表专程前来祝贺。九江油电工程包括九江炼油厂和九江第二发电厂两个项目，是国家在我省兴建的重点工程。中央有关部门正式批准这项工程的计划书和设计任务后，省委作出了在当年美英“洋油站”所在地长江岸边兴建九江炼油厂和九江第二发电厂的决定，抽调力量组成油电工程指挥部。九江地委在1975年便从星子、湖口、彭泽、瑞昌、都昌5个县组织了5000多名民工参战。从1975年10月开始，由国家建委二局土石方公司三处和机械化公司、石油化工部第三建筑安装公司、交通部第二航务工程队、上海基础公司、省建二公司、安装公司、机械化公司、省火电安装公司等14个单位的专业施工队伍与5000多名民工组成建设大军。该项工程关系到江西省国民经济的全局，是江西省社会主义革命和社会主义建设中的一件大事。

白栋材为九江油电工程建设开工典礼剪彩

1日 省革委会农林办公室、财贸办公室转发省农林垦殖局、省商业局《关于以乌桕树绿化荒洲，大力发展乌桕生产的报告》。

1日 18个国家驻京记者和夫人一行48人，在外交部新闻司司长钱其琛等陪同下抵南昌，将赴庐山、星子等地参观、采访，并在南昌进行为期5天的活动。

5日 省军区和驻赣部队指战员1600多人集会，庆祝华国锋主席、叶剑英副主席为“硬骨头六连”题词的发表。华主席的题词：“向硬骨头六连学习，为加速我军的革命化现代化建设而奋斗”。叶副主席的题词：“广泛开展学习‘硬骨头六连’的群众运动，建设更多的硬骨头六连式的连队”。

6日　省委召开省、市军民深入揭批“四人帮”及其在江西的亲信和批斗现行反革命分子罪行大会。大会中心会场设在江西省宾馆礼堂，南昌市及各地、市、县共400万人收听大会实况。省、市党政军负责人出席大会。现行反革命分子、打砸抢首犯汪桂荣、汤铸、陈志洪、孔庆凯在会上受到批判并被依法逮捕。省交通厅、江西电机厂、南昌市抚河区委、南昌铁路局的领导在大会上揭发控诉了他们的罪行。

省委召开“省、市军民深入揭批‘四人帮’及其在江西的亲信和批斗现行反革命分子罪行大会”

7日　省革委会农林办公室发出通知，要求1977年7月至11月完成在江西进行的全国森林资源连续清查体系试点工作。这次试点以省为单位，以数理统计为基础，设置固定样地10455块，完成全省森林资源连续清查初查任务。

8日　全省财政金融战线日前在南昌召开全省财政金融学大寨学大庆会议。来自全省各级财政银行、税务、建行部门和工业、交通、基建、商业、农垦等部门的1000多名代表表示要高举大寨、大庆“两面红旗”，用革命加拼命的精神，把财政金融工作促上去。

9日　北京大学应届毕业生徐晓光、张晓英近日经由南昌，前往井冈山综合垦殖场大井分场落户。他们在南昌受到省委宣传部和省农垦局负责人的亲切接见与鼓励。

9日　省卫生局组织4万余名医务人员完成了恶性肿瘤3年死亡回顾调查。当日公布调查结果：恶性肿瘤死亡占疾病死亡的第八位。宫颈癌死亡率列全省恶性肿瘤死亡之首，在全省91个县市的宫颈癌死亡分布中，靖安、铜鼓、修水三个县最高。调查还表明30岁以上已婚妇女宫颈癌患病率为每1.027/10万人。

9日　以朝鲜咸镜南道行政委员会副委员长赵镇衡为团长、朝鲜劳动党江原道委员会副部长李光勇为副团长的朝鲜友好参观团一行20人，来南昌、井冈山、萍乡等地参观访问。访问于14日结束。

9日　省、市军民4000余人在省体育馆举行大会，纪念毛主席“发展体育运动，增强人民体质”光辉题词25周年。省委宣传部部长莫循在大会上说，1952年6月10日，毛主席发出了这

省、市广大军民在省体育馆举行大会，纪念毛主席“发展体育运动，增强人民体质”题词25周年

一伟大号召，为我们制定了社会主义体育的根本方针，毛主席多次畅游江河、湖泊，多次接见为我国体育事业作出贡献的运动员。全省广大军民要进一步贯彻执行毛主席的体育路线，开展群众性的体育活动，使体育工作取得更大成绩。

10日 以越南共产党中央政治局委员、政府副总理兼国防部长武元甲大将为团长的越南军事代表团一行25人，由解放军副总参谋长王尚荣陪同，来南昌、井冈山参观访问。访问活动于13日结束。

11日 省农业局在刘家站垦殖场召开硼、钼肥试验示范和腐肥肥效总结会，传达全国会议精神，总结试用经验、效果，落实示范推广硼、钼肥的计划和推广腐肥的措施。总结会于14日结束。

13日 省委在南昌召开常委扩大会议。省委第一书记江渭清，省委书记杨尚奎、白栋材、黄知真，省委副书记狄生，省委常委刘俊秀等和各地、市委书记，井冈山、庐山管理局以及工、青、妇、大专院校等单位党委主要负责人，共128人参加了会议。会议集中研究了进一步学习、贯彻、落实全国工业学大庆会议精神的问题。确定了全省工业学大庆普及大庆式企业群众运动的规划、部署和措施。要求抓好5个方面的工作：（一）认真学习《毛泽东选集》（第五卷）；（二）深入揭批"四人帮"，从政治上、思想上、组织上取得完全的胜利；（三）加快全省工业学大庆、普及大庆式企业的步伐；（四）一手抓农业、一手抓工业，促进国民经济的全面跃进，推动各项工作大治快上；（五）加强领导，抓好上层建筑领域的革命。

14日 南昌市工业学大庆会议在江西宾馆礼堂召开，两个大庆式企业、60个先进企业、742个先进集体、569个先进生产（工作）者获奖。

16日 省军区出席福州部队贯彻全国工业学大庆会议精神和先进单位、先进个人经验交流大会的180名代表，在副司令员胡定千、副政委李彦令的率领下，回到南昌。

17日 巴基斯坦驻华空军武官乔德里夫妇、空军技术武官阿旺夫妇，来南昌、庐山、井冈山参观访问。24日结束访问离赣。

18日 省、市军民4500多人在江西宾馆礼堂举行集会，纪念毛主席关于民兵工作"三落实"指示发表15周年。出席大会的有省、市党政军负责人、驻赣部队负责人和在南昌的中央候补委员和省、市工、青、妇组织的负责人。江渭清在会上讲话说，毛主席关于"民兵工作要做到组织落实、政治落实、军事落实"的指示，是我国几十年民兵建设经验的科学总结，是社会主义历史时期民兵工作的指路明灯。各级地方党委一定要进一步加强民兵工作的指导，把民兵建设成"三落实"的过硬钢铁队伍。

省、市军民集会隆重纪念毛主席关于民兵工作"三落实"指示发表15周年

18日 全国地质部门工业学大庆会议表彰了17个工业学大庆先进榜样单位，江西九〇九地质队名列榜首。会议于7月14日结束。

20日 全省民兵工作"三落实"（组织落实、政治落实、军事落实）现场经验交流会在南城县举行。福州军区及福建省军区、江西省军区领导出席会议。参加会议的还有地方县以上、军队团以上单位领导和先进单位的代表334名。交流会于28日结束。

21日 在今日结束的省委常委扩大会议上，省委作出关于在工业学大庆、农业学大寨群众运动中，向湖南学习，同湖南竞赛的决定。决定指出，江西与湖南对比，差距很大，处于后进状态。江西要以大庆、大寨为榜样，拜湖南为师，老老实实地学，认认真真地学。向湖南学习，同湖南竞赛，要全面学、全面赛。全省各级党组织和广大共产党员、干部、各条战线的职工群众，紧张动员起来，学出新水平，赛出新成果，攀登新高峰，推动工业学大庆、农业学大寨运动向前发展。《江西日报》发表了《虚心向湖南学习，加速建设江西》的社论。

省委召开向湖南学习、同湖南竞赛、掀起工业学大庆、农业学大寨新高潮广播动员大会

21日 江西造船厂设计制造出江西第一艘八车自航汽车轮渡，最近在清江县樟树渡口正式航行。这种汽车轮渡对改善我省渡口面貌，加快公路运输流量，起到了较好作用。

江西造船厂成功制造由中央交通部下达的两艘240马力交通艇

23日 18国驻华记者一行45人在庐山游览3日。

24日 九江市革委会发布《关于加强长江大堤管理的通知》。

24日 安义县近两日暴雨成灾，冲倒房屋6336栋，冲毁桥梁301座，水利工程444座，淹死牲畜2034头。

25日 由省卫生局、省军区后勤部和南昌市卫生局联合举办的省、市军民纪念毛主席"六二六"指示12周年大会在南昌剧场举行。出席大会的有省、市党政军负责人，省委宣传部部长、省革委文教办公室主任莫循在会上讲话。他说，1965年6月26日，毛主席发出了"把医疗卫生工作的重点放到农村去"的指示。12年来的实践证明，卫生战线发生了革命性的变化。江西省农村91.5%的生产大队实行了合作医疗，5万名赤脚医生茁壮成长，每年有2000多名城市医务人员组成卫生工作队，深入农村、边远山区和革命老根据地防病治病。全省在中西医结合、计划生育、医学教育和科学研究等方面都有新的进展。但是，卫生战线的革命任务还很艰巨，要进一步贯彻执行毛主席的"六二六"指示，深入开展爱国卫生运动，夺取更大的胜利。

25日 江西光学仪器总厂研制成功的海鸥－I型电子中心快门照相机通过部级鉴定，达到国内先进水平(1978年获全国科学大会奖)。

27日 新余钢铁厂良山铁矿正式投入生产。新钢良山铁矿是江西省当时储量最大，机械化程度最高的一个铁矿。3月，新钢良山铁矿党委提出"全矿总动员，揭批'四人帮'，大战七十天、拿下十万方、建成五十万"的口号，本月提前3天完成任务，总量达到147.8万立方米，形成了50万吨生产能力，正式投入生产。

28日 省革委会批准同意省外贸局利用出口工业产品生产专项贷款筹建万载、资溪、宁都、崇义、弋阳、井冈山6个出口罐头厂。

28日 江西省少年羽毛球比赛最近在赣州市举行。参加比赛的有全省6个地区3个市的男女少年运动员80人，年龄最小的只有12岁。运动员们坚持"友谊第一，比赛第二"的方针。获男子单打前6名的是：蔡观林、王克、熊国宝、傅卫、庄家宁、江伟辉；获得女子单打前6名的是：胡学军、钱萍、黄敏、涂雅兰、王晔、王美兰。

30日 以巴勒斯坦民族解放运动领导成员、"暴风"部队总司令部领导成员阿布·杰哈德为团长的巴勒斯坦革命代表团一行9人，由外交部亚非司副司长温业湛等陪同来南昌、井冈山参观访问。7 月 3 日结束访问离开江西。

本月 赣北、赣中遭受大水灾。10 万多名群众被洪水围困，受灾人口 449 万多人，毁房 4 万多间。省革委会下拨救灾款 1100 万元以及一大批救灾物资。

本月 省商业局在南昌召开全省商业系统学大庆学大寨大会，表彰先进单位 617 个，先进个人 238 个，树立 23 个“双学”红旗单位。

本月 庐山水泵厂自行设计的国内同行业首台内燃机冷却水泵封闭式试验台正式投入使用，成为全国冷却水泵水压实验中心（8 月，该厂当选全国首届冷却水泵行业组组长厂）。

本月 德胜关垦殖场农科所首次人工培育水稻单胚体植株获得成功（9 月农垦厅在该所举办省属场水稻单胚体育种培训班。1978 年 6 月在德胜关垦殖场召开“水稻单胚体科技协作会议”）。

本月 宁冈县动工兴建“井冈山会师纪念馆”（1978 年竣工，肖克上将题写馆名）。

公元1977年7月							农历丁巳年【蛇】						
日	一	二	三	四	五	六	日	一	二	三	四	五	六
					1 建党节	2 十六	3 十七	4 十八	5 十九	6 二十	7 小暑	8 廿二	9 廿三
10 廿四	11 廿五	12 廿六	13 廿七	14 廿八	15 廿九	16 六月大	17 初二	18 初三	19 初四	20 初五	21 初六	22 初七	23 大暑
24 初九	25 初十	26 十一	27 十二	28 十三	29 十四	30 十五	31 十六						

1日　上午，景德镇市3万群众集会，欢送第一批献给毛主席纪念堂的用瓷启运。下午，两辆满载献给毛主席纪念堂用瓷的彩车驶进南昌站。南昌铁路局为运这批用瓷，专门调拨了车皮，保证这批优质瓷器安全、快速运达北京。首批运往毛主席纪念堂用瓷的包括大花钵、茶烟具、痰盂等1210件，是由景德镇市红旗、光明、宇宙、人民、建国等瓷厂和陶瓷研究所等单位研制的。这些瓷器全部是一级品。造型、画面充分体现了庄严、肃穆、美观、大方、挺拔向上的精神。今年5月底，景德镇广大瓷业工人、干部、技术人员接受任务后，成立了敬制毛主席纪念堂用瓷办公室。挑选优秀人才，攻克难关，试制新样品，仅一个月便高质量地完成了任务。

1日　江西省自行设计的大型水厂——南昌市朝阳水厂第一期工程经三年多的建设，正式投产，日供水10万吨。该工程由南昌市第一建筑工程公司施工。

1日　景德镇市浮南瓷土矿87米隧道窑建成，并正式点火投产。

2日　省委召开全省向科学技术进军动员大会。出席大会的有省委、省革委、省军区和各厅、

江西省向科学技术进军动员大会

部、办、委、室及工、青、妇主要负责人，南昌市委、市革委、南昌警备区的负责人，南昌市及各地、市、县共280余万人收听了大会实况。省委副秘书长彭梦庾宣读了6月28日《江西省委关于大学习、大宣传、大落实华主席、党中央对科技工作重要指示的决定》。省委书记黄知真在会上说，要迅速把科技工作搞上去。全省各地区、各部门、各单位，特别是科技管理部门与专业科研单位，必须认真讨论制定出与工农业大跃进相适应的科技跃进规划。认真、全面地贯彻落实党的团结、教育、改造知识分子的政策，充分调动广大科技工作者的积极性，是促进科学技术蓬勃发展的重要条件。各级党委要把科技工作摆到党的重要议事日程，抓学、抓调、抓落实。江西拖拉机厂党委副书记、工人工程师、全国劳模赵志坚，共大总校革委会副主任、副教授章士美，江西省儿童医院院长、副教授顾毓麟先后在大会上发了言。

2日　省妇联召开普及大寨县妇女工作经验交流会。会议于7日结束。

4日　津巴布韦非洲民族联盟友好代表团一行5人，抵达南昌，在南昌、井冈山进行为期5天的参观访问。

5日　从大王山钨矿抽调人员组建彭山锡矿筹建处（9月，省计委决定大王山钨矿人员、设备转移彭山，开始筹建彭山锡矿。1984年10月1日，一期工程正式兴建。1985年1月，撤销彭山锡矿筹建处，正式成立彭山锡矿。1986年7月一期工程建成并全面试生产。1989年3月15日，由省冶金厅组织竣工验收，正式投产）。

6日　省、市军民4000余人在江西宾馆礼堂举行揭批“四人帮”在江西的亲信的罪行大会。省、市党政军负责人参加了大会。省总工会、南昌铁路局、省公安局、省委组织部、省计委、萍乡市总工会等单位的代表在大会上发言。他们以大量事实揭批了这个“四人帮”在江西的亲信并不是“工人阶级的优秀代表”，而是“四人帮”反党乱军篡党夺权的急先锋，在江西大搞“第二武装”、“南民总”（南昌市民兵总指挥），大搞反革命打、砸、抢的罪行。彻底摧毁“四人帮”在江西的帮派体系，把揭批“四人帮”的斗争不断引向深入。

8日　省公安局在庐山召开全省侦查工作会议，传达第三次全国侦查工作会议精神，研究部署侦查工作任务。会议于23日结束。

9日　江西冶金工业学大庆会议在新余钢铁厂召开。会议于18日结束。

11日　《江西日报》刊登了江西省劳动模范彭光贤、黎寿天、林源泉带领群众创高产的事迹。萍乡市湘东镇新村砚田大队，是全省闻名的粮食高产大队。1968年便实现了双跨《农业发展纲要》，1973年起，连年亩产超双千斤。分别从1969年和1972年起，结束了吃回供粮的历史，多卖给国家几万斤超购粮。彭光贤、黎寿天、林源泉的“三熟”试验田已成为当地群众的样板田。

11日　省直宣传教育系统在江西宾馆礼堂召开深入揭批“四人帮”及其亲信，声讨现行反革命分子罪行大会。会上宣读了省委对党校的现行反革命分子撤销党内外一切职务、清除出党、逮捕法办的决定，宣布了省委对省直宣教系统其

揭批“四人帮”在江西的亲信罪行大会

他重点清查对象所采取的组织措施。省委党校、江西医学院、江西人民出版社、江西日报社等单位的代表在大会上发了言。省公安局的代表根据中华人民共和国惩治反革命条例和有关政策规定以及省委党校广大群众的强烈要求，宣读了逮捕令，当场逮捕了现行反革命分子。最后，省委宣传部部长莫循指出：（一）在政治上、思想上、组织上肃清“四人帮”的流毒和影响。（二）要把揭批“四人帮”当大事来抓。（三）充分发动群众，广泛开展“三大讲”、“三对比”、“两本账”的活动。

15 日　省委通知：地方重点小煤矿应由财政拨给适当的流动资金，其政策性亏损由省财政给予补贴。宜春、上饶、井冈山、九江、赣州、萍乡等地（市）和丰城、莲花、乐平 3 县都要成立煤炭局或煤炭公司，以加强对煤炭工业的管理。地、县、社、队煤矿的生产建设要纳入各级计划。省煤炭局对萍乡市及丰城、莲花、乐平 3 县实行产、供、销统一管理。

16 日　省革委会农林办公室决定成立省杂交水稻推广领导小组，由省党、政领导和农业、科委、财贸、农业院校等部门负责人组成，统一管理和规划杂交水稻推广工作。领导小组办公室设在江西省农业局种子站。

19 日　省科委计量所、省卫生厅、省商业厅、省军区后勤部根据国务院指示精神，在南昌市召开了中医处方用药计量单位改革会。将中药配方传统习惯用的计量单位“钱”改为“克”，即市秤 16 两 1 斤的每钱折合 3 克，10 两 1 斤的每钱折合为 5 克。全省自 1978 年 1 月 1 日执行，所用衡器同时改革。改革会于 23 日结束。

21 日　江西省博物馆《出土文物展览》重新开放。展览按石器、铜器、铁器、陶瓷器、金银玉石 5 个专题陈列，使用了插图、示意图、简短文字说明，反映江西省古代历史的发展情况。

22 日　井冈山地区燃料公司 6642 油库被雷击引发特大火灾，持续燃烧 5 昼夜，烧毁汽油 662 吨及一批油库设施，损失 60 万元。吉安地区、南昌市消防队奋力灭火，队员中 8 人负伤，吉安市消防中队战士黄先谷、姚显南英勇牺牲，被授予烈士称号。

23 日　省、市 30 万军民集会游行，庆祝党的十届三中全会召开。省委、省革委会、省军区负责人，革命老干部和各方面代表，南昌市委、市革委、南昌警备区的代表也出席了大会。省革委会副主任白栋材主持大会，省革委会副主任黄知真宣读党的十届三中全会通过的各项重要决议，省委第一书记江渭清在大会上讲话。坚决拥护全会通过的《关于追认华国锋任中共中央主席、中央军委主席的决议》、《关于恢复邓小平职务的决议》和《关于王洪文、张春桥、江青、姚文元反党集团的决议》，拥护全会关于提前召开党的十一大的决定。

省、市党政军负责人同群众一起集会游行，庆祝十届三中全会召开

25 日　南丰县市山公社市山大队，在二晚杂交稻田首次发现凋萎型白叶枯病。全县 7 个公社发病面积达 1336 亩，以沿河低洼地区较为严重。

26 日　省委召开常委扩大会议，部署落实中共十届三中全会精神。会议要求深揭狠批“四人帮”，抓革命、促生产、促工作、促战备，把国民经济搞上去，以实际行动迎接中共十一大召开。

29 日　省农林垦殖局转发《全省农林垦殖系统安全生产工作会议纪要》。

30 日　《江西日报》全文转载新华社 1977 年 7 月 29 日发表的毛泽东 1961 年 7 月 30 日《给江西共产主义劳动大学的一封信》，并发表了

《高举毛主席的伟大旗帜，把共大办得更好——热烈欢呼毛主席〈七三〇指示〉在全国全文发表》的社论，和《打倒“四人帮”共大更兴旺——江西共大高举毛主席〈七三〇指示〉的光辉旗帜阔步前进》的文章。文章说，江西共产主义劳动大学自1958年8月1日创办以来，如今，已有108所分校，已经自力更生地建立起73.7万多平方米的校舍，办起了工厂、农场、林场、畜牧场350个，种植农田4.6万多亩，经营山林36万多亩。为国家创造了4亿多元的财富，生产了3亿斤粮食，从共大毕业的24万学员，其中有17万人战斗在农业生产第一线。当前，江西各级党委普遍建立了共大领导小组，由书记挂帅，加强对共大事业的领导。

30日　省、市军民集会，热烈庆祝毛主席“七三〇指示”全文发表。参加庆祝大会的工人、农民、解放军指战员、机关干部、共大总校和在南昌市的大专院校，南昌市中、小学师生代表共5000余人。

30日　阿扎尼亚（南非）泛非主义大会参观团一行26人，来井冈山、南昌、庐山参观访问。访问活动于8月10日结束。

31日　南昌八一起义纪念馆重新开放。

本月　根据国家计委统一部署，在全省进行全民所有制、集体所有制单位实际用工人数普查。

本月　省交通规划勘察设计院建成全国第一座大型玻璃水槽，进行桥前壅水资料，为交通部门制定桥梁规范提供实验依据。

本月　萍乡市调整非住宅房租，每平方米月租金不低于0.15元。

公元1977年8月							农历丁巳年【蛇】						
日	一	二	三	四	五	六	日	一	二	三	四	五	六
	1 建军节	2 十八	3 十九	4 二十	5 廿一	6 廿二	7 廿三	8 立秋	9 廿五	10 廿六	11 廿七	12 廿八	13 廿九
14 三十	15 七月小	16 初二	17 初三	18 初四	19 初五	20 初六	21 初七	22 初八	23 处暑	24 初十	25 十一	26 十二	27 十三
28 十四	29 十五	30 十六	31 十七										

1日　赣州、抚州气象台首次建立无线传真接收台。

1日　“八一南昌起义纪念塔”工程开工。省、市党政军领导和工农兵代表在人民广场南端举行开工典礼。省委书记江渭清剪彩，省、市领导和各界代表相继为纪念塔基石培土（1979年1月8日纪念塔落成。该塔庄严大方，朴素美观，鲜明隽永，由省二轻局基建队沃祖全、省轻工设计院陈星文、南昌市建筑设计院邹钦魁等设计，南昌市第一建筑工程公司施工。该塔体系用钢筋混凝土调模施工工艺。塔高45.5米。由国家主席华国锋题写塔名）。

1日　解放军总政治部和中央文化部在全国举办建军50周年电影周。南昌市举行为期一个月的放映活动，放映纪录片《硬骨头六连战旗红》、故事片《万水千山》、《延安战火》，同时上映五六十年代的影片《东进序曲》、《上甘岭》、《铁道游击队》、《风暴》、《海鹰》、《长空比翼》、《雷锋》、《永不消逝的电报》等。

1日　省革委会副主任黄知真和省文教办公室主任莫循审定新编革命史料《南昌八一起义》、《井冈山斗争》出版发行。

5日　省革委会转发省计委《关于加速建设萍乡地区王丹铁路、黄花公路、上官岭铁路等运煤专线的报告》。报告指出：这些工程建成后，近期每年可从萍乡地区小煤井运出发电用煤50万吨到60万吨，是改变本省煤、电运薄弱环节的主要措施之一（黄花公路〈大屏山煤矿至灯芯桥煤矿〉于1977年10月15日建成通车，王丹铁路〈王坑煤矿至丹江车站〉于1978年11月19日建成通车，上官岭铁路〈上官岭煤矿至姚家洲车站〉于1981年3月29日建成通车）。

6日　省、市军民1000余人，在南昌北郊梅岭方志敏烈士陵墓前举行方志敏烈士遗骨安葬仪式。中共中央主席华国锋，副主席叶剑英、邓小平送了花圈。

7日　方志敏烈士墓落成。陵墓坐落在距南昌市区15公里的梅岭山麓，花岗岩墓碑上刻有毛泽东亲笔手书“方志敏烈士之墓”的题字。

8日　省财政局成立“双学”办公室，负责指导推动省财政、税务、建行深入开展“学大庆、学大寨”的群众运动。

8 日 省革委会决定成立矿山会战指挥部（9 月 12 日确定会战方案，会战重点放在老矿区挖潜改造和县、社小煤窑的发展上）。

11 日 省委在庐山召开全省农村工作会议，学习中共中央指示，提出大办农业，加强农业生产第一线；研究部署当年及来年春天的农村工作，号召全省党员、干部和群众，大搞农田基本建设。会议于 21 日结束。

13 日 省商业局转发国务院《关于大力开展扭转企业亏损、增加盈利工作的通知》，并成立商业局扭转企业亏损、增加盈利工作领导小组，积极开展扭亏增盈工作。

16 日 铁路分文线栗木养路领工区政治指导员齐伯良为抢救 490 次旅客列车壮烈牺牲，被江西省革委会追认为烈士。

18 日 由朝鲜社会安全部代局长李柱强率领的技术代表团一行 5 人，抵达南昌，在南昌、井冈山参观访问。访问于 9 月 2 日结束。

23 日 全国散装水泥工作会议在庐山召开。

24 日 中共中央批准：彭梦庚、李毅章分别任江西省委委员、常委，省革委会委员、常委、副主任；王昭荣、赵志坚任省委委员，狄生任省革委会委员、常委、副主任；刘俊秀任省革委会副主任；信俊杰、方志纯任省革委会委员、常委、副主任。

24 日 省军区组织机关、部队认真学习和贯彻中共十届三中全会精神，拥护全会决定恢复邓小平的一切职务，拥护全会开除王洪文、张春桥、江青、姚文元的党籍，撤销党内外一切职务的决定。

25 日 福州军区军政干校军事队、政治队和参训队学员到安源、井冈山野营训练，历时一个月。八一电影制片厂拍摄纪录片《红旗飘飘上井冈》，在全军发行。

25 日 以罗马尼亚共产党员中央委员、海军司令员乌尔梅亚努·瑟巴斯蒂安中将为组长的罗马尼亚军官休假组一行 16 人，由海军副参谋长王屏寿等陪同，来到南昌，在南昌、庐山、井冈山参观访问。访问于 30 日结束。

26 日 在秋收起义 50 周年的前夕，秋收起义铜鼓纪念馆建成开放，举行开馆典礼。秋收起义铜鼓纪念馆坐落在铜鼓县城西面，在毛主席旧居——肖家祠旁边。纪念馆系统地介绍了毛主席领导湘赣边境秋收起义的伟大实践，记录了铜鼓人民参加秋收起义的史实。纪念馆陈列许多秋收起义的珍贵文物。纪念馆于 1976 年 12 月 26 日奠基，1977 年元月 22 日开始施工，经过半年时间，胜利建成。

毛泽东领导的秋收起义部队第三团团部在铜鼓的旧址

27 日 旅居日本的台湾同胞棒球队一行 21 人，来南昌参观访问。

27 日 经省编制委员会同意，省公安局党组决定对局机关组织机构进行全面调整，设一部、一室、九处、一局、一校，原各处下设的小组建制，改为科的建制。

29 日 省委召开省直机关单位的党员大会，传达党的第十一次全国代表大会和十一届一中全会精神。参加大会的有省委书记、副书记，省委常委、中共中央候补委员以及出席省三级干部会议的各地、市、县委的主要负责人，省委、省革委各厅、部、委、办、局的主要负责人，省军区和驻赣部队团以上单位的主要负责人，部分县以上厂、矿企事业单位的主要负责人，省、市党政军机关、工厂、学校、企事业单位和南昌、新建两县共8.5万余名党员，在152个会场听传达报告。省委第一书记江渭清在会上作传达报告。号召全体党员要积极行动起来，在学习、宣传、落实党的十一大精神中起模范作用。江渭清还对如何进一步学习贯彻党的十一大精神，提出了具体要求。

29日 省委召开了全省三级党员领导干部会议。出席会议的有省委常委，省革委副主任，省军区党委常委，各地（市）、县、庐山、井冈山管理局的党、政、军负责人，省委各部门，省革委各办、委、局以及工、青、妇和大专院校、部分企事业单位主要负责人，共1100余人。到会人员对党的十一大文件进行了认真的学习和讨论。同时讨论和部署了当前和当年冬天和来年春天的工作。会议指出，一定要把揭批"四人帮"的伟大斗争进行到底。会议于9月7日结束。

本月 江西省建工局援外办公室承建的赞比亚卡布韦棉纺织印染厂工程开工。建筑面积41225平方米，该项目主建筑为纺织、印染两大厂房，另有附属车间仓库、公共建筑、配套设施共30余项。规模相当于国内中型纺织厂，工程破土动工后，赞比亚总书记和其他高级领导人，多次到现场视察。赞比亚总统卡翁达及其他领导人对项目管理严密、组织得力及派出员工的忘我工作精神给予高度评价，工程竣工后获我国外经部颁发的高产优质奖励。

本月 江西省建材科学研究所成立，成立时有科技干部21人，地址设在江西建材厂内。

公元1977年9月							农历丁巳年【蛇】						
日	一	二	三	四	五	六	日	一	二	三	四	五	六
				1 十八	2 十九	3 二十	4 廿一	5 廿二	6 廿三	7 廿四	8 白露	9 廿六	10 廿七
11 廿八	12 廿九	13 八月大	14 初二	15 初三	16 初四	17 初五	18 初六	19 初七	20 初八	21 初九	22 初十	23 秋分	24 十二
25 十三	26 十四	27 中秋节	28 十六	29 十七	30 十八								

1日　《江西日报》就党的十一次全国代表大会，学习党的十一大文件，落实党的十一大精神发表题为《大学习、大宣传、大落实》的社论。

2日　省计委、省物资局联合召开废钢铁回收上缴电话会议。会议要求各级物资部门做好厂矿企业废钢铁上缴的经营管理工作，各级商业部门做好社会零星分散资源的收购上缴工作，铁路部门和各级运输部门要密切配合，做好运输工作，完成废钢铁回收上缴任务。

5日　华东税务协作会议在井冈山召开，国家税务总局副局长柳云峰参加会议并讲话。

5日　省委、省革委会在南昌召开颁发毛主席纪念堂工程现场指挥部感谢信、感谢状、表扬状大会，表彰为兴建毛主席纪念堂作出贡献的单位和先进个人。省委常委、省革委会副主任刘俊秀在讲话中说：江西人民把革命老根据地的珍贵木材、瓷器等敬送到工程现场。林业、陶瓷、交通运输部门的广大干部职工、贫下中农，以实际行动，为毛主席纪念堂的工程建设作出了贡献。为了表彰为建设毛主席纪念堂作出贡献的单位和先进个人，毛主席纪念堂工程现场指挥部颁发了感谢信、感谢状、表扬状，并且送来了兴建毛主席纪念堂的珍贵纪念品，对江西人民是巨大的鼓舞和鞭策，大会宣读了接受感谢信的77个单位和接受感谢状的20个单位的名单，还宣布了接受表扬状的100位先进个人。

5日　丰城县委认真贯彻落实全国、全省农田基本建设会议精神，由县、社、队三级书记带队，1000余名干部上阵，截至当日，已有14万多劳动力参加会战，决心用1个月的时间，把一条38公里的旧河道，开挖和改造成为25公里长的排洪新河道，治理好清丰山溪。该工程涉及清丰山溪两岸12个公社的利益，可确保40万亩左右的农田稳产高产。

5日　全国纺织器材会议在江西横峰召开。会议于10日结束。

6日　省委召开揭批“四人帮”在江西亲信的资产阶级帮派体系中两个重要成员的罪行大会。参加大会的有省委、省革委会、省军区的主要负责人和出席省三级干部会议的全体人员，省、市机关干部、职工4500余人参加了大会。

省委常委、省军区副司令员熊振武主持大会并讲话。省委办公厅、省计委、省委宣传部、省文教办和上高县委在会上发言，揭发批判了“四人帮”在江西亲信的资产阶级帮派体系中两个重要成员极力推行林彪和“四人帮”反党集团的反革命路线，破坏抓革命促生产，挑动群众斗群众，残酷迫害革命老干部，妄图篡党夺权，颠覆无产阶级专政，复辟资本主义的罪行。最后，省委常委省军区副司令员熊振武说，要把揭批“四人帮”的伟大斗争进行到底，把与“四人帮”有牵连的人和事，一桩桩一件件彻底查清楚，彻底粉碎“四人帮”及其江西亲信的资产阶级帮派体系。

1965 年毛泽东接见井冈山贫下中农

9 日　省委、省革委会、省军区在江西宾馆礼堂举行大会，隆重纪念毛泽东主席逝世一周年。当晚，省市举行纪念毛主席逝世一周年文艺演出。省、市各届代表 5000 多人观看了演出。这次演出的文艺节目，从各个不同的侧面，纵情歌颂毛主席在江西的伟大革命实践，歌颂毛主席的丰功伟绩，歌颂毛泽东思想的伟大胜利。

9 日　《伟大领袖和导师毛泽东主席光辉生平》摄影展览在南昌隆重展出。这次展出的 200 幅染印彩色照片，生动地记录了毛主席在半个多世纪中，领导我党我军我国各族人民进行艰苦卓绝的革命斗争的光辉实践。

1961 年毛泽东在庐山植物园的照片

1965 年毛主席重上井冈山时的留影

10 日 以崔政鍊为团长、金贞龙为副团长的朝鲜护卫司令部实习团一行 16 人，来南昌、井冈山参观访问。访问活动于 15 日结束。

12 日 省革委会批转省文教办公室《关于高等院校专业调整问题的请示报告》。

12 日 省高级人民法院组织全省各级中级人民法院和部分县、市、区人民法院院长到湖南省人民法院系统参观学习。

13 日 江西省第一块石英电子手表样表在昌明无线电器材厂研制成功。

14 日 为加强对江西省外贸系统扭转企业亏损，增加盈利工作的领导，在省外贸局党的核心小组的领导下成立扭转企业亏损、增加盈利工作办公室，办公室设在财务处。

14 日 为纪念毛主席逝世一周年，江西人民出版社在省委的直接领导下，出版了一批歌颂毛主席丰功伟绩的新书，这批新书内容丰富，题材广泛、形式多样，包括政治、历史、文学、美术、摄影、连环画等方面的作品共 35 种。其中，有毛主席的警卫员吴吉清回忆 1930 年至 1935 年期间的故事，书名为《在毛主席身边的日子》，有革命回忆录《不落的红太阳》，选编了关于纪念毛主席的文章共 65 篇；有历史故事《毛委员在井冈山》、《秋收起义》；有史话《井冈山斗争史稿》、《井冈山经济斗争史》；有关介绍井冈山历史、地理、文物方面的书籍《革命摇篮井冈山》、《井冈山革命文物》；另外还有《星火集》、《放歌井冈山》、《井冈山的春天》、《罗桃莲歌传》、《井冈礼赞》、《一支枪的故事》、《井冈烽火》、《井冈山》、《革命的摇篮》、《毛主席重上井冈山》、《毛主席和我们在一起》、《井冈山会师》、《黄洋界保卫战》等书籍。

15 日 湖南、江西两省农业科学院受中国农业科学院委托举办的全国杂交水稻生产现场经验交流会在井冈山圆满结束，16 个省、市、自治区的 100 多名代表在会议期间，参观了湖南桂东县和江西萍乡市、分宜县、遂川县和井冈山的杂交中、晚稻生产情况。

15 日 江西赴湖南学习参观团先后瞻仰了毛主席家乡韶山和毛主席早期在长沙、湘乡从事伟大革命实践的旧居旧址清水塘、第一师范、湖南自修大学、橘子洲、爱晚亭、东山学校，瞻仰板仓杨开慧烈士旧居并在墓前敬献花圈。所到之处，都受到湖南人民的热烈欢迎和热情接待。29 日，江西学习参观团从长沙回到南昌。

16 日 新余县罗坊会议旧址陈列馆开馆（1983 年更名为罗坊会议纪念馆）。陈列展示了 1930 年 10 月中国工农红军第一方面军总前委和江西行动委员会召开的罗坊会议，确定了“诱敌深入”的作战方针，从而取得第一次反“围剿”胜利。

18 日 省计委和省援外办公室在南昌召开第四次全省援外工作会议，会议要求提高思想认识，加强党的领导，建设一支又红又专的援外队伍；建立健全各级援外机构等。

19 日 省文教办公室党委日前在南昌市召开了各高等学校教师代表座谈会。出席座谈会的有江西共产主义劳动大学总校、江西大学、江西省工学院、江西师范学院、江西医学院、江西中医学院等 6 所高等院校教师代表 38 人。在座谈会上发言的有各校代表 15 人。与会代表在发言中说，实现四个现代化，要求有一支宏大的又红又专的科技队伍，培养和造就一支宏大的工人阶级自己的技术队伍，是历史向教育工作者提出的伟大任务，也是高等学校的一项责无旁贷的职责。要敢于面对现实，解决困难，扎扎实实抓教学，埋头苦干搞科研，以实际行动落实党的十一大政治报告中关于教育工作的指示。

19 日 江西省二建公司将滑模施工工艺首次用于框架工程——九江炼油厂沉降反应器工程。该工程是一个四立柱，9 层 36 米高的钢筋混凝土框架。

20 日 《江西日报》转载了 9 月 16 日《人民日报》发表的省委关于《无产阶级革命史上的伟大创举——缅怀毛主席在江西中央革命根据地的实践活动》的文章。文章反映了自 1929 年 1 月到 1934 年 10 月毛主席在赣南、闽西一带生活、战斗的 5 年零 9 个月的革命实践，亲手创建以瑞金为中心的中央根据地的历史史实。

23 日 省委发出关于认真学习、坚决贯彻落实《中共中央关于召开全国科学大会的通知》

的指示。指示有七条：（一）全省各级党组织要立即组织全体共产党员、共青团员、全体干部和广大人民群众在深入学习党的十一大文件的同时，认真学习《中共中央关于召开全国科学大会的通知》。深刻领会其精神实质，提高对科学技术工作重要性的认识。（二）要牢牢抓住揭批“四人帮”这个纲。（三）要进一步大搞科学实验群众运动。（四）要认真检查落实党的知识分子政策，充分调动知识分子的社会主义积极性，采取有效措施，尽快壮大江西的科学技术队伍。（五）要切实抓紧搞好专业科研机构的整顿。（六）要抓紧制定好科学技术规则。（七）要进一步加强党对科技工作的领导。

24日 省委、省革委会召开全省向科学技术现代化进军和工交、基建战线大干100天广播动员大会。广播动员大会中心会场设在江西宾馆大礼堂，省直和南昌市的机关、工矿企业设有250多个分会场，全省各地有2800多个分会场，参加收听广播动员大会实况的干部和群众共150多万人。大会由省委书记、省革委副主任杨尚奎主持，省委书记、省革委副主任白栋材作了动员报告。白栋材在动员报告中首先阐述了《中共中央关于召开全国科学大会的通知》的重大意义。大会要求全党动员大办科学，开足马力大干100天。

26日 省高级人民法院在萍乡市召开中级人民法院院长座谈会，研究如何学习湖南各级人民法院工作的经验。

26日 省文化教育办公室在鹰潭召开全省招生工作会议，贯彻落实中央关于1977年高等学校招生工作重大改革的精神。出席这次会议的有各地（市）、县教育组（局）负责人、各高等学校负责人以及省直有关部门的代表近300人。1977年的招生工作采取自愿报名，统一考试，坚持德、智、体全面衡量、择优录取的原则。共大总校、江西大学、景德镇陶瓷学院、江西冶金学院、江西工学院、江西医学院、江西中医学院、赣南医学专科学院、江西师范学院（包括上饶、九江、宜春、抚州、井冈山、南昌6所分院）和赣南师范专科学校共10所高校开始招生。省外88所高等学校在江西同时招生，江西省1977年度高等学校招生工作全面展开。

27日 省委和省革委会写信祝贺万安、湖口、丰城、高安县基本消灭血吸虫病，信中写道：“欣悉你们初步实现了毛主席‘一定要消灭血吸虫病’的伟大遗愿。为此特向战斗在血防第一线的广大干部、群众和血防专业人员表示亲切慰问，希望你们学习余江人民的革命精神，争取在短时间内达到根除血吸虫病的标准。”

余干县血防站职工和群众一起摸索出许多查螺、灭螺、治病、管粪、管水的好办法

28日 巴勒斯坦“法塔赫”参观团一行30人抵达南昌，在南昌和井冈山参观访问。10月6日结束访问活动。

28日 省文化教育办公室文化组主办全省文艺汇报演出，隆重纪念毛泽东主席创建井冈山革命根据地50周年。演出活动持续一个月，于10月30日结束。

28日 江西省文艺学校赣南、抚州、景德镇3所分校正式招生，分别开设采茶、赣剧专业班。招生工作到10月30日结束。

29日 九江炼油厂联合装置的初馏塔、常压塔和常压气提塔吊装完毕。省、地市有关部门的负责人来到施工现场，向职工们表示祝贺。炼油塔的吊装，是整个油电工程建设的一个重要项目，这次吊装的“三塔”，是炼油厂的联合装置的主要设备，“三

九江炼油厂“三塔”吊装胜利完工

塔”吊装完工，为保证1978年底出油创造了良好条件，同时也标志着油电工程建设进入了一个新的阶段。

30日 截至本日，江西省有59个重点企业提前全面完成1977年的国家生产计划，其中绝大多数企业的主要经济技术指标达到或超过了本单位的历史最高水平。全省硫铁石、磷矿石、气体压缩机、锅炉、手扶拖拉机等主要产品，也提前超额完成全年国家计划，产量分别比1976年同期增长40%到1倍多，产品质量有很大提高。江西手扶拖拉机厂通过企业管理，大力挖掘企业潜力，到9月5日，产值和手扶拖拉机产量比1976年同期增长1倍，超过年国家计划85%，单机成本比1976年下降达1/5，全员劳动生产率提高57%。

本月 新余钢铁厂风机改造突破了高炉700－2－1型和700－2－2型风机的增速试验项目。风机改进后，转速比以前分别增加了11%和15%，风压分别增加了16%和11%，风量分别增加了17%和13%。经过增速改进的四台风机用于高炉生产后，当月的锰铁和生铁分别超额34.4%和36%，完成了国家计划，创造了历史最高月产纪录，炼锰焦比显著下降，跃居全国同行业的先进水平。

本月 经省革委会批准，成立省革委会计划委“三电”办公室（1984年10月，改为江西省经济委员会“三电”办公室）。

本月 上饶供电局撤销，成立上饶地区电力工业局。

本月 省委办公厅批准恢复江西省建筑工程技术学校，由省建工局领导。

本月 庐山精密铸造厂为江西东风制药厂成功仿制两台2平方米不锈钢板框过滤机。从此，该厂专业生产制药机械。

本月 最高人民法院院长江华、副院长曾汉周先后到井冈山视察工作。

本月 省测绘局、省军区发出《在农田基本建设中注意做好测量标志保护工作的通知》。

公元1977年10月							农历丁巳年【蛇】						
日	一	二	三	四	五	六	日	一	二	三	四	五	六
						1 国庆节	2 二十	3 廿一	4 廿二	5 廿三	6 廿四	7 廿五	8 寒露
9 廿七	10 廿八	11 廿九	12 三十	13 九月小	14 初二	15 初三	16 初四	17 初五	18 初六	19 初七	20 初八	21 重阳节	22 初十
23 霜降	24 十二	25 十三	26 十四	27 十五	28 十六	29 十七	30 十八	31 十九					

1日 省、市军民热烈庆祝新中国成立28周年。在江西视察工作的全国人大常委会副委员长李井泉参加了游园联欢，最高人民法院院长江华、副院长曾汉周同革命老根据地瑞金人民一起欢度国庆，同省市人民群众一道参加联欢活动的还有省、市党政军负责人。在这举国欢庆的日子里，大家坚定地表示，一定要革命加拼命大干科技事业，以只争朝夕的革命精神，为加速科学技术现代化，在20世纪内全面实现四个现代化作出贡献。驻赣部队广大指战员坚决表示，加强部队革命化、现代化建设。省市业余和专业文艺战士，表演了丰富多彩的节目，举行了焰火晚会。

1日 丰城矿务局坪湖矿在全省率先建成简易瓦斯抽放系统，向部分职工家属住宅供应试用。

3日 “余江县隆重纪念毛主席光辉诗篇《送瘟神二首》发表十九周年暨送瘟神纪念馆奠基典礼大会”在纪念馆工地举行。余江县委、县革委会、县人武部的负责人和省、地有关部门负责人及3000多名工农兵、医务人员、赤脚医生、革命知识分子、机关干部、街道居民参加了大会。余江县委副书记、县革委会副主任吴水林在会上讲了话。余江送瘟神纪念馆坐落在县城中心《送瘟神二首》诗篇纪念碑对面。该纪念馆将赶

李井泉副委员长和江西省党、政、军负责人在南昌市人民公园，同广大军民一起欢度国庆佳节

在毛主席诗篇发表20周年之前完工。

5日 九江市房管局开展对公房“三清”（即清租金、清产权、清公房）工作。

9日 国营六〇二厂干部、技术人员和工人，经过一年努力，研究制造成功HND－1球型控制打字机。经国家有关部门鉴定，证明设计合理，性能良好，功能齐全，使用方便，能满足当前急需的一百系列和二百系列电子计算机联机使用，为我国自力更生发展电子计算机事业作出了贡献。HND－1球型控制打字机，是沟通人和计算机之间必要的联系工具，是电子计算机的外部主要设备，通过人工操作打字机键盘，完成电子计算机的输入、输出任务。技术科的人员经过努力，共完成55种370多个零件加工任务，当前，这种球型控制打字机经中央有关研究部门设计定型后，已转入小批量生产。

江西省赴湖南学习参观团汇报广播大会

9日 广昌县人民医院研制成功立卧两用、折叠式医用X线机防护新装置。这种防护新装置能使荧光屏作上下、左右、前后三向运动，又能折叠，便于携带，操作方便，使用灵巧，又能保护医务人员健康，造价低廉，容易推广，并适用于各种类型的X线机。经过省工业卫生研究所测定，其防护效果达到国家规定标准。

9日 为纪念毛主席创建井冈山革命根据地50周年，省体委、团省委、省总工会、省妇联联合举办的全省登山比赛大会在井冈山举行。参加这次登山比赛的各地、市、井冈山、庐山管理局和宁冈县13个代表队的200多名男女运动员，都是经过各地登山比赛逐级选拔出来的，在全省各地开展群众性的登山活动的基础上，南昌、抚州、九江、上饶、景德镇、萍乡等地市，也都先后举行了群众性登山比赛。登山比赛活动于13日结束。

11日 省委召开了“江西赴湖南学习参观团汇报广播大会”。大会中心会场设在江西宾馆礼堂。省直、南昌市和全省各地厂矿企业、农村人民公社、驻省部队以及机关、学校和财贸等各条战线的干部与群众共600多万人，分别在5000多个会场收听实况广播。当天的《江西日报》刊登了狄生关于学习参观团赴湖南学习取经的情况汇报，题为《〈在工业学大庆、农业学大寨群众运动中，学湖南、赶湖南，为加快我省社会主义革命和建设的步伐而奋斗〉的摘要》。

12日 省委决定，成立省革委会调整工资领导小组。这是“文化大革命”以来首次给部分职工调整工资，职工调资面为60%。

14日 省计委决定拨款40万元，安排大余等12个县的档案馆库房建设专用经费。

14日 省革委会批准同意省外贸局《关于我省瓷器恢复自营出口问题的报告》。

15日 全省第一座专门加工和中转出口家禽、家兔等冷品的冷冻厂——外贸南昌冷冻厂开工投产。省委书记、省革委、省财贸办公室、省对外贸易局以及其他有关方面的负责人和代表到会祝贺。南昌冷冻厂建成投产以后，将担负南昌地区和南昌附近几个地区的出口家禽、家兔的加工冷冻和中转任务。由于就近加工，将大大减少因加工不及时而造成的浪费，提高出口冻品的质量，为进一步扩大出口提供有利条件。

15日 第八十四次江西省委常委会决定工宣队撤出学校。

15日 南昌市计委发布《南昌地区煤渣、烟道灰管理利用具体办法》。

15日 南昌市西湖造纸厂女出纳员胡筱从银行取款返回单位途中，被一伙犯罪分子击倒，罪犯抢劫装有5200多元现钞的手提包后逃窜（20日南昌市公安局和抚河公安分局破获此案）。

17日 祖籍江西省九江市的美籍学者、美国纽约哥伦比亚大学教授蒋彝先生，在访华期间因结肠癌复发，合并肝、肺广泛转移，经医治抢救无效，在京逝世。蒋彝先生追悼会在北京八宝山革命公墓举行。蒋彝教授生前好友及我国学术界人士许德珩、吴有训、严济慈、蔡若虹、李可染、李明扬、吴世昌、王朝闻、劳辛、叶君健、赵淑霞等参加了追悼会。美国驻华联络处二等秘书何思文也参加了追悼会。

19日 省基本建设委员会在南昌召开科技工作座谈会。出席座谈会的有省建委各局、办的负责人和建工、测绘、人防、建材、成套、环保等直属单位及科研设计部门有贡献的工人、科技人员、工程师共95人。省煤炭、电力、冶金、农垦、机械、电信、交通、铁路等12个设计院的基建设计科技人员和江西工学院，也应邀派代表参加了会议。在座谈会上发言的有：省建筑设计院、江西建筑机械厂、江西水泥船厂、全南造纸厂、江西平板玻璃厂、省建职工医院、省电力设计院、江西工学院、省建筑科研所和省建一、二公司等12个单位。省建委党的核心小组副组长、副主任范飞作了总结讲话，提出了江西基本建设战线今后3年、8年和23年在科研方面的初步打算。

20日 江西有色冶炼加工厂金银回收工程开工兴建（1978年2月22日，黄金回收工程铜浸出渣30吨/日选金厂建成试产）。

21日 全省林业工作会议在南昌召开。会议认为，为了尽快把江西建设成为南方的一个木竹基地和木本油料基地，省革委会发出了“动员起来，苦战五年，基本绿化江西，实现林业上《农业发展纲要》”的战斗号召。要实现这个奋斗目标，必须认真地抓好以下几项工作：（一）必须紧紧地抓住揭批“四人帮”这个纲。（二）加强现有林业的经营管理。（三）充分发动群众，大打治山造林之仗。（四）加强领导，真正做到“思想上有位置、组织上有班子、物资供应上有路子”。与会人员坚决表示，为实现党中央提出的抓纲治国“一年初见成效，三年内大见成效”，为在本世纪末把我国建成现代化的社会主义强国作出贡献。会议于29日结束。

22日 全国科学大会江西省筹备领导小组召开“传达全国科学大会预备会议精神”大会。大会中心会场设在江西宾馆，并在南昌地区设立了16个分会场。参加听传达的共计2.7万多人。黄知真在大会上宣读了《中共中央关于召开全国科学大会的通知》，并逐段讲解了该通知的精神。并指出，要抓紧落实党的知识分子政策，对于确有真才实学而又用非所学的专业人才，应当有步骤地调回科学技术工作岗位；对于有成就的或有突出才能的科学技术人员，要在工作条件上重点保证，并配备必要的助手；要恢复技术职称，建立考核制度，要保证科研人员有5/6的业务时间。要抓紧制定科学技术规划，各部门首先是各科研机构，要提出今后3年、8年、23年的具体要求和大体设想。要求全省各级干部、各级科技工作者和广大群众，加快向科学技术现代化进军的步伐。

24日 南昌市召开中小学生向文化科学进军大会。南昌市中小学生代表和各县、区主管教育的负责人共5000余人参加了大会。南昌市委、团省委、省教育组、省科技组，以及市文教办、南昌警备区、市教育局负责人出席了大会。南昌市教育局党委负责人在大会上作动员报告。南昌市委副书记王显文在会上讲了话。南昌十九中、六中、二十八中、五中、十中、三中、十八中、莲塘一中、共大南昌县分校、江西师院附中、洪都中学的师生代表，抬着他们科研成果的实物和图表，向大会献礼。学生代表在会上发了言，表示要奋发努力、学政治、学文化，发扬攻关精神，刻苦钻研，坚持不懈，为把自己培养成出色的社会主义建设人才而奋斗。

24日 江西省人民广播电台举办《科学技术节目》。该节目的宣传任务是，认真贯彻执行《中共中央关于召开全国科学大会通知》精神，大力宣传党中央关于科学技术工作的一系列指示，宣传党的科研工作路线、方针、政策，报道全省各地大办科学的情况和经验；宣传科学技术战线上的先进集体和先进个人的事迹；介绍科学技术战线的新成果、新技术，以及工业、农业、医药卫生等方面的科学常识。

24 日　省革委会发出《关于坚决制止向企业摊派资金和物资的通知》。

26 日　省财政局通知，将税务部门担负的省属商业、粮食、冶金、机械、电力企业的利润监交工作移交给同级财政部门接办。

26 日　南昌地区归侨代表会议召开，推荐南昌市出席省第五届人民代表大会和省第四届政协会议的代表。

26 日　省革委会计生委、省卫生局在南昌联合召开江西省计划生育、卫生工作会议。出席会议的有各地、市和井冈山、庐山管理局计划生育办公室主任、卫生局长以及防疫站、医政、药政、药检、科研部门的负责人，高、中等医学院校、省军区后勤部、南昌铁路局、省直有关局的卫生医疗部门和余江、德兴、靖安、上高县及北京赴德兴医疗队的代表，共 130 余人。会议讨论全省计划生育工作，强调今后必须切实抓好如下几个方面的工作：（一）加强领导，要组织各级计划、卫生、商业、公安、民政、文化、教育等部门和民兵、工、青、妇、贫等群众组织共同做好这项工作。（二）要广泛、深入地向群众宣传毛主席、周总理、华主席对计划生育工作的指示，宣传实行计划生育的重要意义。（三）要狠抓计划生育和节育措施的落实，按照“晚、稀、少”的要求，制定计划，督促实施。（四）医务人员要改进服务态度，认真执行技术操作常规，不断提高节育手术的质量。会议认为，合作医疗一定要坚持社会主义方向，在搞好队办的基础上，随着集体经济的壮大，根据群众自愿的原则，逐步向社队联办和社办发展。要大力开展采、种、制、用中草药和群众卫生运动。会议于 11 月 26 日结束。

27 日　全省军民隆重纪念毛主席创建井冈山革命根据地 50 周年大会举行。参加大会的有军民 1 万多人。大会会场设在茨坪广场。省委、省革委会、省军区负责人，省委、省革委各部、办、委、厅，新闻单位和工青妇的负责人，省

省党政军负责人和参加纪念活动的全体代表瞻仰井冈山革命先烈纪念塔

全省军民隆重纪念毛泽东创建井冈山革命根据地 50 周年大会

直、省军区、各地市，庐山和宁冈、永新、遂川、莲花代表团负责人，井冈山地委、地革委、军分区负责人，井冈山管理局党委、革委负责人，退休老红军、老干部代表，中国历史博物馆副馆长董谦和中国人民革命军事博物馆处长马仲廉也参加了大会。革命老同志代表邹文楷等代表在大会上讲话。他们在讲话中共同追思了毛主席创建井冈山革命根据地，把井冈山的星星之火燎原于全中国，领导全党全军全国各族人民从胜利走向胜利的丰功伟绩。他们说，井冈山的革命精神，是克敌制胜的强大法宝。为了表达湖南省湘潭地区和酃县、茶陵人民的热情祝贺，他们向大会赠送了锦旗。中国历史博物馆和中国人民革命军事博物馆向大会赠送了画册。

27日 省财政局转发财政部《关于进一步加强税收工作的通知》，布置开展税收政策大检查工作。

27日 萍乡市决定自1977年11月起，凡施工单位，一律要领取施工执照，建设单位必须领取建设许可证。

28日 省委、省革委会发出《关于认真贯彻落实中央（1972）28号文件有关几个问题的通知》，要求有关单位坚决退还所占用的校舍。

29日 《江西日报》刊登《为社会主义积累资金有理有功》的文章。文章的编者按中写道：余江县粮食局连续6年不亏损的经验，很有说服力，值得一读。该县从1971年开始扭亏为盈，6年来共盈利74万元，以实际行动批判了“粮食亏损难免”的错误论调，为粮食企业扭亏增盈作出了榜样。6年来，全县粮食平均年产量比前6年的平均年产量增加2800多万斤，征购量增加400万斤，年上调出口增加270多万斤。粮油工业上缴利润达43万多元。他们扭亏为盈的经验有以下几项：（一）合理调整征购入库网点，组织直线运输。（二）严格财政纪律和各项规章制度。（三）发扬艰苦奋斗，勤俭节约的革命精神，坚持少花钱，多办事。

30日 截至月底，九江油电工程建设大会战已提前两个月超额3.65%完成国家下达的主要施工计划。在全体会战职工的共同努力下，炼油厂的联合车间和动力站的土建任务已基本完成，三塔吊装就绪，大小油罐已屹立罐区，油品码头和工作码头的水工建筑已全面开工，水泵房下沉部分工程也即将竣工，输水管线已组对成行，房屋建筑已开工4.7万多平方米，其他附属工程也按计划全面开工。

31日 江西省隆重纪念毛主席创建井冈山革命根据地50周年文艺汇报演出举行闭幕式（从9月28日起，全省26个专业剧团的1500多名文艺战士，先后分5批汇集南昌，为省、市工农兵和各界群众演出20台节目、98场，观众多达11.73万余人次）。

31日 截至月底，江西省工业总产值已经完成年计划的91%，比1976年同期增长38.7%，主要产品产量大幅度增长。列入省计划的60种主要产品产量，完成年计划80%以上的40种。其中，轮胎外胎、机床、汽车、手扶拖拉机、矿山设备、硫铁矿、磷矿、空气压缩机和收音机等已提前超额完成计划。多数产品的质量有所提高，消耗有所降低，企业亏损大幅度减少，盈利增加。全省工业企业亏损比1976年同期减少了35.8%，盈利比1976年同期增加60.1%（江西省拖拉机制造厂到11月15日止，完成了5620台拖拉机，提前1个半月超额完成全年国家计划）。

本月 岿美山钨矿复建的1000吨/日选厂建成并开始试产（1978年4月投产）。

本月 省建筑工程局在南昌召开全省建筑科技情报工作座谈会。会议传达了全国科技情报工作会议精神，审议通过了《江西省一九七八年至一九八五年建筑科技发展规划》，讨论了省建筑施工、建筑机械、混凝土建筑构件预制情报网章程，并成立了相应的3个专业技术情报网。工作重点是交流建筑施工中采用的新技术、新工艺、新产品、新材料及建筑管理等方面的经验（1985年10月组织18个施工企业赴沪参观高层建筑技术。1990年出版的《江西省建筑施工应用技术汇编》，在省内外土建施工单位发行了2000本，至1990年，该机构共组织省内一、二级施工企业负责人参加的技术交流会15次）。

本月 江西省机械科研所研制成功0.54平方米无烟侧燃锻造反射炉，通过省级鉴定。该炉煤耗低，升温快，适应中小锻造车间使用。

本月 省统计局贯彻国家计划委员会布置的任务，制定《江西省工业企业经济技术指标考核办法》，开展工业企业产量、质量、品种、原材料燃料动力消耗、劳动生产率、成本、利润、流动资金占用额8项经济指标考核工作。

本月 恒湖垦殖场进行“激素针剂”，水牛同期发情实验，历经5年，实验母牛35头，周期率为72.7%～100%，总受胎率为50%～70%比自然受胎率高4.2倍。

本月 省革委会向国家计委报送《鄱阳湖区水利建设规划》。鄱阳湖区是江西省重要的商品粮基地，为了加速湖区综合治理，拟先期解决防洪排涝及提高抗灾能力。全部工程计划土方12.25亿立方米，石方750万立方米，混凝土及钢筋混凝土106万立方米，总造价10.8亿元，需国家投资约3.8亿元。工程实施后，可缩短堤线277公里，建设旱涝保收、高产稳产农田400余万亩。报请审批并列入国家1978年直属项目计划。

本月 国家投资1000万元，维修加固九江市区长江大堤工程。

公元1977年11月							农历丁巳年【蛇】						
日	一	二	三	四	五	六	日	一	二	三	四	五	六
		1 二十	2 廿一	3 廿二	4 廿三	5 廿四	6 廿五	7 立冬	8 廿七	9 廿八	10 廿九	11 十月大	12 初二
13 初三	14 初四	15 初五	16 初六	17 初七	18 初八	19 初九	20 初十	21 十一	22 小雪	23 十三	24 十四	25 十五	26 十六
27 十七	28 十八	29 十九	30 二十										

1日　江西省文物商店成立。

1日　越南青年男、女排球队一行29人来江西访问，与江西省男、女排球队进行两场友谊比赛。

2日　全国农田基本建设现场会在进贤县召开。会议学习了国务院批转的全国农田基本建设会议纪要和陈永贵副总理《把农田基本建设当作伟大的社会主义事业来办》的文章，听取进贤县跨入学大寨先进县行列的经验介绍，参观了进贤县坡地改水平梯田、改造“三跑田”和防洪排渍等样板工程，同时，对照国务院文件精神和省委的要求，检查了全国农田基本建设会议和全省农村工作会议精神的贯彻落实情况，总结交流了前哨战的经验，研究与部署了秋收冬种后在全省范围内掀起农田基本建设新高潮，会议要求各级党委继续认真抓好三个“落实”：（一）思想落实；（二）措施落实；（三）组织领导落实。

4日　省建材局在景德镇市召开全省重点水泥技术协作会议，正式成立“江西小水泥技术情报网”，并制定《江西小水泥技术情报工作条例》和《江西小水泥质量检验管理暂行办法》。

5日　全省经济作物工作会议最近在南昌市召开。讨论、研究采取有效措施，大力发展经济作物，力争1980年实现主要轻工业原料能自给并有储备。

6日　全省殡葬改革工作会议在南昌召开。至年底，全省有火葬场17个，全年火化尸体1.04万具。

7日　江西无线电厂在全国电子工业学大庆会上被授予“先进更先进，勇攀新高峰”的锦旗，景德镇市景华瓷件厂七车间油窑班被授予“两论作指南，创夺高产的油窑”光荣称号。

8日　根据省委常委扩大会议精神，省革委会发文，决定成立省、地（市）、县社企局。其中，省社企局为二级局，隶属省农业局；地（市）、县社企局为一级局。

9日　《江西日报》发表题为《坚决打好揭批“四人帮”斗争的第三战役》的社论。在社论中写道，在第三战役中，一定要坚持学、揭、批、查相结合。继续深入进行清查工作，抓紧在1977年或稍长一点儿的时间里基本上完成清查工作。我们一定要抓住“四人帮”这个“穷寇”紧追不放，不彻底摧毁他们的资产阶级帮派体系，不彻底摧毁他们的反革命修正主义路线和这条路线的理论基础，不彻底肃清流毒，决不收兵。

9 日 江西省文化教育办公室发出《关于办好一批重点中小学的意见》。

9 日 省财政局发出关于分配国营农场、垦殖场农田基本建设投资的通知，从省机动财力安排省属国营农场、垦殖场农田基本建设投资 150 万元。

10 日 江西省编制委员会同意恢复省煤炭工业科研所，定为事业单位，编制 100 人。

11 日 省委召开全省经济作物工作会议。会议讨论和研究发展经济作物的计划和措施，要求在抓好粮食的同时大力发展经济作物，力争到 1980 年，江西主要轻工业原料能够自给，并有储备，多作贡献。会议指出，加快江西经济作物发展步伐：（一）把清查工作抓紧。（二）去掉那种把粮食和经济作物对立起来的形而上学的观点，克服把经济作物当作包袱的错误思想，在抓好粮食生产的同时，抓好经济作物生产。（三）加强经济作物的科研工作，被砍掉的科研机构要恢复起来。要建立四级科研网，广泛开展群众性的科学实验活动，不断提高科学种田水平，使经济作物高速发展起来。（四）认真落实党的有关经济政策，充分调动群众发展经济作物生产的积极性。（五）坚持自力更生的原则，大搞经济作物农田基本建设、肥料基本建设、种子基本建设。

11 日 全省农业科学工作会议在南昌县莲塘镇伍农岗召开，传达、贯彻党的十一大精神和关于农业和科技工作的重要指示，以及《中共中央关于召开全国科学大会的通知》。动员全省农业科技工作者和农村干部、社员，掀起向科学进军的新高潮。

12 日 省革委会、省军区召开全省首届人民防空工作先进集体和先进个人代表会议。出席会议的有全省 10 个人防工作重点城镇的先进集体、先进个人代表，有各地、市、镇革委会、军分区、警备区、人武部、人防办的负责人，省直各单位和大专院校负责人，共 315 人。省委常委、省军区第一副司令员、省人防领导小组副组长熊振武代表人防领导小组作了题为《坚决贯彻抓纲治国的战略决策，努力加强人防建设，尽快做好反侵略战争的准备》的报告，部署了今后工作任务。会议期间，全国人防办发来了贺电，祝贺大会胜利召开。福州部队作战部副部长李坤代表大区人防领导小组到会指导，并致贺词。福建省人防办、福建省人防领导小组到会致词。会议评选和表彰了全省人防工作先进集体 37 个，先进个人 22 名。省委、省军区负责人向评选出的先进集体与个人授了奖旗和奖状。会议于 18 日结束。

13 日 为纪念建军 50 周年，江西省编辑出版了彩色画册《八一南昌起义》。画册中绘画、摄影相结合，图文并茂。画册有反映起义领导人的形象、旧居、文物、文献和战斗地点等作品 94 幅，包括油画、版画、粉画、速写和摄影等多种形式。

15 日 截至当日，江西拖拉机厂生产了拖拉机 5600 多台，超过了历史最高水平，扭转了亏损，上缴利润 760 万元。他们将为 1978 年的生产提供完好率在 85% 以上的机床设备，准备好 1000 台毛坯和 600 台再制品。

江西手扶拖拉机厂广大职工大力开展技术革新，实现了总装半自动化

15 日　根据中共中央（1977）41 号文件精神，在省委的领导下，省工商联恢复活动，召开在南昌的常委（扩大）会议，讨论通过省工商联临时领导小组成员为沈翰卿、章藻生、张修锡、傅名荣、陈守礼 5 人，推定沈翰卿为负责人。办公地点暂设南昌市中山堂民主党派大楼。

16 日　中国人民银行江西省分行日前在南昌召开全省银行工作会议，省委书记杨尚奎在会上强调，各级党委必须加强对金融工作的领导，经常听取银行汇报，督促检查银行工作，支持人民银行发挥它的职能作用。会议要求各级人民银行全面贯彻“发展经济，保障供给”的方针，严格执行财经纪律，适当集中财力物力，促进工农业生产的发展，促进商品流通的扩大，保证国民经济计划的完成，保证计划内项目的建设，使有限资金为建设社会主义事业发挥更大的作用。会议对银行当前的主要工作作了安排，当前突出的是要坚决贯彻执行国务院有关文件精神，严禁年终突击花钱，进一步严格控制社会集团购买力，严格控制不合理货币投放，贯彻财政资金和信贷资金基本建设和流动资金分口管理、分别使用的原则，切实抓好货币回笼工作，保证 1977 年信贷、现金计划的完成。

16 日　省委在江西宾馆礼堂召开揭批“四人帮”第三战役动员大会。参加大会的有省、市直属单位的干部、职工，驻省部队的指战员，以及参加省委宣传工作会议、全省人防先进单位代表会议、全省粮食工作会议的代表共 5000 余人。省委书记杨尚奎、白栋材，省委副书记狄生等出席大会。出席大会的还有省委、省革委各厅、部、委、办、室和工、青、妇的负责人及南昌市委的负责人。白栋材作了《进一步动员起来，坚决打好第三个战役，掀起揭批“四人帮”的新高潮》动员报告。并提出第三大战役的主要任务的具体要求，为了夺取运动的全胜，必须注意以下几点：（一）加强学习，掌握武器。（二）培训好骨干队伍。（三）联系实际深入揭批。（四）继续抓紧抓好清查工作，彻底查清参与“四人帮”篡党夺权阴谋活动有牵连的人和事，彻底粉碎“四人帮”及其亲信的资产阶级帮派体系。（五）加强党对运动的领导。

18 日　省革委会决定 11 月 19 日下午召开省革委会常委扩大会议，听取和讨论并通过省委书记、省革委会副主任白栋材代表省委作的关于召开江西省第五届人民代表大会的说明。

18 日　菲律宾大使一行 3 人，登庐山作 3 日游。

19 日　南昌二中农化组教师胜利制成江西第一台水生漂白粉有效氯测定器，目前已生产 150 台，其中两台已调送中国科学院有关机构。

19 日　省革委召开常委（扩大）会议，决定于 12 月上旬召开江西省第五届人民代表大会第一次会议。省委、省革委会、省军区和福州部队军政干校的负责人出席了会议。出席会议的还有省委、省革委各厅、部、委、办、室、局、政协、工青妇组织，以及大专院校的负责人。省委书记、省革委会副主任白栋材代表省委提出召开江西省第五届人民代表大会的建议并作了说明。大会的议程是：省革委会的工作报告；选举产生新的省革委会；选举出第五届全国人大的代表。会议经过热烈、认真的讨论，一致通过了《关于召开江西省第五届人民代表大会的决定》。

19 日　南昌市教育局召集部分学校领导干部和教师进行座谈。彻底批判“四人帮”炮制的“两个估计”。市教育局负责人说：“四人帮”炮制的“两个估计”在全市流毒很深，影响极坏，至今仍然束缚着教育工作者和知识分子的积极性，全面肃清“四人帮”在教育战线的流毒，拨乱反正，把教育革命进行到底，意义极为重大。会上二中革委会副主任、十一中教师、四中教师、十三中党支部书记、站前路学校教师、十五中教师、六中教师、十九中教师、十中教师作了批判讲话。最后，南昌市教育局负责人说：我们对教育要采取正确态度，认真分析，对的要肯定发扬，错的要批评、纠正。我们要拼命工作，办好教育，培养又红又专的人才。

20 日　省农林垦殖场局为庆祝干部上山下乡创建国营垦殖场 20 周年，举办全省农垦系统职工业余文艺汇演。有井冈山（吉安地区）、赣州、上饶、抚州、宜春、九江及南昌、萍乡等地、市和省直农垦战线10个代表队共580余名业余文艺工作者参加。

20日 《江西日报》刊登题为《南新公社大斗大干三年面貌巨变基本实现河网化，粮食总产翻一番，昔日洪涝不断的低产地区，变成了五业全面发展的鱼米之乡》的文章。文章写道，三年来，全社共兴建大小水利工程1358项，新开总长600里的大小排灌沟渠233条，加固加高圩堤125华里。由于基本实现了河网化，圩区水系得到重新安排，田园化的主要沟渠的机耕道的骨架已形成，粮食连年大幅度增产。1975年总产比1974年增长42.6%；1976年比1975年增长13.4%；1977年上半年总产比1976年增长20%以上。林、牧、副、渔全面发展，平均每人造林100株，生猪平均每人达1.3头，油脂早春一季超额完成国家全年上调任务，生猪、家禽提前半个月超额完成国家全年上调任务。

20日 国家地质总局在德兴县召开德兴斑岩铜矿现场会议。会议于12月4日结束。

21日 省妇联召开全省妇女工作会议。学习中共十一大文件，批判江青反革命集团在江西的罪行。学习于28日结束。

22日 董琰骨灰安放仪式及追悼会在南昌市殡仪馆大礼厅举行。原江西省委委员、省第四届人民委员会委员、副省长董琰受林彪反党集团及其在江西的死党和同伙残酷迫害，于1968年2月5日在上海逝世。国务院副总理谷牧，江西省委、省革委会、省军区、省政协，山东省委、省革委会，南昌市委、市革委会，新泰县委、县革委会以及江西省委、省革委会各部、厅、办、委、局等送了花圈。参加安放仪式的有省委、省革委会、省军区负责人以及省委、省革委会各部、厅、办、委、局和工、青、妇、大专院校等负责人以及机关、工厂、企业代表共600余人。从山东、北京、南京、上海、浙江等地前来参加安放仪式的董琰生前好友有25人。

23日 丰城县石上水文站的职工建成一座钢支架高40.5米、跨度730米的测流缆道。这座缆道，运转部分采用可控硅无极调速装置，无线电传送工作讯号，整个工艺达到了国内同类产品的水平，是江西当时最大的水文缆道。缆道建成后，具有测洪能力强、测流时间短、工作人员少、劳动强度小、测验精度高等优越性。

23日～29日 省卫生局在九江召开全省消灭头癣病现场会议，制定了《江西省1980年以前基本消灭头癣病的规划》。根据中央卫生部对消灭头癣病的规划意见，参加这次现场会的有全省各地、市、井冈山、庐山和九江地区各县（市）医疗卫生部门的代表，卫生部邀请的16个省、市、自治区的代表，国内著名的皮肤科专家，中央商业部和省有关局的代表，共120余人。会议期间，代表们听取了九江地区关于在全区基本消灭头癣病等典型经验介绍：九江地区医疗卫生部门6年多来共在全区查出头癣病患者6.9万余名，已治疗6.89万余人，治愈率达97.3%，基本消灭头癣病。全区还组织了一支由卫生技术人员、赤脚医生、卫生员、理发员组成的共3000多人的防治头癣病专业队，并从地、县（市）两级抽调635名医务人员参加专业队伍。代表们还参观了九江地区消灭头癣病的小型展览，并对全区11个县（市）的22个公社基本消灭头癣病的情况进行了实地参观和现场指导。国内著名的皮肤科专家、北京医学院胡传揆教授、上海华山医院秦启贤教授在会上作了学术报告。江苏皮肤病研究所、湖南医药工业研究所和南昌皮肤病医院、赣南医专等单位的代表也在会上作了经验介绍。

24日 省革委会下发《贯彻国务院"关于调整部分职工工资的通知"的通知》，决定对1971年以前参加工作、行政十八级以下的部分工作人员进行调资，升级面为40%。

25日 南昌市教育系统先进集体和先进工作（生产）者代表会议召开。大会表彰了23个先进单位、121个先进集体代表和288名先进个人并发放了奖品。会议于29日结束。

26日 《江西日报》刊登了题为《中共赣州地委放手发动群众向"四人帮"的资产阶级帮派体系猛烈进攻》的文章。文章反映了赣州地委坚决贯彻执行党的十一大路线，总结了揭批"四人帮"斗争的经验教训，采取有力措施，认真解决地委常委班子本身的问题，放手发动群众，向“四人帮”的资产阶级帮派体系猛烈进攻，迅速改变了前段运动进展迟缓的被动局面，掀起了大揭发、大批判、大清查的高潮。省委为了改变赣州地区揭批“四人帮”斗争的被动局面，对地委班子作了调整，并采取了一系列有力的措施。一是大学习，大讨论。提高认识，统一思想。二是下定决心，揭开地委班子的盖子。三是放手发动群众，向资产阶级帮派体系猛烈进攻。从地区到县（市）、厂矿，都根据群众揭发的问题和线索，列出清查项目，逐项清查，重点清查领导班子和领导机关中与“四人帮”阴谋活动有牵连的人和事。四是坚决打击现行反革命。地区召开3万人的拘捕现行反革命分子和刑事犯罪分子的群众大会，各县（市）地召开拘捕大会。赣州地委认为，大打揭批“四人帮”的第三战役，进一步清查工作，从政治上、思想上、组织上夺取揭批“四人帮”斗争的更大胜利。

27日 江西省农业科学院授予颜龙安为研究员，马德风等8人为副研究员，邬伯梁等15人为助理研究员和实习研究员，发给任命书，并举行授衔仪式。这些人员中，有突破选育杂交水稻野败“珍汕九七”和野败“二九矮四号”不育系的；有创造输送卵虫法、推广蜜蜂良种、为蜜蜂杂种优势利用提供新技术的；有研究成功电针、水针治疗猪喘病、白痢疾病的；有参加水稻良种“秀江早八号”、“秀江晚二号”的培育的；有研究水稻白叶枯病，在菌系、品种抗性、遗传变异规律有研究的；有系统选育“七〇七”、“七二二”晚稻新品种、创造“稻、稻、麦”三熟高产栽培技术科学种田的，有为赣南农业生产发展解决一系列科学技术的，有从事红壤研究并取得红壤新辟稻田当年平整、当年夺高产和持续高产成果的科学工作者。

30日 全省提前35天完成1977年国民经济计划。1977年1月至11月完成的工业总产值比1976年同期增长38.8%，列入省计划的60种主要工业产品，到11月底止已经完成和超额完成1977年计划的有19种；与1976年同期比较，增长的有54种。其中钢、生铁、拖拉机、手扶拖拉机、棉纱、棉布、化纤、轮胎外胎、交流电动机、变压器、内燃机等成倍或成数倍地增长。1月至11月累计，与1976年同期比较，原煤增长率17.5%，发电量增长22.5%，铁路货运量增长38%，汽车、航运的货运量也都有较大增长，为工交生产的全面发展创造了有利条件。

本月～12月 江西省卫生局贯彻执行全国食盐加碘防治地方甲亢病工作座谈会精神，开展了首次全省地方甲亢病调查工作。调查结果：受检207.87万人，患病者5.63万人。

本月 民革、民盟、农工党江西省委会和民建江西省工委恢复活动，在南昌市叠山路豫章公园民主党派办公楼办公。民革、民盟、农工党省委会、民建省工委先后分别成立临时领导小组。民革省委会临时领导小组召集人为李世璋，民盟省委会临时领导小组召集人为谷霁光，农工党省委会临时领导小组组长为何世琨，民建省工委临时领导小组负责人为潘式言。

本月 江西矿山机械厂与马鞍山矿山研究院、吉林矿山机械厂等联合设计，试制成功ST8型梭式矿车，通过机械部与冶金部的技术鉴定，填补了国内梭车生产空白（1978年获全国科学大会奖）。

本月 江南蓄电池厂自行设计建成由3台2000吨油压机组成的年产10万套电池橡胶外壳生产线。

本月 江西锅炉厂试制成功SZW4－13型往复锅炉通过省级鉴定，能烧2500大卡/公斤低值煤，热效率达72%。

本月 南昌市成立出租汽车公司，办理小轿车、面包车、大型汽车出租业务（1978年4月与三轮车管理所合并成立南昌市汽车服务公司）。

公元1977年12月							农历丁巳年【蛇】						
日	一	二	三	四	五	六	日	一	二	三	四	五	六
				1 廿一	2 廿二	3 廿三	4 廿四	5 廿五	6 廿六	7 大雪	8 廿八	9 廿九	10 三十
11 十一月小	12 初二	13 初三	14 初四	15 初五	16 初六	17 初七	18 初八	19 初九	20 初十	21 十一	22 冬至	23 十三	24 十四
25 十五	26 十六	27 十七	28 十八	29 十九	30 二十	31 廿一							

1日 省农业局在省农业科学院召开全省农业科学表彰会议。参加这次会议的有各地、市、县和井冈山、庐山农业局负责人及农业科学技术工作者，以及省直有关单位的代表，共539人。国家农林部派员出席会议。会议期间，代表们就全省农业科学技术长远发展规划进行了讨论。大会总结交流了经验，表彰了先进。省农科院根据党中央关于恢复科技人员职称的指示，对有发明创造、有贡献的科技工作人员和劳动模范，授予了省农科院研究员、副研究员等称号。

2日 江西省恢复高考后的第一次考试于本月初举行，由省统一拟题，南昌市有考生23123人，省内外高校共录取1411人；中专考生14353人。

3日 省、市公安机关在八一礼堂联合召开2300多人参加的“愤怒声讨‘四人帮’破坏公安工作，迫害公安干警的滔天罪行大会”，深揭狠批“四人帮”炮制反革命的“两个否定”、“一个砸烂”，严重破坏公安工作，残酷迫害公安干警的罪行。省、市公安局、南昌铁路局、省劳改局、省政法干校、新建县公安局等单位的代表在大会作了批判发言。

5日 《江西日报》报道，全省国营农场办工业单位已达497个，工业职工3.8万余人，占职工总人数的18.7%，工业产值占营业总产值的64.2%。全省垦殖场已办起79个农机修造厂、修理间；多数厂兴建了一批农村小电站，年发电2300万度；场办工业促进了交通运输、文化教育、医疗卫生、文体活动等项事业的发展，加速了革命老根据地的建设，繁荣了农村经济；造就了一批亦工亦农，能文能武的队伍。

6日 宜春县率先完成县至公社、垦殖场广播专线374杆公里的架设任务，建立广播独立传输系统，广播时间不受借用电话线路时的限制。

7日 我国优秀的科学家、教育家，全国人大常委会委员、中国科学技术协会副主席吴有训，于1977年11月30日上午10时50分在北京因病逝世，终年80岁。吴有训是江西高安人，早年曾在美国芝加哥大学任教。1926年回国后，先后任清华大学、西南联大教授、系主任、理学院院长，南京中央大学校长等职。解放后，历任教育部长、国家科学技术协会副主席、中国科学院副院长，人大代表和政协委员等职。吴有训的追悼会在八宝山革命公墓举行，中共中央主席华国锋、副主席邓小平，党和国家其他领导人和国务院、政协全国委员会、中共中央统战部、国家科学技术委员会、中国科学院、教育部、国防科委、中国社会科学院、北京市革委会送了花圈。参加追悼会的还有科学、教育界人士，国务院有关部门负责人和吴有训生前好友、科学院的干部和群众。

8日　省计划委员会、省地质局、省煤炭局、省冶金局发出《关于开展石煤资源综合考察的通知》，根据煤炭工业部在浙江召开的南方各省石煤资源综合考察会议的要求，由地、县统一领导，省地质局、省煤炭局、省冶金局在各地区的地质队分片包干，开展石煤资源综合考察。

9日　省委从各地、市和省直工交各部门抽调了一批干部集中到景德镇市，部署开展大庆式企业检查评比和验收工作。这次检查评比和验收工作的具体任务和要求是：（一）这次大检查的任务是：开展工业学大庆、普及大庆式企业群众运动的情况和经验，肯定成绩，揭露矛盾，找出差距，边整边改；认真检查和总结1977年计划建成大庆式企业的单位达到大庆式企业六条标准的情况和经验，坚持高标准、严要求，逐个进行评比验收；检查1977年学大庆规划的落实情况。（二）成立江西省工业学大庆检查团。六地，三市，二山（井冈山、庐山），南昌铁路局党委各设一个检查分团。（三）11月下旬到12月中旬，由企业党委发动群众，人人自查，班组自查，单位自查。12月下旬到1978年1月中旬，由省委检查团和各地的分团分别对1977年计划建成大庆式企业的单位进行检查验收。（四）要肯定成绩，表扬先进，交流经验，对发现的问题，积极采取措施，并及时解决。

10日　截至本月上旬，江西省财政收入超额完成任务，超额了1.19%，比1976年同期增长46.53%。1977年全省工商税收提前一个多月超额2%完成全年税收任务，比1976年同期增长23.3%，创历史同期最高水平。全省商业战线提前两个月超额8%完成了1977年上缴国家利润计划，比1976年同期增长33%。

12日　全国第六届杂交水稻科研协作会在江西省农业科学院召开。会议要求进一步加强新杂交水稻组合的选育和推广。会议于21日结束。

13日　江西省科学、教育工作会议在省人民剧院召开。参加这次会议的有各地、市、井冈山、庐山管理局党委、各县县委、省委各部门、省革委各办、省委党委、省直各局党委分管科学技术和教育工作的党政负责人及全省各专业科研单位；各大专院校的负责人共735人，还有在南昌市的高等院校系，科技、教育和南昌铁路局科技工作代表会议代表共1300余人。省委书记黄知真在大会上作了题为《切实加强党的领导，努力搞好科学、教育工作，完成新的历史时期的伟大任务》的讲话。他说，江西的教育和科技战线遭受“四人帮”的严重破坏，把全省80%的教师下放，把全省8所大学和219所中等专业学校砍掉，把60%以上的中学强令下迁，把省属21个专业科研机构，砍掉16个，省、地、县各级农业科研机构砍得一个不剩，图书资料、仪器设备损失极大。他还说，要全面落实党的教育方针，搞好教学改革，切实搞好基本知识和基础理论教学。要加强教材建设，逐步改善和更新实验设备，充实图书资料，要整顿校风，建立正常的教学秩序，建立必要的规章制度，建立行政教学人员的岗位责任制。省、地、市、县以及工矿企业必须办好一批重点学校，加强重点学校的领导管理。要认真落实党的知识分子政策，充分调动广大科技人员和教师的积极性。

江西省科学、教育工作会议会场

14 日　省革委会转发国务院批准财政部《关于税收管理体制的规定》，并补充规定：对新产品、县新办“五小”企业纳税有困难的可分别减免工商税，对不利于社会主义的经营活动，则加成或加倍征税。

15 日　省委、省革委会在八一礼堂举行了纪念江西省 5 万干部上山下乡创办国营垦殖场 20 周年的庆祝大会。省委、省革委的领导黄知真、狄生、刘俊秀、彭梦庾以及省委、省革委各部、委、办、局的领导干部和各地、市（山）农垦部门、国营综合垦殖场的 2400 多人出席了大会。刘俊秀在会上说，经过 20 年的艰苦斗争，国营垦殖场共开荒造田 39 万亩，粮食总产达 42 亿斤，造林 237 万亩，生产了木材 380 多万立方米，毛竹 5472 万根，还有其他大宗的林副产品。生猪饲养量达 265 万头。修建公路 2900 多公里，文教、卫生、邮电、商业、财政等事业也有了发展。刘俊秀提出，到 1980 年实现粮食亩产超千斤，生猪达到“1 人 1 头”、“1 亩 1 头”的要求，基本绿化场内宜林荒山，基本实现农业机械化，争取把 2/3 的场建成大寨式的垦殖场。

15 日　省委在江西宾馆礼堂召开了省、市党政军机关干部揭批“四人帮”及其江西亲信的反革命罪行大会。出席大会的有省委、省革委、省军区以及驻省部队的负责人，南昌警备区的负责人，还有省委各部、委、办和工、青、妇的负责人及出席全省科学、教育工作会议的全体代表。省委办公厅、省总工会、省粮食局、省商业局、省机械局、省委党校、南昌铁路局、婺源县委、省委组织部、南昌市委、省军区司令部、省建工局、省公安局等 13 个单位的代表在会上发言。发言的人以大量铁的事实，揭发批判了“四人帮”在江西的亲信、黑干将篡党夺权、反党反社会反人民的罪行。

15 日　省基本建设委员会在九江炼油厂筹建处召开全省基本建设工程质量和安全施工会议。会上传达了全国基本建设工程质量和安全施工会议精神，讨论研究了提高工程质量和搞好安全施工的办法及措施。

15 日　全省各级党组织切实加强对知青工作的领导，认真做好知识青年上山下乡的动员和安置工作。到目前为止，全省已有 2.6 万余名中学毕业生上山下乡，比 1976 年全年下乡总人数多 2335 人。上饶地区下乡 6183 人，占应下乡人数的 98.7%，九江地区完成了任务的 80.7%；其他地、市正在积极动员，做好知青上山下乡工作。

16 日　煤炭工业部在萍乡市召开江南九省扭转北煤南运座谈会。进一步总结经验，肯定 1975 年柳州会议提出的“全党动员，各级办矿，多搞中、小，以小为主，由小到大，由土到洋，成群配套，形成矿区，选择重点，建设基地”方针。

17 日　省、市军民在江西宾馆礼堂召开了揭批“四人帮”炮制“两个估计”反革命罪行的大会。省、市党政军领导，省、市机关干部，在南昌的大专院校部分革命师生、干部、南昌市中、小学教师代表和部分中学生代表，出席全省科学、教育工作会议的全体人员 4000 余人出席了批判大会。6 位代表在大会上作了揭批发言，发言中针对“教师队伍中的大多数和 17 年培养的学生大多数是‘资产阶级知识分子’、是‘臭老九’的反动谬论”进行了深入的批判。省委要求各级党委一定要加强对科技、教育工作的领导，把科技、教育搞上去。

省、市党政军机关干部揭批“四人帮”反革命罪行大会

18日 全省钢铁生产提前超额完成国家计划，钢产量完成年计划的100.2%，生铁产量完成年计划的106.2%，锰铁产量完成计划的100.6%，钢材产量完成年计划的111%，与1976年同期相比，钢增长1.84倍，生铁增长96%，锰铁增长10%，钢材增长45%。新余钢铁厂锰和生铁生产不仅分别提前16天和26天超额完成全年计划，而且锰铁入炉焦比跃居同行业先进水平，焦炉管理也达到了全国一级红旗炉的标准。本年，良山、铁坑、株岭凹、七宝山、乌石山等铁矿都超额完成了国家计划。

18日 全省科学、教育工作会议在省人民剧院胜利闭幕。省委第一书记、省革委会主任江渭清说，要尽快地把科学、教育工作搞上去，关键是切实加强党的领导。各级党委要把科学、教育工作当作一件大事来抓。省委书记、省革委副主任黄知真在会上作了总结，提出今后要抓好以下三个方面的工作：第一，认真学习华主席，邓副主席和党中央对科学、教育工作的一系列重要指示，学习《中共中央关于召开全国科学大会的通知》等重要文件。第二，深入揭批“四人帮”的“两个估计”的流毒和影响。第三，成立江西省科学技术委员会，全省各地、办、局建立科教处。要恢复、调整科研机构。各大、中、小学校应实行党委（总支、支部）领导下的校（院）长分工负责制。这次会议专门讨论了全省科技规划长远发展规划纲要草案，提出修改补充意见，提交省委讨论。

18日 南昌铁路局成立电子计算中心领导小组，组长由党委副书记、革委会副主任李波兼任（1978年6月30日，电子计算所筹备组成立。1983年10月正式成立南昌铁路电子计算所，所长陆养良）。

18日 省革委会通知成立省防火安全委员会，负责领导全省以防火为中心的安全工作。同时要求各地、市也要逐级成立防火安全委员会，各级公安消防部门为其办事机构。

18日 省委根据中央指示，决定依法对“四人帮”在江西的骨干分子涂烈（原省委常委、省革委副主任）、潘世告、蔡方根、曾凡衍实行拘留审查。

20日 政协江西省三届委员会在南昌市中山堂举行常委扩大会议。会议由省委书记、省革委会副主任、省第三届政协主席杨尚奎主持。省第三届政协副主席、省委统战办公室主任罗孟文，省委统战办公室副主任刘坤，省第三届政协副主席潘震亚、谷霁光、潘式言，各民主党派和工商联负责人李世璋、何世琨、沈翰卿等出席了会议。会议协商通过了省政协第四届委员会750名委员名单。协商通过了省第四届政协第一次全体会议主席团名单。讨论通过了准备提交省政协第四届一次会议的省政协第三届常务委员，将列席省第五届人民代表大会，听取和讨论省革委会工作报告；听取和讨论省第三届政协常委会工作报告；选举省政协第四届委员会主席、副主席、秘书长和常务委员。政协江西省第三届常委会第九次会议通过《关于召开政协江西省第四届委员会第一次会议的决定》。

20日 江西省纺织工业提前10天完成全年计划，截至当日，全省有8个纺织厂扭亏为盈。当年实现利润1300万元。

20日 《江西日报》报道，江西省老干部赴京瞻仰毛主席遗容代表团，于12月18日从南昌出发，20日抵达北京，瞻仰了毛主席的遗容。这次赴京的老干部80%以上是老红军。他们表示，在华国锋主席领导下，把毛主席开创的无产阶级革命事业进行到底，把毛主席的伟大旗帜千秋万代传下去。

21日 江西省冶金系统出席全国冶金工业学大庆、冶金科技大会代表一行94人在南昌集中。23日乘火车赴京。

22日 省委决定，各地要大力发展棉、麻、烟等经济作物。同时颁布《江西省发展棉、麻、烟等经济作物生产政策实施细则》。

23日 省革委会颁发《江西省农村工商税收征收办法》，该办法自1978年起实施。

25日 省委组织部、省计委、省援外办发出《关于下达江西省1978年援外出国人员预选计划的通知》，预选人员总计478人，其中农业78人，水电14人，建工177人，交通110人，卫生 91 人。

27 日 中国农林科学研究院最近召开南方用材林基地科研经验交流会，与会代表参观了新余、分宜、宜丰、奉新等县基地造林现场。

28 日 省革委会转发国家计委《社会集团购买力管理办法和两个附件的通知》（两个附件即《关于社会集团购买力包括范围的规定》和《关于社会集团购买力专项控制商品的规定》）。

29 日 省军区领导机关和驻市部队 1200 多名指战员，在省军区大礼堂召开批斗“四人帮”在江西亲信及其同伙反军乱军，篡党夺权罪行大会。会上 10 名代表先后发言。发言的同志揭发批判了“四人帮”在江西的亲信投靠“四人帮”、参与“四人帮”篡党夺权阴谋活动的罪行。会议号召打好揭批“四人帮”的第三战役，深入揭批“四人帮”的反革命政治纲领，彻底摧毁“四人帮”的资产阶级帮派体系，彻底揭批“四人帮”及其亲信的罪行，彻底清查与“四人帮”篡党夺权阴谋活动有牵连的人和事，把揭批“四人帮”的政治斗争进行到底。

30 日 省计委、省财政局、省煤炭局共同确定，玉山、上饶、修水三县为开发利用石煤资源试点县。

30 日 全省各地区、各部门、各单位，积极开展清仓利库，挖掘物资潜力，支援国民经济。各地召开了调度调剂会 70 次，调度调剂金属材料 7495 吨，机电产品 743 万元，省革委会清仓查库领导小组办公室近期在上饶市召开了全省清仓查库工作汇报会，总结和交流了经验，研究和部署了工作，提出了搞好核定物资库存周转定额。

31 日 据年终统计，庐山全年共接待县团级以上干部 100 人，省军级干部 140 人；参观、学习、疗养干部 13 万余人；外宾 31 批 472 人；华侨 4 批 94 人；港澳同胞 23 批 978 人；中央及地方专业会议 110 次，共 2100 余人。

本月 全省 153 个国营综合垦殖场成为江西省国民经济中一个重要组成部分。垦殖场各项生产比 1976 年都有较大幅度的增长。1977 年粮食作物比 1976 年增产 11.3%，有 54 个垦殖场粮食亩产跨《农业发展纲要》，15 个场超千斤。棉花、油料、生猪生产也有较大幅度增长。场办工业生产也有较快的发展，省属 10 个场工业产值比历史最高年增长 19%。全省有 34 个场跨入了全省农业学大寨的先进行列。

本月 江西省妇女联合会在南昌召开了全省妇女工作会议。参加会议的有各地、市、县和庐山、井冈山管理局以及省属垦殖场妇联的负责人共 141 人。会议期间，省委副书记狄生到会讲了话。会议学习了康克清《毛主席率领我们走妇女彻底解放的道路》的文章，参观了南昌县南新公社河网化建设，交流了各地妇女的先进经验，讨论了当年冬天和第二年春天妇女工作的意见。会议要求各级妇联要把学习马列主义和毛主席著作，学习党的十一大文献当作头等大事来抓，做到有计划、有部署、有检查。有条件的地、市、县妇联，可举办妇女学习班，或通过地、市、县委学校培训妇女干部，会议强调各级妇联要落实党对妇女的有关政策，关心妇女干部，关心妇女的切身问题。在农村要结合年终分配，落实男女同工同酬政策。大力提倡晚婚和计划生育，提倡婚事新办，移风易俗，使妇女不因婚姻、家庭等问题而影响大干社会主义的积极性，进一步把各级妇联组织好、建设好、充分发挥妇联的应有作用。

本月 由江西省环境保护办公室主办的《环境保护》杂志创刊。

本月 南昌市启用 771 型气象雷达，开始用雷达代替人工观测天气。

本月 省委决定成立万安水电工程指挥部，刘俊秀为总指挥，赵筹、陈曙光、宁子明、韩兴国、孟令海为副总指挥（1978 年 2 月，水电部安排万安水电站复工投资 1000 万元，用于建设对外交通等施工准备工作）。

本月 江西省测绘局编制出版《八一起义旧居旧址分布图》暨《南昌交通图》、《井冈山革命根据地旧居旧址分布图》暨《井冈山游览图》。

本年

本年 铁路上饶机务段SL型550号机车安全行车4238天，运行140万公里。

本年 全省电子工业总产值首次超亿元，达11776万元（中央企业5709万元，地方企业6067万元，地方企业总产值首次超过中央在赣企业）。

本年 江西省博物馆考古队对高安县下陈遗址进行考察，确认在4000年前就有人类在此居住和活动。

本年 江西省庐山博物馆将珍藏的国家领导人题字真迹送北京文物印刷厂，用珂罗版技术照相复制。内有：毛泽东题词1幅、董必武题词2幅、叶剑英题词1幅、徐向前题词1幅、刘伯承题词1幅，还有越南胡志明题词1幅。按上级通知毛泽东真迹手稿送交毛主席纪念堂，其余仍保存于江西庐山博物馆。

本年 根据国务院文件精神，在江西省计划委员会综合处主持下，全省原属手工业联社管理的地处农村小集体性质的手工业社、组2143个，职工10万人划归人民公社领导管理，成为社办企业的重要组成部分。

本年 从1975年开始的全省第二次煤田预测工作完成。提交比例为1∶200000的《江西省煤田地质图》和《江西省煤田预测图》各一幅。全省预测煤炭储量37.55亿吨，其中，可靠储量18.23亿吨，可能储量12.14亿吨，推断储量7.18亿吨。按煤种划分，炼焦煤15.1亿吨，非炼焦煤22.45亿吨。

本年 南昌市革委会专门设立蔬菜产销办公室管理全市蔬菜生产。

本年 全省内河轮船客运客票改设三等票和硬席票两种，实行新的客运公里计价，加收3%保险费。

本年 江西第二造纸厂电容器纸问世，填补了江西省造纸行业的一项空白。南昌电容器厂设计、试制RS型、YY型电力电容器，填补了省该产品的空白。

本年 南昌市第九医院与省第二医院合作，以满山香注射治疗乙型脑炎，获省科技大会三等奖。

本年 江西师范学院南昌分院改名南昌职业技术师范学院，校址在南昌北郊下罗（1984年1月改名为南昌师范专科学校，同年4月，经教育部批准，在南昌师范专科学校的基础上筹建南昌职业技术师范学院。1985年4月，省政府批准建院，隶属省政府管理。它是一所文、理、工多种学科的综合性高等师范院校，以培养全省职业中学师资为主，南昌地区普通中学师资为辅，兼带培训职业技术教育管理干部和在职教师）。

本年 省商业局制定《市场用煤定量（定额）供应试行办法》，在全省实行凭证定量纪录供应，以后改为凭票购买。

本年 中共江西省委党校恢复校长制，其性质不变。

本年 余江县雕刻厂兴建厂房竣工，该厂建筑面积2400平方米，由锦江建筑工程公司设计施工。

本年 江西省工业设备安装公司在承担的九江炼油厂一期工程中，首次采用气顶法施工拱顶油罐和水浮法施工浮顶油罐，填补省内空白，并获省科学大会奖。

本年 上饶地区第一建筑公司承建江西连胜自行车厂，在省内首次采用24米跨度的预应力装配式钢筋混凝土井式天窗厂房。

本年 九江地区建筑公司首次应用沉井法在九江河西水厂工程中，用直径10米的6个连体，借用空心螺杆滑升模板施工，将连体沉入水中，压实后抽干圆体内的水，建造一级泵房。

本年 省建设委员会颁发《江西省建筑安装工程施工管理费及独立费取费标准》。

本年 波阳县漳田大桥、乐平县接竹渡大桥、于都县黄龙大桥分别建成通车。

本年 南昌市修复八一南昌起义领导人朱德的旧居和八一南昌起义国民革命军第十一军指挥部叶挺指挥部旧址。

本年 新余市开工兴建两路（铁路、公路）立交桥。桥长38.5米，宽17.4米（1978年竣工）。

本年 江西省博物馆考古队在丰城县罗湖发现大规模瓷窑，经考证，这里是著名的唐代洪州窑遗址（1979年秋进行发掘，清理出窑床2座，出土瓷器产品和窑具2917件）。

本年 省地质局九一六队在德安县曾家垅锡矿区创金刚石钻探单只热压孕镶钻头钻进603米，电镀金刚石钻头钻进580米的全国纪录。

本年 省地质局九一五队在波阳县饶埠施工"赣9井"，在孔深1654米至1972米，见煤7层，其中有2层可采，为江西见煤最深的钻孔。

本年 中央拨款100万元，给萍乡市落实私房政策。

本年 景德镇市市民周荷花向医务部门献出其祖传五代的治疗咳喘病的药方（三脉叶马兰）。省革委会文化办公室卫生组组织成立省防治慢性气管炎药物药理组，从1971年至1973年进行基础和临床研究，卫生部组织南北交叉验证。1973年全国、全军防治慢性气管炎药物会议同意红管药在江西投产。

本年 景德镇昌河机械厂工程师胡君眉、程俊、周宝成研究的多向模锻，于1981年获航空航天部科技成果一等奖。

本年 省委于下半年作出决定，组织全省铁矿山大会战。参加会战的以新钢良山铁矿、铁坑铁矿为主战场，其中包括乌石山矿、株岭坳矿、七宝山和萍铜土株岭铁矿以及南钢、萍钢的球团烧结工程建设。计划提出，到1978年底，江西新增铁矿石生产能力50%，到1980年，江西钢铁矿石全部自给，为江西提前实现"五五"钢铁发展规划打下扎实基础。会战中各行各业协同作战，大力支持。各有关地、县和电力、交通、物资、商业等部门，为1985年在全国实现6000万吨钢努力作出自己的贡献。

1978年

概要

以人民代表大会制度为中心，着手进行民主政治制度的恢复、重建和初步改革工作。2月，省五届人民代表大会第一次会议在南昌举行，标志着江西省人民代表大会制度的恢复。大会通过了《江西省革命委员会工作报告》，提出到1985年把江西建成我国一个稳产高产的商品粮、油、竹木和有色金属基地，建立比较完整的支农工业体系，全面实现农业机械化，逐步提高工业自动化水平，基本建成具有地方特点的社会主义工业省的发展目标。这个目标并不切合实际，但它反映了全省人民发展经济的迫切要求。会议选举产生了新一届省行政机关（仍称“江西省革命委员会”）。同月，人民政治协商会议江西省第四届委员会第一次会议召开，“文革”中被完全破坏的中国共产党领导的多党合作和政治协商的政治制度得到恢复，被停止活动达十年之久的江西省政协开始恢复工作，省民革、民盟、农工党、民建等民主党派和工商联也相继恢复组织与活动。中共中央《关于加强工业发展若干问题的决定（草案）》在全省试行。省委发出《关于目前农村政策若干问题的意见（试行草案）》，要求继续执行“三级所有，队为基础”的制度，坚持“以粮为纲，全面发展”的方针，切实加强劳动管理，认真搞好人民公社的收益分配，大力发展社队企业。全省农业机械化会议召开，确定了全省1980年基本实现农业机械化的规划和具体措施。

揭批“四人帮”及其在江西的亲信　1月，中共中央将8位江西省委成员和江西省军区负责人召至北京，听取汇报。在中央直接领导和具体帮助下，“分析江西形势，讨论今后工作”。省委和省军区负责人一致向中央报告，明确提出：“要继续抓紧清查工作，凡是同‘四人帮’篡党夺权阴谋活动有牵连的人和事，不管他过去是属于这一派或者那一派，不管是谁，都必须彻底查清”。中共中央审定同意了这个报告。4月，省委下发文件到基层党委，全省揭批“四人帮”插手江西及其在江西的亲信篡党夺权的阴谋活动再掀高潮。6月以后，揭批运动联系批判林彪反革命集团罪行深入进行。

开展真理标准问题的讨论　随着“揭批查”运动和拨乱反正工作的深入，从思想理论上肃清“左”倾错误，打破精神枷锁，实现思想解放，成为人们的迫切要求。5月，《江西日报》转载《光明日报》特约评论员文章《实践是检验真理的唯一标准》。9月，江渭清作题为《坚持实践是检验真理的唯一标准是马克思列宁主义的根本原则问题》的报告。他要求全省同志都来关心这个问题，把实践是检验真理的唯一标准的讨论深入开展起来。当月，新华社将江渭清的报告向全国作了及时报道，全省各地各部门都组织党员和干部积极认真地开展了真理标准问题的讨论。

继续落实政策 2月，全省知识青年工作会议召开，研究安置下乡知识青年问题；3月，全省审干工作会召开，会议指出要加快步伐，清理积案，落实党的干部政策。全面清理复查案件的工作，为大规模的平反冤假错案作准备。5月，江西省侨务工作会议要求正确处理“海外关系”，认真落实侨汇、华侨安置、华侨房产、出入境、华侨子弟回国就学、华侨国籍政策、华侨及外籍华人探亲旅游等具体政策。省委根据中央全部摘掉“右派分子”帽子的精神，决定由省委组织部、省委宣传部、省委统战部、省公安局、省民政局共同组建摘掉“右派分子”帽子办公室，并要求县以上各级党委也成立摘帽办公室，负责进行摘帽工作。6月，省委发出《关于落实党的知识分子政策的通知》。8月，结束了全部“右派分子”的摘帽工作，共摘掉5000余人“右派分子”帽子。11月，省委常委会议作出决定，首先为1976年清明节前后南昌市等地区的干部、群众因参加悼念周恩来、声讨“四人帮”的活动而受到迫害的同志彻底平反。

科技、教育事业迅速恢复 9月召开的全省科学大会制定了《江西省一九七八年至一九八五年科学技术发展规划草案》，黄知真作《进一步落实全国科学大会精神，加快我省科技步伐，为实现新时期总任务而奋斗》的报告。大会向478个先进集体、465名先进个人和1058项优秀科技成果单位的代表颁发了奖状。江西省科学大会强调科学技术对于振兴江西经济的重要战略意义，省科委、省科协和11个地区（市）、80个县的科委、科协逐步恢复，24个省级专业厅（局）和许多高等院校相继设立科技方面的管理机构。学术交流和科技咨询有新发展，全省有233项重大科技成果、27个先进集体、31名先进个人受到全国科学大会的奖励和表彰。之后，全省机械工业科学大会、南昌铁路局科学技术大会等陆续召开。当年，国务院批准恢复南昌航空工业学院、抚州地质学院。6月，全省教育工作会议召开，制定了高速度发展江西教育事业的规划。7月，全省近19万人报名参加全国统考。12月，江西财经学院在江西省财贸干部学校的基础上组建。

电力、交通大会战 全省电力基建大会战从3月开始，至5月中旬，分宜电厂、洪门水电厂、罗湾水电厂、新余电厂分别建成5万千瓦、7500千瓦、6000千瓦发电机及22万伏电站。南昌铁路局管辖范围内的浙赣线大修换轨竣工。列车时速由原来的65公里至75公里提高到80公里至100公里。

全省本年主要经济指标情况 国民生产总值87亿元，比上年增长13.3%；工业总产值73.57亿元，比上年增长15.2%；农业总产值49.29亿元，比上年增长2.8%；财政收入12.22亿元，比上年增长60.4%；粮食总产量225亿斤，比上年增长3.7%；社会零售物价指数比上年增长0.1个百分点；年末全省总人口3182.82万人，人口自然增长率19.62‰。

公元1978年1月							农历戊午年【马】						
日	一	二	三	四	五	六	日	一	二	三	四	五	六
1 元旦	**2** 廿三	**3** 廿四	**4** 廿五	**5** 小寒	**6** 廿七	**7** 廿八	**8** 廿九	**9** 十二月小	**10** 初二	**11** 初三	**12** 初四	**13** 初五	**14** 初六
15 初七	**16** 腊八节	**17** 初九	**18** 初十	**19** 十一	**20** 大寒	**21** 十三	**22** 十四	**23** 十五	**24** 十六	**25** 十七	**26** 十八	**27** 十九	**28** 二十
29 廿一	**30** 廿二	**31** 廿三											

1日　根据国务院转发的商业部《关于石油产品实行统购、统配、定量供应试行办法的报告》，江西省商业局制定《江西省石油产品统购、统配、定量供应分配办法》及《江西省石油产品定量基本标准》，自当日起一并在江西省贯彻执行。

1日　根据国务院批转国家计委、财政部《关于改进固定资产更新改造资金管理的报告》，江西省从即日起集中一部分企业折旧基金，纳入预算管理。

1日　省、市军民4000多人，举行元旦联欢晚会。省委、省革委会、省军区负责人杨尚奎、白栋材、黄知真、张力雄、信俊杰、熊振武、张志勇、彭梦庾、李毅章、王昭荣、赵志坚、方志纯、沈仲文、胡定千、吕明清等出席了大会。

1日　省政协举行学习座谈会，认真学习叶剑英副主席1977年12月27日在政协第四届全国委员会常务委员会第七次扩大会议上的讲话和方毅《关于科学和教育事业的情况》的报告。大家一致认为，叶副主席的讲话，全面精辟地阐述了毛主席关于统一战线的光辉思想，将在全国人民中产生巨大影响。省委统一战线工作办公室主任罗孟文等出席了座谈会。

1日　全省停征农村牲畜交易税，保留税种。

1日　经省计委批复同意，井巷工程处从江西冶金建设公司划出，单独成立江西省冶金井巷工程公司，直属省冶金局领导，仍与株岭坳铁矿实行一套人马、两块牌子体制（1983年1月17日省冶金厅决定，从2月1日起该公司改名为江西冶金矿山建设公司）。

2日　省文教办公室文化组和《江西日报》编辑部联合邀请省、市部分诗歌作者及文艺界人士举行座谈会，畅谈学习《毛主席给陈毅谈诗的一封信》的体会。与会者一致认为，毛主席的文艺思想为我们指明了进行形象思维的方向。我们要更好地拿起文艺这个武器，言社会主义之志，抒无产阶级之情，为共产主义事业大唱赞歌。

2日　江西省五七干校第一期学员，通过10个月的学习和锻炼已圆满结业。省委书记、省革委会副主任杨尚奎及省委、省革委会有关领导出席了结业典礼，杨尚奎讲了话。

2日　《江西日报》报道，省委及省农业局、省公安局、省法院、省民政局、省机械局、省农林垦殖局、省粮食局、省交通局、省劳改局、省知青办公室、省政法干校、省公路局、省航运局、省汽车运输局的领导和干部，到农村参加农田基本建设，并和贫下中农一起座谈，了解插队落户知识青年的学习、劳动、生活情况，勉励他们共同为农村的发展出力。

2日　省委发出通知，要求各地在本年冬天和1979春天，对1977年度前和1977年度内建成的大寨县、社、队进行验收。验收标准是：农业人口平均有旱涝保收、稳产高产农田，生产粮食1000斤至2000斤，向国家提供商品粮300斤至500斤。

3日　省革委会发出《关于春节前后大力开展爱国卫生运动的通知》。该通知要求全省人民遵照毛主席关于“动员起来，讲究卫生，减少疾病，提高健康水平”的指示，把卫生工作搞上去，预防和消灭疾病，保护人民健康。

3日　DJQ－1型台式电子计算器在江西抚州无线电三厂通过生产定型鉴定。

3日　省革委会基本建设委员会转发省测绘局《关于测绘资料归口管理意见的报告》，江西省测绘资料归口管理办法共8条。

4日　《江西日报》报道，崇义、宜黄及刘家站垦殖场认真学习湖南省的经验，广泛开展科学种田，大面积推广杂交晚稻的种植，每亩产量比1977年翻一番或几番，至少每亩增产了二三百斤。现在，他们认真总结杂交优势利用和杂优制种的经验教训，为取得杂交水稻的更大丰收而努力。

5日　省、市民政局召开省、市归侨、侨眷代表座谈会。会议学习中央两报一刊元旦社论《光明的中国》和《人民日报》1月4日社论《必须做好侨务工作》以及全国侨务会议预备会议精神。参加座谈会的有省、市有关部门负责人，省、市归侨、侨眷代表共70余人。

6日　省委发出《关于深入学习、坚决贯彻落实中央两报一刊元旦社论〈光明的中国〉的决定》。号召全省军民紧密地团结在党中央周围，高举毛主席伟大旗帜，在党的十一大路线的指引下，为夺取揭批“四人帮”斗争的胜利，为高速度发展国民经济，为抓纲治国取得更大成效而努力。

6日　全省城镇集体企业财务工作开始由税务部门管理。

7日　省、市卫生界2000余人在南昌市八一礼堂集会，庆祝华国锋主席“高举毛泽东思想伟大红旗，努力钻研医学科学技术，全心全意为军民服务”题词和叶剑英副主席“掌握毛泽东思想，学习白求恩作风，全心全意为伤病攀医学科学高峰”题词发表。与会者表示，在大力抓好重点科研项目的同时，积极开展新业务、新技术，提高医疗质量，更好地为临床服务。

7日　《江西日报》报道，江西省委学大庆检查团通过对景德镇市17个厂矿企业检查试点，摸索出了做好大庆式企业检查评比、验收工作的经验，训练了骨干，推动了工业学大庆，普及大庆式企业的群众运动。为抓纲治国，三年大见成效作出新的贡献。

7日　中共中央将江渭清、白栋材、杨尚奎、黄知真等8位省委和省军区负责人召至北京，听取汇报，在中央直接领导和具体帮助下，“分析江西形势，讨论今后工作”（29日由北京回南昌）。

10日　《江西日报》报道，江西国营蚕桑综合垦殖场干部、职工和家属，通过揭批林彪及其死党和“四人帮”破坏农垦事业的罪行，把一度混乱的垦殖场改变成社会主义新型企业的美好景象。该场1977年总产值比1976年增长40%，并一举扭亏为盈。

12日　省、市各界共3000余人，举行1978年拥军优属座谈大会。会后，演出了文艺节目。

拥军优属座谈会

12日　《江西日报》报道，萍乡市农业局技术员颜龙安和科研小组研究杂交水稻“三系配套”的成功，使这项农业上的重大科学实验成果，用于大田生产，为发展江西的社会主义农业，提高水稻产量作出了贡献，受到科技界的好评和广大人民的欢迎。

13日　南昌、萍乡市的商业局党委有步骤地进行企业整顿。广大职工通过揭批“四人帮”，树立了为革命精通业务技术，为人民提高服务质量的思想，广泛开展社会主义劳动竞赛和岗位练兵活动，并建立了一套完整的业务学习制度。

14日　省妇联举行省、地、市妇女揭批“四人帮”反革命罪行大会。会议要求全省广大妇女，积极投入揭批“四人帮”的第三战役，批判“四人帮”反革命修正主义路线的极右实质及其反动的政治纲领，肃清其在各方面的流毒影响。把各方面的工作做好，迎接第五届全国人大会的召开。

15日　省委发出通知，并成立检查团，对全省农业学大寨先进县，以及计划在1977年建成的大寨县、社、队，按照六条标准，进行一次认真的检查评比，严格考核验收，促进农业学大寨，普及大寨县，加快全省农业发展的速度。

16日　江西省通往北京和全国各地的微波通讯干线工程竣工投入使用。微波通信是一种现代化的通信技术。它具有通信容量大、传输质量高、抗干扰性强等优点。现开通的微波通信所承担的业务有：电视传输、报纸传真、图片传真等。

17日　江西省博物馆考古工作者，首次在丰城县曲江公社罗湖大队境内发现六朝至隋唐时代烧造青瓷的古窑址群。窑址堆积较厚、规模较大、分布较广，遗址面积达1.5万余平方米。这一发现，为研究我国陶瓷发展提供了宝贵资料。

17日　全省电子工业工作会议在南昌召开。会议提出“努力发展广播电视产品，搞好五机（电视机、收音机、扩音机、录音机、电唱机）的生产”。

17日　全省计划工作会议召开。会议传达、贯彻1977年底全国计划会议精神，提出“高速度发展国民经济，把江西建设成社会主义工业省。”会议于2月2日结束。

18日　省委发出《关于召开全省工业学大庆会议的通知》。这次会议的任务是：进一步贯彻执行党的十一大路线，落实中央两报一刊社论精神，总结一年来揭批“四人帮”，开展工业学大庆、普及大庆式企业群众运动的经验，讨论、落实1978年工业学大庆、普及大庆式企业的规划和措施，动员和组织全省工交战线的职工夺取1978年社会主义革命和社会主义建设的新胜利。

18日　省农业局发出通知，推广新余县对棉花生产实行“四定一奖”的办法。“四定”是定面积、定口粮、定产量、定销售任务；“一奖”是超额完成任务奖励。

19日　《江西文艺》编辑部邀请省、市的部分文艺创作和文学理论研究工作者举行座谈会，学习华国锋主席为《人民文学》所作的“坚持毛主席的革命文艺路线，贯彻执行百花齐放、百家争鸣的方针，为繁荣社会主义文艺创作而奋斗”的题词。与会者一致表示，深入工农兵火热的斗争生活，同工农兵群众相结合，为繁荣社会主义文艺创作出更多的好作品。

20日　《江西日报》报道，江西省商业废旧物资回收部门贯彻执行“勤俭建国”方针，积极开展废旧物资的回收、加工和利用，为国家创造了大量财富。仅从1965年至1976年的12年中，全省商业部门回收废钢铁31万吨，可炼好钢25万吨。回收废杂铜5700余吨，可提炼电解铜4900余吨。还有废纸、废橡胶、废玻璃等，不仅为社会创造了财富，在维护环境卫生，防止公害方面也起到了积极作用。

20日　省公安局组织各地公安机关于20日至23日开展全省性的清查、打击流窜犯统一行动，收容6类审查对象2906名，缴获现金33万余元和一大批赃物、爆炸物品。

21日　江西省农业局发出通知，要求各地认真贯彻“全国中药材生产会议”精神。将药材生产纳入农业生产计划，加强技术培训、技术指导和收购工作。

23日　省农业局、商业局、外贸局联合下

发通知，茶叶等作物严禁使用农药。

23日 南方13省、市、自治区防治血吸虫病工作会议在上海举行。会议号召疫区各级党委认真学习毛主席亲自树立的一面红旗——余江县。学习余江县自力更生，坚持不懈灭螺，除害务尽的经验，不断巩固和发展血防成果。

24日 省委、省革委会发表《致全省上山下乡知识青年的慰问信》。要求广大知识青年认真学习马列著作和毛主席著作，充分利用业余时间，学习文化与科学技术，积极开展科研活动，把自己学到的知识贡献给社会主义新农村。

26日 TTL型数字集成电路在江西南昌无线电二厂通过生产定型鉴定。

27日 南昌铁路局及全省各运输部门，认真做好春节期间的运输工作，让广大人民群众及时、安全到达目的地，欢度新春佳节。同时，他们在搞好客运的同时，还十分重视春节期间的物资运输工作。

27日 省委召开电话会议。会议要求全省农村动员起来，迅速掀起积肥造肥高潮，夺取农业大丰收。

28日 省委、省革委会发表《给中国人民解放军驻赣部队和公安武装、省防干警、烈军属、荣誉、复员、转业、退伍军人、退休老干部的慰问信》，并要求全省人民遵循党的十一大路线，打好揭批“四人帮”的第三个战役，为实现四个现代化的宏伟目标，作出更大贡献。

29日 省民政局发出《积极开展规划扶贫工作，为普及大寨县贡献力量》的通知。随文下拨扶贫经费195万元。

30日 中共中央军委发布命令，授予福州部队某医院军医陈大新以“雷锋式的模范军医”荣誉称号，命名大会在福州举行。陈大新是江西安义县人，1965年入伍，一年后加入中国共产党，被福州军区树为学习毛主席著作的标兵，荣立一、二等功各一次，受四次嘉奖，两次见到毛主席。陈大新在患癌症期间，仍然为群众治病。

30日 江西新闻纪录电影制片厂摄制的纪录片《永远怀念敬爱的周总理》在全省各地陆续上映。

30日 省农业局主持的土壤普查技术专业会议在省红壤研究所召开。

31日 省文教办公室科技组、省地质局共同对探矿机械修配厂生产的井冈山“700型”小口径金刚石油压转盘钻机组织技术鉴定，并获得通过。

本月 江西省向塘机务段以国产前进型蒸汽机车取代苏联制造的友好型机车，在鹰潭至新余间牵引货物列车，牵引定数为2300吨，计长52米（换算长度）。

本月 根据中共中央关于“恢复技术职称，建立考核制，实行技术岗位责任制”的规定，省卫生系统开始了卫生技术职称评定工作。

本月 江西省南康县龙华乡黄塘村发现63颗中生代恐龙蛋化石。

本月 莲花县获得煤炭工业部全国小煤矿“月月红”竞赛优胜县称号。

本月 中国银行南昌分行成立，原由南昌市人民银行经办的外汇业务划转中国银行南昌分行经办，并正式开办对西方国家出口贸易结算业务。

本月 省革委会批转省商业局《江西省石油产品统购统配定量供应实施办法》，规定国家计划调拨给江西或省内自行加工的成品油，一律由省商业局石油管理部门统一收购、调拨、分配，需油单位不得向生产厂家直接采购，生产厂家不得自行处理。

本月 省商业局规定，省内不能解决的商品，需要出省采购时，要经省商业局批准（6月又规定，县公司原则上不出省采购商品，零售单位一律直接向供货单位进货，不准超出这个范围外出采购商品）。

本月 江西省建筑工程技术学校更名为江西省建筑工程学校。

本月 江西省轻化局、二轻局、农业局和万载、进贤、乐平县均派代表参加轻工业部在广州市召开的南方县办轻工业座谈会。座谈会指出县办轻工业可以加快发展，活跃市场，增加积累。

公元1978年2月							农历戊午年【马】						
日	一	二	三	四	五	六	日	一	二	三	四	五	六
			1 廿四	2 廿五	3 廿六	4 立春	5 廿八	6 廿九	7 春节	8 初二	9 初三	10 初四	11 初五
12 初六	13 初七	14 初八	15 初九	16 初十	17 十一	18 十二	19 雨水	20 十四	21 元宵节	22 十六	23 十七	24 十八	25 十九
26 二十	27 廿一	28 廿二											

1日　江西省农业局在省农业科学院召开农业科技工作座谈会。

1日　全省部分文艺工作者举行集会，列举事实痛斥“四人帮”炮制的“文艺黑线专政”论，残酷迫害革命文艺工作者的罪行。17年间，江西的文艺工作创作、出版、演出了一大批优秀作品。其中有：话剧《八一风暴》、《湾溪河边》，京剧《大渡河》，大型歌舞《井冈山颂》，赣剧《一群穆桂英》，采茶剧《小保管上任》，电影剧本《红孩子》，小说《潘虎》，诗集《红色歌谣》、《江西民歌》，革命回忆录《红色风暴》，歌曲《井冈山上太阳红》、《请茶歌》，舞蹈《丰收乐》，美术作品《大茅山的春天》等。与会者表示，为迎接社会主义文艺春天的到来，要创作出更多的好作品。

4日　江西省财政局发出通知，1978年起全省停征车船使用牌照税。

5日　《江西日报》报道，江西省军区某部指战员发扬拥政爱民的光荣传统，在地方党委的统一领导下，广泛开展群众工作，为群众做好事，促进了军政、军民团结。近年来，这个部队经常派出医务人员为驻地群众治病，派出理发员为群众理发，还派出300多名干部、战士为群众抢险救灾，深受人民的赞扬。

5日　省、市文艺工作者举行春节文艺晚会，省委、省革委会、省军区的负责人江渭清、杨尚奎、白栋材、黄知真、狄生、张力雄、信俊杰、张志勇、李毅章、彭梦庾、王昭荣、赵志坚、吕明清、陈伊等参加了联欢晚会。江西省歌舞团、省京剧团、省杂技团、南昌市文工团进行了精彩演出。

6日　省委、省革委会发表《致春节期间坚守生产和工作岗位的同志的慰问信》。要求他们遵循党的十一大路线，打好揭批“四人帮”的第三战役，努力完成1978年的各项任务，迎接社会主义经济建设和文化建设高潮。

7日　南昌市举行由解放军、工人、农民、学生、机关干部2000多名男女参加的1978年春节环城赛跑。

7日　省委、省革委会、省军区负责人江渭清、白栋材、黄知真、狄生、张力雄、信俊杰、张志勇、张振武、彭梦庾、李毅章、王昭荣、赵志坚等，分别到南昌发电厂、南昌铁路局、南昌县小兰公社、江西拖拉机厂和丰城矿务局，同工人、贫下中农、基层干部边劳动，边座谈，共同欢度春节。

10 日　《江西日报》报道，省军区各部队遵照毛主席关于"拥政爱民"的教导，发扬我军的光荣传统，广泛开展拥政爱民活动，虚心向人民群众学习，进一步加强了军政民团结，促进了部队的建设。

10 日　宜春地区机械厂的工人和技术人员在天津工程机械研究所技术人员的协助下，设计并试制出 3 台井下内燃无轨牵引车。这种井下内燃无轨牵引车与兄弟省、市制造的凿岩台车、粉状炸药车、混凝土喷射车等配套，形成井下掘进"一条龙"，为打好矿山之仗提供了新的设备。

12 日　省、市团委联合召开省、市青年揭批"四人帮"反革命罪行大会。发言者以大量的事实，揭批"四人帮"及其亲信插手工厂，大、中学校，省、市机关和商业财贸战线，大乱江西，使江西的生产遭受巨大的损失。并一致表示，坚决听党的话，以革命接班人五条标准严格要求自己，努力把自己锻炼成为无产阶级革命事业的接班人。

13 日　江西省五届人大一次会议举行预备会议。会议通过省五届人大一次会议主席团与秘书长名单；听取并通过省革委会副主任白栋材所作的《关于本届代表资格的审查报告》；通过大会议程。

13 日　省政协四届一次会议在南昌市举行。会议听取和审议三届委员会《常务委员会工作报告》；与会委员列席省五届人大一次会议；会议选举杨尚奎为主席，同时选出副主席、秘书长和常委；通过《中国人民政治协商会议江西省第四届委员会第一次全体会议决议》。会议于 19 日闭幕。

省政协第四届委员会第一次全体会议隆重开幕

14 日　江西省五届人大一次会议在南昌开幕，出席大会代表共 1200 名。大会由江西省委第一书记江渭清主持。省党政军负责同志杨尚奎、白栋材、黄知真、狄生等出席开幕式。省革委会副主任白栋材致开幕词，省革委会主任江渭清代表省革委会作《江西省革命委员会工作报告》。报告提出江西省到 1985 年的奋斗目标是：把江西建成稳产高产的商品粮、油、竹木基地和有色金属基地，建立比较完整的支农工业体系，全面实现农业机械化，逐步提高工业自动化水平，基本上建成具有自己特点的社会主义工业省。大会通过了工作报告。

江西省第五届人民代表大会第一次会议开幕

17 日　经国务院批准，江西共产主义劳动大学被列为全国重点高等院校（1980 年 11 月，该校更名为江西省农业大学）。

17 日　省农业局发出《关于印发〈江西省稻、麦原种生产规程〉和〈江西省棉花原种生产规程〉的通知》。

18 日　《江西日报》报道，江西钢厂深揭狠批"四人帮"，一举拿下两个 15 万（15 万吨钢、15 万吨材），上缴利润比历史最高水平提高了 40%，产品质量提高，成本比 1977 年降低 9%。其他主要技术经济指标也都达到和超过历史最高水平，生产实现了高速度。并发表短评《要努力实现高速度》。

18 日 江西省五届人大一次会议在南昌八一礼堂闭幕。闭幕式由省委书记白栋材主持，省委书记黄知真致闭幕词。会上首先举行授奖仪式。大会给 55 个大庆、大寨式企业（单位或集体）、59 名劳动模范发奖，表彰 1544 个学大庆学大寨先进企业（单位或集体）、411 个先进工作（生产）者。会议通过江西省革命委员会主任、副主任、委员名单。主任：江渭清，副主任：白栋材、黄知真、刘俊秀、方志纯、信俊杰、彭梦庾、李毅章、王昭荣、赵志坚、万里浪。选举万招香（女）、王寿松等 84 名江西省出席第五届全国人民代表大会代表。

20 日 江西省五届人大一次会议选出的省革委会举行第一次全体委员会议。会议由省革委会副主任方志纯主持，通过《江西省革命委员会关于加强各级委员会的建设，改进国家机关工作作风的决定》。会上任命柳滨（女）为江西省高级人民法院院长。

24 日 全省水稻育种和栽培科研协作会在省农业科学院召开，科研、教学、生产单位代表 114 人出席。会议于 3 月 1 日结束。

25 日 江西省燃料公司上饶分公司施家山废油加工厂投产。

25 日 省委发出《关于召开全省第四次农业学大寨会议的通知》。并决定成立全省第四次农业学大寨会议领导小组。领导小组由江渭清、黄知真、刘俊秀、彭梦庾、赵志坚、丁长华和各有关单位及地、市代表团团长组成。

26 日 省地质局在赣州九〇八队召开地质科技大会，动员向地质科学现代化进军。会议于 3 月 14 日结束。

27 日 全省知识青年工作会议召开。会议传达贯彻国务院召开的各省、区、市知青办负责人座谈会精神，研究安置下乡知识青年问题。会议决定，学习推广湖南株洲厂社挂钩、集体安置下乡知识青年的经验。会议于 3 月 5 日结束。

28 日 江西省各界人士和南昌市的台湾省籍同胞 100 余人，在中山堂举行座谈会，纪念台湾省人民“二二八”起义 31 周年。会议由省委统战办副主任、省政协秘书长刘坤主持。省政协副主席梁达山在座谈会上讲话。会议号召还在台湾的国民党军政人员，要认清形势，走爱国之路，为统一祖国的崇高事业作出贡献。

本月 遵照中共中央恢复全国高等学校统一招生考试制度的决定，江西省 3 所高等医学院校招收恢复高考后的首届新生 981 人。

本月 水利电力部第十四工程局入赣，承担国家重点工程——万安水电站建设任务（同年 8 月 22 日，第十四工程局改编为解放军基建工程兵第六十三支队（师级单位）。1984 年列入武警部队序列，并改称为武警部队水电第二总队）。

本月 省轻化工业局在南昌市召开全省纺织工业科技经验交流会。会议传达全国纺织科技会议精神，具体落实了 1978 年科技项目和上水平的指标要求。

本月 恢复江西省建工局工会及共青团江西省建工局委员会。

1978 3月 March

公元1978年3月 农历戊午年【马】													
日	一	二	三	四	五	六	日	一	二	三	四	五	六
			1 廿三	2 廿四	3 廿五	4 廿六	5 廿七	6 惊蛰	7 廿九	8 妇女节	9 二月小	10 初二	11 初三
12 初四	13 初五	14 初六	15 初七	16 初八	17 初九	18 初十	19 十一	20 十二	21 春分	22 十四	23 十五	24 十六	25 十七
26 十八	27 十九	28 二十	29 廿一	30 廿二	31 廿三								

1日 省委召开全省血防工作会议。会议传达党中央对血防工作的指示和南方13省、市、自治区血防工作会议精神，研究制定江西消灭血吸虫病的实施规划，并部署了今后的工作。会议认为，搞好血防工作，关键在领导，尤其是县委领导。并要求县委领导深入疫区坐镇指挥，带头实干，要扳着指头过日子，月月抓进度，保证任务的完成。

2日 为纪念周恩来总理诞辰80周年，《江西日报》刊登周恩来青年时代写的10首诗，供全省人民学习。其中有周恩来东渡日本留学时的诗歌手迹："大江歌罢掉头东，邃密群科济世穷，面壁十年图破壁，难酬蹈海亦英雄。"

2日 省委书记白栋材在江西省扭亏增盈领导小组扩大会议上讲话，要求各级党委的一、二把手亲自抓扭亏增盈工作。

3日 省公安局、省税务局发出联合通知，规定车船使用牌照税停征后，自行车管理工作和牌照、执照的发放由各级公安机关办理。

4日 江西省各地军民连日来纷纷举行各种类型的座谈会、学习会，畅谈全国五届人大和五届政协召开的伟大意义。大家一致认为，这标志着我们国家已经顺利度过了"四人帮"所造成的严重危难，我国社会主义革命和社会主义建设新的发展时期有了一个良好的开端。

5日 省文教办公室文化组为隆重纪念周恩来诞辰80周年，主办《八一风暴》、《八一颂》专场演出。

5日 省粮食局、农业局、外贸局在资溪县召开全省出口优质大米会议。抚州、上饶、宜春地区和资溪、金溪等11个县及省直有关单位、邓家埠水稻原种场、香港五丰行、上海、广东粮油进出口公司等单位代表70余人参加。会议于9日结束。

6日 省、市20余万军民聚集在人民广场，冒雨举行了盛大的庆祝游行，热烈庆祝五届全国人大一次会议胜利闭幕。与会者一致表示坚决拥护《中华人民共和国宪法》。

6日 省计委同意省建工局将省建一公司加工厂划出单独成立省建筑构件厂。

7日 省妇联召集省、市各界的150余名代表举行座谈会，庆祝五届全国人大闭幕，并隆重纪念“三八”国际劳动妇女节。与会者一致表示，一定要在20世纪内，为把我国建设成为农业、工业、国防和科学技术现代化的社会主义强国贡献力量。

8日 省、市各界人士共100多人举行座谈会，庆祝五届全国人大一次会议和全国政协五届一次会议闭幕。参加座谈的各界人士一致表示，坚决响应五届政协一次会议的号召，在省委的直接领导下，坚决执行五届全国人大政府工作报告中提出的各项方针政策，坚决拥护新宪法和新的政协章程，认真学习马列著作和毛主席著作，学习五届人大、五届政协所通过的各项重要文献，深入揭批“四人帮”，团结一切可以团结的人，为解放台湾，统一祖国，为实现四个现代化贡献自己的力量。

8日 江西横峰纺织器材厂在8日至16日召开的全国科学大会上被评为“科学先进集体”。

8日 江西省工业学大庆会议召开。白栋材作《高举大庆红旗，高速发展工业，为实现新时期的总任务而奋斗》的报告。会议总结交流了一年来开展工业学大庆、普及大庆式企业群众运动的经验，命名了76个“大庆式”企业，授予赵志坚、郭清泗、瞿兰香、周荣花、朱兆金、吴凤英、徐国祥、曾凡桂、张荣祥、徐禾根10人劳动英雄称号，评选出91名劳模，271个学大庆先进企业，1135个先进集体，483名先进工作者。会议还讨论并落实了1978年工业学大庆、普及大庆式企业的规划和措施。会议于16日结束。

江西省工业学大庆会议在南昌隆重开幕

11日 《江西日报》报道，江西省地质局九〇九大队参加罗河铁矿勘探大会战。两年来，完成钻探进尺6.8万多米，占全战区总数的2/3，钻孔质量全部符合要求，节约地质事业费100多万元，他们与参战单位一起，探明了相当于4个大型铁矿的储量。

11日 省委、省革委会举行广播大会，传达贯彻五届全国人大一次会议精神，动员全省人民积极行动起来，为建设社会主义现代化强国而奋斗。

11日 江西省机械局贯彻一机部6项机械工业企业管理办法和条例（试行）——《机械工业企业工艺管理办法（试行）》、《机械工业企业产品质量管理办法（试行）》、《机械工业企业新产品设计和试制管理办法（试行）》、《第一机械工业部安全生产工作条例（试行）》、《第一机械工业部设备管理和维修工作条例（试行）》、《机械企业经济核算条例（试行）》。

12日 省委召开电话会议，号召全省各地以揭批“四人帮”为纲，集中精力、集中领导，坚决打好春耕这一仗。

13日 江西省食品卫生领导小组成立。方志纯任组长，刘达迎、洪正明任副组长。办公室设在省卫生局。

13日 省革委会在南昌市召开全省外事旅游工作会议。会议贯彻国务院召开的全国旅游工作会议精神，要求调动各方面的积极因素，落实党的各方面方针政策，完成外事旅游活动。会议于23日结束。

14日 省革委会决定，从1978年1月1日起至1980年12月1日止，免征小煤窑工商税和所得税。

14日 江西省妇联举行授奖大会，大会对出席全省工交、基建战线上的58个妇女先进集体和130名先进个人，分别授予“三八”红旗集体和“三八”红旗手称号。并对瞿兰香、吴凤英、周荣华、胡兰英、胡菊菊、柒达林、李英华、刘小娥、陈秀花、李景荣10人授予“三八”红旗标兵。大会还一致通过了向全省工交、基建战线上的广大妇女发出的倡议书。

15日 省委召开全省审干工作座谈会。会议指出，清理审干积案，处理审干遗留问题，落实党的干部政策，是各级党组织的一项严肃的政治任务，一定要抓实抓好。并要求审干部门应发挥自己的积极性和主动性，及时向党委请示汇报工作。参加审干的干部要坚持做到从实际出发，依靠群众，实事求是，调查研究，重证据，不轻信口供，定期督促检查，把审干工作做好。

15日 江西省军区政治部日前发出通知，号召所属部队指战员和民兵要立即行动起来，发扬解放军“既是战斗队，又是工作队、生产队”的光荣传统，在抓好部队的春耕生产的同时，主动与地方联系，及时组织人力物力，支援驻地社队的春耕生产。各级人武部门要在地方党委的统一领导下，派出工作组，发动和组织广大民兵投入春耕生产。

15日 省委、省革委会、省军区领导会见参加省工业学大庆会议的江西省地质局九〇九大队、江西氨厂、江西省二六四队、江西钢厂、横峰纺织器材厂、七一二厂、崇仁县变压器厂、武宁县大洞竹木制品厂、七一三厂、萍乡矿务局高坑煤矿、南昌铁路局鹰潭站等76个大庆式企业的代表和郭清泗、瞿兰香、周荣花、吴凤英、徐国祥、曾凡桂、张荣祥、徐香根等101名劳动模范，及罗维道、肖学英、万绍鹤、彭光贤、彭锡庆、廖尚明、余邦金等大会特邀代表，并与他们进行了座谈，勉励他们在实现新时期的总任务中发挥模范带头作用。

15日 江西师范学院南昌分院开学，首届招收学生124名。

16日 由省委书记、省革委会副主任黄知真带队，正式代表和特邀代表共120人组成的代表团赴京，出席18日在北京召开的全国科学大会。

17日 省委召开全省知青工作会议。出席会议的有地、市、区党委主管知青工作的负责人，省直有关单位及有关部门的负责人。会议要求各级党委和政府努力做好知青工作，为实现四个现代化作出贡献。

17日 江西省电力中心试验所技术员郭永坤及仪表班人员，大胆采用国外先进技术，攻克技术难关，试制成功我国第一台PS4型单相数字功率电能表，不仅为我国增添了一项数字仪表新产品，而且为我国功率和电能测量进入电子化、数字化和自动化领域作出了重要贡献。

18日 阿扎尼亚（南非）泛非主义大会参观团一行27人，来南昌、井冈山参观访问。历时8天。

20日 《江西日报》报道，江西省委为加快电力建设步伐，决定开展“十二万五”电力基建大会战。这个工程包括五台发电机组的安装、两条线路的架设和3个变电站的兴建，以及景德镇、分宜两个发电厂的基建收尾工程等项目。参加“十二万五”工程大会战的工人、干部、工程技术人员以及家属、民工以大庆工人阶级为榜样，争分夺秒，你追我赶，各处工地呈现出大干快上的战斗景象。

赣州电厂工人为提前完成新建变电厂的任务而紧张工作

20日 省革委会决定成立省专卖事业管理局，与省副食品公司两块牌子一套班子。

20日 全省第二十一次公安会议在南昌召开。会议揭发批判了江青反革命集团及其在江西的亲信破坏公安机关、迫害公安干警的罪行，研究了整顿各级公安机关领导班子、整顿公安队伍、落实党的政策等问题，确定了全省公安工作的方针、任务。会议于4月2日结束。

21日 江西医学院第二附属医院妇产科主任、副教授符式珪，顶着“四人帮”的压力，利用业余时间，总结自己在医疗工作上的经验教训，发表了《375例女性尿瘘的手术治疗》一文。她从发病机理、诊断技术到各种治疗方法，从术前准备到术后护理，都毫无保留地整理成章，对可能出现的合并病症也作出了详尽的说明。最后，撰写出《女性尿瘘的手术治疗》一书，为我国的新医学作出了贡献。

21日 省委、省革委会召开科技人员座谈会，庆祝全国科学大会的召开。参加座谈会的同志衷心拥护邓小平副主席在全国科学大会上的讲话，表示决不辜负党中央的殷切期望，争分夺秒，加倍努力，迅速把江西的科学技术现代化搞上去。

21日 国家计委安排江西旅游计划床位300张，用房建筑面积1.1万平方米。

21日 省委正式命名江西省地质局赣西北队和水文地质队为“大庆式企业”。

22日 德安县举行基本消灭血吸虫病庆功大会。大会表彰在消灭血吸虫病中的先进集体和个人。并进一步动员干部和群众，向除害灭病的广度和深度进军，创造新的成绩。德安县是血吸虫病严重流行疫区之一，丁螺面积4.1万多亩，曾造成43个村庄毁灭，6000多人死亡。解放后，德安县委把消灭血吸虫病摆到重要地位，他们学余江，改山治水，在“查、灭、治、管、防”上下功夫，终于获得成功。省委向德安县委发了贺信。

22日 政协江西省四届常委会二次会议在南昌市举行。会议听取和讨论关于深入开展揭批江青反革命集团斗争的讲话和关于五届全国政协一次会议精神的传达报告。

22日 省政协举行常委扩大会议，传达五届全国政协会议精神。省委第一书记、省革委会主任江渭清出席会议并讲话。省政协副主席罗孟文作了传达报告。与会者一致表示，同心协力，团结战斗，为实现四个现代化而努力奋斗。

23日 杂交水稻在全省大面积示范推广，全省80多个县市组织了1.5万多名干部、农技员和社员，分别到广东、广西、海南、湛江、玉林、汕头等地做好制种工作。在冬季利用南方温暖的自然条件，加快进行冬春繁殖配制杂交水稻种子，解决全省杂优种子不足的困难，为全省高速度发展农业作出了贡献。

23日 省商业局决定，从一季度起，10万元以上亏损单位，建立分户亏损档案。

26日 省二轻局革委会转发轻工业部电话会议精神，要求各地区努力增加日用品生产，加快二轻工业的发展。

27日 省革委会召开会议，研究和部署当前农业生产，号召各级干部到农业生产第一线去，全力以赴，认真落实党的政策，打好春耕这一仗。为实现1978年全省粮食上《全国农业发展纲要》，各项经济作物大发展努力奋斗。省革委会主任江渭清、副主任白栋材、方志纯、信俊杰、彭梦庾、赵志坚等出席了会议，江渭清、白栋材、彭梦庾等讲了话。

27日 江西省档案工作座谈会在进贤县档案馆召开。会议批判了江青反革命集团对档案工作的破坏，总结交流了工作经验，制定了先进档案馆、室的标准，并研究了档案工作。会议于4月3日结束。

28日 福州部队某部军训“尖子”来南昌表演，做到宣传“尖子”，普及“尖子”，把部队教育训练搞上去。福建省军区、福州部队步兵学校负责人和南昌部队3000多名指战员观看了军事“尖子”的表演。表演于30日结束。

29日 北京、上海等兄弟省、市、自治区的全国工业劳模、刀具革新能手一行41人，应邀来江西介绍经验。

30日 全省各级党委和革委会，组织10万多名宣传队深入城镇农村，宣传、学习和落实五

都昌县徐埠公社爱国大队在宣传新时期的总任务

届人大会议精神，并利用各级党校和举办各种类型的学习班，训练培养宣传骨干，使新时期的总任务和新宪法精神家喻户晓，深入人心。

30日 省委遵照“全国动员，大办粮食”的指示，从省直各厅、部、委、办、局抽调400多名干部下乡蹲点，加强对春耕生产的领导。

31日 日本学生友好访华团一行32人来江西南昌参观访问，历时3天。

31日 江西省化肥工业1978年一季度化肥生产完成年计划的26%，比1977年同期增长3倍，创历史最好水平。合成氨产量比1977年上半年总量增长18.5%，刷新历史最高纪录。更为可喜的是，一些小化肥厂进一步加强了企业管理和经济核算，摘掉了亏损帽子，实现了企业有盈余。

31日 全国科学大会举行授奖仪式，全省有233项重大科技成果、27个先进集体、31名先进个人受到奖励和表彰。省机械系统获优秀科技成果奖25项，受奖单位16个，先进集体4个，先进科技工作者4名。省地质科学研究所获先进单位称号，全省各地质单位完成的“赣南钨矿成矿规律与预测”、“脉状钨矿五层楼成矿规律及其找矿勘探应用”、“宜春铌钽锂多金属矿的成矿规律、勘探方法的研究”、“江西大盐矿”、“南岭花岗岩铌钽矿床成矿规律、找矿标志的研究”、“江西省铜矿地质特征、分布规律与找矿方向”、“频率测探法在煤田物探中的应用及仪器的研究”、“煤中全硫和各种硫的高温燃烧碘量法测定”等项目科研成果获奖。萍乡矿务局高坑选煤厂的“煤泥水闭路循环系统”、省煤田地质勘探公司与煤科院西安煤田地质勘探分院协作的“电磁频率测仪”等项目科研成果获奖。省交通规划勘察院设计的“渣油路面无土砂砾基层结构”获奖。南昌铁路局设计的“管芯拱桥”、“水型枕底筛机”、“大型架桥机”，南昌科研所及江西萍乡机务段共同研制的“FD型蒸汽机车扁烟筒”，华东交通大学章华鑫研制的“预应力钢筋混凝土铁路轨枕”等项目获奖。省气象局有5项科技成果获奖。农业方面，“南方丘陵栽杉的研究”、“马尾松毛虫发生规律的研究”、“土栖白蚁分飞与防治的研究”、“木竹过坝机实验”、“江西省薯芋植物调查及利用”等科研成果获奖。

本月 江西有线电厂有线电战略长途和用户保密机获全国科学大会奖。

本月 上饶地区卫生局防治气管炎办公室和德兴县中草药科学研究所获全国科学大会颁发的“作出重大贡献的先进集体奖”。

本月 江西省电力技工学校筹建小组成立。7月，经省革委会批准技校正式成立。

本月 省民政局在兴国县进行“优抚对象普查工作”试点（至翌年6月，全省优抚对象普查结束。有各类优抚对象223万多人）。

本月 江西省医学科学研究所邱明庆在国内首次从神经麻痹患者脑脊液中分离出一株分解淀粉的拉氏菌新种。

本月 国务院通知，江西冶金学院领导体制改由冶金部和江西省革委会双重领导，以冶金部为主。

本月 全省农机管理局长会议在南昌市召开。会议期间，举办了农机化展览会，展出拖拉机配套水田机具及有关图表。

本月 中共中央批准江西省委和省军区党委关于请示撤销中发（1966）24号文件《中共中央关于处理江西问题的若干决定》的报告，并作了重要批示。据此，省委召开了平反大会，省军区发出了贯彻中央批示的通知。

本月 江西省建一公司加工厂划出成立江西省建筑构件厂。将省建二公司汽车修理车间划出成立江西省建工局汽车修配厂，恢复江西省建工局劳动定额站。

本月 国家提高棉花、桐油、木材等43种农副产品收购价。

本月 国家地质总局在广丰县召开了全国岩相古地理会议。知名专家学者刘宝珺、卢衍豪和来自全国的170余名代表参加了会议。

本月 江西省降低食盐销售价，取消城乡差价。食盐每斤零售价由0.17元降为0.15元。对基层供销合作社实行送货制，城乡间运杂费由盐业公司负担。

本月 交通部召开全国交通战线科学大会，

江西汽车运输局直属分局保养场、江西造船厂、江西航运局赣州分局、江西汽运局宜春分局二〇一车队节油小组等被评为全国交通系统先进科技单位；李克湘、胡菊生、吴仁玉、罗怀盛被评为全国交通系统先进科技工作者；《渣油路面无土砂砾基层结构》及GX－77型汽车空气压缩机修理综合作业台被列为全国交通系统重大科技成果。

本月 井冈山垦殖场农科所开始参加“全国水稻稻瘟病防治科研协作组”课题研究，刘书菁为课题主持人。此课题坚持十余年（1981年获农业部技术改进一等奖，1985年获国家科委技术进步三等奖）。

本月 财政部长张劲夫到红星垦殖场指导工作，解决建设中垦殖场的资金问题。

1978 4月 April

公元1978年4月							农历戊午年【马】						
日	一	二	三	四	五	六	日	一	二	三	四	五	六
						1 廿四	**2** 廿五	**3** 廿六	**4** 廿七	**5** 清明	**6** 廿九	**7** 三月大	**8** 初二
9 初三	**10** 初四	**11** 初五	**12** 初六	**13** 初七	**14** 初八	**15** 初九	**16** 初十	**17** 十一	**18** 十二	**19** 十三	**20** 谷雨	**21** 十五	**22** 十六
23 十七	**24** 十八	**25** 十九	**26** 二十	**27** 廿一	**28** 廿二	**29** 廿三	**30** 廿四						

1日　国务院批准恢复南昌航空工业学院、抚州地质学院（10月，南昌航空学院在南昌正式成立）。

1日　九江玻璃纤维厂投资6万元，将生产日用玻璃生产线改建成一条压花玻璃生产线，填补全省平板玻璃生产一项空白。

1日　南昌电信局首次向江西日报社开放BC360II型60路超群激光报纸传真机和模拟微波电路，传递当天的《人民日报》和《参考消息》版面，由江西日报社代印，使南昌市等地读者能及时阅读到当天的《人民日报》和《参考消息》。

2日　省妇联在南昌市召开全省农业学大寨妇女先进集体、先进个人代表大会。省委、省革委、省军区领导江渭清、白栋材、狄生、信俊杰等出席了开幕式，江渭清代表省委、省革委、省军区向大会致以祝贺，狄生在开幕式上讲了话。省妇联副主任何恒作了题为《高举大寨红旗，充分发挥妇女"半边天"作用，为高速度发展农业而奋斗》的报告。会议表彰了一批先进集体和先进个人，树立了10个"三八"红旗集体和13名"三八"红旗标兵。会议于6日结束。

2日　经省革委会批准，全省社队企业工作座谈会在上饶市召开。会议传达了中共中央领导有关发展社队企业的指示和南方16省、市、区社队企业座谈会精神。会议提出，整顿社队企业、加强经营管理；社队企业的产供销必须逐步纳入国家各级的统一计划；各级革委会要加强对社队企业的领导。省委常委、省革委会副主任彭梦庚到会讲话。会议于8日结束（10月12日，省革命委员会批转《全省社队企业工作座谈会纪要》）。

3日　江西省军队转业干部安置工作会议最近在南昌召开。

4日　省委发出《关于召开全省财贸学大庆学大寨会议的通知》。省委号召全省财贸战线广大职工积极行动起来，认真学习贯彻落实五届人大各项文件，进一步深入揭批"四人帮"，坚决执行"发展经济，保障供给"的方针，努力做好财政金融、城乡商业和对外贸易工作，以优异的成绩向全国、全省财贸学大庆、学大寨会议献礼。

4日 江西省出席全国科学大会全体代表从北京回到南昌，受到省、市党政军领导和各界群众代表300余人的欢迎。省委第一书记、省革委会主任江渭清看望了代表，与代表座谈，并发表讲话。代表们表示要努力攀登科学技术高峰，为实现四个现代化作出积极贡献。

出席全国科学大会的江西代表回到南昌后，在江西宾馆召开座谈会

4日 在成新农场召开全省劳改系统工业学大庆、农业学大寨会议。会议总结交流一年来开展学大庆、学大寨群众运动的经验，表彰先进，讨论普及大庆式企业、大寨式农场的规划和措施。会议于10日结束。

5日 南昌市科学技术研究所攻关取得科研新成果。该所是一个以电子技术应用和化工研究为主的综合性研究机构。他们自己设计、自己研制加工的无镜头，能复印较大图纸的大型氧化锌静电复印机，经过半年多的努力，终于在全国科学大会召开前夕，完成了部件加工、部件安装和整机总装任务。经初步调试，整机运行情况良好。

6日 省革委会发出《关于认真做好防汛工作的紧急通知》。该通知要求全省各地各级领导要坚决克服侥幸心理和麻痹思想，有灾无灾，要从有灾工作准备。水大水小，要做防大水的准备。立足于抗大洪抗大灾保安全夺丰收，争取做到1978年不倒一坝一库，夺取防洪斗争全胜。

6日 《江西日报》发表《热心为农》和《不能“吃农”》两封读者来信，同时登出该报记者的《调查附记》，说明读者反映的情况属实。《江西日报》编者按指出：就怎样支农问题，本报拟以发表两封来信为开头，另辟专栏，展开一次讨论。以分清是非，肃清“四人帮”的流毒和影响，树立支农光荣，“吃农”可耻的革命风尚，以掀起全党动员，大办农业的新高潮。

6日 省军区举行“雷锋式的模范军医”陈大新事迹报告会。陈大新是江西省安义县人，1965年入伍，1967年入党。1976年5月因患癌症，不幸病逝。陈大新的生动事迹，使到会者受到深刻教育。省军区副司令员谢锐在会上讲话。“陈大新事迹报告组”将到九江、赣州、安义等地驻军作巡回报告。

8日 省委（1978）29号文件下发到基层党委，全省掀起揭批“四人帮”插手江西及其在江西的亲信篡党夺权阴谋活动罪行的高潮。

8日 省革委会发出通知，在全省范围内开展财经纪律大检查，坚决同一切违法乱纪的行为作斗争。

8日 省二轻局革委会上报《关于贯彻国务院（1978）11号文件，大力发展日用工业品生产的报告》。

10日 省农林垦殖局下达1978年农垦基本建设投资计划，全省农垦基本建设投资额700万元。

11日 省委召开广播大会，传达全国科学大会精神。全省共280万人收听大会实况广播。江渭清主持大会并讲话，黄知真作传达报告，并就如何贯彻落实全国科学大会精神作了部署。要求全省各级党组织，要广泛组织全体党员、干部、科技人员、工农兵群众，深入学习全国科学大会重要文件，使全国科学大会会议精神家喻户晓，人人明白。全党动员，大办科学，为建设社会主义现代化强国而努力奋斗。

12日 省委作出《关于认真学习和贯彻执行全国科学大会精神的决定》。省委计划在1978年7月至8月召开全省科学大会，检查全国科学大会精神贯彻情况，研究进一步深入贯彻落实全国科学大会精神，讨论制定江西1978年至1985年科学技术发展规划，表彰科学技术战线上的先进集体和先进人物，奖励优秀科技成果。要求各条战线广大党员、干部、群众、科技人员，要积极搞好科研工作，以优异的成绩迎接全省科学大会的召开。

12 日 省计委、省劳动局、省煤炭局在上饶市召开煤炭安全生产会议，会议要求各煤炭企业认真整顿和加强企业管理，建立和健全安全生产责任制、安全活动日制和定期安全检查制；加强技术培训，以两年时间，分期分批将所有煤矿职工轮训一遍；所有煤矿企业都要建立和健全安全工作机构（5 月 31 日，省革委会批转《江西省煤炭安全生产会议纪要》）。

13 日 省革委会发出《关于迅速掀起春季爱国卫生运动高潮的通知》。通知要求各级革委会必须把开展爱国卫生运动列入议事日程，一定要抓紧、抓实、抓出成效。各地都必须迅速恢复和健全爱国卫生运动委员会及其办事机构，真正把卫生运动切实领导起来。

14 日 全省纺织工业科技工作会议在南昌市召开。会议于 21 日结束。

15 日 省、市党政军领导各部、委、办、厅及工青妇负责人和南昌市 20 余万群众一起打扫环境卫生，并深入基层单位进行卫生检查。《江西日报》发表《把爱国卫生运动轰轰烈烈地开展起来》的评论员文章。

15 日 临川县部分公社遭受近百年来罕见的风雹袭击，死亡 6 人，伤 185 人，其中重伤 53 人，死伤耕牛 149 头，毁屋 376 栋，红花草田受灾 561 公顷，油菜受灾 447 公顷，早稻秧田受灾 252 公顷。

16 日 新华社南昌电，江西省妇女保健院杨学志教授和助手经过长期的临床实践，研究成功治疗早期宫颈癌的新方法——“中药药物锥切”法。杨学志和医疗队的同志还从方便群众出发，开设宫颈癌防治门诊，治愈不少病人。他还协助靖安县建立了县、社、队三级防治宫颈癌医疗网，并亲自向农村医务人员传授技术，使这个县防治早期宫颈癌取得了显著成绩（1986 年获卫生部“中医药重大科技成果甲级奖”）。

17 日 省委、省革委会召开电话会议，传达国务院关于棉花生产指示精神，要求全省各地切实加强领导。会议要求棉花生产要抓好三个落实：计划落实，棉农口粮落实，化肥供应落实。落实政策，调动棉农种植棉花的积极性，夺取 1978 年棉花超历史最高水平。

18 日 省革委会发出《关于加强本省地名工作管理的通知》。确定由省民政局、省测绘局、省公安局共同管理本省地名工作。省测绘局负责编制出版有关本省的地名书刊，如地名录、地名辞典等。根据中央地名委员会要求，提供各种地名资料。

20 日 中国外贸运输总公司江西省分公司首次创办陆海联运方式运输外贸出口物资。

21 日 南康县文化馆在搞文物调查时，在龙华公社黄塘大队的山丘上发现一窝恐龙蛋化石。省博物馆考古工作者赶到现场后，又在附近发现了两窝。1922 年在蒙古境内第一次发现恐龙蛋化石，曾轰动世界生物界，认为这是古生物化石中的珍品。解放后在云南、新疆、广东、安徽和江西都有发现。1964 年中国科学院古脊椎动物与古人类研究所的同志在赣州市五里亭发现一窝 24 个恐龙蛋化石，但都不及这 3 窝完整，特别是在同一地点连续发现 3 窝更是罕见。

21 日 日本友好人士安斋库治和夫人，来南昌、瑞金参观访问。历时 6 天。

26 日 省农业局召开全省春季热作物生产和品种评选流动现场会今日结束。

27 日 省计委、省外贸局、省财政局、省轻化工业局联合下达扶持万载、资溪、弋阳、宁都、崇义 5 个县罐头厂 200 万元贷款，扩大出口罐头生产。

28 日 省劳改局日前对所属劳改、劳教、就业单位的 203 名原划“右派分子”作了复查，全部摘掉“右派分子”帽子。

29 日 斯里兰卡中国友好协会代表团一行 9 人来江西萍乡、井冈山、南昌等地参观访问。历时 4 天。

30 日 全省各级公安机关遵照中共中央《关于全部摘掉右派分子帽子的通知》精神，先后开始进行“右派分子”复查、摘帽工作（至 1979 年 9 月底，该项工作全部结束）。经复查，全省原划的135名“右派分子”（其中省局机关19名）全部认定为错划，并作了改正，全部摘掉帽子。

本月 省委宣传部召开全省出版发行工作会。

本月 江西人民出版社出版《方志敏狱中遗书》。《方志敏狱中遗书》收录的遗文有《自述》、《可爱的中国》、《死！——共产主义殉道者的记述》、《清贫》、《我从事革命斗争的略述》、《给某夫妇的信》、《狱中纪实》、《〈赣东北苏维埃创立的历史〉序言》。

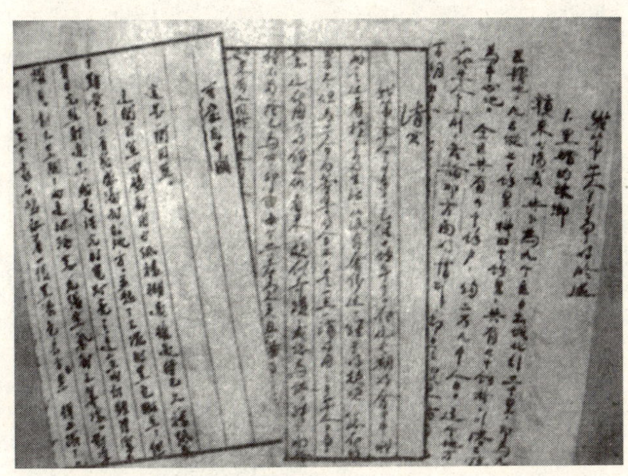

方志敏在狱中写下的手稿

本月 根据中共中央颁发《关于加快工业发展若干问题的决定（草案)》精神，江西冶金系统结合工业学大庆，开始分期分批对企业进行整顿。

本月 德兴铜矿从美国福隆采矿与金属公司引进设计、施工技术。

本月 省军区贯彻全军政工会议精神，组织机关、部队学习邓小平关于坚持实事求是思想的讲话，积极参加真理标准的讨论。

本月 中共江西省委统一战线工作办公室改称为中共江西省委统一战线工作部。

本月 冶金部在江西西华山钨矿召开华东地区冶金系统农副业生产现场会议。

本月 中共中央颁发《关于加快工业发展若干问题的决定（草案)》的文件，提出整顿好企业的六条标准。江西有色金属工业系统结合工业学大庆，分期分批地对企业进行整顿。

本月 东西方建材科技情报中心站成立，站址在江西省建材科研所内。

本月 江西省医学院第一附属医院在全国率先开展喉部显微手术。

本月 解放军某部接替省军区独立第二团进驻全省劳改单位执行看押任务。

公元1978年5月							农历戊午年【马】						
日	一	二	三	四	五	六	日	一	二	三	四	五	六
	1 劳动节	2 廿六	3 廿七	4 青年节	5 廿九	6 立夏	7 四月大	8 初二	9 初三	10 初四	11 初五	12 初六	13 初七
14 初八	15 初九	16 初十	17 十一	18 十二	19 十三	20 十四	21 小满	22 十六	23 十七	24 十八	25 十九	26 二十	27 廿一
28 廿二	29 廿三	30 廿四	31 廿五										

1日　江西钢厂25吨纯氧顶吹转炉工程破土兴建。12月23日建成投产。

1日　南昌铁路局各级党组织最近利用广播、黑板报、快报、幻灯片等宣传工具，宣传全国铁路学大庆会议精神。

1日　省委统战部召开会议，庆祝“五一”国际劳动节。250余名与会者表示，深入揭批“四人帮”破坏民族政策的罪行，对于进一步加强全民族的大团结，解放台湾，完成祖国统一大业，都具有特别重大的现实意义和深远的历史意义。

2日　江西省建二公司施工的九江第二发电厂水泵房沉井工程竣工。该沉井为矩形，长33.2米，宽21.2米，高29.38米，外墙厚1.1米～1.4米，面积700平方米，是当时全省最大的一个沉井工程，也是应用滑模施工工艺最早的大型工程。

3日　在省文艺学校的帮助下，宜黄戏剧团最近正式恢复（宜黄戏流传于赣东宜黄、南丰、黎川、赣南广昌、宁都等地，历史悠久。据考证，现代京剧二黄即由宜黄戏发展而成。1957年正式成立宜黄戏剧团，到1966年的10年间，整理、创作、演出传统剧目、现代戏300多个，公演3000多场，为活跃社会主义舞台，丰富人民文化生活作出了贡献。“文化大革命”中，林彪、“四人帮”大砍地方剧种，宜黄戏剧团被迫解散，人员下放，服装烧毁，宜黄戏又一次濒于毁灭的境地。现在，宜黄戏剧团的全体演职员，决心用智慧与汗水浇灌宜黄戏这朵艺术之花）。

3日　省二轻工业局在景德镇召开工艺美术座谈会，贯彻落实五届人大会议精神。座谈会上，展出了全省部分工艺美术新产品410多件，反映了江西省工艺美术欣欣向荣的大好形势。

4日　全省侨务工作会议召开。会议按照中共中央的有关精神，要求正确处理“海外关系”，认真落实侨汇、华侨安置、华侨房产、出入迁境、华侨子弟回国就学、华侨国籍政策、华侨及外籍华人探亲旅游等具体政策。6月29日，省委批转了会议情况报告。会议于15日结束。

4日　江西省第十六次民政会议在南昌市召开。

4日　省委、省革委会、省军区在宁冈砻市举行集会。省委、省革委会、省军区、井冈山地委等党政军领导，毛主席故乡湖南韶山特区、茶陵、酃县和井冈山管理局、永新、莲花、遂川的代表，以及宁冈县3000多名群众，在砻市举行大会，纪念毛泽东、朱德领导的农民军在井冈山会师50周年，并举行“井冈山会师纪念碑”奠基仪式。省委书记、省革委会副主任黄知真，省军区副司令员俞增林，井冈山地委书记王书枫出席了庆祝大会，黄知真在大会上讲了话。

井冈山会师纪念碑破土奠基

宁冈县广大军民隆重集会纪念井冈山会师50周年和井冈山会师纪念碑奠基典礼

5日　省委根据中央全部摘掉“右派分子”帽子的精神，决定由省委组织部、省委宣传部、省委统战部、省公安局、省民政局共同组织摘掉“右派分子”帽子办公室，并要求县以上各级党委亦成立摘帽办公室，负责进行摘帽工作（在1957年的反“右派”斗争中，全省划“右派分子”12153人。从1961年1月至1964年4月，已分批摘掉7111人的“右派”帽子。余下5000余人在1978年8月结束的摘帽工作中全部摘掉“右派分子”帽子）。

5日　江西日报社召开新闻报道工作座谈会。与会者认真学习了五届全国人大文件，联系实际揭批了“四人帮”及其亲信破坏《江西日报》宣传报道工作的罪行。推倒新闻战线的“两个估计”（17年的新闻是“黑线专政”，17年《江西日报》的新闻队伍是“资产阶级的一统天下”），肃清“四人帮”的流毒。会议期间，还征集了对《江西日报》工作的意见。

6日　省革委会发出通知，对1976年10月粉碎“四人帮”以后江西省冻结的存款1.03亿元作出处理。

8日　省革委会批转省财政局《关于加强预算外资金管理的规定》。

9日　德意志联邦共和国驻华大使参赞戴飞一行2人抵达南昌，10日结束在南昌的参观访问。

10日　省委发出《关于在全省开展学习、宣传新宪法的通知》。要求各地在组织对新宪法大学习、大宣传的基础上，各条战线、各个部门和各个单位，都要结合整顿、修订工作条例和规章制度，建立安定团结的良好秩序，促进社会主义各项事业不断向前发展。在整顿、修订工作条例和规章制度时，必须严格按新宪法的规定办事。

10日　省革委会决定成立江西省石油普查勘探指挥部。

10日　江西省青少年学习雷锋积极分子代表大会自5月5日开幕，历时6天，今日圆满结束。出席闭幕式的有省委、省革委会、省军区、省政协和驻省部队领导。大会向20个学雷锋标兵集体和个人、100个学雷锋先进集体和个人颁发了奖旗与奖状。会议通过了《江西省青少年学习雷锋积极分子代表大会全体代表致全省青少年的一封信》和《共青团江西省委关于表彰学雷锋标兵和学雷锋先进集体和先进个人的决定》。《江西日报》发表了

江西省青少年学习雷锋积极分子代表大会在南昌召开

题为《加强青少年教育，培养雷锋式青少年》的社论。

13日　《江西日报》转载《光明日报》特约评论员文章《实践是检验真理的唯一标准》。文章指出：由于“四人帮”的破坏和他们控制下的舆论工具大量的歪曲宣传，把这个问题搞得混乱不堪，为了深入批判“四人帮”，肃清其流毒和影响，在这个问题上拨乱反正，十分必要。检验真理的标准只能是社会实践；理论与实践的统一，是马克思主义的一个最基本的原则；革命导师是坚持用实践检验真理的榜样；任何理论都要不断接受实践的检验。只有这样，才能顺利地进行新的伟大长征。由此，中国开始的这场拨乱反正的新浪潮，给中国社会的大变革产生了极其深远的影响。

13日　由江西省地质局赣南地质调查队负责，地矿部矿床研究所及地质力学研究所协作，完成了“江西省新类型重稀土矿床发现、勘探及成矿理论研究”系列成果（获1988年国家科技进步一等奖）。

15日　冶金工业部向国务院呈报《关于德兴铜矿引进技术和设备进行建设的请示报告》。

16日　截至当前，分宜电厂、洪门水电厂、罗湾水电厂、新余电厂分别建成5万千瓦、7500千瓦、6000千瓦发电机组及22万伏电站。

17日　省委、省革委会召开各地、市、县，各工交部门、地市所属重点厂矿和省工交各部门负责人参加的电话会议，传达贯彻国务院在北京召开的全国工业学大庆工作会议精神，动员全省工交、基本建设战线广大职工大战五六月，坚决做到时间过半完成任务过半，为实现新时期的总任务而奋斗！

18日　省委发布《关于目前农村政策若干问题的意见（试行草案）》的文件（简称十八条）。要求立即组织干部学习，向社员宣讲。要认真贯彻以粮为纲，全面发展的方针，合理安排农、林、牧、副、渔的布局，处理好粮、棉、油、麻、丝、茶、烟、果、药、杂等作物间关系。要求继续执行“三级所有，队为基础”的制度，大搞农田基本建设及建立四级农科网。

18日　全省农业机械化会议召开，传达贯彻第三次全国农业机械化会议精神，确定江西省1980年基本实现农业机械化的具体规划和具体措施。彭梦庾在会上作了报告。会议指出：到1980年江西省农业主要作业的机械化水平要达到70%以上。会议于26日结束。

19日　福州军区发布通令，授予江西省军区独立一团一连“硬骨头六连式连队”称号。

20日　省、市召开4000余人参加的批判大会，到会同志列举大量事实，愤怒揭发批判“四人帮”在江西的资产阶级帮派体系人物追随林彪、“四人帮”，大搞篡党夺权活动的罪行。省党政军领导及南昌市委负责人参加了大会。

21日　江西省春熟作物喜获丰收，油茶增产5成，小麦增产1成，蚕豆、豌豆也夺得好收成。日前，油茶产地的社员兴高采烈地把第一批春油卖给国家，许多社队第一季度就完成了任务。

22日　四届江西省政协副主席潘震亚在上海病逝，终年91岁。6月2日，在南昌殡仪馆举行追悼会。

23日　巴勒斯坦“法塔赫”暴风部队参观团一行30人，来萍乡、井冈山、南昌等地参观访问。访问于31日结束。

24日　第三届全省农业学大寨展览正式展出。展览分两个部分。第一部分，大寨、昔阳展览（复制第三届全国农业学大寨展览）；第二部分，第三届江西省农业学大寨展览。

25日　省轻化工业局受纺织工业部委托，在横峰纺织器材厂主持召开有全国9个重点木梭厂主要工程技术人员参加的“木梭压缩工艺技术座谈会”。

26日 省委召开全省城市工作预备会议，传达贯彻中发（1978）13号文件精神，研究全省城市工作会议事宜。

28日 省委领导同志深入农业生产第一线，调查了解基层开展揭批“四人帮”，落实党在农村的经济政策和整顿领导班子的情况，及时总结好的经验，发现和解决存在的问题，在全省农村大张旗鼓地落实党的农村经济政策，受到广大干部和群众的欢迎。

29日 省革委会通知各地，切实制定1978年至1980年发展杂交水稻的规划和措施，从本年度起不再南繁制种，实行“县繁社制”、“社繁社制”的制度体系。

29日 省革委会决定在上饶、九江、宜春、井冈山和抚州等地区的中等卫生学校基础上建立江西医学院分院。

31日 《江西日报》报道，省农业科学院党委认真贯彻落实全国科学大会精神，确保科研人员每周至少有5/6的业务工作时间，使科研人员能集中时间和精力搞科研，充分调动了科技人员的积极性，促进江西的科研工作大干快上。

31日 江西省地质局任命并恢复一批测绘工程技术人员职称。

31日 新余钢铁厂党委带领全厂职工学习、宣传五届人大文件，抓住“四人帮”反革命路线对本厂影响最深、危害最大的问题进行深入的批判，把揭批“四人帮”第三战役的斗争引向深入，促进了生产的发展。到当日止，该厂主要产品锰铁和生铁已超额完成上半年的计划，焦炭、铁精矿也超额完成了任务。

本月 江西省测绘情报站成立。

本月 1962年停工缓建的江西省第一个大型水电站——万安水电站复工续建。

本月 省轻化工业局副局长胡瑞英率领省先进企业代表参加纺织工业部召开的全国纺织工业学大庆会议。横峰纺织器材厂被大会授予“全国纺织工业大庆式标兵”。江西棉纺织印染厂一细纱车间“五四”小组被授予“学大庆先进集体”，九棉一厂瞿兰香、江西棉纺织印染厂吴凤英、上饶染织厂周荣花、八一麻纺厂王罗喜被授予“全国纺织工业先进生产者”的称号。

本月 全省开展科技队伍基本情况普查，普查时间至6月30日。

本月 省建材局组织9个检查小组，对全省84个水泥厂水泥质量进行大检查，历时1个多月，发现水泥质量低劣和违反国家标准的问题仍十分严重。

本月 第八次全国司法会议召开，提出尽快恢复、健全人民调解委员会的任务。省高级人民法院进行传达贯彻、部署恢复调委会的工作。

本月 地质部二六一大队与核工业部第三研究所合作，开始研究相山塌陷式火盆地和相山铀矿田的地质发展史、成矿规律和远景预测项目。该成果1985年获国家科技进步二等奖。

本月 江西钢丝厂开始研制双管23航空炮3型系统（1986年获兵器工业部科技进步一等奖）。

公元1978年6月 农历戊午年【马】													
日	一	二	三	四	五	六	日	一	二	三	四	五	六
				1 儿童节	2 廿七	3 廿八	4 廿九	5 三十	6 芒种	7 初二	8 初三	9 初四	10 端午节
11 初六	12 初七	13 初八	14 初九	15 初十	16 十一	17 十二	18 十三	19 十四	20 十五	21 十六	22 夏至	23 十八	24 十九
25 二十	26 廿一	27 廿二	28 廿三	29 廿四	30 廿五								

1日　省、市2500余名少年儿童在八一礼堂举行集会，纪念“六一”国际儿童节。省、市委领导出席了集会。科学家、教授、工程师和优秀少年儿童工作者代表谷霁光、熊启藩、章士美、顾毓麟、周峦书、胡力强、余丰隆、杨筱梅也出席了集会。著名昆虫学家章士美向小朋友们表示节日祝贺，勉励少年儿童从小爱科学、学科学、用科学，长大攀登现代科学技术高峰，为实现四个现代化贡献力量。

在省、市庆祝“六一”儿童节大会上，少先队员向到会的省、市领导和科学家、劳动模范佩戴红领巾

1日　《江西日报》报道，江西蚕桑场农机修造厂职工试制成功油压式桑树剪枝机。这种机械采用液压动力，经过电磁阀系统单杠驱动活动力刀片进行剪枝，操作方便、性能良好，不仅可用于剪伐桑枝的枝条，还可用于园林的修整，每分钟可剪30毫米直径桑枝60枝，大大减轻了工人的劳动强度，又提高了工作效率，在1978年全国养蚕现代化会议上进行操作表演，受到全国16个省（区）蚕桑专家和技术人员的好评。

1日　全省第二次侨务工作会议日前在南昌召开。会议认真学习了毛主席、周总理和党中央制定的侨务工作方针政策，传达了全国侨务会议预备会议精神，研究和部署了今后一个时期的侨务工作。会议要求各级党委加强对侨务工作的领导，充实和加强侨务机构，恢复侨务活动，团结广大华侨和侨眷、归侨，扩大爱国统一战线，调动一切积极因素，为实现新时期的总任务贡献力量。

2日　省委召开农村政策座谈会。这次会议讨论省委制定的《关于目前农村政策若干问题的意见（试行草案）》，共有18条。内容包括继续执行“三级所有，队为基础”的制度，坚持“以粮为纲，全面发展”的方针，切实加强劳动管理，认真搞好农村人民公社的收益分配，坚持勤俭办社、民主办社，努力减轻生产队和社员负担，大力发展社队企业，正确对待家庭副业，大队发展林业、畜牧业、渔业和其他水产事业等各项经济政策的具体规定。

4日 第四机械工业部副部长王子纲视察南昌无线电二厂、江西八一无线电厂、南昌电子设备厂、江南材料厂，5日结束视察。

5日 省军区党委发出《关于深入地开展向“雷锋式干部”胡师文和硬骨头六连式的一连学习的决定》。福州部队5月19日颁布通令，公布于都县人武部参谋胡师文为“雷锋式干部”、解放军某部一连为硬骨头六连式连队。决定要求指战员学习他们拼命干革命的精神和硬骨头作风，自觉地在艰苦环境中磨炼摔打，练出过硬的本领，学习他们时刻牢记我军战斗队的根本职能，严格训练、严格要求，广泛开展“三枪五弹”的群众运动，努力提高军事技术水平。

6日 经国务院批准，景德镇对外开放。

10日 江西省各地积极落实杂交水稻种植计划。据统计，全省目前已落实杂交晚稻面积1360多万亩，相当于1977年杂交水稻面积的8倍。尤其是井冈山、宜春、九江和萍乡等地、市，都超额落实了省里下达的杂交水稻种植、制种和繁殖计划。《江西日报》发表题为《推广杂交水稻是高速度发展粮食生产的重要途径》的评论员文章。

11日 省委作出《关于建立鄱阳湖地区商品粮基地的决定》。决定指出，鄱阳湖地区商品粮基地，是列入国家计划的全国重点建设的商品粮基地之一。其范围包括波阳、乐平、余干、万年、余江、东乡、临川、进县、清江、丰城、高安、安义、南昌、新建、南昌市郊、九江、永修、德安、庐山、星子、湖口、都昌等22个县（市），总面积36478平方公里，耕地1252.9万余亩。这里自然条件好、土质肥沃、雨量充沛，素有“鱼米之乡”之称，具有建设商品粮基地的良好条件。决定要求全省各级党委采取切实有效的措施，高速度、高质量、高标准完成这一任务，为国家作出新的更大贡献。

11日 福州部队领导机关在玉山县召开民兵组织建设座谈会。会议以揭批“四人帮”为纲，联系实际研究了在新的历史条件下民兵工作出现的新特点、新情况、新问题，澄清了路线是非，提高了思想认识，总结交流了经验，明确了今后的任务。副参谋长熊兆仁作了关于加强武装基干民兵组织建设的报告，福州部队副司令员龙飞虎讲话。会议于17日结束。

12日 省委宣传部日前在南昌召开全省哲学社会科学发展规划会议。参加会议的有各地、市、区党委宣传部负责理论工作的人员，省委党校、大专院校文科系室的负责人及省直有关部门和部分厂矿的宣传理论干部，共60余人。会议讨论制定了1978年至1985年全省哲学社会科学发展规划，研究了落实规划的措施。会议建议各级党委加强对理论研究工作的领导，并从政治上、工作上、生活上对从事理论研究与教学的专业干部和教师加以关心，帮助他们解决一些实际困难。

13日 南昌铁路局党委认真落实党的知识分子政策，提拔7名总工程师、10名副总工程师、1名主任工程师、27名工程师、1名主任医师、6名主治医师，担任各级领导职务。

15日 江西东风制药厂职工和科技人员把青霉素生产提高发酵单位列为第一项第一个重点攻关项目。1972年，周恩来总理曾就提高青霉素发酵单位专门作过指示。由于“四人帮”的干扰破坏，周总理的要求始终未能实现。东方制药厂的职工和科技人员，进行了20种61批的试验，在取得了3335个摇瓶试验数据的基础上，经过200多个日日夜夜的奋战，准确筛选出青霉素新菌种，并改革了适合新菌种生产的新工艺路线，终于创造出青霉素生产发酵单位的最好水平，并使这项研究成果在全国兄弟药厂推广。

15日 《江西气象科技》创刊，由江西省气象局主编（1980年元旦由月刊改为双月刊，1986年改为季刊）。

15日 省委发出50号文件《关于动员有关

单位迅速将所占学校校舍归还教育部门的决定》。

15 日 省革委会发出《关于加强低热值燃料开发利用的通知》，决定成立低热值燃料开发利用领导小组，由省革委会副主任王昭荣任组长。所有有石煤、煤矸石、风化煤等资源的地、市、县都要指定一名副主任抓此项工作。

15 日 省委召开全省教育工作会议。会议指出，各级党委要下决心管教育，把学校整顿好，把教育搞上去。贯彻执行党的教育方针，提高教育质量和教学水平，落实党的知识分子政策，加强教师队伍建设，办好师范学校。会议期间，全体代表认真听取了全国教育工作会议精神的传达，学习和讨论了毛主席的教育思想和党中央对教育工作的一系列重要指示，邓小平副主席在全国教育工作会议上的讲话及各项文件，讨论了发展江西教育事业的一些重大问题，制定了高速度发展江西教育事业的规划。会议于 24 日结束。

16 日 省建设委员会转发国家建委《关于加强施工企业劳动定额管理工作的通知》的文件。从当年 7 月起全国实行劳动定额管理制度。在此之前，全省建筑系统一律贯彻执行 1966 年颁发的《建筑安装工程统一劳动定额江西省补充定额》。省建工局恢复"技术定额站"，各地市设立"技术定额分站"，并配备专职定额管理人员。

16 日 景德镇市革委会成立落实私房政策领导小组，景德镇市开始落实私房政策。

16 日 以罗马尼亚共产党中央委员、巴克乌县县委第一书记罗舒・格奥尔基为团长，罗共中央候补委员、中央宣传部副部长马特伊・依利耶为副团长的罗马尼亚党的工作者代表团一行 20 人，来南昌、庐山、九江等地参观访问。访问于 20 日结束。

17 日 全省出席全国财贸学大庆、学大寨会议代表赴京。这是建国以来，全国财贸系统规模最大的一次会议。江西出席这次大会的代表团由省委书记杨尚奎带队，正式代表和邀请代表共 162 名。代表团出发前，省委第一书记江渭清，省委书记杨尚奎、黄知真等领导到江西宾馆会见了全体代表。

18 日 全国劳动模范、萍乡市湘东镇革委会副主任彭光贤，在新村大队亲手种的 1.93 亩三熟高产试验田，当年春小麦创造了新的高产纪录，平均亩产达 731.8 斤，比 1977 年每亩增产 234.3 斤。

18 日 省委决定由朱旦华任省妇联主任、党组书记。

19 日 省、市机关召开"双打"斗争动员大会，动员全省人民立即行动起来，以揭批"四人帮"斗争为纲，继续深入开展"双打"（打击阶级敌人的破坏活动，打击资本主义势力的进攻），彻底摧毁"四人帮"的社会基础。

20 日 《江西日报》报道，江西在海南岛玉林、湛江、汕头等地进行杂交水稻繁殖和制种获得丰收。从 1977 年 10 月起，全省共有 1 万多名农村干部和社员到海南岛等地进行"南繁"育种工作，实收面积 33500 多亩，繁殖不育系种子和收获杂交一代种子共 413 万多斤，平均亩产 127.95 斤，平均单产比上一年增长 60%，并且出现了不少高产田块和高产单位。

27 日 以拉蒂夫・阿胡努为团长的贝宁国家男子篮球队一行 15 人在江西访问，并与江西省男子篮球队进行友谊比赛。活动于 30 日结束。

27 日 省委政法领导小组召开第十六次全省司法工作会议，省地、市、山、县委主管政法工作的书记和全省各级政法机关以及省军区军事法院的负责人共 450 人出席会议。会议学习中共中央（1978）32 号文件，传达贯彻第八次全国司法工作会议精神，联系实际，深入揭批林彪、江青反革命集团及其在江西的亲信"砸烂公检法"，颠倒敌我关系，把专政矛头指向党内和人民内部的反革命罪行。同时着重研究加强法制观念，严格依法办事，复查纠正冤假错案工作，保障新时期总任务胜利完成等问题。会后，省委批转会议纪要。会议于 7 月 11 日结束。

29 日 江西大学积极采取措施，整顿和充实各个系科的实验室，为适应新的教学要求和提高教学质量创造条件。该校在整顿实验室的过程中，各系科除购买添置一些必要的仪器设备外，主要是发动教师自力更生，修旧利废，把所有损坏了的仪器设备重新修复和安装起来。通过整顿，改善了教学条件，为提高教学质量作出了贡献。

30日 省委发出《关于落实党的知识分子政策的通知》的文件，要求各级党委必须加强领导，认真做好用非所学的知识分子和科技人员的调整归队工作，抓紧处理审干工作中的遗留问题，从思想上、工作上、生活上关心知识分子和科技人员，帮助解决他们的实际困难。

30日 全省民间音乐舞蹈会演于当日开幕，赣州、抚州、上饶、九江等地区及萍乡、井冈山6个演出队，共演出57个节目。省委对这次会演极为重视，省委第一书记、省革委会主任江渭清，省委常委、省革委会副主任彭梦庾、李毅章、赵志坚，候补中央委员李祖根观看了演出。会演于7月8日结束。

30日 到当日止，全省工业总产值已完成全年计划的53.7%，比1977年同期增长39%。列入国家计划的60种主要产品产量，比1977年同期增长的有57种。有的增长达80%～90%。整个工交、基本建设战线，捷报频传，形势喜人。

本月 江西省农机研究所的科技人员，认真学习新时期的总任务，贯彻落实全国科学大会精神，结合江西农村的实际需要，加快农机科研的步伐，使科研工作出现了可喜的新面貌。“水田耕作层土壤与驱动耕工作部件相互关系的研究”课题，是一个基础理论研究项目，在资料十分缺乏的情况下，课题组与有关单位一起奋战了两个月，终于完成了驱动耕的两种工作部件的设计与试制工作，在与“丰收－45”拖拉机配套进行了耕耙试验，获得了很有价值的结果。他们的“星形耙片几何参数的研究”也被选为全国农机学会的论文。他们还新开了小动力牵引车、850拖拉机配套机具、喷灌、机耕船等新课题的研究，取得了突出的成绩。

本月 江西省机械工业学校成立，隶属省机械局。

本月 国家林业总局在宜春召开全国油茶生产会议。

本月 省矿产储量委员会审查批准建材五〇一队提交的永新县与石山大型硬石膏矿和江西地质局九〇九队提交的瑞金谢坊大型萤石矿两份地质勘探报告。

公元1978年7月 农历戊午年【马】													
日	一	二	三	四	五	六	日	一	二	三	四	五	六
						1 建党节	2 廿七	3 廿八	4 廿九	5 六月大	6 初二	7 小暑	8 初四
9 初五	10 初六	11 初七	12 初八	13 初九	14 初十	15 十一	16 十二	17 十三	18 十四	19 十五	20 十六	21 十七	22 十八
23 大暑	24 二十	25 廿一	26 廿二	27 廿三	28 廿四	29 廿五	30 廿六	31 廿七					

1日　省委召开省直各厅、部、委、办、局及省工、青、妇的负责人会议，庆祝建党57周年。省委第一书记江渭清在会上讲话，省委书记黄知真主持会议。江渭清指出，在纪念党的生日的时候，党中央公开发表毛主席1962年1月30日《在扩大的中央工作会议上的讲话》，对于深入揭批“四人帮”的反革命修正主义路线，对于拨乱反正，对于加强全党、全军、全国人民的团结，调动一切积极因素，巩固无产阶级专政，实现党的十一大路线和新时期的总任务，具有深远的指导意义。

4日　全省现有23万多名经过培训的宣传骨干，在农村人民公社的生产队、工厂企业的车间以及街道、学校向群众宣讲。省委还要求各级党委，把宣传、学习新时期的总任务，同学习马列、毛主席著作相结合，深入开展揭批“四人帮”的斗争，同进一步开展工业学大庆、农业学大寨，开展学文化、学科学知识结合起来，进一步发展江西的大好形势。

5日　省革委会批转省财政局《关于建立公社财政的报告》的文件，公社财政实行“定收定支，超收分成，收入上解，支出下放，结余留用，一年一变”的办法。

5日　根据省革委会通知，省属煤矿企事业单位，不再设革委会，实行党委领导下的厂（矿）长负责制。

6日　省农业局重新颁发《江西省嫁接果苗出圃分级标准》和《江西省良种茶苗出圃分级标准》。

6日　省委、省革委会发出《关于紧急动员起来，开展防旱、抗旱、防虫灭虫斗争，夺取“双抢”战斗全胜的紧急通知》。要求宣传贯彻中央《关于转发湖南湘乡县委报告的批示》和省委《关于目前农村若干政策问题的意见（试行草案）》，进一步落实党在农村的各项经济政策，从各方面减轻农民负担。并号召全省党政军民，立即行动起来，下最大决心，尽最大努力，学习大寨人，发扬天大旱，人大干的革命精神，开展防旱、抗旱、防虫灭虫斗争，努力实现1978年全省粮食平均亩产上《全国农业发展纲要》，为实现四个现代化作出新贡献。

7日 省革委会批转省卫生局、省公安局、省民政局《关于加强全省麻风病、精神病治理领导小组》文件。方志纯任组长，刘达迎、李立超、杨希林任副组长。

7日 空军党委发布命令，授予驻江西省空军某部七连电话记录员李宗社为“雷锋式的战士”称号。这个部队举行向“雷锋式的战士”李宗社学习大会。李宗社1977年1月入伍，半年后就被连队树为“学习雷锋的先进个人”。1977年10月24日，李宗社与四位战友执行架设一条战备电话线路任务，因电杆倒下，他为救战友而被倒下的400多斤重电杆压倒牺牲。他用生命实践了“把全部的心血和精力倾注在革命事业上，让青春永放光芒”的誓言。

8日 省革委会同意开办江西省煤炭技工学校，规模750人，第一年招生250人。

10日 省气象局党组决定恢复江西省气象学会。

12日 省妇联在南昌召开全委扩大会议，选举产生50名代表出席中国妇女第四次代表大会。会议于15日结束。

13日 省委召开会议，省委领导和省直各部、委、办的负责人一起，认真学习党中央关于转发湖南湘乡县委报告的重要指示，对认真落实党的政策，努力减轻农民不合理的负担问题进行了讨论，并研究了具体措施。会议要求，全省各级党组织要迅速行动起来，认真学习、坚决贯彻党中央的重要指示，学习、推广湘乡县委的经验，落实党的政策，减轻农民不合理的负担，更加充分地调动广大农民的积极性，高速度发展农业，为实现新时期的总任务而奋斗。

13日 省军区党委日前举办了一期营团干部集训队。集训队以毛主席军事思想为指针，以揭批“四人帮”为纲，学习毛主席人民战争的战略战术、十大军事原则，研究步兵团对于有准备防御之敌的进攻，学习合成军诸兵种知识，着重研究现代战争的特点和发展，进一步体会和运用毛主席军事思想，有效地提高大家的军事思想水平和作战指挥能力，为加速实现我军革命化、现代化而英勇奋斗。

13日 出席全国财贸学大庆学大寨会议的全体代表从北京回到南昌。省、市党政领导及各界群众600余人到机场热烈欢迎。代表们决心不辜负党中央的亲切关怀和全省人民的希望，全面落实新时期的总任务，执行“发展经济，保障供给”的总方针，继续深入开展学大庆学大寨运动，做好社会主义的财贸工作。

各界群众代表在机场迎接出席全国财贸“双学”会议代表归来

14日 一机部和冶金部召开“小寺沟铜矿内燃无轨设备工业实验协调会”，会上确定工业实验大纲和实验的领导机构及组成人员。工业试验组由小寺沟铜矿派员出任组长、南昌矿山机械研究所派员出任副组长。

14日 省委分别召开常委会，地、市、县委负责人会议和全省计划生育会议，贯彻落实新时期计划生育工作的任务和国务院计划生育领导小组第一次会议精神，对全省的计划生育工作专门作了研究和部署。会议强调，要调整充实各级计划生育机构。要经常派人下去，总结经验，具体指导。要加强避孕药具和节育手术器械的供应工作。要坚持书记挂帅，全党动员，认真抓好计划生育工作，为实现新时期的总任务作出贡献。会议于20日结束。

15日 省公安局召开全省侦察工作会议，学习中共中央批转的《第三次全国侦察工作会议纪要》，批判“四人帮”破坏侦察工作的罪行，研究侦查工作任务，恢复建立侦查工作制度。会议于24日结束。

15 日 省委办公厅发出紧急通知，要求全省各级党委和革命委员会停开会议，把领导力量从会议上解放出来，集中力量投入抗旱“双抢”。农村的各种宣传活动，在不误生产、密切结合生产的条件下进行。各级领导干部要转变作风，深入抗旱“双抢”第一线，切切实实地解决抗旱“双抢”中的各种实际问题。

南昌县蒋巷公社党委负责人积极带领社员坚持抗旱抢种，力争多种多收

17 日 南昌市航运局党委在宣传、落实新时期的总任务中，组织职工认真学习、贯彻《工业三十条》。全局各单位通过试行《工业三十条》，掀起了社会主义劳动竞赛的高潮，并加强了企业管理，在支农和国家重点建设物资运输方面，做到优先派船，随到随运，推动了运输生产的发展。

18 日 省委召开全省广播大会，传达贯彻全国财贸学大庆学大寨会议精神。省委书记、出席全国财贸“双学”会议代表团团长杨尚奎作了全国财贸“双学”会议情况和主要精神的传达报告。省委第一书记、省革委会主任江渭清在会上强调要工农商业一起抓，政治经济一起抓，三大革命一起抓，实现新时期的总任务就有可靠的保证。

18 日 四机部副部长刘寅在江西庐山听取江西省四机局负责人关于江西电子工业发展规划的汇报。

19 日 由南斯拉夫共产主义联盟中央主席团委员布兰科·米库利奇率领的南斯拉夫党的工作者代表团一行 11 人，于当日至 22 日在南昌、庐山参观访问。

20 日 全省近 19 万工人、下乡返乡知识青年、在职干部、解放军战士、应届高中毕业生和在校优秀学生报名参加全国统考。全省近 4000 个考场同时进行考试。省委第一书记、省革委会主任江渭清，省军区政委张力雄，南昌市委副书记刘迅等领导亲临南昌二中、南昌三中等考场视察。

20 日 省革委会决定成立 5 个地属国营农业机械垦荒队和省农垦局农业机械垦荒队，规定各机械垦荒队应集中使用在鄱阳湖商品粮基地开荒任务比较大的县，如抚州的进贤、九江的柘林灌区等。

20 日 湖南花鼓戏剧团一行 44 人，在萍乡市演出后到达南昌，在江西人民剧院举行首场演出，演出了花鼓戏《还牛》、《打铜锣》、《补锅》。此外，还将演出自行创作排演的 7 场喜剧《野鸭洲》。该剧团在南昌演出 13 场，观众达 2.7 万人次。

湖南花鼓戏剧团演出结束后，省、市党政军领导和演员们合影

21 日 江西省第十六次司法工作会议召开，这次会议的任务是：贯彻执行党的十一大路线，认真实施新宪法，加强社会主义法制，使司法工作更好地为新时期总任务服务。最高人民法院彭树华等参加了会议。

22 日 江西昆虫、植保学会日前在南昌召开理事扩大会议，决定恢复两个学会的活动。参加这次会议的有共大总校、江西大学、省农业科学院、省农业局和省粮食局等有关部门的理事及代表。会议根据当前与长远相结合、理论与实际相结合的原则，对今后一段时期的活动进行了安排，调整充实了理事会成员。大家一致推选章士美为江西昆虫学会代理理事长、牟济尧为江西植保学会代理理事长。

22日 省革委会发出《关于高等学校领导管理体制的暂行规定》的文件。

28日 江西省大庆学习参观团一行651人，完成学习参观任务回到南昌。参观团在大庆共参观了38个典型单位。在北京还瞻仰了毛主席遗容，并参观了周总理生平事迹展览，鼓舞了斗志。

29日 江西共大总校2000多名师生员工集会庆祝建校20周年。《江西日报》发表题为《认真办好共大，为实现农业现代化作出新的贡献》的社论。

30日 省委召开全省党政机关负责人会议，学习中共中央转发陕西省委《关于旬邑县少数干部强迫命令、违法乱纪的调查报告》所作的重要指示（8月4日，省委发出《关于认真学习、坚决贯彻执行中共中央转发陕西省委〈关于旬邑县少数干部强迫命令、违法乱纪问题的调查报告〉的批示的通知》，要求各地采取严肃认真的态度，向党员、干部进行党的优良传统、政策和社会主义法纪教育，并对干部作风问题进行检查，切实解决农村干部违法乱纪方面的问题）。

31日 省委、省革委会召开电话会议，号召全省干部和群众，再接再厉，乘胜前进，进一步开展抗旱灭虫斗争，夺取“双抢”全胜，为实现新时期的总任务、全省粮食上《全国农业发展纲要》和经济作物较大幅度增长作出更大贡献。

31日 省革委会、省军区、南昌市革委会、南昌警备区联合举行大会，庆祝解放军建军51周年。省委书记杨尚奎、副书记狄生，省、市党政其他领导，省军区、福州部队步兵学校、南昌警备区领导等出席了大会。

本月 根据省民政局《关于清理和整顿民政事业费的通知》，各地、市、县民政局组织清理民政事业经费，建立健全民政财务制度。

本月 全国宫颈癌协作组首次学术交流会在江西省靖安县召开。会议主要交流推广靖安县农村宫颈癌防治研究试点经验。

本月 全省出动23个民兵高炮连和一个排，计民兵1030人，高炮149门，在全省53个县、市进行人工降雨1690余次，发射降雨弹4.3万发，成功率达80%以上。

本月 省建设委员会通知：全面实行劳动定额管理，执行1966年国家建委颁发的《建筑安装工程统一劳动定额》及省补充定额。

本月 根据国家的统一部署，开展全省基本建设项目普查。

本月 江西省劳改局通知全省劳改单位，将所有女囚犯押送省第七劳改支队集中改造。

公元1978年8月 农历戊午年【马】													
日	一	二	三	四	五	六	日	一	二	三	四	五	六
		1 建军节	2 廿九	3 三十	4 七月小	5 初二	6 初三	7 初四	8 立秋	9 初六	10 初七	11 初八	12 初九
13 初十	14 十一	15 十二	16 十三	17 十四	18 十五	19 十六	20 十七	21 十八	22 十九	23 处暑	24 廿一	25 廿二	26 廿三
27 廿四	28 廿五	29 廿六	30 廿七	31 廿八									

1日　省税务局下发《江西省税务部门支持农村社队企业发展生产周转金使用管理试行办法》的文件。

1日　南昌直达首都北京的直达旅客快车正式开通，江西人民盼望多年的事终于实现了。该列车行程全程2005公里。

1日　波兰共产党总书记经南昌抵庐山游览。

2日　津巴布韦非洲民族联盟参观团一行50人，来江西南昌、井冈山参观访问。活动于9日结束。

3日　省政协在庐山举办各界人士暑期学习班，部分省政协常委和爱国人士参加学习。学习班于9月上旬结束。

4日　江西机械工业系统组织职工学习、贯彻《工业三十条》。省机械工业局将《工业三十条》铅印2万册，下发到工业系统的每个车间、科室、班组，使广大干部和职工都能明确《工业三十条》的意义和目的，知道自己应该怎样去贯彻执行。为了取得试行《工业三十条》的经验，该局还在江西拖拉机制造厂抓了试行工作，使《工业三十条》越来越深入人心。

4日　卫生部部长钱信忠到余江县视察血吸虫病防治情况和卫生工作。

4日　江西省博物馆和国家文物出版社联合发起的江南地区印纹陶问题学术讨论会在庐山召开。会议讨论我国南方古代印纹陶的发展历史、制作工艺、影响传播及其反映的古文化面貌等有关问题。

4日　省革委会发出《关于在人民公社设立司法员的通知》。规定在城乡人民公社（镇、场）现有干部中，配备一名司法员负责各公社调解民事纠纷，调查处理轻微的刑事案件和民事案件，宣传社会主义法制等多项工作。

5日　波阳县永福寺塔开工维修。

6日　省革委会文办科技组召集省农科院、共大总校和各地（市）重点县垦殖场、农科所、农业局等单位，在遂川、泰和县农科所及井冈山地区农科所、萍乡市农科所、宜春地区农科所等进行现场考查鉴定，评选适合江西省的双季早稻栽培的杂交水稻组合。通过评选鉴定，并结合两年来全省区域试验结果，一致认为，V20AX6185、

V41AX6185、汕 AX 科珍 145、汕 AX6185、汕 AX5053、V20AX 早外 125 表现较好。此外，汕 AX7427、汕 AXIR24 选两个组，也有一定的增产优势。

7 日 南昌市第七届体育运动会授奖大会在八一礼堂举行，获团体奖单位 167 个次，获个人奖 2432 人次，17 名运动员破 6 项全市最高纪录。

8 日 在庐山参加 1978 年中国物理学会年会的中国著名物理学家周培源、钱三强、张文裕、汪德照、钱临照、魏荣爵、徐躬耦、苟清泉、郭贻诚、何贻贞、梅镇岳、郝柏林、董祖洛、冼鼎昌、姜承烈，抽空来南昌会见南昌市 2500 名青少年代表。并勉励江西的青少年在党的关怀下，把自己培养成为又红又专的无产阶级革命事业接班人。省委、省革委会、南昌市委、市革委会领导杨尚奎、彭梦庾、李毅章等陪同科学家们一起参加了会见。

8 日 美籍物理学家杨振宁教授和林家翘教授及他们的夫人等一行，到南昌、庐山参观访问。他们是应邀前来参加在庐山举行的 1978 年中国物理学年会的。杨振宁、林家翘在会议上作了学术演讲，在分学科会议上作了学术报告，还同中国物理学者进行了座谈。

8 日 省农业局在丰城县召开全省农业局局长、农科所所长会议。研究晚稻超早稻、秋粮丰收、冬种计划，以及以县农科所为骨干的四级农科网在高速发展生产中的重要作用等问题。会议提出《关于夺取秋粮丰收，狠抓冬季生产的意见》、《关于进一步办好以县农科所为骨干的四级农业科学实验网的意见》。会议于 16 日结束。

9 日 以国防部长奥托·雷施为团长的奥地利中国研究会代表团一行 20 人来江西南昌参观访问。访问活动于 14 日结束。

10 日 南昌市邮政局在长征路、中山路、一经路口、人民广场、南站支局内设立了专售纪念、特种邮票窗口，办理国内集邮业务。

10 日 在全国机械工业学大庆会议上，获"红旗集体"的有江西拖拉机制造厂底盘车间 402 组和江西气压机厂 3 车间车工 1 组，获大庆式企业 8 个，先进集体 6 个，劳动模范 4 人，特邀劳模 2 人。

11 日 省农林垦殖局发出《关于开展森林病虫害普查试点工作的通知》，决定用 3 年时间在全省开展森林病虫害普查，10 月底前在万载县完成普查试点。

12 日 省委从实际出发，落实农村各项经济政策，并采取有力措施，落实《十八条》即《关于目前农村政策若干问题的意见》。同时，省委考虑到落实党的农村经济政策工作量比较大，涉及面广，因此，先从经济作物抓起，1977 年冬就制定了《关于发展棉、蔗、烟等经济作物生产政策的实施细则》，对各种经济作物的集中产区，以生产队为单位，普遍实行"四定一奖"（即定面积、定产量、定交售任务、定基本口粮和超产奖励）。这些政策实施以后，1978 年全省棉花、甘蔗、烟叶、黄麻等经济作物种植面积和产量都超过了前几年。

12 日 省、市军民 2200 余人集会，庆祝华国锋主席和叶剑英、徐向前副主席为全国民兵工作会议题词。华国锋的题词是："坚持野战军、地方军和民兵三结合的武装力量体制，大力加强民兵建设"。叶剑英的题词是："大力加强民兵建设，如果战争一来，要能依照战略要求，不断充实和扩大野战军、地方军，发扬人民战争巨大威力，战胜敌人，保卫强大的社会主义祖国"。中央军委副主席徐向前的题词是："恢复发扬民兵工作的优良传统，认真搞好民兵工作三落实"。

14 日 全省冶金工业战线各级党组织带领广大职工，深入揭批"四人帮"反革命修正主义路线，认真贯彻执行《工业三十条》，大力开展优质、高产、低消耗、增盈利的增产节约运动，取得了显著成绩。1978 年上半年，钢、铁、钢材、焦炭以及有色金属等 19 种主要产品产量，都超额完成了上半年国家计划，产品产量提高，消耗下降，盈利大幅度上升。

15 日 省农林垦殖局转发国家农垦总局《关于农垦企业试行奖励制度的通知》的文件。通知要求各地市和省属场先行试点，各单位现行各种奖励办法，凡不符合国务院、省革委会及国家农垦总局规定精神的，应停止执行。

18 日　省机械局在南昌柴油机厂、江西拖拉机制造厂、江西电机厂、江西主体压缩机厂等 5 个直属企业试行奖励和计件工资制度。

19 日　江西省煤炭系统的 ZPG－Ⅱ型转子式混凝土喷射机、高坑选煤厂煤泥水闭路循环系统、沿沟矿空气压缩机自动化等一批先进科技项目在江西省科学大会上获奖。

20 日　《江西日报》发表题为《一定要把减轻农民负担的政策落实好》的评论员文章。要求各级党委从头到尾，狠抓落实。在问题彻底揭露之后，要引导干部群众，按照党的政策从当地实际情况出发，具体分析研究，边整边改，不拖不等，能解决的问题立即解决。坚决克服瞎指挥，要爱惜民力。坚决克服“大办”多、“赤脚”多、吃喝多、乱盖楼堂馆所的歪风。减少非生产人员、用工、开支。坚决刹住无偿平调生产队农副产品、现金的不正之风。纠正挪用农贷，支农资金和补助经费。反对收购农副产品压级压价。坚决收回超支欠款等。

23 日　省委在南昌市八一礼堂召开江西省、市负责干部大会，传达全国农田基本建设会议精神。介绍了参观江苏苏州地区、山东泰安地区、济宁地区大搞农田基本建设，建设高产稳产农田的经验。省委书记黄知真对照全国农田基本建设精神，找出了江西在农田基本建设上的差距，并就如何贯彻全国农田基本建设会议精神作了部署。省委书记杨尚奎就当前抗旱、灭虫及夺取晚稻和棉花、甘蔗等经济作物丰收讲了话，并要求各级党委把抗旱和大搞农田基本建设有机地结合起来。

24 日　新华社南昌电，自 5 月中旬以来，久晴不雨，天气酷热，全省 1000 多万亩农田受到严重干旱。省气象部门及时举办人工降雨学习班，培训技术骨干。省军区、各军分区、警备区以及县人武部，及时调动高炮、组织民兵参加人工降雨。物资、电力、邮电等部门，也为人工降雨作出了努力，全省 50 多个县、市实施了人工降雨，取得了较好的成绩。

24 日　最高人民法院下达江西公证人员编制 213 名。除南昌市公证处已恢复成立外，泰和、波阳等 26 个人民法院相继设立公证室。

24 日　江西省博物馆和文物出版社在庐山联合召开江南地区印纹陶问题学术讨论会。参加会议的有 22 个省市、50 多个单位的近百名学者和代表，对江南地区印纹陶的特征、分期和断代及出土文物所反映的社会生活等问题进行了探讨。会议于 9 月 3 日结束。

25 日　省农业局在赣县召开甘蔗生产会议，总结交流甘蔗前期田间管理经验，研究中、后期管理措施，讨论进一步落实“四定一奖”政策。会议于 28 日结束。

27 日　共青团江西省委召开八届四次全委扩大会议。会议根据中共中央“五四”通知和共青团十大筹委会第一次会议精神，采取无记名投票方式，选举产生了出席共青团全国第十次代表大会的 50 名代表，还通过了立即在全省团员、青年中开展“争当新长征突击手”活动的决定。会议于 30 日结束。

28 日　国家计委批准《江西铜基地设计任务书》，决定开发江西铜基地。确定建设规模和产品方案：铜基地 6 个矿山年采选规模 4280 万吨，精矿含铜 23 万吨；冶炼厂建在贵溪，规模为年产铜 20 万吨。其中电解铜 15 万吨，商品铜 5 万吨，冶炼烟气制酸 72 万吨。德兴铜矿、城门山冶炼厂由国外引进技术装备。

28 日　法国友好律师代表团一行 10 人抵达江西，先后到江西消防车辆厂和珠湖农场参观访问。9 月 1 日结束访问。

28 日　全省民兵工作会议在南昌举行。省军区副政委李彦令传达了全国民兵工作会议精神和邓小平副主席的讲话及全国民兵工作会议的其他文件。省委第一书记、福州部队政治委员、省军区第一政委江渭清看望了全体代表并讲了话。省委常委、省军区司令员信俊杰和省委常委张力雄也讲了话。

30 日　省革委会日前发出通知，要求全省工交战线认真贯彻执行国家经委《关于开展“质量月”活动的通知》以及省计委《关于贯彻国家经委通知的意见》。通知要求各局要制定好质量升级计划，要采取一切手段和措施，使所有产品的质量都要有所提高，赶上和超过国内同行业先进水平。

30日 省计划委员会正式批准红星垦殖场南山奶牛场列为国家建设项目，筹建工作全面展开（1980年初第一期工程完成投产）。

王震在东乡县红星垦殖场考察

本月 全国活猪出口（供港）工作会议在江西万年县召开。万年县外贸公司出口活猪突破万头，残次率低于0.1%，名列全国榜首。

本月 赣州钴冶炼厂化工车间开始兴建（1979年8月厂房基本建成。1985年7月16日投入生产，形成年产烧碱1500吨、盐酸4000吨、液氯90吨能力）。

本月 财政部、农林部遵照李先念副主席关于要集中力量搞好一个全盘机械化县的指示精神，追加进贤县农机化试点县购置科研设备和活动的一次性补助费10万元。

本月 高考实行全国统一命题，8月初，由江西省组织考试评卷。南昌市高考生25436人，省内外录取3136人；中专考生10857人，省内外录取996人。

本月 省委决定，“省委、省军区党委对台工作领导小组”改名为“省委对台工作领导小组”，“省革委、省军区对台工作办公室”改为“省委对台工作领导小组办公室”。归属省委宣传部。

本月 经省革委会批准，设立省计委电子计算站，并着手筹建。

1978 9月 September

公元1978年9月 农历戊午年【马】													
日	一	二	三	四	五	六	日	一	二	三	四	五	六
					1 廿九	2 八月大	3 初二	4 初三	5 初四	6 初五	7 初六	8 白露	9 初八
10 初九	11 初十	12 十一	13 十二	14 十三	15 十四	16 中秋节	17 十六	18 十七	19 十八	20 十九	21 二十	22 廿一	23 秋分
24 廿三	25 廿四	26 廿五	27 廿六	28 廿七	29 廿八	30 廿九							

1日　宜春风动工具厂与天水风动工具研究所联合设计研制成YN25型内燃凿岩机，通过部级技术鉴定。

2日　南昌铁路局党委继续认真落实知识分子政策，恢复了2人“文化大革命”前的工程师职称，进一步调动了科技人员的工作积极性。

5日　东方红电化厂因遭受强大暴风雨袭击，钢材仓库倒塌，输电线切断，临时设施摧毁。

8日　江西、吉林、江苏、浙江、安徽、四川6省13所高等院校，在南昌举行编写《中国文学史》协作教材定稿会议。与会者按照毛主席倡导的“双百”方针，对文学史中诸如孔丘、孟轲、庾信、韩愈等作家和《水浒》、《桃花扇》、《长生殿》、《琵琶记》等作品的评价及爱国主义、清官、让步政策等问题，展开争鸣，气氛十分热烈。会议要求各与会院校根据讨论意见再作修改、补充，10月正式定稿由江西人民出版社出版。

10日　中国地质学会第四纪冰川及第四纪地质学术会议在九江庐山召开。全国知名学者许杰、杨钟健、尹赞勋、裴文中、孙殿卿等300余人参加了这次盛会。会议于18日结束。

11日　侨务工作从江西省民政部门划出，交有关部门管理。

11日　国家计委副主任李人俊在《关于德兴铜矿设计问题的请示》上批示：经请示余秋里、康世恩副总理及其他领导，按年产25万吨规模谈判。由中技公司与美国福陆公司签订德兴铜矿第一、二阶段概念性设计合同，规模：日采选矿石17.3万吨，年产铜25万吨（11月，签订补充协议，采选规模改为13万吨/日。1980年9月，由于贯彻国家经济调整方针、压缩基本建设规模，终止了此合同）。

11日　省革委会召开全省国营垦殖场（农场）工作会议。省农办主任张国震作题为《为把我们国营垦殖场（农场）建设成为社会主义商品生产基地而奋斗》的报告，黄知真到会作指示。会议确定全省国营垦殖场（农场）的发展及规划，研究进一步搞好“一批二打三整顿”和坚持农业学大寨的措施，以及有关办好国营垦殖场（农场）的方针政策和改进经营管理，加强领导等问题。

12日　南昌电线厂的干部、工人和技术人

员，群策群力，奋力攻关，安装远红外烘干机成功。经运行试验，各项技术指标达到了设计要求，电磁线日产量在原来的基础上翻了一番，而且半年可节约用电5万度至7万度。由于用瓷管代替了原不锈钢管，使设备造价降低，也为国家节约了钢材。

12日 国务院颁发《会计人员职权条例》，江西省遵照执行。

12日 江西省无线电技工学校成立。

14日 省民航局和省农业局首次使用飞机在南昌县富山公社张坊大队进行水稻根外叶面追肥试验，为向农业现代化进军迈出了可喜的一步。这次采用飞机喷肥，5个小时完成了人工需要400个劳动日才能完成的任务，充分显示了农业现代化的优越性。

省民航局派出飞机帮助南昌县富山公社张坊大队喷洒化肥

14日 省农业局抽调人员组成3个检查组，进行本年度全省第二次杂交水稻繁殖制种和大田生产检查（随后于10月24日至25日，在余江县国营邓家埠水稻原种场召开杂交水稻“三系”亲本提纯复壮座谈会。总结、交流经验，落实任务和措施）。

15日 省委近日召开有省委、省革委会各部、委、办和省直各局负责人参加的各地、市、山党委工业书记座谈会。会议主要是贯彻落实中央指示和国家经委电话会议精神，进一步动员工交战线广大职工“努力把生产搞得更好”。省委第一书记江渭清出席会议并讲了话，省委书记白栋材作了总结发言。省委书记杨尚奎就工交战线扭亏为盈问题讲了话。

15日 南昌第一座大型喷灌工程——扬子洲工程正式启动，有73个喷头，能保103亩蔬菜基地旱涝保收，稳产高产。

16日 省卫生局根据卫生部制定的《全国医院工作条例试行草案》和《医院工作制度及医院工作人员职责试行草案》规定，开始在全省推行以岗位责任制为中心的医院管理制度。

18日 余干县瑞洪卫生院发现江西省首例副霍乱“2号病”患者（疫情波及9个县市，患者385例，死亡30人，查出带菌者118例。经各地、市积极采取防治措施，疫情于11月底被控制）。

19日 法国钨矿考察团一行5人，来西华山、漂塘、木梓园、荡坪、大吉山钨矿和德兴铜矿等地进行考察研究。考察活动于11月6日结束。

19日 江西省科学大会召开。大会的主要任务是：认真贯彻执行党的十一大路线和五届人大会议精神，深入揭批“四人帮”破坏科技事业的罪行，研究进一步落实全国科学大会精神和措施，制定江西省1978年至1985年科学技术发展规划，总结交流经验。这次大会给478个先进集体、465个先进个人和1058项优秀科技成果的完成单位发了奖。省委、省革委、省军区领导江渭清、杨尚奎、白栋材、黄知真、狄生、信俊杰等出席了闭幕式。大会于26日结束。

江西省科学大会在江西影剧院隆重开幕

20日 省农业局在奉新县召开微生物肥示范座谈会，总结微生物肥肥效。座谈会于21日结束。

21日 省农林垦殖局发出《关于迅速开展珍贵树种资源调查的通知》，决定以地、市为单位在1979年10月前完成全省珍贵树种资源调查工作。

22日 全省出席中国妇女第四届全国代表大会代表从北京回到南昌，受到省、市领导狄生、罗孟文等及200余名各界妇女代表的欢迎。代表们表示，决不辜负党中央的期望，一定要加倍努力做好妇女工作，为实现四个现代化作出新贡献。

22日 日本东京广播公司电视录像采访团一行9人，来南昌、井冈山采访、拍片。采访于29日结束。

23日 省委通知，成立江西铜基地建设指挥部。总指挥长待定，常务副指挥长由冶金部指派，徐清镒、王万朝、房书玉、张俊外、梁万成5人任常务副指挥。

24日 南昌铁路局代表团共80人参加全省科学大会。会上有“管芯拱桥”、“大型架桥机”等12项科技成果和陆宗伟等10名先进科技工作者获奖。

24日 全省科学大会上，交通系统有127项交通科技项目获奖。这些项目包括：柏油路面无土砂砾基层结构、大中桥孔设计研究、双曲扁壳拱桥的研究、JX－K－1型汽车制动试验台、汽车自动充电机、优选节油新技术应用、解放牌CA108型汽车缸体加工作业线、汽柴油发动机启动电源、汽车前桥工字梁油压校正器、自制氯化亚铁电解液等。

25日 省委第一书记江渭清在省委党校县革委副主任以上的干部读书班开学典礼上，作题为《坚持实践是检验真理的唯一标准是马克思列宁主义的根本原则问题》的报告，指出，关于实践是检验真理唯一标准的讨论，是关系到能不能真正高举毛泽东思想伟大旗帜，贯彻执行党的十一大路线，努力实现四化的问题。他要求全省同志都来关心这个问题，把实践是检验真理的唯一标准的讨论深入开展起来。

25日 省委、省革委会日前召开全省爱国卫生电话会议，动员全省城乡广大干部和群众，立即行动起来，在国庆节前夕大搞一次爱国卫生突击运动，干干净净迎接国庆29周年。省委、省革委、省军区领导出席了会议。

26日 由江西自行设计、加工、安装的两座143米跨越赣江最高钢管拉线铁塔和两基20多米的耐张铁塔，经过两个多月的艰苦奋战，胜利竣工。为斗门至新余22万伏输变电工程的建成投产创造了条件，并确保工程质量达到国家验收标准。

26日 省革委会日前在南昌召开全省国营垦殖场、农场工作会议。会议认真学习和贯彻全国国营农场工作会议纪要和有关文件精神，总结经验，制定规划，研究措施，提出要尽快把江西的国营垦殖场、农场建设成为现代化商品粮生产基地。

27日 新华社于当日对江西省委书记江渭清在省委党校干部读书班开学典礼上的报告，向全国作了长篇报道。《光明日报》也摘要发表了主要内容。在全国，江西省委是较早旗帜鲜明地表示支持和赞成真理标准问题讨论的地方党委之一。

28日 省农林垦殖局、省粮食局、省财政局、省人民银行发出《关于追加林业事业费和育林基金以及发放油茶山专项贷款的通知》，将国家林业总局追加江西省木本油料补助经费150万元，省安排的育林基金200万元以及油茶山专项贷款500万元，分给油料商品基地县用于育苗、造林、幼林抚育和老林改造。

29日 省、市军民在南昌市八一礼堂集会，纪念毛主席“大办民兵师”指示发表20周年。全省各地都开展了各种类型的纪念活动。具有光荣革命传统的老革命根据地的民兵，决心继承和发扬井冈山武装斗争的光荣传统，大力加强民兵建设。

本月 省革委会在井冈山茨坪举行活动，纪念创建井冈山革命根据地50周年，省歌舞团、省京剧团上山演出了大型歌舞《井冈山》和现代京剧《枫岭枪声》。

本月 省农业科学院菌种站开展食用菌生物学特性与栽培技术研究（1982年9月开始在南昌县塔城公社设点进行食用菌平菇生产栽培示范）。

本月 江西省建二公司实行计件工程制度和奖励制度。

本月 省委决定陈克光、胡立峰任省人民检察院副检察长。

本月 抚州市开始编制修订《抚州市城市总体规划》。

本月 长青机械厂开始研制“五九式57毫米高炮基线修正仪”（1982年12月通过炮兵鉴定。1985年获国家科技进步二等奖）。

公元 1978 年 10 月 农历戊午年【马】													
日	一	二	三	四	五	六	日	一	二	三	四	五	六
1 国庆节	2 九月大	3 初二	4 初三	5 初四	6 初五	7 初六	8 寒露	9 初八	10 重阳节	11 初十	12 十一	13 十二	14 十三
15 十四	16 十五	17 十六	18 十七	19 十八	20 十九	21 二十	22 廿一	23 廿二	24 霜降	25 廿四	26 廿五	27 廿六	28 廿七
29 廿八	30 廿九	31 三十											

1 日　省革委会举办的“周恩来纪念展览”在南昌的江西博物馆展出。整个展览共分四个部分。第一部分介绍了周恩来青少年时期发奋读书，立志救国。第二部分介绍了周恩来在新民主主义革命时期的活动。第三部分介绍了周恩来在社会主义革命和社会主义建设时期的活动。第四部分介绍了周恩来逝世后，全国各族人民和全世界人民沉痛悼念的情况。展览共展出革命文物 1210 余件。省委、省革委会领导江渭清、杨尚奎、白栋材、狄生、信俊杰、郑国、李毅章、赵志坚、方志纯等观看了展出。

省委、省革委会领导参观《周恩来纪念展览》

1 日　全省 3900 余人举行文艺晚会，庆祝建国 29 周年。省委、省革委会领导，省、市党政军其他领导及工、青、妇、老红军、老干部和各条战线的劳动模范、先进人物、台湾省籍同胞、少数民族、知识分子代表观看了演出。

2 日　日本友好人士西园寺公一和夫人一行 5 人来南昌、井冈山、景德镇、九江、庐山等地参观访问。访问活动于 14 日结束。

3 日　省委、省革委会在余江县城举行纪念毛主席《送瘟神》诗词发表 20 周年。省委领导宣读中央来电。当日，余江县的《送瘟神》纪念碑破土动工，纪念馆剪彩开馆。晚上分别在余江、南昌、上饶、波阳等地演出以《送瘟神》为题材的剧目：《换了人间》、赣剧《枯木逢春》、《新风曲》、《银锄记》和纪录影片《余江的春天》。

省委领导在余江县参观《送瘟神》展览

4 日　民革江西省委会临时领导小组第一次会议决定，对在省直属单位和南昌市的民革党员开展调查研究，成立调查研究小组和错划“右派”改正小组。

6 日 省委发出关于国家机关中党组织设置的通知：省一级国家机关的党委或党的核心小组，一律改称党组。省总工会、团省委、省妇联分别设立党组。省委各部门的常委、党的领导小组一律改由领导成员组成厅务会议、部分会议或办公会议制度。省委党校、省大专院校、江西日报社分别建立党委。地、市委各部门，地、市一级国家机关和人民团体参照上述原则执行。

6 日 江西省防治“2 号”病领导小组成立。黄知真任组长，方志纯、张致和、郑兴任副组长。

7 日 省革委会 125 号文批转省二轻局革委会《关于大力发展工业品生产的报告》，要求对日用工业品生产务必做到“生产有阵地、计划有位子、分配有比例”。

8 日 江西省博物馆考古队和贵溪县文物陈列室对贵溪仙水岩春秋战国崖墓群发掘了 18 座崖墓、37 具棺木、16 副人骨架，陶器、青瓷器、竹木器、纺织器材、纺织品等出土文物 220 件（发掘工作于 1979 年 1 月 17 日结束）。

8 日 全省治安工作会议在南昌召开。会议传达第三次全国治安工作会议精神，总结交流经验，分析社会治安形势，研究贯彻落实措施。会议于 18 日结束。

11 日 省妇联召开传达、贯彻第四次全国妇女代表大会精神广播大会。出席会议的有省委、省革委、省军区、省政协领导。省妇联主任朱旦华作了关于第四届妇女代表大会盛况的汇报，动员全省妇女为完成新时期总任务而奋斗。省委副书记狄生在会上讲了话。

11 日 南昌市取得江西省第五届体育运动会男女羽毛球、男女乒乓球、足球、男子排球、游泳、武术、航海模型冠军。

11 日 省委在南昌召开“全部摘掉右派分子帽子工作会议”，会议讨论拟定的《关于贯彻执行中央（1978）55 号文件中若干问题的处理意见》，经省委批准下发各地贯彻执行。会议于 18 日结束。

12 日 江西省第五届运动会经过 6 天的竞技比赛于昨日落下帷幕。参加这届运动会的有六地、三市、二山（庐山、井冈山）和南昌铁路局、省军区共 13 个代表团，运动员、教练员、裁判员及工作人员近 5000 人。这届运动会有 1 人 1 次破 1 项全国纪录，1 人 1 次破一项全国少年纪录，其中有 18 人、1 队、25 次破 14 项省少年纪录。

江西省第五届运动会在南昌隆重开幕

14 日 由联合国粮农组织派遣的农业和乡村培训考察组一行 20 人来赣考察。考察活动于 19 日结束。

16 日 江西省第三届民兵代表会议召开，历时 9 天圆满结束。会议期间，代表们学习了毛主席关于加强民兵建设的指示，学习了全国民兵工作会议文件。省委第一书记、省革委会主任、

江西省第三届民兵代表会议在南昌隆重开幕

福州部队政委、省军区第一政委江渭清和福州部队副政委王直到会讲了话，省委常委、省军区司令员信俊杰作题为《高举毛主席的伟大旗帜，发扬井冈山革命传统，大力加强民兵建设》的工作报告。与会者还联系江西民兵建设的实际，深入揭批林彪、“四人帮”及其在江西的死党、亲信破坏民兵建设的罪行，明确了民兵建设的任务。出席会议的代表共1238名。会议向32个先进单位授予锦旗，表彰了238个先进单位，向38名先进个人颁发了奖状。大会一致通过了《江西省第三届民兵代表会议倡议书》。《江西日报》发表了题为《加强党的领导，加速民兵建设》的社论。

17日 国家经委、计委、国家环境保护领导小组下达第一批国家限期治理项目，江西省列入的项目为南昌农药厂有机磷污染。

17日 省委办公厅组织全省档案工作部门进行检查评比，评出抚州、景德镇、井冈山、宜春等地、市档案馆为先进档案馆。评比活动于11月5日结束。

18日 新余钢铁厂焦化苯精制工程全部建成投产。

19日 中共中央通知，彭梦庾调任中共内蒙古自治区委员会常委，免去其江西省委常委、省革委会副主任职务。

21日 国家人防领导小组授予南昌市“全国人防护林战略建设先进城市”称号。同时，江西省有8个单位，12名先进工作者受到表彰。

21日 《江西日报》报道，江西拖拉机厂认真落实党的知识分子政策和老工人政策，把林彪、“四人帮”干扰破坏时被赶下乡的200多名技术人员请回来，500多名受排斥的经验丰富的老工人，提拔到厂、车间领导岗位和生产关键岗位上来，调动了他们的积极性，使这个厂的生产蒸蒸日上，成为江西工业学大庆的一个先进单位，在全国8大拖拉机厂竞赛中获胜。

江西手扶拖拉机厂生产的手扶拖拉机

23日 省计委、省财政厅分配省农垦局农业机械垦荒农机设备购置费70万元。

24日 200瓦短波单边电台在南昌无线电厂通过生产定型鉴定。

25日 《江西日报》报道，全省部分单位开展真理标准问题的讨论。赣州地委举办县（市）以上领导干部读书会，认真讨论理论与实践的关系和民主集中制问题，与会者一致表示，要坚持实践第一的观点，发扬实事求是的作风。抚州地委宣传部召开全区理论辅导员会议，讨论了真理标准问题，认为，要继续解放思想，肃清流毒，就必须坚持实践是检验真理的唯一标准。上饶地委宣传部组织部分地属单位和县的理论干部，就真理标准问题开展讨论，认为真理标准只能是社会实践。

由省直机关党委、团省委团委、省团委主办的青年与社会论辩赛——实践出真知

25日 省委、省革委会举行大会，欢迎湖南省代表团来江西传经送宝。省党政军领导江渭清、杨尚奎、白栋材、黄知真、狄生等出席了欢迎大会。湖南省代表团团长董志文、副团

湖南省代表团到达萍乡车站时，受到省和萍乡市党政军负责人以及群众热烈欢迎

省党政军负责人在江西宾馆亲切会见湖南省代表团

长孔安民、李明以及代表团全体成员，应邀出席大会。

27日 江西省人民银行转发中国人民银行关于对社队和社员建沼气池贷款利率规定和信用社股金分红问题的通知。

28日 江西省爱国卫生运动和省食品卫生领导小组在新建县召开了全省爱国卫生运动和食品卫生工作会议。出席会议的有地、市、山、县常委，革委会主管卫生工作的副书记、常委、卫生局长和爱卫会、食品卫生领导小组成员及卫生、科研、医学院校等单位负责人共380多人。会议传达贯彻了全国爱国卫生运动烟台地区现场经验交流会和全国食品卫生工作会议精神，学习了中央领导对环境保护工作的重要指示。以揭批“四人帮”为纲，总结交流了经验，制定了江西省1985年卫生工作和防止食品污染的8年规划及实现这两个规划的措施。会议于11月3日结束。

30日 全省第六次治安工作会议日前在南昌召开。参加会议的有各地、市、山、县公安局，南昌铁路公安处，省军区保卫处及劳改单位、部分机关、学校、厂矿等单位共361人。会议要求，全省人民进一步解放思想，鼓足干劲，迅速把治安工作搞上去，为实现新时期总任务创造更加良好的社会秩序作出新贡献。

30日 CMOS集成电路板在江南材料厂试制成功。

30日 全省财贸系统学大庆学大寨会议召开。会议贯彻落实全国财贸“双学”会议精神，总结经验，表彰先进，肯定成绩，发现并改正缺点。大会命名55个大庆大寨式企业（单位），评选出59名劳模，表彰1544个学大庆、学大寨先进企业（单位或集体），411个先进工作者。会议于11月7日结束。

31日 省卫生局派出江西省第一批援助医疗队，共17人赴乍得邦戈尔省工作。

本月 丰城洛市矿区开始建设，首先开工龙溪一井，设计年生产能力30万吨。由江西省煤建公司三处承建（1981年停缓建，1982年恢复施工，1984年建成移交生产。总投资为3989万元，较设计概算节约73万元）。

本月 江西省农业科学院农业科技大学成立，设三年制农学、园艺、植保、牧医、农机5个专业，当年招收新生196人（1981年7月毕业后停办）。

本月 农工党江西省委会临时领导小组召开扩大会议，农工党南昌、九江、赣州、上饶、吉安、抚州六市市委会负责人（专职干部）参加，贯彻农工党中央在南京召开的七省二市工作会议精神，讨论农工党各市委会恢复活动的具体步骤和方法。

本月 为了加强新时期的纪律检查工作，根据中央关于各省设立纪检委的指示，省委于1978年10月决定成立省纪检委筹备小组（1980年5月正式成立中共江西省委纪律检查委员会，1983年1月改为中共江西省纪律检查委员会。1985年6月，中共江西省第八次代表大会选举产生了中共江西省纪律检查委员会）。

本月 江西省机械工程学会恢复工作，召开第二届会员代表大会，选举产生49名理事组成第二届理事会，李涤心任理事长。

本月 省机械工业局召开全省机械工业科学大会，大会表彰先进集体58个，先进科技工作者127名，优秀科技成果230项，其中大会授奖的有111项，大会表扬的有119项。

本月 经南昌市社企局批准，顺外大队农工商联合企业公司成立（次年春，顺外大队建成一个拥有24个车间、占地1万平方米的工厂大院）。

本月 高安县重建毛泽东旧居。

本月 省计划委员会批准南昌市兴建液化石油气储罐场。规模为供气1万吨（次年3月5日成立液化石油气公司筹建处）。

本月 南昌市在八一大道中段架一条路灯电线，在午夜后将双排路灯关闭一排，节约用电。

本月 赣州市自来水厂虹吸水管式取水构筑物获江西省科技成果奖。

本月 金溪县开工兴建长1800米，宽48米的秀谷大道（1982年铺水泥路面，1984年竣工）。

本月 江西省科协（筹）、省博物馆联合主办的“中国古代农业科技成就展览”在南昌展出（于1979年7月起，在北京农业展览馆展出100天。江西省人民政府授予该展览1980年度科研成果一等奖）。

公元1978年11月							农历戊午年【马】						
日	一	二	三	四	五	六	日	一	二	三	四	五	六
			1 十月小	2 初二	3 初三	4 初四	5 初五	6 初六	7 初七	8 立冬	9 初九	10 初十	11 十一
12 十二	13 十三	14 十四	15 十五	16 十六	17 十七	18 十八	19 十九	20 二十	21 廿一	22 小雪	23 廿三	24 廿四	25 廿五
26 廿六	27 廿七	28 廿八	29 廿九	30 十一月大									

1日 国营刘家站垦殖场党委解放思想，拨乱反正，采取果断措施，认真落实党的知识分子政策，对惨遭林彪、“四人帮”及其死党迫害的农技干部和农业科技人员进行平反昭雪，恢复政治名誉，恢复技术职称，并提拔一批农业科技人员到领导岗位上来，发挥了科技人员的积极作用，发展了该场安定团结的大好形势，全场展现出一派朝气蓬勃的景象。《江西日报》发表题为《要坚决落实农业科技人员政策》的短评。

1日 出席共青团第十次全国代表大会的江西省代表团，在团长、团省委书记姜佑周，副团长、团省委副书记高冬梅的率领下回到南昌。省、市各界400多人欢迎代表团归来。省委副书记狄生勉励代表们认真贯彻共青团十大精神，团结全省团员和青年，做新长征的突击队。

3日 到即日止，全省煤炭生产已提前57天完成国家原煤生产计划，产量比1977年同期增加18%，创造了江西地方煤炭生产的历史最好水平。煤炭质量显著提高，掘进进尺、劳动生产率、原材料消耗和成本、利润等主要经济技术指标，都较好地完成了国家计划。

4日 省委、省革委会举办的“江西省农业机械化展览会”举行开馆仪式。展览分全国和全省两大部分，共展出上千种样品，其中还展出了150多台本省制造的农业机械样机，还有11种工艺表演。

6日 省妇联举行大会，表彰在全省财贸战线学大庆、学大寨运动中取得优异成绩的68个妇女先进集体和125名先进工作者。会上宣读了出席省财贸“双学”会议全体代表的倡议书，号召全省财贸战线的广大妇女干部职工，为加快实现四个现代化而努力奋斗。

6日 铁路浙赣线江西向塘西至新余区段调度集中正式开通使用。该区段共有20个站，总路程132公里（1983年6月11日起，由于社会与人为原因，南昌铁路局决定停止使用）。

6日 省委通知，要求各地从现在起到春节前集中一段时间，对农业学大寨、普及大寨县运动进行一次检查验收，以推动该运动进一步深入开展。

7日 全省财贸学大庆学大寨会议历时9天，圆满地完成预定任务。大会命名了55个大庆大寨式企业（单位），评选出59名劳动模范，表彰了1544个学大庆学大寨先进企业（单位或集体）、411个先进工作（生产）者。会议根据新时期的总路线和总任务的要求，提出了当前和今后一个时期江西省的财贸工作任务。会议号召全省30万财贸职工，为促进江西省国民经济持续高速发展，加快实现四个现代化作出更大贡献。

8日　省革委会召开全省工交战线“质量月”授奖广播电视大会。大会总结了开展“质量月”活动的经验，表彰和奖励一批在“质量月”活动中取得显著成绩的先进企业、集体和个人。并进一步动员全省工交战线干部、工人、工程技术人员，发扬成绩，克服缺点，继续大打质量攻坚战，把全省工交企业的工作真正转到质量第一的轨道上来，为实现四个现代化作出更大贡献。大会向12个先进企业、184个先进集体、181个先进个人授奖。

8日　江西省煤矿建设公司第一工程处受到煤炭工业部的通报表扬，第一工程处一〇一掘进队被煤炭工业部命名为“基本建设质量信得过的掘进队（施工队）”。

11日　南昌铁路局管辖范围内的浙赣线大修换轨工程竣工（浙赣线1936年建成，技术标准低，通过能力差。此次大修，已全部采用国产每米重50公斤的重型钢轨，其中95%以上是25米长的钢轨，使线路接头比原来减少一半，列车时速由原来的65公里至75公里，提高到80公里至100公里）。

11日　江西省拖拉机工业公司成立，隶属省机械局。公司对直属企业实行党政统一领导，人才物产供销统一管理；对归口直供企业通过固定协作关系，统一负责材料供应，产品销售。

11日　浙赣线自1962年开始更换轻、杂轨工程，历时6年，至1962年底全部换为国产每米43千克新轨。截至今日，已全部更换为每米50千克轨，均采用机械化铺轨（截至1990年底，又更换为每米60千克重轨496.4公里）。

12日　省革委会批准设立江西省电力工业学校大专部。

12日　华东六省一市带电作业现场表演大会在南昌斗门变电站进行。通过表演，评定40个推广项目和带电工具。

13日　省委最近召开地、市委书记会议，学习党中央有关的重要文件，并对解放思想，深入揭批林彪、“四人帮”，运用经济手段和经济组织管理经济，落实党的各项政策，以及改革机制、体制等问题交流了情况和经验。

13日　省军区领导机关和驻市部队在军区礼堂召开揭批林彪、“四人帮”反革命罪行大会。会议指出，林彪、“四人帮”及其在江西的死党和亲信反党乱军的罪行之一，就是砸烂党委，打倒一切，全面夺权，为推行林彪、“四人帮”反革命修正主义路线拼凑黑班底。

13日　共青团江西省委举行传达、贯彻共青团第十次全国代表大会精神的广播大会。全省共有11万余青少年参加了广播大会。省委副书记狄生出席会议并讲了话。

13日　省革委会召开全省公安保卫战线先进集体和先进工作者代表大会，参加会议代表700名。会议要求根据党的十一大和五届人大精神，加强公安保卫工作，保证新时期总任务的实现。白栋材作题为《加强公安工作和社会主义法制，为巩固无产阶级专政，加速实现四个现代化而奋斗》的报告。会议于18日结束。

14日　萍乡矿务局原煤产量、洗精煤量都提前77天完成全年国家计划。与1977年同期相比，原煤产量增长12.2%，原煤成本下降11.1%，企业坑木消耗降低13%，全员效率提高11.3%，企业利润指标完成得更为出色，摘掉连续5年亏损的帽子。

15日　萍乡矿务局各级党组织，坚持以揭批“四人帮”为纲，放手发动群众大破“外部论”，深挖企业内部潜力，大打扭亏增盈翻身仗，全局从3月份开始突破亏损，月月盈利，一举摘掉了连续5年亏损企业的帽子。《江西日报》发表题为《解放思想，努力扭亏增盈，加快资金积累的速度》的评论员文章。

17日　全国少年儿童读物出版工作座谈会在庐山召开。来自全国各地的少年儿童读物作家和出版工作者欢聚一堂，共同探讨怎样才能为孩子们提供更多更好的读物。他们一致认为，必须紧急行动起来，动员各方面的力量，共同加强少年儿童读物的创作、出版工作。会议研究了3年内的出版规划，到1979年“六一”儿童节前，全国出版儿童读物1000种，为新长征中的小战士提供丰富的精神食粮。中共中央宣传部副部长廖井丹出席座谈会并讲了话。《人民日报》发表题为《努力做好少年儿童读物的创作和出版工作》的社论。

18日 省总工会日前召开广播大会，贯彻中国工会第九次全国代表大会精神。全省各地、市、山、县和厂矿企业设分会场，共有11万余职工、干部收听了广播。省总工会主任李华封传达全国工会九大的盛况和基本精神，省委副书记狄生在会上讲了话。

18日 省军区领导机关和驻南昌市部队1300余人，在省军区礼堂召开平反大会，为在清理阶级队伍中遭受林彪、“四人帮”反革命修正主义路线打击迫害的同志平反、恢复名誉。会上，省军区政委张力雄宣读了福州部队党委《关于为所谓“刘培善阴谋集团”假案受到打击迫害的同志平反恢复名誉的决定》，《关于为被诬陷参加福建省军管会“夺权班子”假案的同志平反恢复名誉的决定》，《关于为被错定为“五一六”假案受迫害的同志平反恢复名誉的决定》，和福州部队政治部《关于为在福州部队政治部“清队”学习班受打击迫害的同志平反昭雪、恢复名誉的决定》，《关于为在福州部队政治部“清队”学习班被错打成“五一六”假案受迫害的同志平反恢复名誉的决定》。省军区副政委陈伊宣读了省军区党委《关于为在“清队”中受打击迫害的同志平反恢复名誉的决定》和《关于为受打击迫害的王一琴、宋云高、陶苏华三同志平反恢复名誉的决定》。

20日 省委在南昌市八一礼堂召开传达第三次全国人民防空会议精神大会，号召全省军民迅速把江西省人防战备工作搞上去。参加大会的有省直和省军区县、团级和行政级别18级以上的领导干部2400多人。省委书记白栋材宣读了叶剑英副主席的题词：“加强人民防空战略，为做好反侵略战争准备而努力奋斗！”会后，省直副局长、省军区副师长以上领导干部参观检查了南昌市人防工程，部分人防工作先进单位介绍了经验。

20日 省委、省革委会召开全省电话会议，号召全省农村干部和社员群众，以揭批林彪、“四人帮”为纲，认真做好当前农村的几项工作。

都昌县的干部群众，深入揭批“四人帮”

21日 江西省纺织工程学会第五届理事（扩大）会在八一麻纺织厂召开。会议于24日结束。

22日 省委常委会议作出决定：1976年清明节前后，南昌市等地区的干部、群众悼念周恩来、声讨“四人帮”的活动是革命活动；对因此而受迫害的同志予以彻底平反，恢复名誉，并销毁有关材料。

22日 南昌铁路局广大干部、职工深入揭批林彪、“四人帮”反革命修正主义路线，广泛开展学大庆的群众运动，1978年以来，全局运输生产一月比一月好，一季比一季高。截至今日，全局提前39天完成了全年货运计划，创造了历史最高水平。货运量比1977年同期增长了19.7%，16项运输主要指标已有12项超过了历史最好水平。客、货列车正点率稳定在“双九五”、“双九〇”。全局有5个机车组安全行车百万公里以上，有16个机车组被命名为学习“毛泽东号”模范机车组。全局基本上消灭了亏损单位。

彭泽县棉船公社棉农每年向国家交售皮棉近10万担，油料700万斤。图为丰收在望的棉田

23日 冶金部在下垅钨矿召开全国表彰安全生产先进集体和个人现场会，历时5天。

24日 根据省革委会《关于恢复市镇街道办事处名称的通知》精神，全省49个城市人民公社改称街道办事处，仍为市（市辖区）政府派出机构。

26日 省委办公厅、省直机关党委在革命烈士纪念堂邀请参加1976年“三二八”悼念活动的同志们集会座谈，宣布“三二八”悼念活动完全是一个革命行动，并对当时调查这一活动的遗留问题进行了妥善处理。座谈会还指出，省委关于彻底平反的决定，各有关单位都应当抓紧贯彻执行。对于受迫害同志的具体问题，应当根据党的政策，一一作出妥善处理。

27日 彭泽县棉船公社江心大队党总支书记、全国植棉劳模江善讲，大搞棉花科学试验活动。1978年，他和大队科研组种植的两亩试验地，亩产皮棉达330斤，创造了历史最高纪录。江善讲在种试验地的过程中，坚持做到大田生产出现的问题，到试验田里找答案；试验田里摸索出来的办法，用来指导大田生产。1978年，该大队6000亩棉田获得了亩产皮棉150斤的大丰收。《江西日报》发表题为《搞农业也要坚持实践是检验真理的标准》的短评。

彭泽县棉船乡生产的优质棉

28日 省委召开省直机关5000余人的干部大会，深入揭批林彪、“四人帮”及其在江西省亲信的反革命罪行，动员全省人民坚决打好第三战役，把林彪、“四人帮”连在一起批，把揭批“四人帮”的斗争进行到底。省委、省革委会、省政协、省军区及福州部队步兵学校等领导出席了大会。

28日 中共中央通知，黄知真调任湖北省委书记、省革委会副主任，免去其江西省委书记、省革委会副主任职务。

29日 全省各地各级剧团纷纷把歌颂天安门广场革命行动的英雄写成的话剧《于无声处》搬上舞台。南昌市歌舞剧团于11月22日上演《于无声处》以来，场场客满，受到观众热烈欢迎。省委、省革委会有关领导当晚观看了省话剧团演出的《于无声处》后，接见了全体演员，高度赞扬了这出优秀剧目。同时，景德镇市歌舞团、吉安市文工团、九江地区歌舞团、赣州地区文工团、上饶地区文工团、宜春地区京剧团、抚州市采茶剧团等陆续上演《于无声处》。

30日 省税务局转发财政部《关于群众检举税务违章案件提奖问题的通知》的文件，规定对群众检举、干部职工检举、税务干部查获违章案件，分别情况给予表扬或物质奖励。

30日 国家重点工程江西贵溪冶炼厂引进日本住友“东予式”闪速炼铜成套设备和芬兰赫

尔辛基·AOR工业有限公司铜精炼炉设备及阳极铜制造设备。合同金额11325.67万美元，聘请外国专家70余人。

30日 到本月底，江西省1978年财政收入已提前一个月完成国家计划的103.5%，比1977年同期增长56.43%，实现了超计划、超历史、超上年。其中，工商税收完成年计划的103%，比1977年同期增长19.6%。同时，全省工业企业的亏损额比1977年同期减少36%，盈利企业的盈利总额比1977年同期增长56%。

30日 截至月底，全省的钢、钢材、生铁、锰铁和铁矿石都超额完成了1978年国家计划。与1977年同期相比，钢增长34.3%，生铁增长32%，钢材增长30.7%。目前，冶金战线的广大职工，响应党中央的号召，开展"冬季攻势"，为完成1978年的增长计划和迎接1979年"开门红"而继续奋战。

本月 联合国科教文组织派出的16国乡村教育考察团在江西考察。

本月 省委向各地、市（山）、县委和有关部门发出《关于对全省普及大寨县运动进行检查验收的通知》。省委成立普及大寨县检查团。

本月 根据财政部、卫生部《关于整顿和加强公费医疗管理工作的通知》规定，江西省公费医疗定额提高到每人每年30元。

本月 赣州钴冶炼厂电炉提纯砷灰试验成功（于1980年开始生产）。

本月 南昌硬质合金厂完成援助罗马尼亚200吨三氧化钨任务，产品开始进入国际市场。

本月 省冶金局决定，城门山筹建工作由瑞昌武山铜矿代管（1983年12月铜基地总指挥部决定：成立城门山筹建组；1987年11月12日，成立城门山筹建处（县团级）；1988年1月27日，成立城门山铜矿，并保留筹建处建制，两块牌子、一套人马，1990年12月14日改称城门山铜硫矿）。

本月 省委下达文件，规定恢复省、地、县供销合作社。少数县按通知规定，已在年底前重建供销合作社，与县商业局分开办公。

本月 江西人民出版社出版《关山阵阵苍——中央革命根据地斗争》，纪念中央革命根据地创建50周年。

公元1978年12月 农历戊午年【马】													
日	一	二	三	四	五	六	日	一	二	三	四	五	六
					1 初二	2 初三	3 初四	4 初五	5 初六	6 初七	7 大雪	8 初九	9 初十
10 十一	11 十二	12 十三	13 十四	14 十五	15 十六	16 十七	17 十八	18 十九	19 二十	20 廿一	21 廿二	22 冬至	23 廿四
24 廿五	25 廿六	26 廿七	27 廿八	28 廿九	29 三十	30 十二月小	31 初二						

1日　南昌、赣州、吉安、景德镇气象台参加第一次全球大气试验，自即日起至1979年11月30日止，为期1年。

3日　省委批转省妇联、省总工会、团省委、省高级人民法院、省民政局关于大张旗鼓地宣传移风易俗、反对包办买卖婚姻的请示报告。

4日　省卫生局下达《关于加强进修医学教育的通知》。决定江西医学院（包括两所附属医院）、江西省妇幼保健院、江西中医学院（包括附属医院）等10个医疗卫生单位为省级医学进修基地，并对其任务和管理办法作出了明确规定。

5日　萍乡市文物考古工作者在清理古代墓葬中发现两件珍贵的西汉“透光镜”。镜面在承受日光照射时，反射在白粉墙上的光影中能清晰地看到镜背的纹饰和字迹。

6日　永平铜矿成功地在火烧岗进行硐室大爆破，炸药量1093吨，松动土石方147万立方米。

9日　省二建公司施工的九江炼油厂100米/5米钢筋混凝土烟囱竣工。该工程是全省首次采用“液压双滑”和激光对中新技术施工的第一个烟囱工程。

10日　《江西日报》报道，赣州地区广大农村干部和群众战胜1978年长时间干旱，夺得农业丰收。全区粮食总产和单产在1977年超历史的基础上，1978年又获得丰收，预计总产将比1977年增长5%。全区早、中、晚稻，季季都丰收，特别令人鼓舞的是，1978年晚稻大面积推广杂交稻获得成功，全区160多万亩杂交晚稻，每亩比常规稻增产100斤到150斤。全区19个县（市）中，赣州市亩产超1000斤，瑞金、大余、上犹、南康、信丰5个县亩产都过900斤，安远、龙南、于都3个县亩产跨过《全国农业发展纲要》。主要经济作物与1977年比较，甘蔗的工业蔗量增加1倍多，超过历史最高水平。棉花总产增长50%以上，烤烟增长23%，茶叶增长一成，白莲、红瓜子等土特产品都有成倍增长，生猪生产比1977年也有上升，鸡、鸭等家禽生产取得翻番的发展。

10日　省委召开全省落实干部政策工作会议。

10日　由美国参议院劳工和公共福利委员会主席威廉斯率领的美国国会议员团一行15人

和美驻华联络处参赞张学礼，来南昌、庐山参观访问。访问活动于13日结束。

10日 省外贸系统广大干部、职工积极发展出口商品生产。截至当日，已提前20天超额完成1978年外贸收购计划，收购金额比1977年同期增加15.1%，创历史最好水平。其中粮油食品、土畜产品、轻工业品、陶瓷工艺品、五金矿产、化工医药、机械设备等出口产品的收购量，不仅比1977年同期有不同幅度的增长，而且质量提高，花色品种增加，包装外观也有改进。

12日 南昌宾馆兴建。东楼高45米，13层，南北楼各10层，高34.65米。主楼结构采用半装配框架体系，即柱子现浇，梁板及楼梯预制吊装，外墙沿街面贴马赛克，背面采用干粘石工艺（1984年8月1日竣工。南昌宾馆由南昌市建筑设计院设计，获南昌市政府授予的1986年市优秀设计奖。南昌市第一建筑工程公司施工）。

13日 《江西日报》专栏批判江西某作者创作的影片《决裂》。批判其在“左”的错误影响下，没有正确反映生活。

14日 省革委会文化办公室教育组近日就全面贯彻党的教育方针，提高教育质量问题，召集地（市、山）教研室负责人和省、地、县一部分重点中学校长共90余人，举行座谈会。与会者从实际出发，就如何进一步解放思想，进行了认真的研究。一致认为，要依靠广大教师，努力提高教育质量，集思广益，把学校各项工作搞上去。

14日 第四机械工业部确定筹建南昌无线电工业学校。

15日 《江西日报》报道，江西省高级人民法院和一些中级、基层人民法院，在党委领导下，抓紧落实政策，对林彪、“四人帮”造成的冤案、假案、错案公开平反，使一批长期遭受林彪、“四人帮”及其在江西的亲信诬陷入狱的干部和群众获释，昭雪了冤情，恢复了名誉，重返工作岗位，为实现新时期总任务贡献力量。《江西日报》为此发表题为《抓紧复查冤案假案错案，坚决落实党的政策》的评论员文章。

16日 到10月底为止，全省已建成投产小水电站5200多座，装机容量达28.8万千瓦，其中玉山、奉新、兴国、上饶等县装机均超过1万千瓦，全省架设35千伏输电线路1300公里，低压输电线路4万多公里，有30个县形成了以小水电为主的县办小电网。目前，全省98%的人民公社、63%的大队、64%的生产队都程度不同地用上了电，有力地促进了江西的农业、地方五小工业和社队企业的发展。

16日 政协江西省第四届委员会召开座谈会，座谈中国政府《关于中美建交的声明》。

16日 省计划委员会批准兴建南昌市液化石油气工程。

17日 省委日前召开全省各地、市、山（井冈山、庐山）公检法“三长”会议，传达最高人民法院院长江华在上海市召开的全国刑事审判工作会议上的讲话，专门研究复查纠正“文化大革命”中逮捕、判刑的冤假错案工作。

18日 南昌钢铁厂300热带轧机工程竣工投产。

18日 萍乡钢铁厂首座136立方米石灰竖炉建成投产（第二座136立方米石灰竖炉于1985年4月22日建成投产）。

19日 省财政局转发国务院批准财政部《关于国营企业试行企业基金的规定》的文件。

20日 建阳工具厂试制的HID－1型半电子球控制打印机和YJQ－WI微型压接钳荣获全国科学大会科研成果奖。

20日 航空技术档案工作第四次协作组在国营三七二厂召开技术档案资料科长会议。

21日 省农业机械管理局最近在樟树农校举办了第一期公社领导干部农村训练班。来自全省各地主管农机工作的公社党委副书记、革委会副主任114人，参加了为期一个月的学习。这期训练班采取读书、讲课、实习的方法，除学习毛主席对农业机械化的指示和党在农业机械化方面的方针、政策外，还学习了拖拉机的基本构造和工作原理，机动插秧机、割晒机、水稻联合收割机等农业机械的一般常识和农业机械管理方面的业务知识，并进行了拖拉机拆装和驾驶实习。学员们返回各自的公社，把学到的知识用于实践，为加快江西的农业机械化步伐而努力。

22日 南昌铁路局科学技术大会在南昌召开。参加会议的有521人，其中包括作出重要贡献的科技人员和专业工人。会上修订全局科技发展规划，确定科研“双革”主要项目，表彰先进集体和个人，奖励有科技成果的人员。

22日 省委调整工资工作领导小组办公室决定为工作成绩特别突出的工作人员升级，升级面为2%。

23日 青年选手谌欣（洪都机械厂子弟中学学生，19岁）在泰国曼谷举行的第八届亚运会上，以1分01秒32的成绩，赢得了女子400米栏决赛第一名，创造了亚运会最高纪录，荣获一枚金牌。

23日 省革委会召开财贸战线开展“服务质量月”活动广播动员大会，号召全省广大财贸职工立即行动起来，立即开展以改进服务态度、扩大工业品销售、加强农副产品收购、提高管理水平为中心内容的“服务质量月”活动，把江西的财贸工作提高到一个新水平，为加速实现四个现代化作出新贡献。

23日 江西省煤炭工业战线分别提前71天和38天完成全省1978年原煤生产国家计划和增产计划，产量分别比1977年同期增长20.29%和24%以上。精煤产量提前58天完成国家计划，产量比1977年同期增长19.3%，精煤质量、回收率都达到了新的水平。目前，提前完成全年生产计划的单位，正在开展再作贡献的活动。

24日 省、市军民欢呼中共十一届三中全会的召开，决心响应全会号召，尽快把工作的重点和注意力转移到社会主义现代化建设上来，鼓足干劲，同心同德，加快实现四个现代化步伐。省委常委和省直各部、厅、委、办负责人集体学习和讨论了公报，决心紧跟党中央的战略部署，适应这一伟大的战略转移。

余江县人民群众欢呼党的十一届三中全会胜利召开游行庆祝

25 日　省政协邀请各民主党派负责人和部分无党派爱国民主人士举行座谈会，欢呼具有重要历史意义的党的十一届三中全会公报的发表。座谈会由省政协副主席钟平主持。省政协副主席、省农工民主党领导小组负责人何世琨，省政协常委、著名眼科专家胡献可，省政协常委、省民建领导小组成员章藻生，省政协常委、省工商联领导小组成员张修锡等在会上发了言。

25 日　巴勒斯坦"法塔赫"参观团一行 29 人，来萍乡、井冈山、南昌参观访问，历时一周于 1979 年元月 1 日离开南昌。

26 日　省、市军民举行文艺晚会，纪念毛泽东诞辰 85 周年，放映《毛主席和我们心连心》、《韶山》、《东方红》等影片。省歌舞剧团演出六场舞剧《骄杨颂》。

27 日　省军区政治部发出《关于新年春节期间开展拥政爱民活动的通知》。要求广大军民坚决贯彻执行新时期的总路线和总任务，继续贯彻落实军委会议和全军政工会议精神，把工作的着重点转移到社会主义现代化建设上来，解放思想，大干快上，在新的长征中，夺取新的更大胜利。

27 日　省委、省革委会发出《关于一九七九年新年春节期间开展拥军优属活动的通知》。要求全省各地党委和政府组织慰问团，慰问当地驻军（包括人民武装部、武警、消防、人民警察、荣复军人疗养院）和烈属、军属、残废军人、复员军人、退伍军人、退休老干部。要举行联欢会，召开座谈会，当地党政领导要出面讲话，表达党和政府对人民子弟兵的关怀，感谢人民解放军对地方工作的支援。并征求优抚对象对优抚工作的意见，按政策规定，认真研究解决。

28 日　教育部通知：恢复江西财政学院。

29 日　德兴县境内发现了一个特大型铜矿。当前该矿已经被确定为我国将要新建的 9 个有色金属基地之一，正在积极准备开发建设。德兴铜矿不仅储量大，而且金属矿物成分简单，矿石可选性良好，矿石除含铜外，还含有金、银、钼、铼、硫等元素，可供综合利用。矿体的厚度大，埋藏浅，适合于大规模露天开采。这个矿的交通条件也比较便利，开发以后对加速我国实现四个现代化具有重大的意义。

30 日　省、市军民 2000 多人，举行 1979 年元旦联欢晚会，省委、省革委会、省军区、福州部队步兵学校、省政协等领导出席了晚会。会后，放映了国产故事片《失去记忆的人》和日本故事影片《追捕》。

31 日　截至年底，南昌市撤销城市人民公社，恢复街道办事处共 34 个。

本月　中共中央决定，马继孔任中共江西省委书记、省革委会副主任。傅雨田任省委书记、省革委会副主任。刘仲侯任省委副书记、省革委会副主任。

本月　全省发生特大旱灾、省财政局决定从本月至 1979 年 1 月，先后拨出抗旱救灾经费 4000 余万元支援灾区抗旱。

本月　省委发出通知，决定从 1978 年起全面开展粮油议购销工作，即可由粮食部门上队收，也可以在农村集市议购剩余粮油，上队议购价格可高于统购价 1 倍。从此粮食议价经营在全省范围内全面恢复。

本月　中共十一届三中全会批判了"两个凡是"的错误，长期影响教育工作的大是大非问题得到了澄清，江西省广大教育工作者思想进一步得到解放，为在江西省教育工作中贯彻"调整、改革、整顿、提高"的方针奠定了基础。

本月　兴国县留龙乡发现金矿（1986 年 4 月 19 日成立兴国县留龙金矿。1987 年 4 月 28 日，日采选 100 吨工程开工建设，1989 年底全部建成）。

本月　江西棉纺织印染厂撤销厂革命委员会，恢复原行政体制。各地纺织企业相继作了同样的改变。

本月　江西化学纤维厂研制成功摇纱数据控定值器，在国内摇纱机上使用电子技术属于领先技术。

本月　中建公司江西分公司承接赞比亚的卡布韦——格瑞棉纺织印染厂生活区勘察规划和科技合作项目。预计设计组分两次赴赞，主要负责格瑞棉纺织印染厂生活区勘察规划，以及生活区全部建筑的施工图设计（含水电、道路等配套设施）。预计建筑面积10万平方米，另外还肩负培训赞方人才使命。全部图纸、资料均用中、英两种文字标注成册，仅宿舍图纸就提供了近20种方案供赞方选用。规划合理，设计先进实用，赢得了赞方国防部长青格列上将的称赞好评。第一期设计组共15人，王照仁负责；第二期设计组共12人，魏坚负责。

本月 铅山地质队钻探发现铅山西区60米标高以下有一个铜金矿带，这是继九区铜硫矿带之后又一重大发现。

本月 经国务院批准，在江西省财贸干部学校的基础上组建江西财经学院。

本月 省经济计划委员会散装水泥办公室成立，管理全省推广散装水泥工作。

本月 宜丰县芳溪乡蕉溪村农民罗中林，购买载重2.5吨货运汽车1辆，从事运输。这是中共十一届三中全会后江西最早出现的个体运输专业户。

本月 国家出版局转发由全国少儿读物出版工作座谈会商定的《一九七八年至一九八〇年部分重点少儿读物出版规划》的文件。江西人民出版社与湖南人民出版社、湖北出版社、陕西出版社承担其中《革命先辈的故事丛书》的选题任务。赣、湘、鄂、陕四省在长沙召开《革命先辈的故事丛书》出版规划会。

本月 江西七〇二电视转播台将7.5千瓦黑白电视发射机改造成彩色电视发射机，播出彩色电视节目，步入全国播送彩色电视转播台行列。

本月 省二轻局革委会向省革委会上报《关于一些县手工业管理机构被撤并情况的报告》。

本年 南昌铁路车辆段杜川、李文根制成货车轴承脱脂除锈清洗自动作业线和微机控制的HQ-1型货车轴承清洗设备（国家计委认定为1989年度国家级新产品）。

本年 省博物馆考古队在鹰潭贵溪鱼塘水仙岩发现春秋战国时期崖墓群（1979年冬进行清理。在清理的13座崖墓中，发现棺木39具，人骨架16副，出土陶器、青瓷器、纺织器材、丝麻织品、竹木器等文物200余件）。

本年 省地质局赣西北队、九〇九队，分别发现瑞昌萍鸡山、兴国留龙和东乡虎圩金矿。这是江西省发现的首批岩金矿床。

本年 国家地震局组织了铅山县永平铜矿、火爆铜矿大爆破的测震工作。

本年 省地质局中心实验室技术员黄荣胜等，在德安县曾家垅锡矿区发现马来亚石，为国内首次发现的新矿物（获1980年江西省科技成果二等奖）。江西省地质局物化探队技术员胡斌、陈锡宗等发现了都昌县阳储岭斑岩型钨（钼）矿床。

本年 七〇一厂铜加工产量第一次突破设计年产2530吨的生产能力，并首次出口黄铜管25吨。

本年 省人民医院引进国外先进仪器1250毫升X线机带电影放映机自动快速心血管造影及摇篮床1套。

本年 贵溪县社队企业联合建筑公司成立，进城承接国家建设项目——铜基地1万平方米职工宿舍，突破了社队建筑企业不能进城的限制。

本年 全省遭遇严重干旱，大部分地区旱期达140天之久，全省2271万亩农作物受旱。江西省、地、县机关抽调10万多名干部下到抗旱第一线。国务院先后拨给江西救济款8000多万元。解放军总后勤部拨给14.5万件棉衣、棉被及8万件衣帽。

本年 省民政局调整城市社会救济标准，8市、2山和宜春、鹰潭镇每人每月9元至12元，县以下（含县）小城镇每人每月7元至10元。

本年 人民公社成立社队企业管理办公室。

本年　省冶金局批准赣州铝厂铝板带车间开工建设（1979 年 12 月基本建成 1981 年 1 月铝板正式投产）。

本年　省委决定，沿鄱阳湖区的波阳、都昌等 12 个县、市为全国商品鱼基地。

本年　江西在大余县首次发现柑橘黄龙病（1979 年省农业局植保站邀请省内外有关专家进行实地考察，证实赣州地区大余县及其他县（市）均有柑橘黄龙病分布）。

本年　赣县与龙南县生产的稀土作为“赣南稀土样品”，在国际博览会上引起欧美、日本的关注，争相购买。

本年　江西的烟花鞭炮从湖南调拨出口改为自营出口，当年实际出口 44692 箱，收汇 102 万美元。

本年　全国供销总社和农业部将江西南昌县（含市郊区）、进贤县列为国家柑橘生产基地县。

本年　经国务院批准，进贤县为江西省全盘农业机械化试点县。

本年　南昌市建立机动车和驾驶员档案制度，实行全市统一编号，账、卡、档、表四统一。

本年　赣江服装厂生产的“鲜花”牌男女衬衫，在全国同类产品评比中被评为国家一类产品。

本年　进贤县中学改称为江西省进贤县第一中学，并被省教育厅定为首批重点中学（1949 年进贤县政府接管了进贤县初级中学。1952 年，学校更名为江西省进贤县初级中学，1958 年，增设高中班，校名改为“江西省进贤县中学”）。南昌市第三、第十中学被列为江西省首批重点中学。

本年　国家开始恢复研究生制度，江西有 2 所高等学校，5 个专业获准招收研究生。

本年　省政府曾多次将江西的部分计划招生指标，委托南昌航空工业学院、江西财经大学、华东交通大学、景德镇陶瓷学院、南方冶金学院、华东地质学院等院校代为招生培养，生源来自江西，学生毕业后由江西分配工作。

本年　南昌市蛋类出口量增长，出口鲜蛋 7.8 万斤，再制味蛋 163.27 万枚，皮蛋 9.92 万枚，共计收购金额 27.86 万元，比 1974 年增长 680.85%。

本年　省建筑工程局印发《江西省建筑安装工程施工技术操作规程》。规程包括土石方、地基与基础、砌筑、钢筋、横板、混凝土、木作、脚手架、抹灰、特种粉刷、防水、油漆、白铁、玻璃、板件吊装，中小型机械，滑模和升板 17 册。

本年　年生产能力为 12 万台缝纫机的南昌缝纫机厂动工兴建。该工程建筑面积 4.89 万平方米，车间多为 2 层，由南昌市第一建筑工程公司施工（1980 年建成，工程总体设计方案获 1981 年建设部最佳优秀项目）。

本年　省建工局召开江西省建工系统技术革新和技术革命经验交流会，展出 100 多项成果、实物、模型图片，并编辑了《建工系统技术革新成果资料选编》，印发全省。并印发《江西省建筑安装工程施工技术操作规程》。

本年　江西水上第一组 272 千瓦 +4×300 吨级顶推船队建成。船上系缆装置 B 采用波阳船厂创制的螺旋式紧缆器。该项系缆装置获国家经委颁发的金龙奖。

本年　江西省交通技工学校成立，下设一、二、三部，下半年正式招生。

本年　江西省清理涉及“四人帮”反革命集团图书、画片工作结束。

本年　江西省科委编制出《一九七八年～一九八五年江西省科技发展规划》。

本年　宜春地区革委会撤销，改设宜春地区行政公署，实行党政分开。上饶地区革委会撤销，设立上饶地区行政公署。

本年　江西省 1978 年的企业扭亏增盈工作取得了可喜的成绩，企业盈利大幅度上升，亏损显著下降，一大批亏损企业转亏为盈。与 1977 年同期比较，工业企业利润增加 42%，全省交通企业利润增加 51%，商业企业利润增加 27% 以上，全省经营粮食无亏损的县由年初的 17 个增加到 34 个。萍乡煤矿曾经是江西省的一个亏损大户，1978 年一举摘掉连续 5 年亏损的帽子。江西拖拉机厂也是多年亏损单位，从第二季度末起也成为月月有盈利的单位。江西水泥厂从 1974 年起试产 4 年，共亏损 367 万余元，经整顿企业，到第三季度末，实现利润 82 万余元。

1979年

概要

从年初开始，江西省贯彻中共十一届三中全会精神，及时果断地将工作重点转移到社会主义现代化建设上来，各级干部从过去的“以阶级斗争为纲”转变为以生产建设为中心。对1979年的国民经济进行调整和改革，着重对经济结构进行了初步调整，开始了经济体制的改革，主要围绕着调整工业和农业内部结构。农业方面在大力发展粮食生产的同时，积极发展水产、畜牧和经济作物。工业方面着重调整轻工业和重工业的比例关系。

工作重点的转移　1月，省委召开由县以上党政军负责人参加的常委扩大会议，传达十一届三中全会精神，研究和部署全省工作重点转移的问题，同时强调要根据中共中央《关于加快农业发展若干问题的决定（草案）》精神，调动农民的积极性，使农村活跃起来。并决定从本月起，“全省及时地果断地实行党的工作重点的转移”，“为加快社会主义现代化建设而奋斗”。会议联系江西实际，研究和部署了实行工作重点转移的主要工作。第一，要求全省各地要加快步伐，善始善终搞好“揭批查”，清除影响安定团结的主要障碍，继续实事求是地解决“文革”以来遗留的一些重大问题，平反冤假错案，使是非得以澄清，功过得以分明，把一切积极因素调动起来；第二，抓紧搞好领导班子的整顿和建设，大力改进各级领导机关的思想作风，加强党对经济工作的领导；第三，要尽快把农业和工业生产搞上去，改革不适应社会主义建设的管理体制，学会用经济方法管理经济。在这次会上，对江西的“揭批查”斗争进行了检查和总结，采取整风的方式，重点解决省委内部的问题。省委常委扩大会议以后，围绕着工作重点的转移，进行了四个方面的工作：集中力量进行经济建设，重点放在发展农业生产上；继续深入开展真理标准问题的讨论，从思想上进一步消除“两个凡是”的影响；继续进行拨乱反正工作，进一步落实党的各方面政策，对“文化大革命”遗留的全省性重大问题作出了处理意见，大规模全面平反冤假错案，知识分子等各方面的政策也得到了进一步的落实或调整；整顿和建设领导班子，贯彻和坚持四项基本原则。

平反工作继续进行　1月20日，省委、省军区作出《关于对所谓“抚州八二四军事叛乱”平反的决定》。决定指出，这是一个假案、冤案，省党政军与此有关的错误文件，一律撤销。同时，省委向中央呈交《关于“一・二六”夺权事件性质的请示报告》。报告对1967年1月26日夺权事件作出定性。认为对于林彪、“四人帮”强加给省委和各级党委的一切诬陷不实之词，应予全部推倒；对遭受打击迫害的各级领导同志和干部群众以及“工人赤卫队”等群众组织一律平反，恢复名誉；凡因此而放进个人档案的材料一律销毁。此后，全省平反工作陆续展开，年底平反工作取得一定成绩。

贯彻“八字方针” 中共中央工作会议对国民经济实行“调整、改革、整顿、提高”的方针。省委于5月召开工作会议，传达贯彻中央的“八字方针”，决定对全省国民经济进行调整和改革。并成立了江西省调整国民经济领导小组。为期三年的贯彻“八字方针”的工作，是在“搞好经济工作是压倒一切的中心任务”的指导思想下，围绕着调整工业和农业内部结构、压缩基本建设规模、确保重点项目建设、加快交通、能源等薄弱环节建设和初步进行经济体制改革而展开的。首先，修改了全省国民经济发展规划，制定了比较适合江西实际的国民经济和社会发展“六五”计划，初步确立了使整个国民经济稳定、持续、健康发展的指导思想。其次，着重对经济结构进行了初步调整：（一）合理调整了农村产业结构，在不放松粮食生产的前提下，积极发展多种经营；（二）调整轻工业和重工业的比例关系，加快轻纺工业的发展以及交通、能源等薄弱环节的建设，对轻纺工业实行了加大投资、优先建设的政策；（三）调整积累和消费的关系。压缩基本建设规模，停建、缓建一批建设周期长、经济效益不好的工程。第三，开始了经济体制的改革。一方面，农业生产责任制从本年起在农村逐渐兴起。另一方面，结合企业整顿，着手进行以扩大企业经营管理自主权为内容、促进工业增产增收为目标的工业经济体改革（试点）。“八字方针”的贯彻使江西经济在前两年恢复的基础上，比较平稳地完成了向推进经济体制改革和社会主义现代化建设的过渡。4月，省革委会召开省工业管理体制改革座谈会，研究围绕调整继续搞好工业企业的改组和联合，巩固提高企业扩权试点工作，改革县（市）工业管理体制，整顿和提高企业管理问题。10月，省革委会召开全省工交战线扩大企业自主权和整顿企业工作会议，研究部署全省第一批扩大企业自主权的试点方案。煤矿企业贯彻“调整、改革、整顿、提高”的方针，把全省原煤产量稳定在1978年的基础上，同时进行大量的调整工作，逐步理顺比例关系。

农村经济政策的调整 年初，按照国务院关于陆续提高18种农副产品的收购价格的规定，江西较大幅度地提高粮食、棉花、油脂油料、生猪等21种主要农副产品的收购价格。其中稻谷提价21.6%，菜籽油提价24.7%，棉花提价15.2%，生猪提价26.5%，还降低了农业机械、化肥、农药等农用工业品的价格。自当年以后，国家又几次提高农副产品的价格，大大缩小了与工业产品的差价。根据中共中央和国务院的有关规定，当年冬，江西省颁布了有关保障生产队经营自主权的文件，明确人民公社的基本核算单位有权因地制宜进行种植，有权决定经营管理方法，有权分配自己的产品和现金，有权抵制各级领导的瞎指挥。同时对农业计划管理方法也作了改进，生产队可以在国家计划指导下，从实际出发安排生产。

农业生产责任制的推行 年初，广昌县长桥公社石田生产队首先恢复“常年作业组”，实行“三包一奖”的生产责任制，接着全县78%的生产队也相继建立常年作业组。下半年起，在一些农村注重发挥农民的个人专长，把包产到组责任制发展为专业承包、田间责任管理到人的联产计酬责任制。宜春地区创造出专业队、专业组、专业工、专业户和联产计酬的“四专一联”生产责任制。有不少农村生产队实行了“四定”、“三包”、“一奖惩”的生产责任制。年底，全省69.5%的生产队建立了常年作业组，实行包产包工的责任制，其比例之大当时在全国位居第二。“三包一奖”到作业组的做法，对原先的生产队集体生产和分配是一个重大的改革，有效地调动了广大农民的生产积极性。农业生产责任制从形式和内容上有了新的革新。

撤销省革委会　建立新的行政机构　12月，江西省第五届人大二次会议依据新修改的地方组织法和选举法，选举产生了省人大常务委员会，并决定将江西省革命委员会改为江西省人民政府。之后，各市、县、市辖区人民代表大会也相继设立了常务委员会。省五届人大二次会议将政治制度的建设推进了一大步。从分设权力机关和行政机关两个方面对省政权体制进行了改革：设立省人大常务委员会，作为地方国家权力机关的常设机构，在人大闭会期间行使其权力；撤销省革命委员会，设立省人民政府作为地方国家行政机关，按照中共中央有关在全国解决党政不分、以党代政问题的精神，决定省政府主要领导职务不再由省委主要领导兼任，组成了新的省级政权机构。地、县两级政权机关也在其后进行了相应的改变。全省建立起了比较健全的地方国家权力体系和行政体系。

全省本年主要经济指标情况　国民生产总值104.15亿元，比上年增长15.8%；第一产业产值48.70亿元，比上年增长15.4%；第二产业产值36.41亿元，比上年增长15.9%；第三产业产值19.04亿元，比上年增长16.6%。农业总产值66.52亿元，比上年增长14.8%；工业总产值83.31亿元，比上年增长10.9%。财政收入11.78亿元，比上年减少3.7%；粮食总产量259亿斤，比上年增长15.1%；社会零售物价指数比上年增长1.3个百分点；年末全省总人口3228.98万人，人口自然增长率13.74‰。(按：从本年开始，全省主要经济指标按国家统计局《三次产业划分规定》的要求统计)。

注：三次产业系根据社会生产活动历史发展的顺序对产业结构的划分，产品直接取自自然界的部门称为第一产业，初级产品进行再加工的部门称为第二产业，为生产和消费提供各种服务的部门称为第三产业。它是世界上通用的产业结构分类，但各国的划分不尽一致。

我国的三次产业划分是：

第一产业：农业（包括种植业、林业、牧业，副业和渔业）。

第二产业：工业（包括采掘工业、制造业、自来水、电力、蒸汽、热水、煤气）和建筑业。

第三产业：除第一、第二产业以外的其他各业。由于第三产业包括的行业多、范围广，根据我国的实际情况，第三产业可分为两部分；一是流通部门，二是服务部门。

公元1979年1月							农历己未年【羊】						
日	一	二	三	四	五	六	日	一	二	三	四	五	六
	1 元旦	2 初四	3 初五	4 初六	5 初七	6 小寒	7 初九	8 初十	9 十一	10 十二	11 十三	12 十四	13 十五
14 十六	15 十七	16 十八	17 十九	18 二十	19 廿一	20 大寒	21 廿三	22 廿四	23 廿五	24 廿六	25 廿七	26 廿八	27 廿九
28 春节	29 初二	30 初三	31 初四										

1日　根据财政部、商业部联合发出的《关于在商业系统试行利润留成办法的通知》。当日起省地、市、县税务机关经费，从地方各级财政预算中划出，由省税务局统一管理。

1日　全省税务部门执行财政部颁发的《工商税收计划、会计、统计工作制度》，并试行税收会计人员岗位责任制。

1日　首家工贸结合的江西省机械设备进出口公司成立，该公司受省外贸局、省机械工业局双重领导。

2日　省政协第四届委员会召开座谈会，座谈全国人大常委会为和平统一祖国发表的《告台湾同胞书》。

3日　南昌市有关单位在八一礼堂举行移风易俗、婚事新办、集体结婚典礼，有25对青年参加。

4日　省委召开由县以上党政军负责人参加的常委扩大会议，传达党的十一届三中全会精神，研究部署江西省工作重点转移的问题。会议要求：（一）全省各地要加快步伐，搞好“揭批查”，实事求是地解决“文革”以来遗留的一些重大问题，平反冤假错案，把一切积极因素调动起来；（二）抓紧搞好领导班子的整顿和建设，大力改进各级领导机关思想作风，加强党对经济工作的领导；（三）要尽快把农业和工业生产搞上去，改革不适应社会主义建设的管理体制，学会用经济方法管理经济。会议还讨论学习了中共中央1979年1月11日《关于加快农业发展若干问题的决定（草案）》和《农村人民公社工作条例（试行草案）》，强调要千方百计地使农村活跃起来，千万不能把农民的社会主义积极性当作“资本主义自发倾向”来批。会议落实了1979年的工农业生产任务。会议于23日闭幕。

4日　省农业局在新建县举办全省第二次土壤普查技术培训班。南城、贵溪、湖口、上高、新建、瑞金等县和有关地、市人员120余人参加。培训活动于22日结束。

6日　江西广播电视大学成立，并于本月17日开始招生。

7日　江西省第三糖厂充分利用锅炉蒸气余热发电。过去该厂制粮生产是由每小时20吨、压力为每平方厘米25公斤的锅炉供气，而生产工艺中蒸发煮糖只需蒸气压力每平方厘米3公斤左右。为了充分利用锅炉蒸气，该厂从较高压力降为较低压力新产生的大量热能进行发电。从1978年11月初试车和联网并车发电一次成功。截至当日，共运转55天，平均每天发电3.5万度左右，共为国家提供192万度电力。

8日 省、市军民1万余人在南昌八一广场举行八一南昌起义纪念塔落成典礼。大会由省委书记、省革委副主任白栋材主持。省委第一书记、省革委会主任、福州部队政治委员、省军区第一政委江渭清讲话，省委书记杨尚奎为纪念塔剪彩。

新落成的八一南昌起义纪念塔

9日 江西省"两会"临时领导小组日前召开（扩大）会议，传达"两会"中央武汉工作会议精神。

10日 省革委会决定成立"江西省人民春节拥军优属慰问团总团"，由杨尚奎任团长，刘俊秀、李毅章、方志纯等32人任副团长，副团长谢象晃兼任秘书长。各行署、各市、县成立慰问分团，在新年、春节期间，向驻赣部队，武装、消防警察全体指战员进行了慰问。

省市人民春节拥军优属慰问团到省军区机关对干部战士进行亲切慰问时，受到官兵热烈欢迎

11日 中国机械设备出口公司江西省分公司改名为中国机械设备进出口总公司江西公司，隶属省机械局领导。

12日 水电部从甘肃山丹调第27列发电车到江西省安福县，为大光山煤矿供电。

12日 省委发出通知，决定成立江西省人民检察院和江西省纪律检查委员会筹备小组。

13日 《江西日报》报道，江西高等师范教育发展迅速。1976年后，全省新办了上饶、宜春、九江三所师范专科学校和江西师范学院井冈山、抚州、南昌三所分院。包括原有的江西师院和赣南师专在内，江西高等师范学校在校学生人数共8784名，比1965年增长4.2倍。

16日 经江西省编委同意，江西省检察院机关暂定编制66人。

17日 省建材局日前委托国家建材总局第一非金属矿设计院进行建矿设计（江西原是缺石膏省，在1976年勘探工作中找到硬石膏矿，能自己生产石膏）。

17日 经国务院批准，恢复江西财经学院，已于最近招收新生。

17日 景德镇市景兴瓷厂试制成功江西第一套倒焰煤窑消烟除尘净化装置。日前鉴定，该装置"除尘效率达到了国家标准，收集的炭黑有一定的经济价值"。

18日 省广播局在南昌市召开全省广播电视规划座谈会，11个地、市和井冈山、庐山广播局（站）、电视台负责人和技术人员40余人出席，并邀请省计委、省财政局、省无线电管理委员会有关负责人参加。

20日 省委、省军区作出《关于对所谓"抚州八二四军事叛乱"平反的决定》。决定指出，这是一个假案、冤案，省党政军与此有关的错误文件，一律撤销。

20日 省委向中央写出《关于"一·二六"夺权事件性质的请示报告》。报告认为，江西1967年1月26日夺权是林彪、"四人帮"煽动怀疑一切、打倒一切、阴谋篡党夺权的反革命事件。对于林彪、"四人帮"强加给江西省委和各级党委的一切诬陷不实之词，应予全部推倒；对遭受打击迫害的各级领导同志和干部群众以及“工人赤卫队”等群众组织一律平反，恢复名誉；凡因此而放进个人档案的材料一律销毁。（2月15日，中共中央批准同意该报告）。

20日 省委作出关于为省直机关的“四二一”假案彻底平反的决定；并决定给凡在“文化大革命”期间经省委和省委“文革”领导小组批准立案及在党的报刊上被公开点名批判、受到错误处理的同志一律予以平反，恢复名誉；对因此而整理的材料从档案中清理出来，全部撤销。

20日 省委给中共中央《关于请示撤销中发（1967）243号文件的报告》。报告提出，撤销给予原省军区和各军分区、人武部以及吴瑞山等人的在支“左”工作中“犯了严重的方向、路线错误”的结论以及改组省军区的错误决定。对受牵连的干部一律平反，恢复名誉，撤销对他们错误结论；对受迫害的军队的地方干部，予以平反，恢复名誉；造成江西两派群众组织大规模武斗的罪责在于林彪、陈伯达、“四人帮”以及江西的亲信万里浪、涂烈等人（2月26日，中共中央批准同意该报告）。

20日 江西内河目前最大的客轮——“井冈山－41”号，正式在南昌港投入营运。

20日 省、市“两会”联合举行迎春茶话会。出席茶话会的有省、市“两会”临时领导小组成员，部分常委、委员，南昌市工业、商业、服务业、运输业者及其家属等共80多人，省委统战部部长罗孟文和南昌市统战部负责同志等领导出席了会议，并作了讲话。

22日 省委、省革委在《江西日报》上发表《给全省上山下乡知识青年的春节慰问信》，信中说，将贯彻全国知识青年上山下乡工作会议精神，“对当前知青工作存在的一些实际问题，国家本着‘负责到底’的精神，在发展生产的基础上，将逐步予以解决。”

25日 八一垦殖场青峰制药厂首创新药品“紫灵芝片”，经省、地、县医疗部门临床试验，疗效良好，同年4月经省药政局批准投产。

25日 江西省地质局颜美钟、吴永采参加中国地质学家代表团，赴日本参加“花岗岩岩浆作用于有关矿化”国际讨论会。讨论会于2月17日结束。

28日 省党政军负责人江渭清、白栋材、狄生、信俊杰、张力雄、赵志坚以及省有关部门的负责人和南昌市委、市革委负责人到南昌发电厂、南昌铁路局，同干部、工人一起欢度春节，参加劳动和座谈，勉励干部和职工全力以赴抓转移，同心同德搞四化。

28日 国家重点工程——景德镇华风瓷厂动工，于同年12月12日竣工验收。该工程是设计年产日用瓷1600万件的现代大型瓷厂，占地面积20万平方米，建筑面积8629平方米，共计45栋大中型工业民用建筑。

29日 全省第二次土壤普查工作会议日前召开，总结、交流试点工作经验。部署全面开展普查方案、步骤和具体安排（9月10日，成立土壤普查技术顾问组，刘开树、裴德安等任正副组长）。

30日 江西影剧院放映美国《摩登时代》换场时，进场、出场观众互相拥挤，发生挤死、踩死18人，重伤27人的重大事故。

31日 江西省开始贯彻1979年1月11日中共中央《关于地主、富农分子摘帽子问题和地富子女成分问题的决定》（至当年8月，这项工作基本结束）。

本月 江西省九江第二发电厂正式建立。

本月 根据省人民政府决定，省汽车运输总公司成立丰城煤炭运输公司，共有货车110辆（到1985年止，共从丰城各类煤矿运出煤炭220.5万吨）。

本月 南昌市工商行政管理局向企业发出《关于清理商标的通知》，对各工商企业现有的商标进行清理整顿。

本月 江西省集体商业职工开始执行退休制度。

本月 江西省统计局内部刊物《江西统计资料》、《情况反映》创刊。

本月 省委决定，将撤销的中共中央办公厅进贤县“五七”干校，移交给省农林垦殖局。省农林垦殖局将其改为江西省国营五里综合垦殖场。

本月 江西人民出版社主办的《英语辅导》杂志创刊。

公元1979年2月 农历己未年【羊】													
日	一	二	三	四	五	六	日	一	二	三	四	五	六
				1 初五	2 初六	3 初七	4 立春	5 初九	6 初十	7 十一	8 十二	9 十三	10 十四
11 元宵节	12 十六	13 十七	14 十八	15 十九	16 二十	17 廿一	18 廿二	19 雨水	20 廿四	21 廿五	22 廿六	23 廿七	24 廿八
25 廿九	26 三十	27 二月小	28 初二										

1日 省卫生局下发《江西省计划免疫建卡建册方案及暂行管理办法》。该办法要求在每年内，对7岁以下儿童全面实行计划接种，建立卡册制度。

2日 全省“文革”期间共错划“四类”分子251097名，目前已摘掉“四类”分子帽子的有237864名，占95%；纠正错划、错戴“四类”分子帽子的有6540名，占2.6%。所有地主、富农家庭出身的第二、三代子女的个人成分和家庭出身，一律定为社员（尚未摘帽的，此后两年内也先后全部摘帽）。

6日 省体委、省文办教育组、省卫生局、省总工会、省团委、省妇联日前发出《关于广泛开展“新长征”象征性长跑活动的通知》，要求从1月到4月，在全省各地广泛开展“新长征”象征性长跑活动。

6日 根据最高检察院召开的第七次全国检察工作会议精神，经省委常委会议研究决定召开第十二次江西省检察工作会议。

7日 省委（1979）16号文件批转省高级人民法院代表省政法小组起草的《关于复查纠正逮捕、判刑的冤假错案，落实党的政策的报告》，要求各地贯彻执行。

8日 《江西日报》报道，深受林彪、“四人帮”之害的重灾户——南昌铁路局认真纠正“文化大革命”中的冤假错案，到1978年底，纠正冤假错案328起，对被迫害致死的162名职工进行了平反昭雪。全局共为3368名干部、工人和工程技术人员落实了政策，占该落实政策人数的87.7%。

落实党的政策 大胆拨乱反正

抚州地区理直气壮为受害者平反昭雪

《江西日报》关于抚州地区理直气壮为受害者平反昭雪的报道

彻底清算林彪、"四人帮"迫害干部和群众的滔天罪行

我省一批冤案假案错案得到平反

《江西日报》关于平反冤假错案的报道

10日 《江西日报》报道，“文化大革命”中的重灾户洪都机械厂为遭受打击的干部群众，彻底平反昭雪。该厂对所有案件进行全面复查、复议，对96起假案、冤案、错案，全部加以否定。在平反昭雪大会上，宣读了《关于文化大革命中的冤案、假案和错案彻底平反的决定》等11个决定。经全面复查复议，该厂清除出393人的材料，共95697页。其中退还本人的42294页，当众销毁的有53403页。

13日 省革委会转发省农业局、省外贸局、省卫生局、省工商局《关于进一步加强防治狂犬病的发生和流行》的通知。

13日 赣南化工厂2号、3号石灰窑点火，产生大量一氧化碳、二氧化硫气体，因气压低、集聚窑门口和走廊，造成两人中毒死亡的重大事故。

17日 解放军边防部队对越南进行自卫反击作战，江西军民积极支援，加强奋战，做好后勤工作。省军区分三批选调1379名战士补充到部队，参加对越自卫还击作战。

17日 江西省轻化工业局革委会更名为省轻化工业局。省委任命张荣为省轻化工业局局长，周风麟为副局长。3月又任命吉福润为省轻化工业局副局长。

19日 《江西日报》报道，江西省农科院良种淀粉厂首次制成药用淀粉和药用糊精，填补了江西制药原料的空白，达到国内先进水平。过去，江西制药单位要到上海、石家庄购买这种制药原料。

20日 省、市党政机关干部4500余人在江西影剧院举行揭发批判大会，揭批“四人帮”在江西的亲信、干将的罪行。

20日 省委、省革委会召开春耕生产电话会议，部署当前农村工作，号召全省社员群众和农村干部，立即行动起来，全力以赴地做好全党工作着重点的转移，不失时机地打好春耕生产这一仗。

20日 江西省高级人民法院院长柳滨在江西省委召开的第三次全省清查工作会议上，就排除阻力，加速复查纠正冤假错案工作作专题发言。

21日 《江西日报》报道，江西第一座实验性的工厂化养鱼车间，在省水产研究所建成。该所从1976年开始进行工厂化养鱼的试验研究，改造了车间，兴建安装了流水鱼池和蓄水、供水、净化、加湿、饲料配制等设备。经两批试养，已获鲤鱼（试养62天~97天）每平方米净产3.18公斤，非洲鲤鱼（试养77天）每平方米净产11.28公斤的初步成绩。

22日 省委转发省委工交政治部《关于工交企事业单位实行党委领导下的厂长（经理）分工负责制的几点意见》，指出各企事业单位除政企合一者外，实行党委领导下的厂长（经理）分工负责制，不再设立革命委员会。

23日 省委决定各行政公署、南昌、景德镇、萍乡市以及广昌、安远、宁都、信丰、大余、丰城、高安、清江、万载、上高、婺源、万年、波阳、余江、玉山、永修、修水、湖口、进贤、资溪、遂川、泰和等23个外贸重点县成立对外贸易局。新成立的外贸局与现有的外贸公司，实行政企合一，两块牌子，一套人马。

26日 省委办公厅档案管理处主办的内部刊物《档案工作简报》创刊。

26日 省革委会发出通知，制止在鄱阳湖沙港、铭溪等草洲上筑堤围垦。

27 日　为参加庆祝建国 30 周年，省话剧团《八一风暴》剧组离省赴京献演。话剧《八一风暴》是在老一辈革命家周恩来、朱德、贺龙的关怀下诞生的，“文化大革命”后，先后在省内外演出 100 多场，并由电台、电视台转播多次。

江西省话剧团《八一风暴》宣传海报

28 日　《江西日报》报道，景德镇陶瓷工业系统实行品种专业化生产。过去，景德镇陶瓷生产同样一个品种少至二三个单位，多至六七个单位生产，产量、质量、造型、规格无法统一。省陶瓷公司根据国际市场和销售部门的要求，在安排 1979 年生产计划时，增加了深受国内外欢迎的 66 个传统品种，实行专业化生产，按生产品种质量来决定生产厂家。

本月　省卫生局根据卫生部颁发的《卫生技术人员职称及晋升条例（试行）》，按业务性质，将卫生技术人员划分 4 类，按技术人员的能级分成 3 级 6 档。

本月　江西省建筑工程技术学校成立。该校增设建工大专班。恢复江西省建筑工程技术定额站。该校设置了泥粉工、木工、钢筋工、建筑电工、建筑机械、建筑管道工、建筑材料工和电焊工专业。主要培养中级技术工人。

本月　江西省交通厅航运管理局驻南京办事处成立。

本月　国务院批转财政部、国家农垦总局《关于农垦企业实行财务包干的暂行规定》，规定指出：“从 1979 年起到 1985 年，对农垦企业实行独立核算，自负盈亏，亏损不补，有利润自己发展生产，资金不足可以贷款的财务包干办法”。江西全省农垦系统自文件下达后按规定执行。全省垦殖场先后召开干部大会或党员大会，学习和贯彻中共十一届三中全会精神，把工作重点转到社会主义现代化建设上来，开始进行经济体制改革推行专业承包，联产计酬等生产责任制。

本月　江西省地质局九〇一队在吉水县黄桥发现大型泥炭矿床。

公元1979年3月							农历己未年【羊】						
日	一	二	三	四	五	六	日	一	二	三	四	五	六
				1 初三	**2** 初四	**3** 初五	**4** 初六	**5** 初七	**6** 惊蛰	**7** 初九	**8** 妇女节	**9** 十一	**10** 十二
11 十三	**12** 十四	**13** 十五	**14** 十六	**15** 十七	**16** 十八	**17** 十九	**18** 二十	**19** 廿一	**20** 廿二	**21** 春分	**22** 廿四	**23** 廿五	**24** 廿六
25 廿七	**26** 廿八	**27** 廿九	**28** 三月小	**29** 初二	**30** 初三	**31** 初四							

1日 江西省煤炭学会与省煤科所主办的《江西煤炭科技》季刊出版。

1日 国务院决定陆续提高18种农副产品收购价格。根据中央精神，江西陆续提高了粮、棉、油、猪等21种农副产品的收购价格，平均提价28.26%，高于全国24.8%的平均水平。

2日 泰国东源机械设备公司一行3人来赣洽谈业务。洽谈于6日结束。

3日 省公安局党组决定成立复查平反冤假错案办公室，地、市、县公安机关都先后成立专门机构。全省公安机关共抽调700余名干警进行复查工作。截至1978年年底共复查案件22231件，占需要复查案件（22615件）的98.3%。在复查的案件中平反纠正7611件，其中“文革”期间的6485件，占85.2%，反革命案件7073件，占92.9%。因反对林彪及“四人帮”而遭受迫害的人已全部平反。共有1351人恢复工作，167人恢复党籍，补发工资99万元，补发生活补贴费24万元。

3日 省革委会发出《关于开展植树节活动的通知》。通知说，全国人大常委会颁布了《中华人民共和国森林法（试行）》，决定3月12日为我国的植树节，全省人民要积极行动起来，以实际行动响应全国人大常委会的决定。通知要求，要广泛宣传发展林业的重要性，提高人们造林护林的自觉性；要加强对植树造林的组织领导；要做好各种准备工作，组织好植树节的造林活动；要严明法纪，保护造林成果。

4日 经省建工局同意，省建一公司第一线工人实行计件工资制，其他配合工种和管理人员实行计件工资加奖励制度。

5日 政协江西省第四届委员会召开座谈会，纪念周恩来诞辰81周年。

5日 南昌市革委会正式批准成立南昌市液化石油气公司筹建处。

5日 省委召开全省平反冤假错案广播大会，省委书记白栋材在讲话中强调，各地要认真贯彻执行省委（1979）16号文件，尽快完成复查纠正冤假错案的工作任务。

5日 省革委会在南昌召开全省人民司法工作先进代表会议。参加会议的有300余名代表，省高级人民法院院长柳滨作了题为《解放思想，提高审判工作质量，为保卫社会主义现代化建设而奋斗》的报告。有18个先进集体和先进工作者在大会上发言，对9个先进集体和9名先进工作者授奖，大会通过了给全省人民司法战线同志的倡议书。会议要求，迅速把司法工作着重点转移到保卫四化建设上来。

6日 省革委会通知各地，当年度收购新棉，按照国务院通知精神，在1978年提价10%的基础上，再提价15%（同月19日，又发出通知再度调高收购价，并实行超购加价政策）。

6日 《江西日报》报道，省委组织部、省公安局、南昌铁路局对原错划为右派的给予改正。经复查，省委组织部对3名原错划为右派的，省公安局对局机关全部原错划为右派的，南昌铁路局对原105名原错划为右派的，都予改正政治结论。

6日 星火化工厂聚氯乙烯车间二号釜升温时发生爆炸，并引起三号釜着火爆炸，造成厂房倒塌，死3人，重伤1人，轻伤6人，直接经济损失42.65万元。

6日 省革委会文化组在南昌举办了全省民歌演唱会。参加演唱会的近200人，演出了3台节目，演唱的民歌有144首，有革命民歌、传统民歌、新民歌。评定了优秀民歌演唱者20名，收集整理了民歌成绩优异者30名的作品和资料。民歌演唱会于12日结束。

7日 全省人民防空工作会议在南昌召开。省委书记、省人防领导小组组长白栋材，省革委会副主任、省军区司令员、省人防领导小组副组长信俊杰到会并讲话。会议要求，坚决按照党中央确定的人防战备建设的方针、任务、要求，全面规划，统筹安排，正确处理好战备与生产、重点与一般的关系，使人民防空工作有计划有步骤地稳步前进。

7日 省财政局发出通知，要求各地市财政局在1979年4月底以前重新设置财政监察机构。

7日 省计委、省经委、省财政局发出《关于1979年国家财政继续集中一部分基本折旧基金的通知》。

7日 全省"两会"召开工商业者家属庆祝"三八"妇女节座谈会，参加茶话会的家属中有优秀服务员、先进工作者、街道"三八"红旗手和退休家属共40人。一致表示坚决响应中共中央号召，把工作着重点转移到实现四个现代化上来，多做贡献，当好后勤兵，发挥妇女"半边天"的作用。这是"文化大革命"后工商业者家属会议第一次活动。

9日 省委常委、省革委会副主任刘俊秀日前向江西日报记者就关于贯彻森林法，加速发展江西林业发表谈话。他指出，省委在1977年就提出了"动员起来，苦战八年，基本绿化江西，实现森林上纲要"的战斗任务。省五届人大决定把江西建成南方木竹生产基地和木本油料基地。他说，根据全国森林业发展规划，全省规划到1985年基本上绿化一切宜林荒山和"四旁"（村旁、路旁、水旁、宅旁）重点打好5个硬仗：狠抓以杉木为主的大片用材林基地建设；大力抓好木本油基地；加速"四旁"绿化；加强林木采伐后的迹地及时更新工作；建好林木良种基地。

9日 福州军区发出通令，授予省军区独立师一团五连、三团三营机炮连、独立一团机炮连、独立二团五连和九连为"硬骨头六连式连队"，独立师三团卫生队副队长胡师瀛、独立一团后勤处班长章松和、独立师二团五连班长温春林、独立二团三营通信班长龚圣标4人为"雷锋式干部"和"雷锋式战士"。

10日 《江西日报》报道，在江西省冶勘二队六分队的配合下，崇义县发现十多处石煤矿点。其中，华山石煤矿点出露较好，煤层出露厚度为3米~5米，走向延长约7公里，平均发热量都在1500大卡。石煤矿伴生有钒、银、铜、镍、钛等元素。就已掌握的石煤储量计算，每年挖30万吨，能开采百年以上。

10日 省地质局九〇一大队在吉水县黄桥发现可作为农业肥料资源的一个大型泥炭矿。全矿区共有矿层1层~20层，厚度一般为10米~20米，可获得工业储量200万吨以上。该矿总腐殖酸含量一般为20%~30%，品种相当丰富。矿体埋藏浅，深度一般为10米，适合露天开采。

11日 铜鼓县泉宁镇发生火灾，烧毁民房

24 栋，死2人，伤7人。

11日 全省地、市、县公安局长会议召开，传达公安部全国省、市、区公安局长会议精神，着重研究公安工作重点如何迅速转移到保卫四个现代化建设上，以及工作重点转移过程中如何认真调整公安工作的一些重大政策问题。会议于21日结束。

12日 省、市党政军负责人杨尚奎、白栋材、傅雨田、狄生、张力雄、信俊杰、张志勇、王昭荣、吴平和省直各部、委、办、局负责人及省直机关干部近300人到南昌市麦园植树造林，栽下了4片科研试验林。

12日 全省青少年植树造林誓师大会，在瑞金县中华苏维埃临时中央政府大礼堂召开。来自全省各地的共青团干部、林业干部和团员、青少年代表共1000余人参加了大会。省委常委、省革委会副主任刘俊秀讲话，他说，共青团、少先队要广泛组织青少年开展造林日、造林园活动，大造“共青林”、“青年林”、“少年林”。会后，与会的各方面领导同1000多青少年参加了扩造、抚育“赣、湘、闽、粤四省百县林”的劳动。

12日 日本佐藤造机（株式会社）一行10人来到南昌，就与省农机管理局合作进行水田农业机械化试验一事作实地考察。考察于22日结束。

13日 江西医学院召开平反昭雪大会，宣布对该院1967年被诬陷为反革命组织的“万山红遍”平反，称该事件是林彪及其死党摧残教育事业、迫害知识分子、蓄意制造的一起重大冤案。为遭受迫害致死的副教授谢天华等7人开追悼会，为其他受害的41人恢复名誉，并做好有关善后工作。

13日 江西省旅行游览事业管理局成立，直属省革委会。次年4月改名江西省旅游事业管理局，直属省政府。

13日 联邦德国鲁奇公司一行6人到宜春钽铌矿考察。考察于17日结束。

15日 省高级人民法院作出判决，1970年2月17日原省公安机关军管会认定“吴晓飞疯狂攻击毛主席、共产党、社会主义制度和文化大革命”，“以现行反革命罪判处死刑，剥夺政治权利终身”是错误的，判决属于错杀，撤销原判，宣告吴晓飞无罪。

15日 子夜2时，江西石城县东北岩岭高田村下了一场黑雨，黑色深浅不一，黑至乌黑，浅似蓝黑，田水均呈墨汁状，黑雨是由福建宁化县济材河吹过来的。

15日 省委、省革委会发出《关于加强抗旱防汛的紧急通知》。通知说，由于1978年长期干旱，库容太少，以致不少地方的春插用水仍然存在很大困难。因此，必须高度重视，加强领导，抗旱防汛两手抓，当务之急是突出抓抗旱。要“及早动手，充分准备，先发制灾，战而胜之”。

15日 安装在江西省气象大楼上的江西第一部大型713气象雷达正式投入业务使用。它是我国自行设计制造，当时我国最先进的用于大气探测的气象雷达，它对于加强大气探测手段，监视强烈的灾害性天气，观察汛期暴雨，提高短期天气预报水平，都有重要作用。

大型713型气象雷达天线

16日 政协江西省第四届委员会举办报告会，传达省委书记白栋材赴西德、东南亚参观访问情况的报告。

17日 江西省首台“金鸡牌”电唱机通过生产定型鉴定。

20日 全省军民纪念中央革命根据地创建50周年大会在瑞金召开。参加大会的有来自江西各地的代表，福建省的代表，原中央根据地所属江西、福建 21 个县的代表等，共 1 万余人。省委书记杨尚奎在讲话中指出，要认真学习党的历史经验，继承和发扬老一辈无产阶级革命家与无数先烈的革命精神，促进党的工作着重点的转移，加快实现我国的四个现代化。

全省军民隆重纪念中央革命根据地创建 50 周年大会

21 日 省革委会颁发《江西省航道养护费征收和使用实施办法》。

24 日 经省委批准，为在“文化大革命”中被迫害致死的原省财政厅长、党组书记徐光远公开平反，昭雪冤案。

26 日 吉安县新县城敦镇动工兴建，1980 年 10 月，吉安县委、县革委开始在新址办公。

27 日 江西省第十二次检察工作会议在南昌召开。全省各级检察院检察长和省直有关单位代表共 203 人参加。省委书记白栋材，省委常委、省政法领导小组组长信俊杰等领导同志到会作了报告，陈克光传达第七次全国检察工作会议精神，并作《加强人民检察工作，为保卫社会主义现代化而奋斗》的报告。会议纪要报经省委批转全省各级党委。会议于 4 月 6 日结束。

29 日 省委在南昌召开全省改正错划右派工作经验交流会。会议要求各级党委解放思想，加强领导，依靠群众，加快进度，善始善终，全省要在 1979 年 6 月份结束这项工作。

30 日 《江西日报》报道，经省委大庆式企业评选委员会审核和评议，省委批准铁道部第四工程局第五工程处、江西国药厂、江西第一制糖厂等企事业单位为“大庆式企业”。

30 日 江西省革委会同意省地质局实行国家地质总局和省双重领导，以总局领导为主的管理体制。

31 日 英国前驻华大使艾惕思来南昌、井冈山、景德镇、九江、庐山等地参观访问。参观访问于 4 月 9 日结束。

本月 江西鹰潭线路大修队改装龙门铺轨架为托架车换机装置，将原有 500 米龙门架走行轨缩短为 30 米，适应小半径曲线上运行“跑排”（1979 年 12 月，列为铁道部部级革新项目）。

本月 省卫生局抽调 562 名医务人员组成 30 个医疗队，开展省大规模职业病普查工作，受检率达 94.81%，查出江西省含 5 种毒物（铅、苯、汞、三硝基甲苯、有机磷）作业的厂矿企业 1565 个，接触人数 36126 人，中毒患病率为 1.376%。

本月 中共中央 1979 年 4 号、31 号文件下达，全省农村逐步建立生产责任制。

本月 南昌市放开农贸市场，蔬菜产销实行“大管小活”。

本月 江西省农村经济调查队（在统计局内部为农经处）成立，与省统计局农业处合署开办。

本月 为协助党和政府落实对民族资产阶级政策和“右派”改正工作，江西省、市“两会”对南昌市工商业者进行深入调查研究，收集情况，写成《关于当前工商业者对落实政策情况汇报》，分送有关部门研究参考。

本月 江西省财政厅恢复设立监察处。

本月 全省少儿读物创作座谈会在南昌召开。省委副书记马继孔就发展创作队伍、恢复和加强出版机构、调整和改进出版体制、充实编辑力量、扩大出版阵地等问题作了具体指示。

本月 省革委会决定恢复省广播事业局建制，并成立江西省广播事业党组，赵中任局长、党组书记。上半年，省广播局为“文化大革命”中受迫害、诬陷人员落实政策。9 月开始，陆续调回和安排一批下放或被错误处分的干部。

本月 江西省地质局在修水地区首次发现江抗盔甲鱼化石。

公元1979年4月							农历己未年【羊】						
日	一	二	三	四	五	六	日	一	二	三	四	五	六
1 初五	**2** 初六	**3** 初七	**4** 初八	**5** 清明	**6** 初十	**7** 十一	**8** 十二	**9** 十三	**10** 十四	**11** 十五	**12** 十六	**13** 十七	**14** 十八
15 十九	**16** 二十	**17** 廿一	**18** 廿二	**19** 廿三	**20** 廿四	**21** 谷雨	**22** 廿六	**23** 廿七	**24** 廿八	**25** 廿九	**26** 四月大	**27** 初二	**28** 初三
29 初四	**30** 初五												

1日　省革委会赣革发第21号文件批准乐平县撤销涌山矿建制，其所属3个分矿分别改称沿沟矿、仙槎矿和涌山矿，直属乐平矿务局。同时，将景德镇市地方铁路局划归乐平矿务局，改称乐平矿务局铁路管理处。

1日　根据全国煤炭工作会议决定，在全省统配煤矿实行“吨煤奖”，井下班长加发岗位津贴，并增加采掘工人的井下津贴。

2日　景德镇市第一座垃圾转运站开工兴建，1979年9月28日竣工，占地220平方米，每天可转运垃圾5000吨。

5日　由中国摄影学会筹备组、中国摄影学会北京分会筹备组、《人民的悼念》画册编辑部主办、省革委会文化工作室承办的《总理为人民人民爱总理》摄影展在南昌开始展出。同日上午，江西省图书馆和南昌市图书馆在工人文化宫联合举行了“周恩来生平事迹报告会”。南昌市各电影院同时上映《周总理和我们在一起》的纪录片。

6日　省高级人民法院在进贤县召开第三次全省刑事审判工作会议和第二次全省民事审判工作会议，300人出席。会议传达贯彻全国刑事、民事审判工作会议精神，讨论执行宪法与人民法院组织法规定的审判程序和制度，研究提高办案质量，进一步做好刑事、民事审判工作问题。会议于15日结束。

7日　省委发出通知，要求各级党委认真组织学习讨论中央纪委拟订的《关于党内政治生活的若干准则》，加强对党员的民主集中制教育。

7日　《江西日报》报道，江西从1973年起，先后建立了出口农副产品生产基地80多个。1978年由基地生产和外贸自属厂以及出口产品定点厂提供的出口产品收购金额1亿多元，占全部外贸收购农副产品的54%。

7日　省委、省革委会、省军区决定授予1978年8月9日为抢救战友而英勇献身的薄朝亨为“雷锋式民兵连长”荣誉称号。

12日　自3月29日起至本月12日，南昌地区先后两次暴风。南昌县吹倒房屋1862栋，死2人，伤7人；新建县吹倒房屋1154间，电线杆724根。

13日　清华大学教授钱伟长、兰州大学教授叶开源，在南昌八一礼堂举行科学报告会。南昌市各有关部门1万余人参加了报告会。

14日 中国人民银行江西省行长会议召开。会议认为，要使国民经济在调整中前进，在前进中调整，必须发挥银行的促进和监督作用。

14日 经省委宣传部批准，省革委会文化组召开全省文化界落实政策座谈会。参加会议的有各地、市、县宣传部、文化局、文联的同志共43人，会议传达贯彻了全国文艺界落实党的知识分子政策座谈会精神，交流了江西省各地落实知识分子政策的经验。根据67个县的不完全统计，错划"右派"283人，已复查改正的176人；冤假错案212起，平反的99起。会议要求各地要加快做好复查和平反昭雪冤假错案的工作，坚持实事求是，有错必纠。会后，全省文化系统对原错划"右派"的73人先后进行平反。座谈会于18日结束。

16日 江西省第十二次检察工作会议在南昌召开。省委书记、省革委会副主任白栋材，省委常委、省革委会副主任、省委政法小组组长信俊杰到会并讲话。大会要求，各级人民检察院要围绕四个现代化开展工作，坚决打击反革命分子和刑事犯罪分子的现行破坏活动，扫清新长征道路上的障碍，巩固和发展安定团结的大好形势，保卫四个现代化建设的顺利进行。

17日 主要培训大中型企业的正副厂长和正副党委书记的第一期"江西省企业管理研究班"正式开学。

18日 省1979年中学数学竞赛在南昌举行。该项竞赛是江西解放以来第一次，这次竞赛共评出优胜者汤铭端等40名学生，其中一等奖5名，二等奖10名，三等奖25名。他们将参加5月20日举行的全国数学竞赛。

19日 省人民银行发出关于认真贯彻国务院31号文件，进一步加强对社会集团购买控制监督工作的通知。

20日 省人民银行向各行发出《一九七九年工商信贷工作意见》、《关于银行系统企业编制单位试行奖励制度的办法》等文件，要求各行结合当地的情况，认真贯彻执行。

21日 省经委召开工交生产会议。各地、市、县分管工业的书记，经委主任，省直工交各局负责人参加会议。省委书记、省革委会副主任傅雨田，省委常委、省革委会副主任王昭荣参加了会议，并讲了话。会议要求，全省工交战线各级领导要按照全党工作着重点的转移的要求，迅速把主要精力转到抓好生产建设这个中心工作上来，努力按照客观经济规律办事，完成和超额完成上半年国家计划。

21日 津巴布韦非洲民族联盟参观团一行50人，抵达江西南昌，并在井冈山参观访问。访问于27日结束。

23日 《江西日报》报道，都昌造船厂为长江航运管理局建造的第一艘医疗船——"长航医疗一号"下水，为停泊在大江中的长航船舶的船员的保健医疗和急病就诊提供了方便。

23日 经省委常委会研究，同意成立江西省出版局。

24日 省人民银行转发中国人民银行全国分行行长会议纪要，指出全国分行行长会议着重研究银行工作着重点转移到社会主义现代化建设上来的问题，提出了稳定货币、改革信贷计划管理体制等10条意见和措施。

25日 《江西日报》报道，国家农垦总局对江西省农垦系统江西红星垦殖场、江西蚕桑场、上饶地区五夷山垦殖场等18个先进垦殖场和李湘云、徐兰亭、高禄斌等15个先进个人进行表彰，并发了奖状，还对其中3个国营垦殖场授了红旗。

25日 省工商联向省革委会办公室、省委宣传部、省文办等单位发出《关于要求退还办公用房的报告》。

25日 由铜基地总指挥省部副总指挥张俊升为团长的首批初步设计联合组一行27人，赴日本商定贵溪冶炼厂的主要设计方案；同时抽调副总指挥梁万成为团长，向芬兰奥托昆普公司派遣的德铜第一阶段设计联络组赴美与福陆公司进行概念性设计联络。

27日 南昌市卫生局发布《关于处理违反

城市卫生管理规定的暂行办法》。

27日 美国弗利门出版公司一行6人来赣考察。考察于30日结束。

28日 南昌市中级人民法院、南昌市公安局在省体育场联合召开了宣判、逮捕大会。依法判处和逮捕了一批犯罪分子。这些犯罪分子犯有破坏安定团结的大好局面，扰乱正常的社会秩序等罪行。

29日 庐山、德安、修水、奉新、贵溪、乐安、井冈山、遂川、龙南、寻乌等气象台、站开设第一批县站气象传真业务。1980年至1984年全省其他气象台（站）先后开设。

29日 中国人民对外友好协会江西分会成立，省委书记马继孔任会长。

本月 江西省革命烈士纪念堂编辑出版《碧血丹心》，辑录大革命时期陈赞贤等15名革命烈士传记。

本月 江西省18岁的男子体操运动员童非在布加勒斯特举行的第二十二届罗马尼亚国际体操邀请赛中获单杠冠军、鞍马亚军和男子全能第五名。

本月 广州军区为江西籍战士徐雅军等15人追记一等功，为胡学智等追记二等功，为杨择和等56人追记三等功。

本月 南昌市及全省各电影院陆续放映彩色影片《红楼梦》，均连续48小时放映，每场爆满，创放映史空前纪录。

本月 农业部畜牧总局在南昌市召开全国1:1000000草场类型图和草场资源图专业工作会议。

本月 上高县团结大桥、永修县杨柳津大桥建成通车。

本月 全省1979年秋季教材印制工作会议在波阳县召开，提出坚决执行中央领导同志的指示，保证“课前到书，人手一册”。

公元1979年5月 农历己未年【羊】													
日	一	二	三	四	五	六	日	一	二	三	四	五	六
		1 劳动节	**2** 初七	**3** 初八	**4** 青年节	**5** 初十	**6** 立夏	**7** 十二	**8** 十三	**9** 十四	**10** 十五	**11** 十六	**12** 十七
13 十八	**14** 十九	**15** 二十	**16** 廿一	**17** 廿二	**18** 廿三	**19** 廿四	**20** 廿五	**21** 廿六	**22** 小满	**23** 廿八	**24** 廿九	**25** 三十	**26** 五月小
27 初二	**28** 初三	**29** 初四	**30** 端午节	**31** 初六									

3日 省委、省革委作出《关于向对越自卫反击战中英雄们学习的决定》。在对越自卫反击战中，江西籍子弟兵获立功喜报1006份。

3日 江西纺织工程学会在新余纺织厂召开恢复学会活动后第一次学术讨论会。学术讨论会于6日结束。会后编发学会论文集册。

4日 南昌铁路文化宫破土开工。

4日 省、市青年2000人在八一礼堂集会，纪念“五四运动”60周年。

4日 为适应江西文化、教育事业发展需要，省革委会决定：撤销省委文化教育办公室建制，成立省教育局、省文化局、省出版局，隶属省革委会领导。

4日 省革委会农业办公室发出《关于加强领导，健全农村人民公社生产责任制的意见》。中共中央发出《关于加快农业发展若干问题的决定（草案）》和《农村人民公社工作条例（试行草案）》以来，全省农村陆续尝试建立和健全各种不同形式的责任制。

4日 省文联在南昌举行常委扩大会议，宣布恢复江西省文联。会议传达了全国文联第三次全委扩大会议精神和中组部、中宣部、中国文联联合召开的关于落实文艺界知识分子政策座谈会议精神，协商产生了出席即将召开的中国文联第四次代表大会的代表。省委书记马继孔就落实知识分子政策，搞好文艺创作两个问题讲了话。会议于7日结束。

4日 联邦德国地质考察团一行5人来赣考察。考察于20日结束。

5日 中共中央批准同意中共江西省委关于撤销1974年2月13日中央转发涂烈的信（中共中央发1974年第7号文件）和12月22日中央办公厅印发的《中央领导同志关于江西问题的指示要点》（即“九条”）的报告。省委认为，7号文件是个错误文件，“九条”的基本精神也是错误的；对于“四人帮”及江西涂烈等人强加给省委和全省各级党、政、军负责干部的一切诬蔑不实之词，应全部推翻；对佘积德、白栋材、黄知真的无辜点名批判，应予平反，恢复名誉；对错误文件影响受到株连的同志，都应平反，恢复名誉；与此有关的材料，应予销毁；因受中央两个文件的影响，以省委名义发出的文件应予撤销。

5 日 对外经济联络部发出《关于表彰一九七八年全国援外战线学大庆学大寨先进单位、先进集体、先进工作者的通知》。获奖的先进单位有江西省援毛里塔尼亚姆颇利平原土地整理组，先进集体为江西省水利水电勘测设计院援外概算编制组、援北也门公路技术组、援萨夫拉施工队、援赞比亚纺织技术组起吊组、援塞内加尔农业技术组盖德小组，先进工作者 11 人。

5 日 省商业局、省轻化工业局决定，开展轻纺产品展销活动，举办全省性的轻纺产品公开展销。

5 日 省委召开工作会议，传达贯彻 4 月 5 日中央工作会议关于对整个国民经济实行“调整、改革、整顿、提高”的方针，集中讨论了国民经济调整问题及当前思想政治方面的问题。会议确定，先对 1979 年国民经济进行调整，在大力发展粮食生产的同时，积极发展水产、畜牧和经济作物，在工业内部调整轻重工业比例关系；然后组织力量调查研究、试点，为制定三年经济调整方案做好准备。会议于 17 日结束。

6 日 新西兰友好人士路易·艾黎和制片人史蒂森等一行 5 人，来江西南昌、赣州、瑞金等地参观访问和拍摄纪录片。访问于 16 日结束。

7 日 省委办公厅档案处在宜春召开全省档案工作会议。讨论档案工作如何适应党的工作重点转移，为社会主义四个现代化建设服务。会议于 13 日结束。

8 日 省革委会文化组在南昌召开全省文艺界落实知识分子政策座谈会，省委书记马继孔到会讲了话。会议要求按照实事求是，有错必究的原则，认真做好冤假错案的平反昭雪工作。凡是不实之词都要推倒，凡是不正确的结论和处理，都要予以纠正；因所谓“文艺黑线”等而受审查、点名、批判、被错误处理和株连的，一律平反昭雪，不留尾巴；对于文艺理论著作、文艺作品及节目，凡被当作毒草和反动作品批判错了的，都要予以平反，其中有的还应该重新出版、演出和上映。

10 日 省委、省革委、省军区在遂川召开授予薛朝亨“雷锋式民兵连长”称号的命名大会。

10 日 省建委召开全省城市建委主任座谈会。

11 日 美国德拉孚公司一行 7 人到九江港考察。考察于 13 日结束。

14 日 福建省歌舞团在广西向边防自卫反击战的英雄们慰问演出之后，当天从广州来到南昌。

14 日 江西省革委会清产核资、扭亏增盈领导小组成立。省财政厅派人参加领导小组的工作。

14 日 省新医学研究所成立。1981 年 1 月并入省医学科学研究所。

14 日 南昌市探矿机械修配厂研制的 JXP－1000 型岩心钻机通过了技术鉴定。

15 日 福建省歌舞团在南昌胜利剧院举行首场公演。

福建省歌舞团演出《难忘的泼水节》的一个场景

16 日 江西省检察院根据《人民检察院组织法》的规定，决定内设办公室、刑事检察处、法纪检察处、监所劳改检察处和研究室等职能机构。

17 日 南昌市委批转市总工会《关于职工业余教育工作会议的情况报告》。

18 日 全省计划生育会议在南昌召开。会议传达了全国计划生育办公室主任会议精神，着

东湖区育龄夫妇领到《独生子女证》后的喜悦之情

重研究了尽快扭转江西计划生育工作长期落后的被动局面。讨论和通过了有关抓好计划生育的具体措施，力争1980年把全省的人口自然增长率降到1%以下。

20日 经省委同意，省广播事业局和省教育局开始在江西人民广播电台举办外语广播讲座，先举办英语初级讲座。

20日 赖友恒在奉新县良种场发现猪肾虫寄生在猪大脑组织内，此发现为国内首见。

20日 省总工会、省人民银行发出关于恢复和建立全省各级银行工会的联合通知。

20日 省卫生工作会议在南昌召开。会议主要贯彻落实党的十一届三中全会精神，着重研究积极稳妥地把卫生工作重点转移到社会主义四个现代化建设上，抓好调整、改革、整顿、提高工作。省委书记、省革委会主任江渭清到会讲话。会议于30日结束。

21日 财政部、农业部发出《关于支援农村人民公社投资使用管理暂行规定的通知》。根据规定，江西财政从本年起建立支援农业生产发展周转金。

22日 省机械工业局决定：江西机床修理厂、精密机床维修站、备件总库从6月1日起合并为江西机床修理厂。为便于对外业务联系，仍可延用原站名、库牌名称过渡一段时间。

23日 南昌市妇女第八次代表大会召开，选出南昌市妇联第八届执行委员会。

25日 江西省中药材技工学校建立，经省政府批准招生。

25日 江西省森林工业技工学校成立，隶属省农林垦殖局，规模500人，定事业编制121人。

26日 省政协常委会第三次会议在南昌举行。会议听取了省政协1978年工作情况汇报；讨论通过了1979年工作要点和《关于建立和健全工作机构和各项会议制度的决定》。省政协拟增设学习委员会、文史资料研究委员会、科技工作组、文教卫生工作组、对台宣传工作组等工作机构。会议增选朱开铨为省政协副主席，选举何恒为省政协秘书长，免去刘坤省政协秘书长职务。

26日 省建委在南昌县莲塘镇召开全省城市规划座谈会。会议讨论制定《江西省城市规划试行办法（草案）》，统一城市总体规划要求和定额标准。

26日 全省军队专业干部安置工作会议在南昌召开，各地市委组织部长、各地市劳动局局长、省直委办厅局有关负责干部125人参加了会议。

26日 省委决定成立省委调整国民经济领导小组，白栋材任组长，傅雨田、刘仲侯任副组长。

27日 罗马尼亚《罗马尼亚画报》代表团一行5人，来江西南昌、庐山参观访问。访问于6月1日结束。

28日 省委、省革委会决定，撤销73个临时省级机构，明确了临时机构撤销后继续承办有关工作的部门。自1972年以来，经省委、省革委正式发文成立的省级临时机构多达124个。省委、省革委决定，对现有省级临时机构，除少数应保留外，绝大部分应该撤销，今后一般不宜设临时机构。

28日 省委、省革委会召开广播大会，动员全省军民尽快地行动起来，遵循党的十一届三中全会的方针和四项基本原则，广泛、深入、持久地开展群众性的增产节约运动，扎扎实实地搞好各项工作，顺利地完成国民经济的调整、改革、整顿、提高的任务，为加速社会主义现代化建设作出新的贡献。省委第一书记、省革委会主任江渭清讲了话，省委书记、省革委会副主任马继孔主持了会议。

29日 共青团南昌市第十次代表大会召开，选举产生了共青团南昌市第十届委员会。

29日 省委决定任命陈克光为省人民检察院党组副书记，胡立锋、王瑜、吴荣为党组成员。

30日 横峰纺织器械厂在1978年提前42天完成国家计划，8大指标“满堂红”。在5项部颁标准指标超一档的基础上，截至本月底，又全面完成国家计划，创造了全国同行业的5个第一：品种第一多（木梭7大类370多种规格型号都能生产），质量第一好（正品率达到98.79%），成本第一低（1511型自动木梭每只成本低于部颁一档水平的4.7%），消耗第一少（制成率达到97.79%），实物劳动生产率第一高（每人每天生产21只）。

30日 《江西日报》报道，1979年前5个月，江西运动员在全国比赛中共刷新3项全国纪录，打破两项全省纪录，夺得11项第一名。刷新全国纪录的：古远芳20公里、傅炳炎、蒋亦琪航海模型（成绩34分54.6秒）；打破全省纪录的：沈渭中的铁饼（成绩48米22公分）、罗金儿的标枪（成绩70米60公分）；夺得第一名的：全国射击分区赛9项，全国田径分区赛2项。

30日 省人民银行发出关于银行内部实行经济核算的通知，要求各级银行一律自1979年1月1日起实行经济核算，各核算单位要加强领导，组织实施。

31日 以江西省经委主任梁凯轩为团长的江西省陶瓷考察团一行12人赴日考察，重点考察日本主要产瓷区。考察于7月3日结束。

31日 “文化大革命”的重灾户、连年亏损的洪都机械厂扭亏为盈。5月份盈利14万元。当年1月至4月，工业总产值比1978年同期提高58%，商品产值比1978年同期增长8.2倍。

本月 全省电力系统第一台电子计算机（CJ－709型）在省电力中心调度所投入使用。

本月 萍乡市三田煤矿男子篮球队代表全国地方煤矿参加在河南焦作矿区举行的全国煤炭系统第三届篮球锦标赛，获第6名。

本月 江西钢厂6000立方米制氧机工程开工建设（1980年5月2日建成出氧。第二套和第三套6000立方米制氧机分别于1984年7月和1986年12月投产）。

本月 中国人民银行南昌市支行印发《关于贯彻银行内部实行经济核算的试行方案》，规定市属各行处试行。

本月 南昌市邮政路小学被评为全国体育、卫生工作先进单位（9月，评为全国体育运动先进基层单位。1983年3月，评为全国体育传统项目先进学校，并成为省、市电化教育实验学校）。

本月 南昌通用机械厂与长沙矿山研究院合作研制成功的LZ－100型立爪装岩机，通过部级鉴定。获1979年机械部科技成果三等奖。

本月 江西大学生物系教授林英一行数人考察三清山，首次发现大片华东黄杉。

本月 为推动“两会”成员更好地为新时期总任务贡献力量，省工商联对“两会”部分有技术、有经营管理专长的成员进行调查，并向有关部门推荐人才。

本月 江西省城市规划研究所成立，1984年10月改称江西省城乡规划设计研究院，为国家规划甲级院。

公元1979年6月 农历己未年【羊】													
日	一	二	三	四	五	六	日	一	二	三	四	五	六
					1 儿童节	**2** 初八	**3** 初九	**4** 初十	**5** 十一	**6** 芒种	**7** 十三	**8** 十四	**9** 十五
10 十六	**11** 十七	**12** 十八	**13** 十九	**14** 二十	**15** 廿一	**16** 廿二	**17** 廿三	**18** 廿四	**19** 廿五	**20** 廿六	**21** 廿七	**22** 夏至	**23** 廿九
24 六月大	**25** 初二	**26** 初三	**27** 初四	**28** 初五	**29** 初六	**30** 初七							

1日 南昌市少年宫正式恢复开放。该少年宫1957年创建，1967年受“文化大革命”影响而被封闭撤销。恢复后的南昌市少年宫有图书阅览室、科技电影室、溜冰场、露天乒乓球运动场等。

省委第一书记江渭清为南昌市少年宫开宫剪彩

1日 江西省鹰潭编组站在江西铁路车站率先使用66－11型油压车辆减速器。

1日 省政协第四届委员会组织部分常务委员和各学习小组负责人，前往进贤县参观农业生产和社办企业。

1日 援建阿拉伯也门公路组在完成施工任务后，利用下场的机械设备承包江西省在国外的第一个工程——阿拉伯也门“六一三”转盘公路工程，为国家赚得24万美元外汇。

1日 中国农业银行江西省分行恢复建立。

2日 江西省计划生育工作先进代表大会召开。会上，表彰了计划生育工作33个先进集体和113名先进个人。省委第一书记、省革委会主任江渭清，省委书记、省革委会副主任马继孔分别在开幕、闭幕式上讲话，国务院计划生育办公室副主任刘庆山到会作专题讲话。大会号召，立即行动起来，把江西计划生育工作推向一个新阶段；要求争取当年全省计划生育要提高到80%～

江西省计划生育工作先进集体、先进个人代表会开幕

85%，人口自然增长率降到12‰以下。大会于7日结束。

3日 江西钢厂热轧带钢工程开工建设（12月25日建成投产）。

4日 江西地质局第一物探大队改进石英弹簧重力仪获得成功。国家地质总局向全国地质行业推广此项成果。

5日 省革委会批转同意省计委、省经委等单位《关于江西省地县小钢铁进行调整的请示报告》，锦江钢铁厂、麻山钢铁厂、新余人民钢铁厂、巨源铁厂、青塘钢铁厂等一批地县钢铁企业停办或转产。

6日 国务院批准庐山旅游区对外开放。

庐山云雾

6日 当日起至7月3日，江西省南昌电网发生1起人身死亡事故和8起重大设备事故。7月25日，省电力工业局党组向省委作《关于南昌电网九起事故的检查报告》。

7日 孟加拉国茶叶考察团一行4人，到江西庐山、婺源等地考察。考察于10日结束。

8日 省教育局召开全省学校体育、卫生工作会议。会议于15日结束。

8日 纺织工业部生产司副司长陆泓、国家劳动总局局长李朱溪等9人，到九江国棉一厂考察"四班三运转"情况。此项劳动强度被纺织工业部在全国推广。

8日 省委召开全省宣传工作会议，传达中共中央召开的宣传部长会议、理论务虚座谈会的精神，讨论和研究党的工作着重点转移以后宣传工作的根本任务以及如何加强思想政治工作的问题。会议强调，要把实践是检验真理的唯一标准问题的讨论深入下去，排除"左"和"右"的两种错误思想的干扰，把党内外的思想统一到党的十一届三中全会精神上来，同心同德，加速四个现代化建设。会议于18日结束。

8日 江西省首届《井冈山之春》音乐会举行。8日至22日期间，演出的有声乐、器乐、舞蹈、曲艺、灯影和小舞剧等113个节目，演出了36场，观众近4万人次。评出优秀节目奖4个，声乐曲创作奖23个，器乐曲创作奖7个，还有其他各项奖。

9日 江西省机械局一行12人，首次组成赴英拖拉机考察组，分别在麦赛·福克森公司下属的4个研究培训中心、2个试验室，14个工厂进行参观访问和技术考察。

9日 尼泊尔、老挝、孟加拉、巴基斯坦、尼日尔、几内亚、玻利维亚、巴拉圭、美国、法国共10国驻华使馆官员23人、翻译10人，在团长伊克率领下，登庐山作五日游。

9日 加拿大国家男女排球队一行32人来江西南昌访问及友谊比赛。比赛于11日结束。

9日 全省水产工作会议在南昌市召开，传达、贯彻全国水产工作会议根据"调整、改革、整顿、提高"的精神，总结江西水产工作的经验教训，研究加速全省水产事业发展的任务和措施。会议于15日结束。

11日 省、市妇联及工会在江西影剧院举行中越边境自卫反击战英雄报告会。报告会于16日结束。

12日 省委发出《中共江西省委、省革命委员会关于明确党政分工，加强集体领导制度若干问题的规定（草案）》。

12日　省委组织部、省教育局发出《关于进一步加强中小学教师管理工作的通知》。

12日　南昌市住宅建设会战指挥部成立，负责南昌市住宅统建工作。

17日　由挪中友好协会副主席麦尔海姆率领的挪威文艺演唱团一行57人来江西南昌访问演出。访问演出于21日结束。

17日　日本东京大学名誉教授、国际地质科学联合会副主席一行3人，来江西德兴铜矿和西华山钨矿参观考察。参观考察于24日结束。

18日　江西省四机局在南昌市展销馆举办电子工艺产品展销会，省委、省革委会领导及有关部门负责人参观了预展。展销会共展出江西省生产的170余种通用整机、测量仪器、气用设备、应用产品和330多种电子元器件。

19日　由省总工会、省经委、南昌市总工会、南昌市经委联合举办的企业管理业余读书班正式开学。参加读书班的学员有省、市工交各局副局长以上干部，南昌市区内大中型企业党委正副书记、正副厂（矿）长，正副经理、工程师、会计师及相当于以上职务的省、市总工会和基层工会的领导干部共140名。

21日　江西省科委日前召开全省科技工作会议。会议传达了省委关于成立江西省科学院的决定，并计划在今后3年内把省辖市、地辖市的专业研究所成立起来。

21日　国家地质总局在峡江县召开现场会，着重推广江西地质局区调队系统总结江西全省1:200000区域地质调查成果的经验。

25日　《江西日报》报道，全省烟花鞭炮扩大出口，产品由1963年的十几个发展到当时的117个，300多个规格。今年春季广交会上成交8.7万多箱，金额达230多万美元，比1978年秋季广交会分别增长98.8%和129.4%。

25日　全省劳动保护工作会议在南昌召开。会议制定了《江西省一九七九年至一九八五年防止矽尘和有毒物质危害规划》。会议于30日结束。

25日　日本日中友好议员联盟秘书访华团一行19人，来南昌、庐山参观访问。参观访问于28日结束。

26日　冶金部和江西省革委会批文，冶金部、省革委会以《（1979）冶办字第1659号、赣革发（1979）104号文》通知，决定成立江西铜基地总指挥部、江西铜业公司，两块牌子、一套人马，冶金部副部长茅林兼任总指挥，省计委主任王实先兼任江西铜基地总指挥部委员会副书记、副总指挥。隶属省委和冶金部双重领导，以冶金部领导为主。从7月1日起，将德铜、永铜、城门山、武铜、东铜、铅山、贵冶以及赣东北供应站从江西省冶金局划出，归江西铜基地总指挥部领导。南昌有色院、有色四建、有色十五建和江西省冶金建设公司承担铜基地建设任务的单位，原来隶属关系均不变，但在铜基地建设期间，由总指挥部领导。

江西铜基地建设指挥部领导合影

27日　省委统战部召开省级统战系统平反大会，为被林彪、“四人帮”一伙诬陷、迫害和打击的潘震亚、平戒、汤允夫、胡宗澹等16位爱国人士平反昭雪，恢复名誉。

27日　日本大和制片社拍摄纪录片组一行5人抵赣拍片。

27日　省二轻局在南昌市召开二轻系统工程技术人员代表座谈会，有7个行业27名代表出席。座谈会于29日结束。

28日 省革委会召开全省水产工作会议，省委第一书记、省革委会主任江渭清到会，省委副书记刘仲侯到会讲了话。会议总结水产工作经验教训，研究加速发展全省水产业措施的任务。会议认为，要充分利用江西水产资源十分丰富的有利条件，尽快把江西的水产业发展起来，力争在短期内，使全省水产品有较大增长。

28日 省供销社发出《关于江西省供销合作社党组成立情况的通报》：史奋为党组书记、主任，荆奇玉为党组副书记、副主任，彭跃、李书田为党组成员、副主任。自7月1日起，省供销社、省商业厅分开办公。

本月 全省基本建设工作会议召开。会议指出要认真清理在建项目，坚决缩短基本建设战线。到年底，通过对5万元以上的1200多个在建项目的会审。第一批停、缓建项目230个。

本月 江西省南昌铁路工程处崇仁工程机械厂在130型架桥机的基础上，制成遥控双臂式架桥机，定名为“新长征－130型架桥机”。该机具有直接起吊，一次落梁就位，自动走行，桥头对位，并可在隧道口与曲线上架梁等特点（1981年3月获江西省科技进步二等奖，主要研究人员为黄席尧、李维）。

本月 省军区在独立师召开“三打”、“三防”（打坦克、打飞机、打空降、防原子、防化学、防细菌）现场会。

本月 上海电影制片厂在庐山拍摄风光故事片《庐山恋》。

本月 全省建材工作会议在南昌召开，会议提出“扩建老厂，挖掘潜力，增加水泥的技改投入，实现水泥产量、质量的大提高”的发展水泥生产方针，全省水泥工业进入第三个发展高潮。

本月 经省总工会同意，交通部门的工会组织恢复成立。还先后恢复成立省海员工会和省汽运车局工会。

本月 江西社队企业参加在北京农业展览馆展出的首次全国社队企业展览会，送展产品计1262件。

本月 省委决定恢复江西人民出版社建制，与省新华书店分离独立经营。江西人民出版社设办公室、总编室、文教编辑室、科技编辑室、少儿编辑室、文艺编辑室、美术编辑室和出版部7室1部。

公元1979年7月							农历己未年【羊】						
日	一	二	三	四	五	六	日	一	二	三	四	五	六
1 建党节	2 初九	3 初十	4 十一	5 十二	6 十三	7 十四	8 小暑	9 十六	10 十七	11 十八	12 十九	13 二十	14 廿一
15 廿二	16 廿三	17 廿四	18 廿五	19 廿六	20 廿七	21 廿八	22 廿九	23 大暑	24 闰六月	25 初二	26 初三	27 初四	28 初五
29 初六	30 初七	31 初八											

1日 江西第一座矸石发电厂——萍乡矿务局高坑发电厂动工兴建（初期装机容量1.2万千瓦，后扩建为1.8万千瓦。1982年开始发电，到1985年全部建成。1987年7月获江西省优秀勘察设计一等奖，1988年又获江西省科技进步二等奖）。

1日 省冶金厅将江西有色冶金技工学校崇义县都眉寺和九江县城门山两所分校移交给江西铜矿领导，校名改称江西铜矿技工学校（1981年6月29日，成立江铜干部学校；1983年8月1日，成立江铜职工中等专业学校，同年6月23日，成立江铜科研设计所。上述4单位先后合署办公，为1套人马，4块牌子）。

3日 省体委决定组建水球、网球、棒球、垒球、击剑等项目队。

3日 全省社队企业展览会在毛泽东思想万岁馆（今江西省展览中心）开幕。同时展出了萍乡市、进贤县李渡公社、南康县白石大队3个典型。

4日 SC－1型集成电路测试仪在南昌无线电八厂通过生产定型鉴定。

4日 省教育局召开全省中小学思想政治工作会议。省委书记马继孔就加强中小学思想政治教育工作等问题讲了话。

6日～12日 团中央、国家体委、全国体总联合举办的“新长征火炬接力”进入江西，在南昌、瑞金、井冈山等地举行了有关仪式和活动（这次活动于7月1日在上海“一大会址”点燃火炬，经过16个省、市、自治区，于9月10日送到北京的第四届全运会开幕式会场）。

“新长征火炬接力队”跑过南昌八一起义纪念塔

11日 第四机械工业部副部长刘寅视察江西无线电厂（七三一厂）。

12日 于都县人武部参谋胡师文在民兵爆破训练中，挺身排险，营救在场7名民兵，自己却失去了右手和左腿。中央军委发布命令，授予胡师文“雷锋式的人民武装干部”荣誉称号。

12日 景德镇市珠山中路体育馆门口安装

210 瓦钠灯，共 20 盏，为景德镇首次钠灯照明光源。次年元月，珠山路路灯全部更换为双悬索 215 瓦钠灯，共 20 盏，在全省率先实现钠灯一条街。

13 日　经中共中央批准，刘俊秀任江西省委书记；吴平任省委委员、常委、副书记；王实先任省委委员、常委，省革委会副主任；王泽民任省委委员、常委；张国震、张宇晴任省革委会副主任。

13 日　省地质局党委根据中央及省委要求，完成了 72 名错划右派分子的改正工作。

13 日　罗马尼亚共产党中央委员、人民群众来信来访部部长杜马夫妇，来南昌、庐山参观访问。参观访问于 20 日结束。

13 日　省政协第四届常务委员会第四次会议在南昌市举行。会议听取了关于政协第五届全国委员会第二次会议精神的传达报告。

14 日　全省青少年科技作品展览在南昌市青市少年宫正式展出，展览于 22 日结束。省委书记白栋材参加了开幕式。公展前，对展品进行了评比，评出优秀作品 54 件，其中获一等奖的 6 件，二等奖的 14 件，三等奖的 34 件。同时，还选出了包括这些获奖作品在内的近百件作品，于本月下旬运送北京参加 10 月份举办的《全国青少年科技作品展览》。

14 日　省委、省革委会召开大会，传达五届全国人大二次会议精神。省、市党政机关干部 104 万人参加了大会。省委书记、省革委会副主任白栋材、傅雨田出席大会。省革委会副主任、出席全国五届人大二次会议的江西代表团副团长方志纯作了传达报告。傅雨田讲了话。大会号召全省人民学习、宣传、贯彻五届全国人大二次会议的各项报告、决议，坚定地搞好工作重点的转移，贯彻"调整、改革、整顿、提高"八字方针，发扬民主，加强法治，同心同德搞四化，发展安定团结的政治局面，努力打好四化第一仗。

14 日　中共江西省委党校干部读书班、企业管理研究班学员共 660 名，经过 3 个多月的学习，举行结业典礼。

16 日　中越边境自卫反击战英雄报告团第二分团马友、杨朝芬等一行 6 人到达南昌，17 日，在江西影剧院向 4000 多位军民作了首场报告。在向省、市领导机关、省军区等机关单位作了 6 场报告之后，报告团离开南昌，赴全省各地向驻军和干部作巡回报告（报告团于 8 月 13 日离开江西去北京）。

省、市军民热烈欢迎中越边境自卫反击作战英模报告团来赣巡回作报告

中越边境自卫反击作战英模报告团的首场报告会

报告团的同志在全省各地巡回作报告，生动地介绍我国边防军民作战的英勇事迹

16 日　江西省高级人民法院在省政法干校举办全省各级人民法院院长 113 人参加的学习

班。学习中央副主席叶剑英、邓小平的讲话和新颁布的刑法、刑事诉讼法、人民法院组织法等法律。为组织全省法院干警学习、宣传、贯彻上述法律培训一批骨干的辅导员。学习班于31日结束（9月16日起，全省各级人民法院用10天至15天时间，举办学习上述法律的培训班，参加学习的干部1500名，占干部总数的80%）。

18日 省委、省革委会召开电话会议，要求各地迅速集中力量，坚决搞好“双抢”工作（抢收、抢种）。

18日 共青团江西省委召开第一批新长征突击手（队）命名大会，参加会议的有部分新长征突击手、团干部、青少年，共300多人。会议表彰了10个新长征突击队、298名新长征突击手。

18日 经省革委会重新核定，全省78个县、市有老区社、队，1064个公社有老区生产大队（村），分别占全省县、市和公社总数的87%和66.3%。

18日 省妇联在景德镇市召开全省城镇托幼工作现场会议。

18日 省建材局在南铁彬江水泥厂召开全省小水泥质量工作会。会议宣布，全省有小水泥厂125家，质量合格率为46.8%。

20日 受省革委会委托，省农业局、省卫生局、省粮食局召开“防止稻谷黄变”紧急会议。会议对防止稻谷黄变，提高了认识，交流了经验，研究了措施。

22日 “我国第一艘”150立方全液压链斗式挖泥船，由上海船舶设计研究所设计、江西省东风船厂制造成功，通过全面鉴定。它每小时的挖泥量达200立方米～300立方米，主要技术性能达到或超过设计要求，开始小批量生产。

江西东风船厂制造的挖泥船在进行挖泥作业

24日 解放军铁道兵部队，承担乐平——德兴香屯和模峰——永铜两条铁路支线建设任务（两条铁路线先后于1986年12月25日和1987年2月26日建成通车）。

25日 江西省人民银行发出关于对全省工业企业进行生产能力、产供销中存在问题和能源供需状况进行比较全面的调查，建立工业企业的经济档案。

27日 省政协第四届委员会在江西庐山举行学习班，学习中共中央有关文件。学习班于8月29日结束。

27日 埃及驻华空军武官绍里克空军准将来南昌洪都机械厂参观访问。参观访问于28日结束。

30日 省委组织部、省计委、省教育局联合召开全省1979年高等学校和中等专业学校毕业分配调配工作会议。会议指出，本年和延期到1980年的大专毕业生有3500多名，中专毕业生8000多人。会议要求，教育毕业生愉快地服从分配，把四化需要放在第一位。会议确定毕业生分配坚持适当集中、重点配备、保证特殊急需、兼顾一般需要的方针和注意专业配套与贯彻学用一致的原则，坚持“四个面向”（面向农村、面向工厂、边疆、面向基层）。规定拒不服从分配的学生，自学校宣布分配名单起，超过了三个月的不去分配单位报到者，取消其分配资格，国家不再为其安排工作。

31日 省革委办公室发出通知，要求各有关地区和部门，对迁来参加铜基地建设的冶金部第四冶金建设公司要给予大力配合和支持，以利加速铜基地的建设。

本月 全省开始贯彻国务院颁发的《关于发展社队企业若干问题的规定（试行草案）》和国务院关于扩大国营工业企业经营管理自主权、企业利润留成、开征国营工业企业固定资产税、提高国营工业企业固定资产折旧率和改进折旧费使用办法、企业实行流动资金全额信贷等5个政策管理体制的文件。

本月 冶金部初步确定江西乐华锰矿为上海宝山钢铁总厂锰矿石供应基地。

本月 良山铁矿细筛再磨工艺建成投产，精矿含铁品位提高到65%以上（8月，年处理30万吨氧化矿自磨厂开工建设。1980年8月24日建成投产）。

本月 南昌市革委会决定恢复成立南昌市经济委员会。

本月 《江西省宜春温汤地热试验电站新机组试验技术研究》通过了鉴定，并获1979年江西省科技成果二等奖。

本月 江西教育学院恢复。

本月 省统计局编辑出版“文化大革命”以来第一本农业统计历史资料——《一九六六年至一九七九年江西省各县、市农业生产统计资料》。

本月 北京电影制片厂在庐山拍摄故事片《李四光》。

本月 江西人民出版社主办的《知识窗》杂志创刊。

本月 吉安市委、市革委批准吉安市房管局《关于落实“文革”中无偿接管的城市私房政策的报告》，成立落实政策领导小组和办事机构，按“谁占谁还”的原则，开展落实私房政策。

本月 省科委制定并下达《江西省科研项目管理试行办法》。

本月 自1979年3月份以来，日本先后分3批派人来进贤县、婺源县开展与江西进行合办农业机械化试点工作。

公元1979年8月							农历己未年【羊】						
日	一	二	三	四	五	六	日	一	二	三	四	五	六
			1 建军节	2 初十	3 十一	4 十二	5 十三	6 十四	7 十五	8 立秋	9 十七	10 十八	11 十九
12 二十	13 廿一	14 廿二	15 廿三	16 廿四	17 廿五	18 廿六	19 廿七	20 廿八	21 廿九	22 三十	23 七月小	24 处暑	25 初三
26 初四	27 初五	28 初六	29 初七	30 初八	31 初九								

1日 江西省工艺美术服务部和省二轻局生产处工艺组合并成立江西省工艺美术工业公司。

3日 共青团江西省委在南昌市召开新长征突击手（队）座谈会。江西省委书记傅雨田和共青团中央书记处书记高占祥会见了与会代表，并讲了话。代表们向全省团员和青年发出了《积极投入增产节约运动，提前跃进1980年》的倡议书。

3日 省政协第四届委员会举办报告会，传达江西省委负责人关于形势问题的报告。民革、民盟、农工党江西省委员会，民建江西省工委负责人和机关工作人员，出席了省政协举行的报告会。

6日 江西省革命烈士纪念堂增设的《自卫反击作战烈士事迹陈列》正式开放。该陈列展出了康遇生、黄莱齐、丁顺茂、徐雅军、陈启海、胡亮明等67位烈士的英雄事迹，其中15人荣立一等功、52人荣立二等功。

6日 为加强公检法系统干部队伍，决定为全省户籍、治安、刑事民警办理转干手续。

6日 省委召开工作会议，进一步贯彻党的十一届三中全会和全国人大五届二次会议精神，切实把工作着重点转移过来，集中精力搞好四化建设。会议总结了前7个月的工作，部署了后5个月的主要任务。号召全省人民创造优异成绩，迎接建国30周年，迎接省五届人大二次会议召开。工作会议于14日结束。

7日 江西男子体操运动员许建华日前在葡萄牙举行的第一届里斯本国际体操邀请赛中获得跳马冠军（并列），同时夺得男子个人全能第三名。

7日 江西运动员唐翊军日前在第四届全国运动会航空模型飞机比赛中，以104.65公里/小时的成绩打破了保持14年之久的橡筋模型直线速度92.78公里/小时的全国纪录。

8日 小提琴演奏家盛中国在南昌井冈山剧院举行独奏音乐会。

9日 经国务院批准，井冈山地区最近恢复原名——吉安地区。

10日 经中央组织部批准，江西省委分别为谷霁光、石凌鹤平反。谷霁光于1966年6月18日被在《江西日报》上公开点名批判为"'三家村’黑店江西分店老板”，时任江西教育厅副厅长兼江西大学副校长。平反后，恢复名誉，任命为江西大学校长。

13日 省直属机关举行形势报告会，省委书记、省革委会副主任马继孔作形势报告。参加报告会的有省委、省革委、省政协负责人，省委各部、委、办负责人及省直机关干部共2500多人。

16日 省革委会召开电话会议，贯彻国家经贸委召开的全国电话会议精神，动员全省工交战线职工，开展第二次“质量月”活动，进一步提高产品质量，更好地完成当年国家计划。会议由省委书记、省革委副主任傅雨田主持，省委常委、省革委副主任王昭荣讲话。

21日 省农业局在高安县召开全省油菜、三麦生产经验交流会。交流会于25日结束。

21日 省公安局召开全省预审工作会议，传达第三次全国预审工作会议精神，讨论研究贯彻措施。预审工作会议于9月4日结束。

25日 省总工会、省教育局召开全省职工业余教育工作会议。会议于31日结束。

25日 省地质局在井冈山审查验收了岩浆岩、构造体系、寒武、奥陶、志留、泥盆、二叠系及其矿产、1:500000化探图件及说明8项区调成果。审查验收活动于9月3日结束。

28日 江西省执行国务院批转国家计委、国家建委、财政部《关于基本建设投资试行贷款办法的报告》和《基本建设贷款试行条例》。16个小水电建设项目的投资改由建设银行贷款。

31日 江西职工业余教育蓬勃发展，目前全省参加各级各委业余学校学习的职工达12.07万人。“文化大革命”中，职业业余教育陷于停顿。“文革”后，为适应新形势和四化建设需要，工矿企业办职工业余教育，职工学习的积极性空前高涨。

31日 省委常委继续学习和讨论实践是检验真理的唯一标准问题，并发出《关于继续深入开展真理标准问题学习和讨论的通知》。

31日 省委批准成立铜基地总指挥部委员会，茅林任第一书记，王实先、徐清镒任副书记。

本月 江西医学院招收首届医学研究生。

本月 省冶金局和所属各企业撤销革命委员会，由省、地双重领导改为由省冶金局领导。

本月 省编委批准省外贸局成立进口企业处，专门办理江西省进口业务。进口业务处实行单独核算，财务收入纳入地方财政。

本月 省地质局进行体制改革试点。决定按专业分工原则，将九〇二大队改组为一个探矿工程大队和一个地质调查大队。

本月 全省第一批工交企业扩大自主权试点单位实行利改税制。省机械系统的试点企业有：南昌齿轮厂、江西电机厂、江西气体压缩机厂、景德镇电瓷电器工业公司、萍乡电瓷厂、江西车辆开关厂、宜春风动工具厂、宜春地区机械厂、鹰潭水泵厂等9个企业。

本月 省工商联邀集全国工商联在南昌的委员和工商业界代表进行座谈，讨论全国工商联发来的《中国工商业联合会章程（修改草案）》征求意见稿，提出了修改意见，报送全国工商联。

本月 经省革委会批准，红星垦殖场王桥大队及花树源、肖坑源等18个挂钩生产队转为全民所有制（分配体制暂时不变）。

本月 江西人民出版社创办《百花洲》大型文学双月刊。

本月 江西省科委制定《江西省科技成果鉴定办法》，并公布实施。

公元1979年9月							农历己未年【羊】						
日	一	二	三	四	五	六	日	一	二	三	四	五	六
						1 初十	2 十一	3 十二	4 十三	5 十四	6 十五	7 十六	8 白露
9 十八	10 十九	11 二十	12 廿一	13 廿二	14 廿三	15 廿四	16 廿五	17 廿六	18 廿七	19 廿八	20 廿九	21 八月大	22 初二
23 秋分	24 初四	25 初五	26 初六	27 初七	28 初八	29 初九	30 初十						

1日 江西省科学院成立。下设生物资源研究所、微生物研究所、能源研究所、应用化学研究所、应用物理研究所5个独立科研所。(全院职工1990年总数为431人，其中专业技术人员294人)。

江西省科学院外貌

1日 省委在南昌召开全省知识青年工作会议。省委第一书记、省革委会主任江渭清讲话，省委副书记、省革委会副主任刘仲侯代表省委作报告。会议期间，省党政军领导同志会见了出席会议的先进知青集体和个人，并和大家一起座谈。会议经过充分讨论，提出了贯彻全国知青工作会议精神，统筹解决知青问题的意见。工作会议于9日结束。

2日 全省科技干部工作会议在南昌市召开。会议着重揭露和批判“左”的错误在江西的表现及危害，检查党的十一届三中全会以来全省落实知识分子政策、平反科技人员中的冤假错案工作的进展情况。

3日 为了贯彻国民经济调整方针，扶助老根据地发展生产，省民政局、省财政局发出通知，追加特殊救济费80万元。

3日 赣北大型水利工程——柘林灌区工程正式放水，永修、德安两县和恒丰、云山等省、地属国营农场、林场30余万亩农田受益。该工程总干渠通过了69座山，修建了9处渡槽，各类闸、桥200多处，全长110公里。

3日 省革委会计划委员会、省财政局决定拨款26万元，用于安排分宜等11个县档案馆库房建筑经费。

3日 省革委会赣革发151号文批准恢复省景德镇陶瓷学校，属省轻化局、景德镇市革委会双重领导。

3 日 福州部队在南昌举行命名大会，执行中央军委命令，授予胡师文以“雷锋式人民武装干部”荣誉称号。福州部队政委、江西省委第一书记江渭清宣读了中央军委命令，福州部队副司令员龙飞虎宣读《中国共产党福州部队委员会关于开展向“雷锋式的人民武装干部”胡师文学习的决定》。省委、省革委会、省军区发出《关于全省军民向“雷锋式的人民武装干部”胡师文学习的通知》。胡师文是于都县人民武装部参谋，他曾两次被评为学习毛主席著作积极分子。在 1977 年 9 月进行的一次对空抛射弹药包训练时，为保护 7 名民兵生命安全身负重伤，失去右手和左腿。

“雷锋式人民武装干部”胡师文命名大会在南昌举行

4 日 财政部委托江西财经学院举办的第一期县级局财政领导干部训练班开学。财政部副部长陈如龙参加了开学典礼并讲了话。这期训练班为期 5 个月，学员 100 人，分别来自上海、江苏、浙江、安徽、江西等 16 个省、市、自治区。

4 日 省教育局在南昌召开全省高等学校和中等学校政治理论教师会议。会议主要学习、讨论教育部新编的哲学、政治经济学、中共党史和国际共产主义运动史 4 门课程的教学大纲。会后，组织部分高校教师编写与出版《辩证唯物主义与历史唯物主义》、《政治经济学》、《中共党史》三本高校教材。

5 日 省矿产储量委员会审查批准德兴县铜厂超大型铜矿补充勘探报告。

6 日 南昌八一配件厂生产的汽缸套关键项目全部符合部颁标准，合格率达 99.4%，名列全国第一。

6 日 江西省农机学会代表大会暨 1979 年年会在南昌召开。省农机局副局长邓松山宣读《从实际出发发展农业机械化》论文，提出要搞选择性机械化的主张，引起很大争论（12 月 20 日，省委副书记刘仲侯肯定邓松山的论点，并在全省范围内组织实施）。

7 日 文化部部长黄镇先后视察宁都、瑞金、黎川县的文化工作和革命历史文物陈列室。

8 日 省党政领导在江西宾馆会见出席省知青工作会议的部分先进集体、先进个人代表。他们是：永修县虬津公社沪光知青队队长高康良，乐平县接渡公社双桥大队党支部副书记、下乡知青程立标，景德镇市九龙山垦殖场下乡知青、民办教师张采芳，丰城县洛市公社红卫大队渔场场长、下乡知青刘根伟，新干县桃溪公社植物保护农技员、上海下乡知青徐一申，临川县公社知青队队长李苏贞，德安共青垦殖场党委委员、上海下乡知青周承立。

8 日 按照省革委会的决定，省劳动局、省总工会和省煤炭局联合组织全省安全大检查。省委常委、省革委会副主任、安全大检查领导小组组长王昭荣，到丰城矿务局建新矿井下检查。检查历时 50 天，先后对 160 对矿井、6 个勘探队、两个火工厂和两个煤机厂进行检查。

9 日 省委组织部日前召开全省地市县委组织部长、地市县人事局长、省直单位组织（干部）处长会议，要求加强组织人事部门建设，搞好业务培训，提高组织人事干部素质。

10 日 省革委会清产核资、扭亏增盈领导小组办公室转发国务院扭亏增盈领导小组通知，停止执行企业亏损包干办法。

10 日 省卫生局印发《江西省药政药检工作会议纪要》及《医院药剂工作条例》、《新药管理办法及游医药贩管理办法》。

12 日 南昌铁路局将各级“五七”公室改设为集体企业办公室，安置待业青年就业。

12 日 江西新余钢铁厂、冶金部钢铁研究院、北京钢铁设计研究总院联合进行的贫锰矿用高炉二步法生产高锰低磷锰铁试验获得成功（于 1980 年 9 月获冶金部科技成果二等奖，1984 年获国家科委发明三等奖）。

12 日 全省庆祝建国 30 周年文艺献礼演出大会在南昌举行活动。文化部部长黄镇，省委第一书记、省革委会主任江渭清，省委书记、省革委会副主任白栋材出席了开幕式。全省文艺工作者创作了二三百个新剧目，经评选，有20台节目参加全省献礼演出。活动于10月12日结束。

12日 冶金部会同国家建委、中国技术公司组织有关单位在南昌对日本住友公司、芬兰奥托昆普公司提交的贵溪冶炼厂区内的初步设计进行审查。审查工作于10月8日结束。

13日 省委邀请专家、教授、工程师和科学工作者在江西宾馆座谈。参加座谈会有原电管局副总工程师傅振模、南昌柴油机厂副总工程师陈炳欣、南昌齿轮厂副总工程师曹存昌和王照选等26位。省委、省革委会负责人江渭清、杨尚奎、白栋材、傅雨田、狄生、吴平、方志纯、张国震、张宇晴及省直有关部门负责人到会，认真听取了与会科技人员的意见和建议。

13日 省商业局、省财政局、省民政局发出《关于冬季救济棉布、棉花及救济款的通知》。共计发出棉布150万米，成衣棉衣3000件，帮助一部分重灾区、穷社穷队和老区群众解决过冬衣被的困难。

14日 省委日前召集省直机关局以上领导干部会议，动员进一步开展真理标准问题的讨论和学习，要求省直机关普遍深入地把这一学习和讨论开展起来，进一步端正思想路线，更好地实现全省工作着重点的转移。

15日 由铁道部在南昌新建的华东交通大学正式开学。

15日 省委副书记狄生主持召开省委、省革委会秘书长、办公厅主任会议，听取关于档案工作情况的汇报，研究如何恢复与整顿档案工作，并决定召开全省档案工作会议。

15日 中共江西省委党校第一期妇女干部读书班开学。县妇联副主任以上干部59人参加为期4个月的学习。

17日 《江西日报》报道，江西6个企业4项产品荣获1979年国家优质产品奖。其中景德镇人民瓷厂青花瓷器获金质奖，景德镇建国瓷厂的高温色釉陈设瓷，浒坑钨矿、铁山垅钨矿、赣州精选厂的黑钨金矿，星火化工752产品，分获银质奖。

17日 巴勒斯坦“法塔赫”参观团一行30人，来南昌、兴国、瑞金等地参观访问。参观访问于24日结束。

18日 省高级人民法院召开全省各地、市、县人民法院院长会议，传达学习中共中央《关于坚决保证刑法、刑事诉讼法切实实施的指示》和全国高级人民法院院长会议精神以及江西省委常委会对法院工作的指示，从思想上、组织上、工作上为1980年1月1日正式实施刑法、刑事诉讼法和人民法院组织法做好准备工作。会议于24日结束。

19日 在团中央召开的全国新长征突击手命名表彰大会上，永修虬津公社麻洲大队沪光知青队队长、上海知识青年高康良、赣州地区邮电局邮递员姚盛概、德安县综合垦殖场团委、盘古山钨矿董存瑞青年采矿队，被命名为新长征突击手（队）称号。

19日 省文联在南昌举办江西省优秀歌曲评选会。《春天笑了》、《登梅关》、《献给祖国的歌》、《致方志敏》等5首歌曲，分别获得一、二、三等奖。这次征歌多达500余首，最后送省里参评的有160首。

19日 江西省公路学会在南昌成立。

19日 省革委会批转省科委《关于评定和晋升科学技术人员技术职称的试行办法》，部分单位开始技术职称评定工作。

20日 经省、市有关部门决定兴建的南昌市10万平方米住宅全面破土动工，这是为解决居民住房紧缺问题的举措。这些住宅，共55栋，分别在市内5个区26个地方兴建（至当年11月底，已落成34栋，竣工面积7万平方米）。

20日 新加坡经济发展局局长杨胜德一行2人，来南昌、景德镇参观访问。访问于22日结束。

21日 在全国召开的表彰“三八”红旗手、“三八”红旗集体大会上，萍乡市电瓷厂党委副书记陈花秀，于都县铁山垅粮油加工厂会计员吴丽芳荣获全国“三八”红旗手称号，分宜县杨桥公社党委副书记、观光大队党总支副书记兼妇代会主任钟华英，景德镇市陶瓷工业科学研究所艺术室主任汪桂英，万年县珠田公社妇联被表彰为全国“三八”红旗手集体标兵。

21日 省冶金局通知，新余钢铁厂河下铁矿停止生产和建设（当年12月，该矿终止生产，开始拆除。1980年移交江西省冶金技工学校）。

21日 全省各地普遍开展干警轮训，掀起学习贯彻《中华人民共和国刑法》、《中华人民共和国刑事诉讼法》的热潮，并为1980年1月1日正式实施“两法”做了一系列准备工作。

21日 省委发出《关于恢复省委和各级地方党委人民武装委员会的通知》，省、地、县、乡各级人民武装委员会相继恢复。

21日 水利部在兴国县召开华东六省水土保持座谈会。会议总结交流经验，研究加速治理水土流失措施，并参观兴国县水土保持典型。会后水利部转发《华东六省水土保持座谈会议纪要》，要求各级水电局组织干部认真学习讨论，贯彻执行。座谈会于26日结束。

21日 省委在梅岭召开江西省档案工作会议，学习党的十一届三中全会和五届人大二次会议精神，传达贯彻全国档案工作会议精神，认真分析全省档案工作状况，研究提出今后两年档案工作的任务和要求。会议于28日结束。

22日 江西运动员在22日至24日举行的第四届全运会上获金牌1枚、银牌4枚，1人1次平全国纪录，2人2项破全国纪录。获金牌的是蒋亦铭的2.5毫升水中浆竞速艇的航海模型，获银牌的是颜向阳的自选手枪速射射击，胡刚的链球、陈超的男子200米蝶泳、邓黔生的10毫升水中竞速艇的航海模型。平全国纪录的是上述蒋亦铭的航模，破全国纪录的除上述颜向阳的射击外，还有万喜生的56公斤举重。江西运动员少年田径、摩托艇和航空模型比赛中取得可喜成绩，共获2枚金牌、1枚银牌和3枚铜牌。江西省少年男子运动员黄洛涛连续夺得800米和1500米赛跑两项第一名；少年女子运动员夏迎一获标枪第三名；由李红、黄元妹、刘玲玲、万美兰组成的接力队在女子4人×400米接力赛中获得第三名；江西运动员还获得男子4人×400米接力赛第六名。江西运动员夏长生获得男子250毫升赛艇第三名；江西运动员还获得男子双人赛艇第四名和女子250毫升赛艇第六名。江西运动员杜传颐获得国际级模型翔机第二名；江西运动员还获得国际橡筋动力模型机第六名。在马拉松比赛中，江西运动员获第六名。

23日 《罗马尼亚现代绘画展览》在南昌市省文联展厅展出。罗驻华大使馆大使杜米特列斯库和参赞参加了10月5日举行的该展览的开幕式，并登庐山游览。

24日 江西南昌无线电工业学校举行首届（1979级）学生开学典礼。

25日 省人民银行党组向省委组织部报送关于执行《中国人民银行干部管理暂行办法》的请示报告，对银行系统的干部，实行银行与地方双重领导，以银行为主的管理体制（10月5日，省委组织部予以批转并要求按照报告中的办法规定，及时做好有关干部管理接交的各项工作）。

26日 省经委举办的全省轻纺电子工业品展览在省展览馆开幕。展览分纺织、一轻、二轻、化工、电子、进口产品6部分，共5000多品种，两万多件展品。

27日 外经贸部发出《关于各省授权审批外经出国人员的部门的通报》，其中江西省授权省授外办审批（专家组正副组长和技术负责人报省委组织部门审批），并统一办理批件。

27日 全省开始办理1972年前的民办〈代课〉教师转正工作。

27日 省轻化工业局根据中央（1978）55号文件对“右派”进行复查。历时4个月，对局机关所属单位24名“右派分子”中的23名错划对象进行改正和安置。

28日 国务院在人民大会堂举行授奖仪式，嘉奖工业、交通、基建战线先进企业和劳动模范。江西获奖的先进企业有横峰纺织器材厂、国营江西无线电厂、江西氨厂；劳动模范有瞿兰香（女）、曾凡桂、张荣祥、李洪定、严挹非。

29日 省委、省革委会在江西影剧院召开省、市热烈庆祝中华人民共和国成立30周年报告会，省、市党政军负责人及各方面人士共4000

余人出席大会。省委书记杨尚奎作了报告。

29日 省革委会在南昌八一礼堂举行表彰工交、基建战线先进企业、劳动模范大会。省委、省革委、省军区、省政协的领导，从全省工交、基建各行业评出来的39个先进企业的代表和61名劳动模范出席了大会。省委书记、省革委会副主任傅雨田讲了话，他希望所有荣获嘉奖的先进企业和劳动模范更好地发挥带头作用、骨干作用与桥梁作用。

30日 经省革委批准，于最近成立“江西省科学技术干部管理局”（年底改称江西省科学技术干部局），专管科技干部队伍的建设、科技人员的培养、教育、技术职称评定、考核与调升、专业技术干部的调配与奖惩等。

30日 江西国药厂于年初试制盐酸土霉素，9月一次性试产成功，收获率达83%，质量符合部颁标准。当年出产盐酸土霉素14吨，其中12吨出口，创汇44万美元。

本月 省委宣传部正式宣布，经中央宣传部和省委批准，为艾寒松编著的《怎样做一个共产党员》一书平反。该书1952年在江西出版后，先后在中南区、湖北、上海等地出版，发行近千万册。1953年，江西省委曾予以嘉奖。1963年，被错误地定为“宣扬修正主义的大毒草”。1975年，艾寒松去世。

本月 景德镇市无线电厂生产的E312型电子计数式频率计在第四机械工业部召开的全国10兆欧数学频率计的质量评比会上，被评为第一名。E312型电子计数式频率计，是一种晶体管化的数学式测量仪器，它是测试无线电频率、周期和时间间隔的重要电子测量工具。

本月 南昌青山湖宾馆工程开工。该宾馆建筑面积20272平方米，主楼地下2层，地上15层，高54.8米。在施工中实际施工期为48个月，首次采用钢筋混凝土框架——剪刀墙结构体系及附建式五级人防自防水地下箱型基础（该工程由省建筑设计院吴本庄等设计，获1987年省政府优秀设计二等奖。由省一建公司施工工程师邬经云等人技术负责施工。该项目被评为南昌“十佳建筑”之一）。

本月 江西省统计学会在南昌成立，同时召开第一次全省统计科学讨论会。会议选举蒋华为会长，程懋辉、凌振垣、王英、李紫荣、吴福寿为副会长，叶震任秘书长。

本月 宜春汽运分局12－20328号客运汽车驶至宜（春）浒（坑）线仰峰路段翻车，死10人，重伤8人，轻伤23人。

本月 省委宣传部批准，由南昌市外文书店为基础组建江西省外文书店。

本月 省建委在吉安市召开“江西省住宅统建结合旧城改造经验交流会”。

本月 全省城市工作会议召开，研究整顿和加强城市建设管理的任务和措施。

本月 根据国家经济委员会和轻工业部关于开展“质量月”活动的要求，省经委、省轻工业厅开始对主要轻工产品的质量分别进行评比创优工作。全省轻工产品共获国家金奖14个，银奖21个，轻工部优138个，省优890个。

公元1979年10月							农历己未年【羊】						
日	一	二	三	四	五	六	日	一	二	三	四	五	六
	1 国庆节	2 十二	3 十三	4 十四	5 中秋节	6 十六	7 十七	8 十八	9 寒露	10 二十	11 廿一	12 廿二	13 廿三
14 廿四	15 廿五	16 廿六	17 廿七	18 廿八	19 廿九	20 三十	21 九月大	22 初二	23 初三	24 霜降	25 初五	26 初六	27 初七
28 初八	29 重阳节	30 初十	31 十一										

1日 江西农业展览在江西省革命博物馆三楼正式展出。这是为庆祝建国30周年而举办的。展览分为综合、农业、林业、农田水利基本建设、气象5个部分。展览在展示农业各方面巨大成就的同时，还介绍了宜春县油茶、奉新县毛竹、全南县小叶山东林场、南丰县松脂厂、崇义县高坌采育林场、新干县江口大队、铜鼓县幽居公社等典型单位和事迹。

1日 目前江西最长的公路隧道——定南县胜仙洞隧道打通通车。该隧道长301米，宽6米，可并行两辆汽车。

1日 省文化局发出通知，为纪念建国30周年，各地、市在国庆节举办为期15天的献礼新片展映活动。放映的影片有：《从奴隶到将军》、《保密局的枪声》、《甜蜜的事业》、《怒吼吧！黄河》、《大河奔流》、《神圣的使命》等。

3日 经国家经委、财政部和省革委会批准，江西省34个企业正式开始扩大企业经营管理自主权的试点工作。省革委在南昌召开全省工交战线扩大企业自主权和整顿企业工作会议，研究部署了全省第一批扩大企业自主权的试点企业的试点方案。会议要求试点单位要按照实践是检验真理的唯一标准的观点，立志改革，勇于实践，大胆探索，冲破禁区，不断研究新情况，解决新问题，探索新路子。试点企业，生产只能上不能下，产品质量只能提高不能降低，上缴国家的财政收入只能增加不能减少。

5日 江西省交通战备领导小组成立，省委书记傅雨田任组长，省军区副司令员林乃清任副组长，办公室设在交通厅。

6日 省妇联在南昌八一礼堂召开大会，表彰在新长征中涌现出来的“三八”红旗手和“三八”红旗集体。这次受表彰的全省“三八”红旗手有1333名，“三八”红旗集体146个。其有受全国表彰的“三八”红旗手243名，“三八”红旗集体27个。省委副书记狄生在会上讲话，勉励广大妇女在新长征中为祖国为人民作出更大贡献，并提出几点希望。

8日 国务院批准设立宜春市，由宜春地区行政公署领导，宜春市包括原宜春县属宜春镇和下浦、渥江、樟树、南庙公社、油茶林场的16个大队。

9日 中国人民保险公司江西分公司，在停办20年之后恢复，近日统一接收原在中国银行南昌分行办理的国外保险业务，根据人保总公司的要求，积极试办国内保险业务。

中国人民保险公司江西省分公司办公大楼

9日 省政协第四届委员会召开座谈会，学习座谈党的十一届四中全会公报和全国人大常委会委员长叶剑英《在庆祝中华人民共和国成立30周年大会上的讲话》。

10日 省财政局发出《关于由建设银行办理工业企业挖潜改造贷款的通知》。

10日 《江西日报》发表题为《发展档案事业，为现代化建设服务》的文章，介绍全省档案工作会议盛况，省人民广播电台也对会议进行录音报道。

10日 以澳大利亚矿产资源局代局长威廉为团长的澳大利亚地质代表团一行9人，来江西省参观考察西华山钨矿、鹰潭铀矿、德兴铜矿地质矿产。考察于11月5日结束。

12日 省委在南昌召开全省纪律检查工作会议，会议传达贯彻全国纪律检查工作会议精神，确定：认真抓好党风党纪教育，同败坏党风党纪的不良倾向作斗争；积极做好信访工作；抓好纪检部门自身建设。

12日 煤炭工业部在萍乡矿务局召开全国重点煤炭企业政治工作会议。

12日 罗马尼亚驻华大使杜米列斯库一行2人，来南昌参加罗马尼亚绘画展览开幕式并游览庐山。大使一行于15日离赣。

12日 全省第一届盲人聋哑人代表会议在南昌召开。会议动员团结全省盲人聋哑人同心同德，为加速实现社会主义四个现代化作出贡献。会议期间，选举了江西省第一届盲人聋哑人协会委员29名，谢象晃当选为主任委员；选出了11名出席全国第三届盲人聋哑人代表大会的代表。会议于16日结束。

13日 省经委、省财政局发出《关于下达第一批工交企业扩大企业自主权试点方案的通知》，全省确定34户企业为试点单位，将过去提取企业基金改为金额利润留成。

14日 在少先队建队30周年之际，共青团江西省委决定，表扬全省295名优秀少先队辅导员，发给奖状。其中的樊清芬、彭冰松、赵金莲、梁长秋、余邦金5人，已被团中央命名为全国优秀少先队辅导员，受到表彰和奖励。

15日 共青团江西省委在南昌八一礼堂召开全省第二批新长征突击手（队）命名表彰大会。大会表彰了5面突击队红旗、45个突击手、突击手标兵。到此，两次命名的突击手共1000多名。江西省委副书记狄生到会讲话，号召全省团员青年向新长征突击队红旗、新长征突击手标兵和新长征突击手学习，争当新长征突击手，把个人利益同祖国利益、把个人前途同祖国前途联系在一起，做解放思想的促进派，做安定团结的促进派，做四个现代化的保卫派。

15日 制造黑白电视机用的高压硅堆，在南昌无线电七厂研制成功。

15日 《江西省港口费收规则》自当日起执行。

19日 省革委会颁布《江西省水产资源繁殖保护实施细则》，共27条。于当日起实施。

19日 江西省第一辆可控硅载波器脉冲调无轨电车由南昌市公共交通公司改装试制成功。

20日 省委公开在《江西日报》发表文告为李定坤、石少培平反恢复名誉，并恢复其职务。

22日 江西省人民银行转发中国人民银行10月10日关于力争在1979年内把省、县两级农行恢复起来的电报，要求各地遵照执行。

22日 省工商管理局、省文教办公室展览组发出《关于加强文物商业市场管理的通知》。通知规定：一切出土文物、革命文物，概归国家所有，不得进入文物商业市场；流散在民间的文物，一律由省文物商店收购。

23 日　《江西日报》报道，全省铺柏油路640公里，10个月干了过去六七年时间所干的事情。今年共从南昌到九江、宜春、抚州、萍乡4个地、市的公路全部铺上了柏油路面。

23 日　浙赣线萍乡改线迁站第一期工程竣工验收交接。车站大楼、站台雨棚等由萍乡市建委设计室设计，萍乡市建筑工程公司施工（该工程于1986年、1987年、1989年分获萍乡市政府、省建设厅、省政府优秀设计奖）。

24 日　一机部电工总局检查组对江西低压电器产品进行全面质量检查。14个企业生产的88种低压电器产品抽查41个产品，合格品21个，占抽查数的51.2%。需要整顿的67种，占总数76.1%，其中10个产品需停产整顿。这次检查中，南昌低压电器厂产品获好评，九江电器开关厂的产品质量问题严重，检查组建议该厂停产整顿，经主管局验收合格后才能生产。

25 日　根据国务院的有关规定，江西省按40%的升级面给全省职工调升工资。

25 日　德兴铜矿会战指挥部总结会战工作。铜厂及朱砂红矿区补充勘探会战，历时4年4个月。铜厂矿区新增铜储量171.6万吨；朱砂红矿区由中型发展为大型。整个矿田的储量达800余万吨，可建成世界一流的铜基地。

25 日　南昌市城市住宅建设会战指挥部在青云谱区井冈山大道西召开10万平方米住宅首幢竣工验收大会。

25 日　江西铜基地总指挥部与四机部通讯工程公司签订《江西铜基地数字微波长途自动电话通信工程建设》合同，并委托其承包建设。（德兴、永平、贵溪三县山岭上的4个微波站计划于1980年12月建成；德兴、贵溪、永平3个自动电话站计划于1981年9月建成）。微波电话全长163公里，是当时全国首条具有20世纪70年代世界先进技术的数字微波通信干线。

26 日　全省物价工作会议召开，研究部署全省物价大检查，对检查内容、方法、处理，都做了研究部署。省委、省革委会批准转发了这次会议纪要。

26 日　省委召开地、市委、井冈山、庐山党委书记座谈会，传达贯彻中共中央在北京召开的各省、市、自治区党委第一书记座谈会精神，集中讨论经济工作问题。会议针对长期以来粮食与经济作物发展不协调，工业内部轻、重比例不合理状况，提出发展经济作物，加快轻纺工业和消费品的生产，同时加快交通、能源薄弱环节的建设，压缩基本建设规模，确保重点建设项目。会议强调，搞好经济工作是压倒一切的中心任务。座谈会于11月3日结束。

27 日　中国林业科学研究院江西大岗山实验局在分宜成立。

28 日　省委召开各地、市主管农业的负责同志会议，按照《中共中央关于加快农业发展若干问题的决定》的精神和要求，对照检查本省贯彻落实《决定》的情况和经验，研究和部署了进一步落实《决定》的措施，要求在全省范围内立即掀起群众性学习好、宣传好、贯彻好、落实好《决定》的热潮，调动全省农村干部和农民群众的积极性，千方百计确保当年农业大丰收，大搞农田，改善生产条件，尽快把江西农业搞上去。省委书记刘俊秀在会上讲了话。

31 日　江西省地质学会第二届会员代表大会在南昌举行，191名代表参加。大会民主选举产生了第二届理事会，由49名理事组成；推选出常务理事19名，李如皋任理事长，朱训任副理事长兼秘书长。会议于11月8日结束。

本月　全省扶贫工作会议在南昌市召开。

本月　江西江南材料厂试制成功第三代电子手表芯片电路（石英表芯片）。

本月　全省石油库管理工作会议召开。讨论并通过《石油库防火安全十不准》省石油公司以（1979）赣燃字第166号文下发执行。

本月　江西省历史博物馆举办明清书画展览，展出明、清以来60余位画家作品100余幅。

本月　分宜有色金属冶炼厂氢氧化锂碳化工程开工建设（1980年3月建成投产）。

本月　南昌市经济委员会成立，将计委生产组和增产节约办公室的工作划归经委管理。

本月　南昌市革委批转市城建局《关于市政公用设施管理的若干规定（试行）的请示报告》。

本月 为了鼓励粮食收购，省人民政府奖励人均售粮多且贡献大的19个县（峡江、奉新、新干、黎川、上高、安义、南昌、宜丰、金溪、南城、宜黄、贵溪、南丰、万安、高安、余江、弋阳、崇仁、德安），并颁发奖状。

本月 江西省历史博物馆考古队和贵溪县文化馆对贵溪岩墓进行考古发掘，清理出古代纺织机件及用具36件和绢、麻布、苎布3种纺织品残片，其中印花苎麻织物为国内迄今所发现的最早印花织物。

本月 省卫生厅药政管理局组织药材生产、检验、供应、教学及科研等部门，编写出版《江西中药炮制规范》。

本月 江西省"两会"临时领导小组联席（扩大）会议，经过充分酝酿和民主协商，推选14人为江西省代表，出席"民建"第三次全国代表大会和全国工商联四届会员代表大会。全体代表受到了中央领导人的亲切接见，并出席了全国政协、中央统战部的招待会，听取了全国政协主席邓小平在招待会上的重要讲话。

本月 江西省科学技术协会（简称"省科协"）正式恢复，与省科委合署办公。

公元1979年11月							农历己未年【羊】						
日	一	二	三	四	五	六	日	一	二	三	四	五	六
				1 十二	**2** 十三	**3** 十四	**4** 十五	**5** 十六	**6** 十七	**7** 十八	**8** 立冬	**9** 二十	**10** 廿一
11 廿二	**12** 廿三	**13** 廿四	**14** 廿五	**15** 廿六	**16** 廿七	**17** 廿八	**18** 廿九	**19** 三十	**20** 十月小	**21** 初二	**22** 初三	**23** 小雪	**24** 初五
25 初六	**26** 初七	**27** 初八	**28** 初九	**29** 初十	**30** 十一								

1日　《南昌日报》重新改为《南昌晚报》(《南昌晚报》于1961年9月1日创刊，1967年1月，受“文化大革命”影响，被戴上“修正主义黑报”罪名，被迫停刊，改出《南昌日报》)。

1日　南昌市调整主要副食品销售价格，有肉、鸡、鸭、蛋、鱼、鲜牛奶等共8项。同时实行职工副食品价格补贴。

1日　省委、省革委会在梅岭召开省直机关文书档案工作会议。会议于6日结束。

2日　江西省计委负责人就主要副食品提供和给予职工补贴等问题向记者发表谈话说，江西在国家统一计划安排下，当年提高收购价格的农副产品共21种，平均提价幅度为28.26%。收购价格提高以后，除粮油以外，其他农副产品销售价相应提高。为了保证大多数职工和城镇居民的实际生活水平不致下降，国家给职工副食品价格补贴，同时提高工资区类别，调整部分职工工资。这3件事一起办，全省一年国家要多支出2.5亿多元，主要副食品提价回笼相抵后，国家仍要多拿出1.2亿多元。

4日　省机械局贯彻一机部《关于试行工人技术考核办法的通知》，按一机部颁发的《工人技术登记标准》，部署工人“应知”、“应会”考核。

7日　省委、省革委会召开电话会议，省委、省革委负责人刘俊秀、张国震、张宇晴参加了会议，会议由刘俊秀主持，张国震作了发言。会议根据9月以来，全省绝大多数地区没有下雨，地表水源不足，地下水位下降的实际情况，号召全省人民紧急动员起来，全力抗旱抢种保苗，确保各种任务全面胜利完成。

7日　江西省教育学会恢复，组建新的理事会。

8日　天津市、厦门市、温州市、大同市、张家口市、开封市、成都市、内蒙古自治区和南昌市9市、自治区防治慢性支气管炎协作会议近日在南昌召开。

9日　清江县山前乡吴城村商代遗址，首次发现3件青铜兵器，和我国中原出土的殷墟早期铜钺相同，相当于殷墟早期遗物。

10日　省委、省革委会在省体委礼堂举行授奖大会，为在第四届全运会上创优异成绩的36

名江西运动员庆功发奖。获一等奖的 6 名：谌欣、蒋亦铭、黄洛涛、傅炳次、蒋亦琪、唐翊军。获二等奖的 5 名，获三等奖的 8 名，获四等奖的 17 名。

10 日　省革委会在西华山钨矿召开安全大检查总结会议和全省矿山防尘工作会议。

12 日　《江西日报》报道，江西医药工业从无到有，蓬勃发展。目前全省已建起 18 家医药工业企业，12 大类原料药江西可生产 8 大类，品种 150 多个，年产量 900 多吨。1978 年总产值 1.0548 亿元，上缴利润 3259 万元。

14 日　江西省土壤普查办公室成立，胡亚贤、马迅等任正副主任。办公室设在省农业局。

16 日　省委发出《关于广泛深入地宣传法律、加强法制教育的通知》。通知指出，从 1980 年 1 月 1 日起，《刑法》、《刑事诉讼法》等 6 个法律生效，从当时起到 1979 年年底前要在全省广大城乡普遍开展一次法制宣传教育活动，使那些法律的基本精神和主要内容，逐步家喻户晓，深入人心。

16 日　省人事厅召开全省组织工作会议，要求各级党委、政府组织人事部门“作出规划，迅速开展干部培训工作”。

16 日　全省各民主党派和工商联组织分别召开会议，传达各民主党派和工商联全国代表大会精神，号召各自的成员坚持四项基本原则，为实现祖国四化，为台湾早日回归祖国、实现祖国统一大业作出新贡献。会议结束后，政协江西省委和江西省委统战部邀请参加这次会议的人举行座谈会，并设宴招待。

16 日　民革、民盟、农工党江西省委全委（扩大）会议、民建江西省工委和省工商联负责人联席会议，在南昌分别召开。传达贯彻各自党派全国代表大会精神，学习邓小平在会见各民主党派全国代表大会全体代表时的讲话。这次会议是被迫停顿 10 余年之后第一次组织的会议。会议期间，全体与会人员受到省委统战部和省政协领导的会见。

18 日　江西省人防领导小组在南昌召开全省人防工程现场会。会议期间，到会者参观了南昌 18 个区的平战结合人防工程，南昌和其他城市的 24 名代表介绍了人防工程平战结合的经验。会议提出了坚持平战结合方面的工作意见，要求充分利用人防工程为社会主义建设和人民生活服务。

20 日　全省统战工作会议在南昌召开。会议传达了全国统战工作会议精神，学习了中央领导同志对统战工作的讲话和中央有关文件，讨论了新的历史时期统战的性质、方针和任务，交流了全省统战工作的经验，部署了当前工作，提出了具体要求。会议于 28 日结束。

20 日　全国三纶设备配件订货及协作会在江西维尼纶厂召开。会议由纺织工业部化纤局局长孙波主持，会后孙波到九江浆粕厂、江西化纤厂、江西化工实验厂指导工作。

21 日　省革委会对进一步办好国营垦殖场、农场作如下规定：（一）因地制宜确定经营方针，建立商品生产基地；（二）改善企业管理，扩大企业自主权；（三）场办工业列入国家计划；（四）积极试办农、工、商联合企业；（五）适当增加国营企业的投资和减轻社会性负担；（六）改善职工待遇；（七）加强场、社团结，妥善解决土地、山林、水面、财产等纠纷；（八）慎重处理恢复全民所有制和集体所有制挂钩问题；（九）加强领导，改善管理体制。

23 日　省计委、建委、经委、环保办联合下达全省第一批限期治理企业名单，拟定江西化纤厂等 18 个污染较为严重的工矿企业为第一批限期治理单位。

23 日　江西冶金研究所用“离子交换法”从砷渣中回收钨获得成功，每年可以从磷砷渣中回收约 50 吨钨氧，价值 100 余万元。

24 日　根据国务院批转财政部《关于减轻农村税收负担问题的报告》的精神，省政府决定 1979 年农业税实行起征点的征收办法，每人平均口粮在起征点以下的生产队，免征农业税。

24 日　经省革委会批准，省援外办公室改名为“江西省对外经济联络办公室”（又称华昌公司）。

24 日　根据国务院转发农垦部《关于尽快

把国营农场办成农工商联合企业的座谈会纪要》的精神，省革委会批复原则上同意在农垦系统试办农工商联合企业。先在南昌市、庐山两地和省属12个垦殖场试点。同时成立江西省国营垦殖场农工商联合企业供销经理部，隶属省农林垦殖局。

24日 菲律宾矿业代表团一行10人来赣考察。考察于26日结束。

25日 省委转发《全省农村人民公社年终结算分配座谈会纪要》，要求各地结合实际，在年终分配时，坚决落实党在农村的各项经济政策，推行各种形式的责任制和奖赔办法。

26日 在日前召开的苏、浙、赣、鄂、皖5省护林联防会议上，景德镇被评为护林联防先进集体。该市广泛开展封山育林活动，严禁乱砍滥伐、毁林开荒。全市已封山育林52万亩，防治森林病虫害6300多亩，危害森林的火灾面积比1978年下降52%。

27日 华东地区生猪育种协作会最近在江西省农业科学院召开。总结、交流生猪育种经验，并考察赣州白猪育种情况。

28日 美国福特公司拖拉机代表团一行7人，来江西南昌考察。考察于12月4日结束。

29日 国家建委批准江西贵溪冶炼厂初步设计，规模为年产铜20万吨，其中电解铜15万吨，商品粗铜5万吨，分两期建设（1980年7月30日该厂举行开工典礼。1981年2月24日冶金部办公厅转发《关于缓建贵溪冶炼厂的通知》，1982年11月国家计委批准从1983年起恢复建设。1985年12月31日产出第一炉冰铜，1986年1月1日和1月3日分别产出第一炉粗铜和阳极铜。1987年1月9日产出首批合格电解铜，同年10月21日一期工程通过国家竣工验收）。

30日 日本讲谈社摄影采访团一行6人抵达南昌。该团与中国人民美术出版社合作拍摄出版《中国的旅行》画册，此行将为画册拍摄有关景点。

本月 省革委会批准，省文教办公室展览组撤销，其业务由省文化局的文物处管理。

本月 1975年10月开工的丰城矿务局建新矿改建工程完成。当年产量达到64万吨，超过60万吨的改扩建设计年生产能力（1981年使用综采后，产量持续上升，到1985年超过100万吨。1979年全员效率为每工0.87吨，利润为500万元，1985年分别达到每工1.26吨，利润为1230万元，均为全省煤矿之冠。生产能力较原设计能力提高60万吨，所用投资只相当新建60万吨矿井的1/3）。

本月 江西省畜牧水产厅成立。

本月 为贯彻全国城市治安工作会议精神，省军区派出3个连和5个排的兵力，组织民兵9.98万多人次，协同公安机关打击各种犯罪分子的破坏活动。

本月 江西省统计局制定县国民经济基本情况年报制度。

本月 省革委批复水利局，同意恢复江西水利学院，实行水利部和省双重领导，以水利部为主的管理体制。教学业务接受省教育局的指导。

本月 下旬至12月中旬，农业部副部长兼社队企业总局局长杜子端视察江西社队企业，在省直有关委、办、厅、局负责人座谈会上发表重要讲话。该讲话通过省委办公厅编印的《参阅文件》传达至公社党委一级。

本月 江西省出版局转发国家出版局《关于克服书刊内容重复和滥编滥印现象的报告》。

本月 江西省出版局批准江西人民出版社实行"利润留成"，建立3项基金（生产发展基金、集体福利基金、职工奖励基金）。

本月 《小学教学研究》创刊，由江西人民出版社主办。

公元1979年12月							农历己未年【羊】						
日	一	二	三	四	五	六	日	一	二	三	四	五	六
						1 十二	2 十三	3 十四	4 十五	5 十六	6 十七	7 十八	8 大雪
9 二十	10 廿一	11 廿二	12 廿三	13 廿四	14 廿五	15 廿六	16 廿七	17 廿八	18 廿九	19 十一月大	20 初二	21 初三	22 冬至
23 初五	24 初六	25 初七	26 初八	27 初九	28 初十	29 十一	30 十二	31 十三					

1日 青云谱站零担货物新货场和仓库建成投产。南昌地区在铁路办理的零担货物到发业务原由南昌站办理，后逐步移至青云谱站。自1981年9月1日起，又办理集装箱和转零货物运输业务。

1日 江西省国营长林机械厂开始试制WZ501步兵战车分系统战斗总成（1980年11月30日，战斗总成在江西省首次试制成功，1987年获国家机械委员会科技进步一等奖。主要完成人为工程师夏国栋、吴体龙）。

2日 省卫生局邀请全省著名老中医、老中药师及部分卫生局主管中医工作的领导干部举行座谈会，围绕如何解决中医后继乏人，加快江西中医药事业发展问题进行讨论。江西省委、省革委会批准和支持专家意见，决定从全省集体所有制医疗单位和散闲在社会上有真才实学的中医人员中，择优吸收300人，充实中医力量。从今后招工指标中，选择一些热爱中医工作的青年人，选配给中医药师当徒弟，并鼓励名老中医优先带自己的子女学徒，为每位老中医配备有一定临床经验的助手。座谈会于6日结束。

2日 省教育局、省教育学会召开全省第一次教育科学规划会议。会议于7日结束。

3日 江西省第二轻工业局更名为省第二轻工业厅。

3日 省委在南昌召开全省城市治安工作会议。会议要求，根据全国城市治安会议精神，加强和健全社会主义法制，打击刑事犯罪活动，坚决刹住破坏社会秩序危害人民安全的歪风，迅速把全省城市社会秩序整顿好。会议于8日结束。

4日 突尼斯共和国卫生部部长代表该国政府首次授予江西省第四批医疗队队长刘泉开“国家卫生奖章”和奖状。

5日 省民政局、财政局制定《关于优抚对象定期定量补助实施办法》（这一年，全省确定定期定量补助人员6.38万人，年定补款689万元）。

5日 省革委会决定把上高县敖山农场、峡江县金坪农场、金溪县“五七”农场改为江西省国营敖山、金坪、秀谷华侨农场，作为接待安置印支难民和难侨的教育、生产基地。

5日 省军区在南昌召开城市厂矿民兵工作经验交流会，研究解决全党工作重点转移后城市厂矿民兵工作的新情况、新问题，总结交流经验，动员民兵积极参加和保卫四个现代化建设。福州部队政委、江西省委第一书记、省军区第一政委江渭清到会讲话，省军区司令员信俊杰作总结讲话。会议于11日结束。

5日 省检察院在南昌举办省、分、市检察院检察干部学习《中华人民共和国刑法》、《中华人民共和国刑事诉讼法》训练班。训练班于18日结束。

6日 省托幼工作领导小组成立，省委书记马继孔任组长。办公室设在省妇联。

7日 《江西日报》报道：本年江西柑橘大丰收，总产达66.4万多担，比1978年增长1.36倍，结束了柑橘多年徘徊在三四十万担的历史。

7日 英国皮拉图斯飞机公司一行3人，来江西南昌洪都机械厂参观考察。考察于9日结束。

7日 省妇联在高安县灰埠公社召开全省开展多种经营妇女工作现场会。会议于11日结束。

8日 国务院授予奉新县气象站“全国先进单位”称号，该站副站长余朝溪出席全国先进单位和先进工作者代表会议。

8日 萍乡矿务局客车改装厂试制出第一辆“安源”牌客车。1988年在全国首届乘用车展评会上获“优秀工艺奖”。

9日 省经委发出关于抓好1980年第一季度工业生产的通知，对该季度工业生产作出安排：继续抓好工业调整和企业整顿；大力抓好轻纺工业生产，要求第一季度完成全年计划的24%以上；狠抓以节约能源为中心的增产节约运动，大打产品质量进攻仗；切实抓好各农产品的生产。

10日 省委组织部、省劳动局、省卫生局从集体所有制分散在城乡的中医中吸收300名中医中药人员，充实和加强全民所有制中医药机构。

11日 省财政局发出通知，布置各级财政监察部门，要把贯彻执行国务院关于防止年终突击花钱的情况，作为一项重要检查任务来抓。

11日 南昌钢铁厂焊管车间试产成功并投入生产（第二套焊管机组和第三套、第四套焊管机组分别于1980年11月和1981年5月建成投产）。

11日 全国古籍善本书总目编辑工作会议在南昌召开。参加会议的有来自全国28个省、市、自治区的版本学家、目录学家、图书馆工作者共100余人。会议通过了《对各省、市、自治区善本总目汇编时的复查要求》、《中国古籍善本书目总编方案》。会议于20日结束。

12日 省政协第四届常委会第五次会议在南昌市举行。会议审议通过《关于召开政协江西省第四届委员会第二次会议的决定》，讨论会议准备工作。

14日 省工交系统举行社会主义生产目的讨论的报告会。参加报告会的有省委负责同志、省直各单位及南昌市有关部门的领导干部和群众1000多人。报告会上，省委党校政治经济学教研主任白永晋作了题为《正确认识社会主义生产目的，为四化建设服务》的辅导报告。省委常委、省革委会副主任王昭荣就如何搞好社会主义生产目的的讨论讲了话。

14日 昌河飞机制造厂和六〇二所负责的“超黄蜂”直升机“三型四机”改装任务全部完成。该飞机参加1980年5月向南太平洋发射运载火箭的工作，顺利完成任务，受到国防科工委、三机部通令嘉奖和奖励。

14日 江西制氧机厂与西安交通大学设计研制成功PLK－8.33/20－6型空气轴承中压透平膨胀机通过部级鉴定。这是国内首次采用空气轴承的中压透平膨胀机，获1979年省科技成果一等奖。

15日 省革委会在南昌召开了地、市、县人民银行、建设银行和农业银行行长会议。会议要求3家银行与有关部门密切配合，充分发挥促进、监督作用，为国家守计划，把口子，搞好清理基本建设在建工程项目，调整基建投资，压缩和控制基建规模。会议于16日结束。

16日 江西住宅建设开工面积多，进度快。据全省城镇不完全统计，目前居民住宅建设开工25.48万平方米，竣工面积达12.4万平方米，是1978年全年的4倍。

17日 《江西日报》报道，江西本年农业生产获得全面丰收。全省粮食总产达247亿斤，比历史最高水平的1978年增长9.7%。同1978年比较，棉花产量增长25%，油料增长20%，甘蔗增长20%，麻类增长46%，茶叶增长8%，水果增产1倍，猪、牛、羊、兔和家禽都有不同程度的增长。

南昌县蒋巷公社粮食连年增产，今年水稻又获得大丰收

17日 国家建委在南昌召开铜基地建设第一次协作会议。铁道部、交通部、电力部、化工部、煤炭部、一机部、外贸部、商业部、物资总局、设备成套总局、建设银行总行、国务院环保办以及江西省有关局、办、地、县和上海、武汉铁路航运有关局、办及铁道兵部队等单位的代表参加了会议。会议于27日结束。

18日 省委、省革委会在南昌召开省、市整顿社会治安动员大会，传达贯彻全国城市治安工作会议精神，动员城市机关干部和群众行动起来，加强社会主义法制建设，打击刑事犯罪分子的破坏活动，整顿社会治安秩序，促进巩固和发展安定团结的政治局面，保卫四化建设的顺利进行。

18日 赣州地区采茶剧团的7场传统讽刺喜剧《茶童戏主》在上海完成电影拍摄后，在江西省赣剧院向省市人民作汇报演出。该剧是粉碎“四人帮”后江西第一个被搬上银幕的剧目。

18日 省委组织部、省公安局、省劳动局联合转发中央组织部、公安部、民政部、劳动总局《关于户籍、刑事、治安民警改为国家干部通知》。据此《通知》，全省在职“三警”均在1980年年底以前办理了转干手续。

19日 根据《关于庐山山上房屋情况和有关房屋处理意见报告》统计，庐山原有11处国家房屋334栋，80575平方米，现存316栋，76495万平方米。

19日 江西省林业职工医院恢复，规模设病床150张，定事业编制120人。同日成立省林木种子公司，定事业编制40人。

21日 奉新县气象站“暴雨预报方法”及“四个基本”、“四个结合”预报改革成果在全国气象成就展览会上展出，《光明日报》、中央人民广播电台、《江西日报》分别报道江西奉新站的先进事迹。

21日 江西省五届人大二次会议在南昌八一礼堂举行预备会议。预备会由省革委会主任江渭清主持。会议的主要议程是听取和审察通过省革委会工作报告；听取和审查通过江西省1978年、1979年国民经济计划执行情况和1980年计划草案的报告；听取和审查通过1978年财政决算、1979年财政预算执行情况和1980年财政预算草案的报告；审查通过省高级人民法院和省人民检察院的工作报告；选举省人大常委会主任、副主任、委员；决定省长、副省长人选；选举省高级人民法院院长，省人民检察院检察长；补选第五届全国人民代表大会代表；通过有关决议和提案审查报告。会议选举省五届人大二次会议主席团和秘书长。主席团由97人组成，王泽民为秘书长。会议还通过省五届人大二次会议代表资格审查委员会主任委员、副主任委员、委员名单，狄生为主任委员；通过省五届人大二次会议预算委员会主任委员、副主任委员、委员名单，王实先为主任委员；通过省五届人大二次会议提案审查委员会主任委员、副主任委员、委员名单，张宇晴为主任委员。同日，大会主席团举行第一次会议，推选出大会主席团常务主席。常务主席是江渭清、杨尚奎、白栋材、马继孔、傅雨田、刘俊秀、方志纯、李世璋、谷霁光、信俊杰、吴平、杜昭、王树衡、王书枫、李可时、王华、孙永久、杨永峰、穆先、梁建国、张俊宸。主席团第一次会议还通过大会副秘书长名单。

21日 省政协第四届委员会第二次会议在南昌举行。会议期间，委员们听取和讨论了省政协副主席罗孟文作的省政协常委会工作报告；列席省人大二次会议，听取并讨论了省革委会主任江渭清作的省革委会工作报告和其他报告。大会通过了政协江西省第四届第二次会议决议和提案审查委员会关于提案的审查报告及相应的决议。选举方志纯为政协江西省第四届委员会主席，增选马继孔、朱开铨、吴甄铎、李华封、倪南山、刘建华为副主席，选举何恒为秘书长。大会还增选了30名常委会委员。会议于28日结束。

省政协第四届委员会第二次会议开幕

21日 省革委会发出《关于进一步办好国营垦殖、农场若干问题的规定》的通知，要求各地农垦部门和国营垦殖场、农场，认真总结经验，坚决贯彻《中共中央关于加快农业发展若干问题的决定》。

22日 省五届人大二次会议在南昌举行。

省第五届人民代表大会第二次会议开幕

省革委会主任江渭清作省革委会工作报告。会议经过充分讨论，确定了江西调整国民经济的任务和具体措施。会议通过了《关于省革命委员会工作报告的决议》、《关于一九七八、一九七九年国民经济计划执行情况、一九八〇年国民经济计划初步安排和一九七八年财政决算、一九七九年财政预算执行情况、一九八〇年财政概算的决议》、《关于提案的审查报告》。会议根据全国人大五届二次会议通过的《地方各级人民代表大会和地方各级人民政府组织法》规定，决定撤销江西省革命委员会，恢复成立江西省人民政府，设立省人大常务委员会，作为地方国家权力机关的常设机构。经选举，杨尚奎为省第五届人大常委会主任，决定省政府主要领导职务不再由省委主要领导兼任。刘俊秀、李毅章、罗孟文、张宇晴、叶长庚、李芳远、徐敏（女）、谷霁光、谢象晃为副主任。选举决定白栋材为省长，傅雨田、王实先、王昭荣、李世障、许勤、张国震、方谦、梁凯轩为副省长。选举柳滨（女）为省高级人民法院院长，选举出的省人民检察院检察长人选报最高人民检察院提请全国人大常委会批准。补选白栋材为五届全国人大代表。会议于27日闭幕。

23日 省委、省革委会负责人江渭清、杨尚奎、白栋材、马继孔、刘俊秀等在江西宾馆会见出席全国第二次授奖大会的先进单位代表和劳动模范。先进单位有国营红星垦殖场、九江市红卫小学等11个，劳动模范有刘运来、符式珪等9名。

24日 省财政局局长王仲发在省五届人大二次会议上作《关于江西省一九七八年财政决算，一九七九年财政预算执行情况以及一九八〇年财政概算的报告》。

25日 民革、民盟、农工党江西省委和民建江西省工委领导人，出席省委举行的民主协商会，就省长、副省长，省人民检察院检察长和省高级人民法院院长，政协江西省委会改选主席和秘书长、增选副主席及常委人选，进行协商。

省委邀请民主党派和各界人士举行民主协商会

26日 浙赣线白源—江西萍乡间白源隧道建成通车，铁路线全长175.7公里，该隧道是江西铁路第一座双线隧道。

27日 《江西日报》报道，经省委批准，江西省高等学校有92名教学和科研人员被提升为教授、副教授。提升为教授的有章士美、林美、胡献雅等9名，提升为副教授的有董仁恕、顾阳谅、王承浩等83名。

27日 江西省财政局复名为江西省财政厅。

27日 江西省五届人大二次会议提案审查委员会主任张宇晴作关于提案审查的报告。这次会议收到提案848件。

28日 国务院嘉奖农业、财贸、教育、卫生、科研战线的全国先进单位和全国劳动模范。南昌县小港公社、新干县洋湖公社、广昌县千善公社、彭泽县棉船公社、资溪县株溪林场东风大队、余江县平定公社蓝田大队、景德镇市南安公社陈家坂大队陈家坂生产队、国营红星垦殖场等单位以及彭光贤、江善讲、刘细珠（女）、万招香（女）、颜龙安等人受到国务院嘉奖。

28日 《江西日报》发表社论，题目是《同心同德，共图四化大业——热烈祝贺江西省五届人大二次会议胜利闭幕》。

28日 江西省农林垦殖局改为江西省农林垦殖厅。

29日 江西省五届人大常委会在江西宾馆举行第一次会议。省人大常委会主任、副主任、委员共46人出席会议。会议通过省人大常委会秘书长、副秘书长、法制办公室主任的任命名单。由省人大常委会副主任张宇晴兼任秘书长，常务委员廖少仪任副秘书长、省人大常委会法制办公室主任。会议还根据省长白栋材的建议和提名，讨论和通过省政府工作部门的设置和人事任免事项。决定省人大常委会工作人员编制暂定60人。

29日 江西省人大常委会决定设立江西省司法厅，任命胡亚贤为厅长，由省政府报国务院审批。省委任命胡亚贤为省司法厅党组书记。这是1959年6月5日原省司法厅被撤销20年之后，重新恢复建立的司法行政机关。

29日 由省委提议，经省第五届人民代表大会常务委员会全体会议审议通过，成立江西省人事局。

30日 江西洪都钢厂镀锌焊管第一期工程竣工后，试产成功。1980年7月1日二期工程正式投产。

本月 中央军委批准任命韦荣寰兼任驻南昌铁路局军代处第一政治委员；福州军区批准任命丁庆才、于庆祥分别兼任驻南昌、鹰潭铁路分局军代处第一政治委员。

本月 浙赣线双线工程河下至界水区间改线降坡工程正式开工，全长10公里，至1984年3月完工，历时4年4个月。由南昌设计所设计，第三工程段负责施工。

本月 南昌铁路科研所与江西向塘工务修制厂研制的移动式气压焊机通过路局鉴定，主要设计人为叶文博。该机适用于现场焊接无缝线路，轻便灵活，造价低廉（至1982年10月，运用小型移动式气压焊机在横岗至南昌间焊接无缝线路20.43公里。1985年，《无缝线路新技术的研究和推广》项目被评为国家科技进步一等奖。1987年，叶文博编著的《移动式气压焊》一书由中国铁道出版社出版）。

本月 省民政局编印《第一、第二次国内革命战争时期江西籍老红军、老干部名册》。共收录江西籍老红军、老干部2148人。

本月 江西省结核病防治所参加全国结核病流行病学抽样调查，此项协作科研课题获省政府颁发的荣誉证书和卫生部甲级科技成果奖。

本月 省文联召开全省及南昌市文艺工作者大会，传达全国文学艺术工作者第四次代表大会精神。

本月 经江西省人民政府批准，恢复江西省群众艺术馆。

本月 新余钢铁厂在北京钢铁学院协助下，用28立方米高炉进行我国首次高炉冶炼硅锰合金的试验，获得了成功。

本月 省革委会机关事务管理局改为省政府机关事务管理局，并成立局党组。1983年机构改革，撤销省政府机关事务管理局。

本月 抚州印染厂维棉浅色花布试产成功。

本月 江西省基本建设委员会与上海同济大学及有关部门着手编制《庐山风景名胜区总体规划》。

本月 江西人民出版社出版《现代汉英词典》，第一版印数12万册。

本月 江西省地质局九○八队成隆才，中心实验室胡宗绍、潘世伟在赣县赖坑钨矿中发现新矿物氟铋矿。经国际矿物协会新矿物与矿物命名委员会通过，命名为赣南矿。

本月 九江水泥船实验厂技术员曾忠信、金荣臻、黄其培、唐美云设计的东海舰队海上（存油）水泥囤船（90米×14米×4.5米）在该厂建成。该船能抗12级台风袭击而不损坏。在7级台风波高4米的情况下能安全拖航，且耐腐、使用寿命长。（1984年获海军后勤部优秀工程一等奖）。

本月 江西开始兴建的贵溪发电厂是为铜基地建设配套服务的工程，4台12.5万千瓦的机组均提前安装完毕，并达到了全国同行业火电安装的先进水平。

本年 江西省最高的钢筋混凝土烟囱在九江二电厂建成，高180米，筒口外径为5.1米，采取外壁单滑内衬砌砖同时并举的新工艺和激光对中技术。由省建二公司施工。

本年 景德镇红旗瓷厂牛水龙等5人对薄胎碗生产进行BTW新工艺的试验获得成功。其特点是简化了操作，还能成圆形和八角形的薄胎碗，产量超过原成形方法，产品变形小，薄度、白度、透明度、规格、器形等均超过原成形工艺的产品质量。该工艺1979年获江西省科技成果一等奖。

本年 婺源荷包红鲤鱼研究所、江西大学生物系等单位完成婺源荷包红鲤鱼的选育科研任务。主要完成人肖秀琼等为选育荷包红鲤鱼等6代子鱼，用了20余年时间作系统选育，提纯复壮（该项成果于1980年获农业部科技成果一等奖）。

本年 省科委将农村柴灶研制列入省级课题，东乡县科委承担，农村中学教师徐石负责，在太极灶基础上予以改进（1980年8月省科委组织鉴定，命名为赣I型省柴灶（烧柴用）和赣II型省柴灶（烧草用），全省农村从此开展研制、推广省柴灶的成功利用）。

本年 根据中央和国务院决定，江西相继成立省、地（市）、县三级农业区划委员会，组织了1万多名专业人员参加农业资源调查的农业区划工作。

本年 全省11地、市（山），80个县（市）恢复了科委，21个省厅（局）设置了科研处或科教处。全省各级科技管理机构共配备了684名专职管理干部。

本年 江西在武夷山脉海拔1600米至1800米的黄岗山上，首次发现成片铁杉树，最大一片有200多亩。

本年 德兴县香屯人民公社组织下乡知识青年兴办的德兴县第二制药厂，利用草药牡荆提炼挥发油，按照北京中医学院医疗队研制的治疗慢性支气管炎药方，生产“牡荆油胶丸”，经临床试验疗效显著，产品质量符合国家药典，得到省、地、县药检部门许可，但却遭到上饶地区和德兴县医药公司的抵制，不准该产品进入市场。为此，《江西日报》连续两次进行调查，对歧视社队企业的旧观念、旧思想和不公正做法，发表调查报告和评论员文章，予以抨击。读者反响强烈，也赢得省、地领导重视和广泛支持。

本年 从3月开始，全省一些农村陆续实行不同形式的生产责任制。广昌县长桥公社石田生产队以“常年作业组”形式，实行“三包一奖”（包工、包产、包成本，超产奖励）的生产责任制，随即在全县和赣州地区推行。下半年，宜春地区实行“四专一联”（专业队、专业组、专业工、专业户，联产计酬）责任制；吉安地区出现“双包”（包产到户、包干到户）生产责任制。到年底，全省农村69.5%的生产队恢复和建立了农业责任制，其中包产到组的占43%，定额包工到组的占26.5%。

70年代末，宁都县会同公社山下生产队最后一次分红

本年 全省病毒性肝炎流行，发病434955人，死亡89人。江西省卫生局将该病列为江西省重点防治病之一，并进行了病毒性肝炎流行病学调查。

本年 江西中医学院附属医院陈人骏和萍乡矿务局职工医院易顺成在萍乡发现国内首例血红蛋白（Hb）－IEiDEN家系（1980年10月在中美检验医学学术讲座会上作了专题报告）。

本年 在煤炭工业部综合利用局的安排下，南京师大和东北师大地理系，与江西省有关部门配合，对江西省32个县的泥炭资源进行普查，估算泥炭储量2148万立方米，其中最大的吉水黄桥矿区储量为233万立方米。

本年 煤炭工业部授予江西煤建公司第一工程处“万米水平处”称号。该处一〇一队同时被国家经委评为“全国施工企业先进集体”。

本年 农业部及江西省农业厅在江西修水、宜春、井冈山首次设高山捕虫网，监测稻飞虱迁飞动态。

本年 万载、新余、彭泽、万年4县，被定为全国第一批种子“四化一供”试点县。即种子生产专业化、品种布局区域化、种子质量标准化、种子加工机械化，由县、乡组织统一供种。

本年 余江工艺雕刻厂的技术产品出口日本，被日商誉为“天下雕刻第一家”。

本年 江西丝绸厂出口丝绸160.64万米，价值291.38万元。另一部分如风景古香缎、金玉缎、斜纹绸等，加工成具有民族传统风格的高中档服装外销，出口量逐年增加。

本年 杨厚兴荣获轻工部授予的“中国工艺美术家”称号，并被选为江西省政协委员，省美术协会、省工艺美术学会理事。

本年 南昌玻璃二厂扩建一条年生产能力为1万吨的国产四组单滴料行列制瓶生产线，生产640毫升啤酒瓶，填补了江西省的一项空白。

本年 省军区独立师第三团与七四〇厂研制八二无后坐力炮激光代瞄

准检查器，经总参有关部门鉴定合格，在全军推广使用。

本年 省政府下文确定了227所中学为省、地、县重点中学（1980年调整为110所省重点中学）。

本年 省工业设备安装公司首创箱形断面的桅杆吊，高56米，超重能力各为200吨的桅杆吊两组，并在浙江镇海化肥厂使用，获得成功。

本年 上饶地区建筑公司安装分公司采用无缆绳独脚扒杆，吊装24米跨度工业厂房共8栋。其中有预应力钢筋混凝土层架、井式天窗厂房和钢屋架影剧院。用缆索吊装了鹰潭市肉联厂多层框架厂房和上饶电厂的输煤栈桥。这一施工工艺为省内首创。

本年 全省计划、统计系统有限传输网基本建成，该网除完成计划统计信息资料的传输任务外，还担负部分党政机关重要文件、信息的传输。

本年 《江西建材科技》创刊，它是全省第一份建材专业技术期刊（1981年更名为《江西建材》）。

本年 云山垦殖场农科所选育出水稻良种7650、7326、366，在省内外推广种植5万多亩。

本年 南昌市主要街道口安装定时自动切换红、黄、绿交通信号指挥灯，实现交通指挥自动化。

本年 省长办公会议审核批准公开出版1:750000比例《江西省地图》挂图。

策划编辑：柏裕江
责任编辑：刘彦青　阮宏波
装帧设计：肖　辉
责任校对：书林翰海校对公司

图书在版编目(CIP)数据

中华人民共和国 江西日史/中华人民共和国日史编辑委员会江西编辑室编.
－北京:人民出版社,2008.9
ISBN 978－7－01－007244－9

Ⅰ.中…　Ⅱ.中…　Ⅲ.①中国－现代史②江西省－地方史－1949～2005
Ⅳ.K27

中国版本图书馆 CIP 数据核字(2008)第 130970 号

中华人民共和国
江西日史
ZHONGHUARENMINGONGHEGUO
JIANGXI RISHI
第三卷
(1970～1979)

中华人民共和国日史编辑委员会江西编辑室　编
名誉主编：孙家正　李金华　张文彬
张承钧　李永田
主　　编：孙用和　蒋仲平　魏丕植
管志仁　沈谦芳
副 主 编：符　伟　杨德保　廖世槐
罗益昌　张翊华

人民出版社 出版发行
(100706　北京朝阳门内大街 166 号)

北京中文天地文化艺术有限公司排版
北京盛通印刷股份有限公司印刷　新华书店经销

2008 年 9 月第 1 版　2008 年 9 月北京第 1 次印刷
开本：889 毫米×1194 毫米　1/16　印张：25
字数：672 千字　印数：0,001－3,000 套

ISBN 978－7－01－007244－9　　(全八卷) 定价：1860.00 元

邮购地址 100706　　北京朝阳门内大街 166 号
人民东方图书销售中心　电话：(010) 65250042　65289539